企业人力资源管理

Human Resources Management

王琪延 王保林 ⊙ 主编

中国市场出版社
China Market Press

图书在版编目（CIP）数据

企业人力资源管理/王琪延，王保林主编．—北京：中国市场出版社，2010.10
ISBN 978-7-5092-0677-5

Ⅰ．①企⋯　Ⅱ．①王⋯②王⋯　Ⅲ．①企业管理-劳动力资源-资源管理
Ⅳ．①F272.92

中国版本图书馆 CIP 数据核字（2010）第 164967 号

书　　名：	企业人力资源管理
主　　编：	王琪延　王保林
责任编辑：	胡超平
出版发行：	中国市场出版社
地　　址：	北京市西城区月坛北小街 2 号院 3 号楼（100837）
电　　话：	编辑部（010）68012468　读者服务部（010）68022950
	发行部（010）68021338　68020340　68053489
	68024335　68033577　68033539
经　　销：	新华书店
印　　刷：	河北省高碑店市鑫宏源印刷包装有限责任公司
规　　格：	787×1 092 毫米　1/16　25.50 印张　500 千字
版　　本：	2010 年 10 月第 1 版
印　　次：	2010 年 10 月第 1 次印刷
书　　号：	ISBN 978-7-5092-0677-5
定　　价：	39.60 元

前 言

伴随着知识经济和全球经济一体化时代的到来，企业之间的竞争范围不断扩大，竞争的强度不断加剧。在竞争的过程中，人力资源丰富的企业将在竞争中占据优势。因为经济的竞争归根结底是人才的竞争，是人力资源综合素质的竞争。对于企业来说，所有的"人"，从物质形态上看，是一种资源；从价值形态上看，则是一种资本。人力资源或人力资本是最重要的生产要素。正因为如此，企业经营者如何有效配置人力资源、营造人才成长的环境、管理人力资本，都是非常重要的工作。

值得高兴的是，在我国，人力资源管理工作已经渐渐得到重视，出版界也出版了许多国内外关于人力资源管理的书籍。但是，我们也应该看到，这些读物有两种倾向：一是受过去"人事管理"影响的色彩较浓，一是拿来主义。因此，编写一本适合中国企业特色并且符合科学原则的教科书，是我们一直思考的问题。近几年来，我们在中国人民大学开设了"企业人力资源管理"选修课。本书就是在这门课讲稿的基础上编写而成的。

全书共十五章，分三部分。第一章和第二章为企业人力资源管理理论；第三章到第十三章为企业人力资源管理方法技术；第十四章和第十五章为企业人力资源管理定量分析方法。本书有三大特色。第一，探索性地按照具有中国特色并且符合科学原则的思路，构建了企业人力资源管理内容的体系。例如，把人力资源统计和人力资源会计引入人力资源管理的范畴，适当增加了量化内容。第二，运用了丰富的案例。有些案例是作者在参与企业咨询过程中遇到的现实问题，并对这些案例进行了分析。第三，对人力资源管理的一些前沿问题也进行了初步的探讨。本书可作为高等院校经济管理专业本科生、研究生的教科书以及企业管理者的培训教材。

本书是在原《企业人力资源管理》（王琪延主编）的基础上改编而成的。王琪延和王保林负责框架设计和总纂工作，王琪延、王湛春、刘志勇合作改写了第一、二、三、七、十、十一、十二、十四、十五各章；王保林、张婷、高原合作改写了第四、五、六、八、九各章，并撰写了第十三章。

本书参阅引用了国内外学者的著作以及企业界的案例，在书中列出了出处。但是，由于各种原因，未能与部分作者取得联系，请多多谅解。在此，向所有被参阅引用的著作者深表谢意。

由于本书作者的知识水平和实践经验有限，错误或疏漏之处在所难免，欢迎广大读者批评指正，参与讨论。

王琪延
2010 年 7 月 9 日

目录 CONTENTS

第一章 总论 ... 1
◎ 第一节 人力资源管理的基本概念与重要性 ... 1
一、人力资源与人力资本 ... 1
二、人力资源管理 ... 2
◎ 第二节 人力资源管理的职权构成 ... 5
一、直线职权和职能职权 ... 5
二、直线管理人员职责 ... 6
三、人力资源管理部门的职责 ... 7
四、直线和职能人力资源管理功能的协调 ... 7
◎ 第三节 社会经济环境与人力资源管理 ... 8
一、市场经济日趋完善 ... 8
二、产业结构变动趋势 ... 9
三、人口结构变动趋势 ... 9
四、科学技术的发展 ... 10
五、经济全球化趋势 ... 11
◎ 第四节 现代企业人力资源的管理系统 ... 12
◎ 第五节 人力资源管理研究的基本内容 ... 13

第二章 人力资源管理的基本理论 ... 16
◎ 第一节 人力资源管理的哲学 ... 16
一、X 理论和 Y 理论 ... 16
二、复杂人假设（超 Y 理论） ... 18
三、需求层次理论 ... 18
四、期望理论 ... 19
五、公平理论 ... 20
六、双因素理论 ... 21
七、强化理论 ... 21

◎ 第二节　人力资源管理原理 …………………………………… 22
　　一、同素异构原理 ………………………………………… 22
　　二、能级层序原理 ………………………………………… 22
　　三、要素有用原理 ………………………………………… 22
　　四、互补增值原理 ………………………………………… 22
　　五、动态适应原理 ………………………………………… 23
　　六、激励强化原理 ………………………………………… 23
　　七、公平竞争原理 ………………………………………… 24
　　八、信息催化原理 ………………………………………… 24
　　九、企业文化凝聚原理 …………………………………… 24
◎ 第三节　人事矛盾规律 ………………………………………… 25
　　一、人事矛盾的一般规律 ………………………………… 25
　　二、人事矛盾产生的客观原因 …………………………… 25
　　三、解决人事矛盾的方法 ………………………………… 25

第三章　工作分析与工作设计 ……………………………………… 29

◎ 第一节　工作分析的内涵 ……………………………………… 30
　　一、工作分析的概念 ……………………………………… 30
　　二、工作分析的意义 ……………………………………… 32
◎ 第二节　工作分析前的准备工作 ……………………………… 32
　　一、组织结构的含义 ……………………………………… 33
　　二、组织结构的设计 ……………………………………… 33
　　三、组织结构设计与工作分析的关系 …………………… 34
◎ 第三节　工作分析的步骤 ……………………………………… 34
　　一、工作分析计划阶段 …………………………………… 34
　　二、工作分析设计阶段 …………………………………… 35
　　三、信息收集分析阶段 …………………………………… 35
　　四、工作分析结果表达阶段 ……………………………… 38
　　五、工作分析结果运用阶段 ……………………………… 38
◎ 第四节　收集工作分析信息的方法 …………………………… 39
　　一、观察法 ………………………………………………… 39
　　二、现场访谈法 …………………………………………… 39
　　三、问卷调查法 …………………………………………… 39
　　四、典型事例法 …………………………………………… 42
　　五、工作日志法 …………………………………………… 42
　　六、计算机职务信息分析系统 …………………………… 44

◎ 第五节　职务说明书的编制 ·················· 45
　　一、职务说明书的概念 ····················· 45
　　二、编写职务说明书的要求 ················· 50
　　三、编制职务说明书的作用 ················· 52
◎ 第六节　工作设计 ·························· 53
　　一、工作岗位概述 ························· 54
　　二、工作设计的形式与方法 ················· 56

第四章　人力资源规划与招聘
◎ 第一节　人力资源规划概述 ·················· 62
　　一、人力资源规划的含义、内容和意义 ······· 62
　　二、人力资源规划过程 ····················· 65
◎ 第二节　企业人力资源需求预测 ·············· 70
　　一、影响人力资源需求的因素 ··············· 71
　　二、人力资源需求预测技术 ················· 71
◎ 第三节　企业人力资源供给预测 ·············· 75
　　一、企业内部人力资源供给预测 ············· 75
　　二、企业外部人力资源供给预测 ············· 79
◎ 第四节　人力资源供求平衡方法 ·············· 80
　　一、人力资源供给不足时的解决方案 ········· 80
　　二、人力资源供给过剩时的解决方案 ········· 80
◎ 第五节　招聘工作候选人的途径 ·············· 81
　　一、内部招聘途径 ························· 81
　　二、外部招聘途径 ························· 82
　　三、内部招聘与外部招聘的优缺点比较 ······· 87
◎ 第六节　工作申请表的设计和使用 ············ 89
　　一、工作申请表的设计 ····················· 89
　　二、利用工作申请表预测求职者的工作
　　　　绩效 ······························· 92

第五章　招聘中的甄选与测试
◎ 第一节　甄选的重要性与甄选的标准 ·········· 97
　　一、甄选的重要性 ························· 97
　　二、甄选的标准 ··························· 99
◎ 第二节　测试的基本概念 ···················· 100
　　一、测试 ································ 100
　　二、效度 ································ 101

　　　　三、信度 ·················· 104
◎ 第三节　测试的步骤 ·················· 107
　　　　一、测试的步骤 ·················· 107
　　　　二、对测试结果的跟踪检验 ·················· 110
◎ 第四节　测试的技术与方法 ·················· 110
　　　　一、心理测试 ·················· 110
　　　　二、评价中心 ·················· 114
　　　　三、观察评定 ·················· 116
◎ 第五节　面试 ·················· 116
　　　　一、前期工作 ·················· 117
　　　　二、实施面试 ·················· 117
　　　　三、面试应注意的问题 ·················· 118
　　　　四、后期工作 ·················· 121

第六章　人力资源培训与开发 ·················· 126
◎ 第一节　培训与开发概述 ·················· 126
　　　　一、培训和开发的概念 ·················· 127
　　　　二、培训和开发的意义 ·················· 127
◎ 第二节　培训与开发的内容、技术 ·················· 130
　　　　一、培训与开发的内容 ·················· 130
　　　　二、培训与开发的技术 ·················· 131
◎ 第三节　培训的实施 ·················· 137
　　　　一、培训需求的评估 ·················· 137
　　　　二、培训计划的制订 ·················· 140
　　　　三、培训实施 ·················· 142
　　　　四、培训结果的评价 ·················· 144
◎ 第四节　管理人员开发 ·················· 145
　　　　一、管理人员开发概述 ·················· 146
　　　　二、管理人员开发过程 ·················· 147
　　　　三、管理人员开发的方法和技术 ·················· 148

第七章　职业管理 ·················· 156
◎ 第一节　职业管理概述 ·················· 156
　　　　一、职业管理的概念 ·················· 156
　　　　二、职业管理的过程 ·················· 157
　　　　三、职业管理的意义 ·················· 159

◎ 第二节　影响职业选择的因素 ·· 160
　　一、个人职业生涯发展阶段 ··· 161
　　二、职业性向 ··· 162
　　三、自我职业技能的认定 ·· 164
　　四、职业锚 ·· 165
◎ 第三节　职业流动管理 ··· 169
　　一、职业流动管理的指导原则 ··· 169
　　二、晋升与调动管理 ·· 171
　　三、解雇管理 ··· 173
　　四、退休管理 ··· 174
◎ 第四节　激励管理 ·· 174
　　一、激励的概念 ··· 174
　　二、激励的方法 ··· 175
　　三、激励方法的适用原则 ·· 179

第八章　绩效考核 ·· 183
◎ 第一节　绩效考核概述 ··· 183
　　一、绩效考核的概念 ·· 184
　　二、绩效考核的重要性 ·· 185
　　三、绩效考核的内容 ·· 186
　　四、绩效考核的原则 ·· 189
◎ 第二节　绩效考核的操作与流程 ·· 190
　　一、建立绩效标准 ··· 191
　　二、实施考核 ··· 193
　　三、绩效反馈 ··· 197
◎ 第三节　绩效考核的方法 ·· 197
　　一、图尺度评价法 ··· 197
　　二、交替分级法 ··· 198
　　三、配对比较法 ··· 199
　　四、强制分布法 ··· 199
　　五、关键事件法 ··· 200
　　六、行为锚定等级评价法 ·· 200
　　七、行为观察等级法 ·· 202
　　八、目标管理法 ··· 202
◎ 第四节　绩效考核中可能出现的问题与解决办法 ······· 204
　　一、考核者主观上的错误 ·· 204

二、考核技术上的问题 …………………………………… 207
◎ 第五节　绩效考核面谈 ………………………………………… 208
　　一、准备绩效考核面谈 …………………………………… 208
　　二、如何进行绩效考核面谈 ……………………………… 210
　　三、制订绩效改进计划，进行绩效改进
　　　　指导 …………………………………………………… 211
◎ 第六节　关键绩效指标与平衡计分卡 ………………………… 212
　　一、关键绩效指标 ………………………………………… 212
　　二、平衡记分卡 …………………………………………… 213

第九章　薪酬管理 …………………………………………………… 216

◎ 第一节　薪酬管理概述 ………………………………………… 216
　　一、薪酬的基本概念 ……………………………………… 216
　　二、薪酬管理的内容 ……………………………………… 217
　　三、薪酬管理的原则 ……………………………………… 222
◎ 第二节　薪酬确定方案 ………………………………………… 223
　　一、职位评价方案 ………………………………………… 224
　　二、技能工资方案 ………………………………………… 232
◎ 第三节　针对不同人员的激励计划 …………………………… 233
　　一、针对管理人员实施的激励计划 ……………………… 234
　　二、针对销售人员实施的激励计划 ……………………… 236
　　三、针对专业技术人员实施的激励计划 ………………… 238
　　四、团队激励计划 ………………………………………… 238
◎ 第四节　员工福利 ……………………………………………… 239
　　一、经济性福利 …………………………………………… 239
　　二、带薪休息时间 ………………………………………… 240
　　三、员工保险 ……………………………………………… 240
　　四、员工服务 ……………………………………………… 242
　　五、自助式福利 …………………………………………… 242

第十章　员工安全与健康 …………………………………………… 245

◎ 第一节　员工安全与健康概述 ………………………………… 246
　　一、员工安全与健康问题的重要性 ……………………… 246
　　二、员工安全与健康问题的成因 ………………………… 248
　　三、解决员工安全与健康问题的主要对策 ……………… 249
◎ 第二节　职业安全与健康立法 ………………………………… 253
　　一、历史进程 ……………………………………………… 254

二、劳动保护的概念与内涵 ……………………… 255
　　三、法律体系 …………………………………… 255
◎ 附录一　事故引发的自我核对清单 ………………… 257
◎ 附录二　职业病范围和职业病患者处理办法的
　　　　　规定（节录）……………………………… 261
◎ 附录三　中华人民共和国劳动法（节录）…………… 265

第十一章　企业劳动关系 ………………………………… 268
◎ 第一节　劳动关系概述 ……………………………… 268
　　一、劳动关系的定义 …………………………… 269
　　二、企业劳动关系的性质 ……………………… 271
　　三、劳动关系的类型 …………………………… 272
◎ 第二节　劳动关系的运作 …………………………… 274
　　一、企业劳动关系的运作形式与机制 ………… 275
　　二、企业劳动关系的冲突 ……………………… 277
　　三、企业劳动关系的合作与员工参与 ………… 281
◎ 第三节　企业集体谈判与集体合同 ………………… 284
　　一、集体谈判和集体合同的概念 ……………… 285
　　二、集体谈判和集体合同的主体资格 ………… 286
　　三、集体谈判的结构 …………………………… 288
　　四、集体谈判的程序 …………………………… 289
◎ 第四节　企业工会 …………………………………… 290
　　一、企业工会的产生 …………………………… 291
　　二、企业工会的基本职能 ……………………… 292

第十二章　企业文化与人力资源管理 …………………… 297
◎ 第一节　企业文化概述 ……………………………… 297
　　一、企业文化的内涵 …………………………… 299
　　二、企业文化的功能 …………………………… 300
　　三、企业文化的类型 …………………………… 302
　　四、企业文化的层次 …………………………… 303
◎ 第二节　企业文化的演进 …………………………… 304
　　一、企业文化的历史演进 ……………………… 304
　　二、企业文化的发展趋势 ……………………… 306
◎ 第三节　企业文化的构建与传播 …………………… 308
　　一、企业文化建设的核心因素 ………………… 308
　　二、企业文化的传播 …………………………… 309

三、企业文化建设中的常见问题 ………………… 313
◎ 第四节　企业文化塑造与变革的思路 …………… 313
　　一、分析内外因素，提炼核心价值观 …………… 313
　　二、进行培训，让员工接受新的企业文化 ……… 314
　　三、领导者身体力行，信守价值观念 …………… 315
　　四、建立激励机制，巩固企业文化 ……………… 315
◎ 第五节　美、日知名企业文化介绍 ……………… 315
　　一、美国的企业文化 ……………………………… 315
　　二、日本的企业文化 ……………………………… 318

第十三章　企业伦理与人力资源管理 ……………… 323
◎ 第一节　企业伦理概述 …………………………… 324
　　一、企业伦理的定义 ……………………………… 324
　　二、企业伦理的层次以及各国企业伦理观念的
　　　　差异 …………………………………………… 324
　　三、企业伦理的功能 ……………………………… 326
　　四、企业伦理的演进 ……………………………… 328
◎ 第二节　企业伦理与人力资源管理 ……………… 331
　　一、企业伦理对人力资源管理过程的影响 ……… 331
　　二、企业伦理对企业经营目标的影响 …………… 334
　　三、员工的基本权利与健康问题 ………………… 335
　　四、人力资源管理对企业伦理的意义 …………… 337
◎ 第三节　企业伦理在人力资源管理层面的构建 … 338
　　一、公司企业家精神的强化 ……………………… 338
　　二、企业伦理制度的健全 ………………………… 339
　　三、重视企业伦理对于提升人力资源管理效率的
　　　　积极作用 ……………………………………… 339
　　四、塑造具有集体意识的信任感、安全感和
　　　　归属感 ………………………………………… 339
　　五、为员工定制工作发展规划 …………………… 340
◎ 第四节　企业伦理与人力资源管理案例 ………… 341
　　一、企业伦理与薪酬案例思考 …………………… 341
　　二、企业裁员的伦理案例分析 …………………… 343

第十四章　人力资源会计 …………………………… 346
◎ 第一节　人力资源会计概述 ……………………… 346
　　一、人力资源会计的概念 ………………………… 347

二、人力资源会计的理论基础 ·············· 347
　　三、我国建立人力资源会计的必要性 ·············· 349
　　四、人力资源会计的内容 ·············· 350
◎ 第二节　人力资源会计核算及科目设置 ·············· 354
　　一、人力资源会计核算内容 ·············· 354
　　二、人力资源会计科目 ·············· 355
　　三、人力资源会计报告 ·············· 360
◎ 第三节　人力资源成本会计 ·············· 362
　　一、人力资源成本的概念 ·············· 362
　　二、历史成本下的计量模型 ·············· 363
　　三、重置成本下的计量模型 ·············· 364
◎ 第四节　人力资源价值会计 ·············· 365
　　一、人力资源价值计量模式 ·············· 365
　　二、人力资源价值评估的基本框架 ·············· 368
　　三、人力资源价值评估的一般过程 ·············· 371
◎ 第五节　人力资源会计在企业中的应用 ·············· 372
　　一、对员工培训决策的影响 ·············· 372
　　二、对企业税收的影响 ·············· 373
　　三、对财务报表审计的影响 ·············· 373
　　四、对企业投资资本的影响 ·············· 374

第十五章　人力资源统计分析 ·············· 379

◎ 第一节　企业人力资源总量与构成统计 ·············· 379
　　一、人力资源总量 ·············· 379
　　二、人力资源构成 ·············· 380
◎ 第二节　企业人力资源时间利用统计 ·············· 382
　　一、劳动时间的计算 ·············· 382
　　二、劳动时间的利用统计 ·············· 385
◎ 第三节　企业人力资源劳动生产率统计 ·············· 387
　　一、劳动生产率的概念 ·············· 387
　　二、劳动生产率水平分析 ·············· 387
　　三、劳动生产率变动分析 ·············· 389

CHAPTER 1

第一章
总　论

本章要点提示
- 人力资源与人力资本
- 直线职权和职能职权
- 社会经济变动对于人力资源管理的影响

本章内容引言

　　进入21世纪，人类加速了知识的生产和应用，经济和社会的发展也越来越依赖于知识。人是知识生产和应用的承担者，是任何经营活动不可缺少的要素，是经营过程中的第一资源，因此，对于企业来说，人力资源越来越重要。日本著名企业经营大师、松下电器的创始人松下幸之助曾经对员工说过："到外面去，如果人家问你，'你们企业生产什么？'你应该回答'松下电器企业是造就人才的，也是生产电器产品的，但首先是造就人才的'。造物之前先造人。"由此可见，人才的培养和人力资源的管理是企业管理的首要问题。

第一节　人力资源管理的基本概念与重要性

　　本节主要介绍与人力资源管理有关的概念、人力资源管理的特点以及人力资源管理在企业管理中所发挥的重要作用。

一、人力资源与人力资本

　　人力资源一般是指能够从事生产活动的体力和脑力劳动者，通俗地说就是人。把"人"看做一种资源，是现代人事管理的一种创新。人力资源与物质、信息资源相对应，构成企业的三大资源。然而，人力资源是一种特殊的资源。第一，人力资源是一种活性资源，与物质资源和信息资源相比，具有创造性。现实中，这种活性资源还表现在如果没有充分使用或不用，就不能激发其潜能，其才能就会萎缩，人力资源的浪费是最大的资源浪费。第二，人力资源是具有增值性和可开发性的资源。物质资源在使用过程中，通过磨损或被加工，其独立形态就不存在了，其价值会转移到新的产品中去；而人力资源在使用过程中，伴随着经验和知识的积累，在生命周期的一定阶段会不断增值，并且可以通过培训、教育、体育锻炼等投资活动提高其价值。但是，过了最佳的生理、心理时期，人力资源的综合素质能力就开始下降、退化乃至消失。第三，人力资源是企业利润的源泉。物质资源和信息资源必须通过人的加工创造、流通才能增加价值，因此可以说，人力资源是创造剩余价值的主体，是企业利润的源泉。第四，人力资源是一种具有战略性的资源。企业为实现高速持续发展，必须拥有大量优秀人才的支持。

人力资本是通过对人力资源进行投资所形成的一种资本。人力资本体现在劳动者后天获得的以数量和质量衡量的知识、技能、智能以及体能等因素上。这些因素影响着劳动者的生产效率。人力资本的形成是通过投资实现的，这种投资包括上学、在职培训、医疗保健、迁移和寻找有关价格和收入信息等多种形式。诺贝尔经济奖获得者加里·斯坦利·贝克尔（Gary Stanley Becker）把人力资本投资定义为通过增加人身上的资源（能力）来影响其未来货币收入和心理收入的活动。他认为这种投资有很高的回报率。投资活动的收益主要表现在能够改进人的技能，增加人的知识，增进人的健康，从而提高人的货币或心理收入。

对于企业来说，人力资本是企业人力资源的全部价值。在企业表现为人们所拥有的并能够用于工作的能力。如果企业缺少人力资本如技能短缺，除非增加投资，否则，这种短缺将会危及企业的竞争力。因此，从企业的价值管理角度上说，与其称为企业人力资源管理，毋宁称之为企业人力资本管理。但是鉴于人们已经习惯于称之为人力资源管理，所以在此仍使用企业人力资源管理的概念。

二、人力资源管理

（一）人力资源管理的概念

人力资源管理是管理学中一个崭新而重要的领域。要理解什么是人力资源管理，应充分明确管理者在管理过程中所执行的职能（或任务）。任何一名管理者都要执行计划、组织、人事、领导和控制职能。

所谓计划，是对生产经营过程的筹划和安排。具体包括确立目标和标准、制定规则和程序、拟订计划及进行预测等内容。

所谓组织，是指在生产经营过程中，通过一定的部门进行协调、干预活动。具体包括向下属分配工作任务、设立工作部门、向下属授权、建立权力流动和信息沟通渠道、协调好下属之间的工作等内容。

所谓人事，是指人力资源的开发与管理。具体包括人员的招募与录用、确定和评价职员的工作、给职员支付报酬、向职员提出建议、对员工进行培训和技能开发等内容。

所谓领导，是指在生产经营过程中，经营者利用职权进行的指挥和激励等工作。具体包括促使其他员工完成自身的工作、维持组织成员的士气、激励下属努力工作等内容。

所谓控制，是指对整个生产经营过程实施监督和约束。具体包括促使其他员工完成自身的工作、对其工作成果进行检查，必要时采取一定的行动，如调动或辞退等。

由此可以得出，人力资源管理是管理过程中的五大职能之一，是管理者对与一定的物力相适应的人力所进行的招募、甄选、雇佣、配置、激励、培训与开发，以及协调各种关系的职能或管理行为。

将人力资源管理实践活动的经验总结、概括、抽象、上升为理论，这就是人力资源的开发管理学，一般称为人力资源开发与管理。

(二) 人力资源管理的特点

(1) 综合性。人力资源开发与管理是一门综合性的学科。它所强调的是应用能力，由于开发与管理的对象是人，人的行为要受到如心理、生理、政治、文化、经济、民族、组织等各种因素的影响，因此研究人力资源的科学涉及经济学、社会学、人类学、心理学、管理学等多种学科的知识，从这种意义上讲，人力资源开发与管理是多学科、多领域的融合。

(2) 实践性。人力资源开发与管理也是一门实践性很强的学科。它将人力资源开发与管理经验进行了概括和总结，这一理论的正确与否要接受实践的检验，同样，正确的理论也可以指导实践。

随着人们实践活动的创新和发展，以及对客观规律认识的逐渐提高，理论也在不断发展。理论的发展大体上可以归纳为三个阶段。

第一阶段：理念管理——古代的人事管理阶段。主要包括中国古代人事管理的许多管理理念以及西方早期的人事管理思想。

第二阶段：量化管理——近代以效率为中心的管理。主要是把人当做物去管理，对于劳动者的劳动时间、劳动产品以及劳动过程进行计量管理，使管理更加科学化、系统化。

第三阶段：量化与质化管理——现代的人本管理。即，量与质并用管理人力资源。人本管理思想的本质就是以人为本，可以概括为"8人"，即认识人、尊重人、关心人、使用人、约束人、激励人、培养人、留住人。

(3) 社会性。人力资源开发与管理有一般的共性，也有特殊性，其特殊性取决于如文化、社会制度、民族、历史时代等社会因素，人的行为无不受到这些因素的制约。所以，运用人力资源开发和管理理论，必须结合一个国家、地区的实际情况。例如，日本企业的人力资源管理，可以概括为终身雇佣制、年功序列制和企业工会三大管理特征。这是由于日本的社会制度、国民性以及社会资源条件等形成的。但是，这样一套行之有效的管理经验，在其他国家未必适用。

（三）人力资源管理的重要性

在人类拥有的一切资源中，人力资源是最宝贵的，自然就成了现代管理的核心。不断提高人力资源开发与管理的水平，不仅是当前发展经济、提高市场经济力的需要，也是一个国家、民族、地区乃至企业长期兴旺发达的重要保证，更是一个现代人充分开发自身潜能、适应社会的重要保障。

人力资源开发与管理的重要性主要表现在五方面。

（1）人力资源开发与管理是实现资源合理配置的首要问题。资金、物资的合理配置固然重要，但人力资源的合理配置，比资金、技术、物资的合理配置更为重要，是提高效率的关键所在。资金、物资的配置是通过人实现的。为此，我们要充分挖掘组织内部人才的优势，努力做到人尽其才，最大限度地发挥潜能。我国古代人力资源管理就有"任人唯贤，求才若渴"的思想，古代一些开国君主为了治国安邦，十分注重选贤任能，合理使用人才。企业经营水平的高低关键在于人才。

（2）人力资源开发与管理是企业长盛不衰的组织保障。日本、德国能在战败后迅速崛起，重要原因之一是他们的人才优势没有丧失。其实，企业乃至国家之间的竞争，归根结底是人才之争。美国是世界上引进国外人才最多的国家。第二次世界大战以来，美国从世界各地吸纳的高级专门人才超过50万人，从而进一步充实了美国"人才储备库"。美国所取得的科技成果，80％是由引进的外国人才完成的。任何成功企业，其成功的根本原因就是拥有高素质的企业家和工人，为企业发挥最大效能。摩托罗拉一贯认为，人是企业中最宝贵的资源，只有合理开发人力资源，才能培养出一支专业的优秀人才队伍，以不断满足公司在全球范围内日益增长的业务需求。

（3）人力资源开发与管理是培养职员献身精神的重要方面。在日益激烈的竞争中，培养职员献身精神越来越重要。企业经营理念与员工价值观的一致性是培养职员献身精神的关键。在日本，无论大学生、硕士还是博士，在公司入职后都要接受为期三个月至半年的"入社教育"。其中就包括灌输公司的信条、文化，培养荣誉感和效忠于公司的信念，实施人格训练，让员工把公司当成自己的企业来对待。日本人的精诚效忠、为企业献身的精神十分突出，强烈的效忠、尽职、自我约束和自我牺牲精神，是形成和影响现代日本商业精神特质的重要人格因素，也是日本企业人力资源管理的成功经验之一。

（4）人力资源开发与管理是企业不断创新的原动力。企业文化的灵魂是创新。要想在市场中稳住脚跟,就要不断变化和创新。创新是企业发展的核心和精髓,也是企业制胜的关键。创新的本质就是创造性破坏,必须不断打破现有均衡以求得新的均衡。如果自己不能否定自己,就会被竞争对手否定。与其被别人否定,不如先自我否定。创新包括制度创新和技术创新两方面。制度是安排人际关系的企业文化形式,代表一种秩序;就其功能角度看,任何企业都有一套特定的制度来分配权力、地位、利润等。出于人力资源优化配置的要求,企业必须认真做好各项制度的改革与创新工作。技术创新是维持企业生存和发展的源泉。企业应不断更新自己的产品,提高技术创新能力,增强企业的技术竞争优势,提高国际竞争力。丰田汽车在日本是最大的制造企业集团。第二次世界大战后,丰田开始生产普通小型轿车,发展到今天的豪华小轿车,这正是为了满足市场需求所作的技术创新。创新的直接目的是创造有价值的"订单"。创新的方向取决于市场的意愿,创新的成果需要市场的检验。

(5) 人力资源开发与管理是企业和社会稳定成长的重要保证。合理配置人力资源,提高人力资源的素质,是保证充分就业及实现公平、公正的基础。提高人力资本水平,对于实现社会公平、公正是有贡献的,因此,可成为社会稳定和发展的基础工作。人力资本存量的获得来源于合理的人力资源开发与管理,人力资本效用的发挥取决于对人力资源的充分利用。因此,正确把握人力资源的特征,构建一套能够将人力资源开发和利用有效结合起来的良性运转机制,对于企业和国家的持续发展来说,都具有深远的意义。

第二节　人力资源管理的职权构成

从某种意义上说,企业的所有管理者都是人事管理者,因为他们都参与招募、面谈、甄选和培训等活动。但是,另一方面,大多数企业又都设有人力资源部和专门的人力资源管理人员。一般的管理者同人力资源管理部门的人力资源管理者在人力资源管理上是有区别的,本节对此进行说明。

一、直线职权和职能职权

职权是指作决定、指挥他人以及发布命令的权力。管理中,有直线职权与职能职权之分。直线管理人员往往表现为某些人的上司,被授权指挥下属工作,是实现组织目标的责任者;职能管理人员往往是被授权以协助和建议方式支持直线管理人员实现目标的管理人员。因而,直线管理人员所拥有的职权就是直线职权,职能管理人员所拥有的职权就是职能职权。如图 1-1 所示。

```
                    总经理（直线）
                          │
                          ├──── 总经理助理
                          │      （职能）
          人力资源管理 ────┤
          人员（职能）     │
                          ├──── 研究与开发人员
                          │      （职能）
                 ┌────────┴────────┐
           生产管理人员         销售管理人员
             （直线）              （直线）
                │
     质量控制管理│
     人员（职能）│
                │
        ┌───┬───┼───┐         ┌────┬────┐
       直线 直线 直线         销售员 销售员
```

图 1-1 直线职权与职能职权图[1]

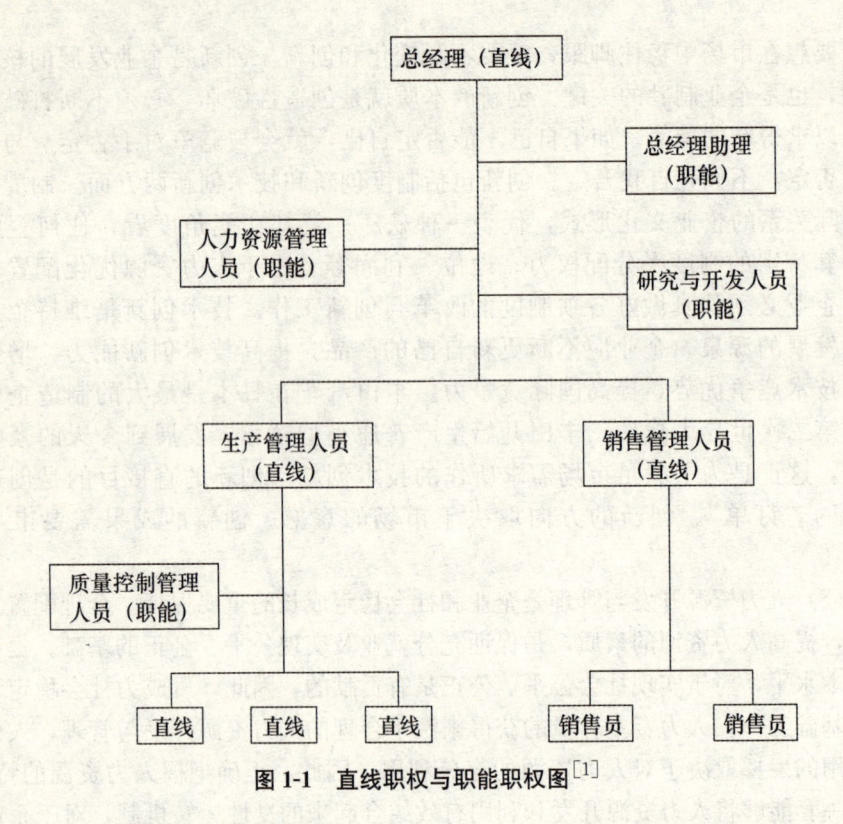

二、直线管理人员职责

（1）把合适的人配置到适当的工作岗位上去。正所谓察能授官，量才录用，即根据员工不同的才能来安排适当的职位，并根据其工作表现、绩效的不同给予工资报酬。

（2）引导新雇员尽快进入组织。帮助职员了解和适应组织纪律及工作环境、要求，从而尽快进入工作角色。

（3）培训和开发。有计划地组织员工进行培训，提高员工的知识技能，改善员工的工作态度，激发其创新意识，使之能适应本职工作，并产生新的突破。

（4）提高每位雇员的工作绩效，鼓励职工的士气。建立和实施高绩效工作系统的一个重要方面是企业的人力资源管理。为提高员工的工作绩效，可采取"员工参与和授权"。建立有利于授权的整体组织管理结构及支援授权的各项具体人力资源管理措施，如选拔机制，精神、物质奖励计划等。

（5）协调、处理好各种工作关系。这是管理的核心，也是所有管理人员包括

---

[1] 加里·德斯勒. 人力资源管理 [M] 北京：中国人民大学出版社，1999.

人力资源管理者的任务。有效地处理好各种工作关系可以消除许多潜在障碍。

（6）解释公司政策和工作程序。帮助员工了解企业内部的各项政策、制度；明确自身的工作程序，使任职者提高素质，适应职位和岗位要求。

（7）保护员工的健康，改善工作环境。人力资源的健康是一家企业长远发展的基础。因此，作为管理者必须作好人力资源健康的管理，为员工提供一个良好的工作环境，使之保持最佳的工作状态。

（8）控制劳动力成本。降低成本是提高效益的关键之一。随着劳动力价格的不断上升，有效地控制劳动力成本，既可使员工获得更多的实惠，也可使企业的投入获得更多回报。

三、人力资源管理部门的职责

人力资源管理部门的职责是向直线管理部门提供专业的帮助，在工作中发挥着三种不同的功能。

（1）直线功能。他们在人事部门行使的是直线职权。另外，他们还可能行使一种暗示职权，因为他们经常同企业高层管理人员接触，有机会提出建议，这种建议往往成为"正面的意思"或被看成"上面的意思"。

（2）协调功能。人力资源管理部门的管理者可以说是企业高层管理人员的"左膀右臂"，他们履行着人事活动协调者的功能，这种功能通常被称为控制功能。通过协调达到和谐统一，从而调动和激发人们的工作积极性。有效的疏导沟通是协调的一大杠杆。有效的协调可以减少内耗，确保组织有效；同时可以使信息通畅，从而制定有效决策，增强企业凝聚力。

（3）服务功能。为直线管理人员提供服务和帮助。在一家大公司，人力资源管理部门的职位包括薪资与福利管理人员；工作分析人员；就业与招募主管人员；专业培训人员；雇员关系专门管理人员；安全主管人员以及护理人员。现将各种职位的职责举例如下：雇员招募人员，制订有效的人员招聘计划，同周围社区保持联系并经常性地搜寻合格的求职者；工作分析人员，搜寻并审查与工作职责有关的（如岗位与职务的内容、职责、工作特征、关键业绩指标、劳动条件及任职所需的资质等）详细信息，为编写工作说明书作好准备；薪资管理人员，拟定薪资计划，管理制订各种员工的福利计划；专职培训人员，负责培训活动的计划、组织、指挥工作；劳资关系专家，就与劳资关系有关的所有问题向资方提出建议。

四、直线和职能人力资源管理功能的协调

虽然直线和职能职权人员都要对人力资源开发与管理尽职尽责，但是两者是有分工的。例如，在招募和雇佣员工时，大致有如下分工。首先，由直线管理人

员负责确定填补某一职位空缺的人员所具备的具体资格，即明确在何时、何地为何部门配置何员工。这主要属于直线管理人员的工作范畴。其次，由人力资源管理部门来组织招募合格的求职者，并组织面谈和考核。这主要由职能管理人员来完成。最后，向直线管理人员推荐候选人，并由其决定人选。在人力资源管理的其他方面如培训、报酬、劳资关系、就业保障和工作安全等，二者基本相同。

第三节 社会经济环境与人力资源管理

一个人处于社会之中，当然要受到各种复杂因素的影响，人力资源管理同样也摆脱不了这种影响。任何组织的人力资源活动都不可能是在真空中运行，不可避免地要受到周围环境的影响。当今世界，企业的经营环境正在发生革命性的变化，这种变化使得人力资源日益成为企业生存与发展的战略环节。这种变化主要包括如下方面。

一、市场经济日趋完善

我国的改革开放已经走过了30多年的历程，并在各方面取得了举世瞩目的进展。实现改革目标的标志之一就是实现了从传统计划经济体制到市场经济体制的转变，并取得了重要进展。据预算，中国全社会经济活动中由市场经济调节作用的力量整体上已达到65%左右。

传统的社会主义经济理论认为，社会主义经济必须选择和坚持计划经济的模式，但是在资源配置和运行调节过程中，计划经济还没有找到一种相对合适的评价体系和手段。而且，在经济体系运行调节中，计划经济对劳动者和企业缺乏有效的利益调节机制和激励机制，导致部分企业在资源配置和经济联系上的低效，这是要引进社会主义市场经济的一条主要原因。

建立社会主义市场经济体制，就是要使市场在国家宏观调控和有效的管理下对资源配置起基础性的作用。在社会主义市场经济体制下，企业拥有自主权，利益得到有效保障，这种体制上，要求企业不断进行产品创新、技术改造，合理解决好激励机制问题，通过员工持股等手段使每位员工都成为企业的主人。

市场经济是按照竞争规则运行的经济，竞争归根结底是人才的竞争。拥有大量高水平人力资本的企业，在竞争中就能够获胜。伴随着知识经济的到来，人力资本登上历史舞台。人力资本作为一种资本参与分配。在市场经济条件下，能否认识到这一点，并且是否付出行动，是非常重要的。因为人力资本水平高的人，对于企业来说，是损失不起的人才。然而，对个人来说，人才流动的成本越来越低，所以企业人力资本管理的难度加大。企业能否留住人才是企业实现持续发展的前提。

二、产业结构变动趋势

根据库兹涅茨和钱纳里等人的研究，随着产业结构的演进，第三产业的比重不断增加，促使各产业就业人口与各产业的比重呈同方向的变动，这意味着对高素质劳动力的需求增多和对劳动力素质的要求增高。社会经济的发展和科技的不断进步，促使世界各国的产业结构发生重大变化，而且日益明显地表现出信息经济的特点。

20世纪90年代到21世纪初期，我国产业结构的演进处于资金技术密集型的重工业化阶段，高新技术产业的劳动力需求急剧增加，要求从业者具备相应的素质和技能，而这些技能要求会对组织功能各层次产生影响。这样，劳动密集型的工人将会减少，而知识密集型和技术密集型（技术类、管理类、专业类）工作职位将会增加。企业应当采取正确的技术利用方针，使技术装备的资金密集度与劳动力的数量相适应，以增加就业机会。大力发展第三产业，利用第三产业投资少、见效快、劳动力安置比例大的特点，为人力资源的开发利用创造好的条件。

我国就业结构的整体变化趋势是第一产业比重持续下降，第二产业和第三产业比重持续上升。在就业结构方面，主要是人口经济结构变动中的就业压力问题。据预测，到2020年中国劳动人口将增至8.93亿人，劳动力将长期处于供大于求的局面，就业压力十分严重。

我国人口素质与产业结构的不适应，以及在巨大人口基数下产业结构调整的缓慢，反过来制约了经济增长和劳动力素质的提高，造成了人力资源的大量浪费，进而影响社会经济的可持续发展。

总之，我国产业结构以及产品结构都需要进行较大幅度的调整，而产业结构和产品结构的调整必然导致就业结构的变化，就业结构的变化又必然引起人力资源结构的调整，产生连锁反应。随着经济的发展，我国可能会有数千万人口的大迁移，人口迁移、人力资源转移是经济发展过程中的必然现象。人力资源主体的转移不仅有利于促进人力资源结构的调整与优化，而且是经济进步的象征。

三、人口结构变动趋势

人口结构随着人口发展而不断变化，由于发达国家人口增长缓慢、发展中国家人口快速增长的势头降低，同时在人口平均预期寿命不断递增的形势下，世界人口年龄结构将缓慢地向老年型转变，促使劳动者平均年龄显著高于以往，出现了老年人口再就业的情况。

中国不仅是世界上人口最多的国家，也是老年人口最多的国家。根据国家统计局的调查结果，中国目前约有老年人口1亿人。结构上的老化，会使个别岗位出现空缺现象，造成部分生产资料的闲置。高龄劳动力的流动性差、重新培训的费用高、接受新事物及新技术的速度慢，很难适应产业调整的需求。而欧洲许多国家则出现了人口负增长的趋势，这对于尽快培养和建设一支能适应国际国内两种市场竞争需要、数量充足的人才队伍有一定的影响。

同时，我们也要考虑到老年人口再就业的可能性和必要性。任何数量和结构上的需求，都会使退休老年人有再就业的机会。老年人口也是社会人力资本存量的重要组成部分。

俗话说："十年树木，百年树人。"这从一种角度说明了人才培养的长期性和艰巨性。因此，企业在最大限度地开发和利用人力资本存量的同时，应积极大胆地实施人才引进战略，通过人力资本增量的调整，优化员工队伍的年龄结构、知识结构和专业结构，使本企业的技术水平和管理理念都能跟上世界最新发展趋势，为提高企业整体竞争实力奠定坚实的人力基础。

四、科学技术的发展

随着人类跨入 21 世纪，科学技术的发展愈益呈现出不断加速的总体态势，世界已经进入信息时代，经济全球化趋势日益凸显，知识经济初见端倪，创新浪潮全球涌动，生产社会化程度不断提高，以知识创新为特征的新经济正在蓬勃兴起。人才，特别是创新人才，已经成为生产力发展的核心要素。

在知识经济形态中，人才资源已成为最重要的战略资源，其数量和质量是经济增长和社会发展的关键因素。随着全球性的产业结构大调整和国际市场竞争的加剧，一个国家的生存和发展，与经济、科技的竞争能力紧密相连，而经济与科技竞争力的关键在于人才。人才资源的开发已经成为世界各国经济和社会发展的战略制高点。人才已经成为经济和社会发展的第一资源，成为一种比资金更重要的资本。能否拥有和保持一支规模宏大的高素质的人才队伍，已经成为事关一个国家在国际竞争中兴衰成败的重大战略问题。

今天，人才作为知识的创造者、承担者、传播者、使用者，已经成为各国政府首先关注的对象。拥有大批高素质的创新人才，决定了一个国家在科技创新上的优势和在国际竞争中的主动权。

人力资源丰富而人才资源缺乏，是中国经济和社会发展的根本性矛盾之一。据统计，我国 1990—1999 年新增劳动力总数为 1.89 亿人，其中大专以上技术人才仅占 3.5%，中专、技校、职业高中毕业生占 14.5%，只接受过初中教育的占 46%，有 36% 的新生代劳动力还达不到初级技术所要求的文化程度。目前，我国低素质的劳动力供过于求，而高素质的劳动力则供不应求。而且从人才资源的整体素质来看，越是在高素质人才资源方面，我国与发达国家的差距越大。这是我国经济和社会发展在资源层面需要解决的一个根本性问题，也是我们将长期面对的人才资源的基本态势。

我国人力资源的结构矛盾也十分突出。人才的专业结构不能满足产业结构调整的需要，高新专业和传统专业的人才供需矛盾差别很大。一方面，机械、冶金、建筑等传统专业人才，在市场上供大于求的现象普遍存在；另一方面，微电子技术、信息技术、生物工程、新能源、新材料等新兴专业人才，供给明显不足。一些基础研究领域后继乏人，而处于国民经济基础的农业专业人才更是严重不足。高、中级专业技术人才年龄构成偏高，40岁以下专业技术人才，特别是顶尖人才的比重较小。在一些经济发达、资源得到比较充分利用的地区，人才资源数量密度相对较大；而一些经济发展水平低、资源未能得到充分开发和利用的地区，存在着严重的人才流失，这在一定程度上迟滞了这些地区开发的步伐。

五、经济全球化趋势

经济全球化是当今世界的潮流，是历史发展的大趋势。中国参与经济全球化是理性的选择，是经过长期探索、经历种种挫折而作出的战略决策。

中国和世界的历史都证明，一个国家、一个民族的发展和进步离不开世界大环境，在全球化进程中，也必须公平合理地对待每一个国家、每一个民族。经济全球化应当成为承载人类共同使命的载体。从贸易自由化到经济全球化，世界在加快发展。

经济全球化正在进入一段重要时期，国际竞争（包括产品竞争、市场竞争以及人才竞争）日趋激烈。世界各国的竞争，归根结底是人才的竞争。经济市场化、知识化和全球化，对于国际管理人员的需求将逐步增大。高层次、高新技术、高素质、复合型人才的培养应当作为人力资源开发与管理的重中之重，使其适应现阶段新经济、高科技的知识水平。

人力资源问题是影响公司战略实现的核心。增加和重新训练关键雇员是当前实现公司战略的决定性因素。因此，如何吸引与保持足够的员工数量，特别是那些在技术和能力上符合企业经营战略需求的雇员，是企业工作的重中之重。

强大的竞争全球化，使我国企业的人力资源开发与管理也面临着新的机遇与挑战，迫使企业把管理问题提升到关系企业生死存亡的高度来认识，继而转变观念，突破体制，营造机制，增强企业的忧患意识，激发起企业员工的使命感和紧迫感。

进入21世纪，世界范围知识经济兴起，全球信息化，跨国公司兼并，企业强强联合，国内市场大门向全球打开，国外有竞争优势的企业、商品已强力冲击国内市场。21世纪的经济发展，不再仅仅依靠资源的开发和廉价劳动力，而是通过人力资源的开发与管理。

经济全球化必然要求企业的管理模式、经营方式、组织形式等要适应全球化的变化。加强对国际规范的了解，各个行业都要瞄准世界科技的新发展，把握机遇。对我国企业来说，一方面应培养人才、留住人才、用好人才；另一方面也要学习国外的经验，运用有效的方法和手段，到国外的企业去吸纳人才。

第四节 现代企业人力资源的管理系统

在现代企业组织中，人力资源管理一般包括六个环节，即吸引、录用、保持、发展、评价和调整。这六方面相互作用，构成现代企业人力资源的管理系统。其关系如图1-2所示。

(1) 吸引——"请、买、租、纳、育"五字人才方针。
(2) 录用——依据工作需要选用最合适的人才。
(3) 保持——保持良好的工作绩效和工作环境。
(4) 发展——使员工的知识、技能、能力以及其他特性得到开发提高。
(5) 评价——对工作以及工作表现作出鉴定。
(6) 调整——为了让员工发挥最高水平所进行的一系列活动。

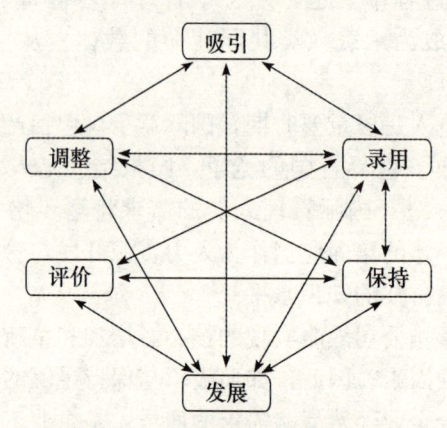

图1-2 人力资源的管理系统[1]

在上述人力资源系统中，改变系统的任何部分，都会引起其他部分的相应改变。因此，可以应用这一分析系统，构建企业人力资源管理方案。同时，如图1-3所示，在构建企业人力资源管理方案时，还应该考虑到与企业经营目标、企业规模、生产能力、人才战略相一致。另外，还必须考虑外部人力资源供给情况。

---

[1] 林泽炎. 3P模式 [M]. 北京：中信出版社，2001.

图 1-3　人力资源配置平衡系统

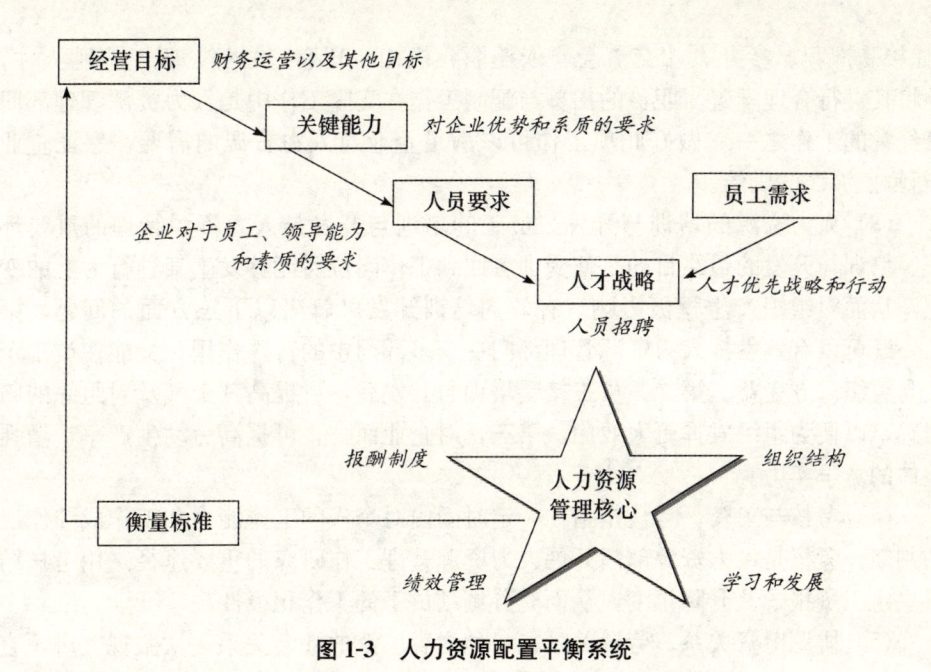

第五节　人力资源管理研究的基本内容

人力资源开发与管理主要围绕着两个主题进行讨论。第一，人力资源开发与管理者的职责及在日常管理中所需要的知识、技能等内容。人力资源开发与管理者应明确岗位职责。在企业管理中，岗位职责体现为一系列任务标准和操作标准，这种标准是最起码的要求。在此之上，根据工作任务和工作规范的执行情况，表现出不同的业绩水平。完善的管理知识和技能有助于开展人力资源开发与管理工作。第二，管理观念的创新。创新是管理者所能利用的一种特殊资源。观念是创新的先导。每名管理者都应成为创新者，把观念创新渗透于管理过程之中，这在经营活动中起着至关重要的作用。随着国际竞争的日趋激烈，企业之间的竞争归根结底是人才的竞争，选择高素质并且有献身精神的人才，是企业得以发展的前提条件。管理者应注重培养员工的献身精神，这是企业成功的关键因素。

人力资源开发与管理的具体研究内容和工作任务主要包括七方面。

（1）人力资源开发与管理基本理论。将人力资源开发与管理基本理论有效地应用于实际的管理工作中，可以促进生产经营的发展，有利于调动员工的积极性，提高劳动生产率和经济效益。

（2）职员的招募与配置。根据企业内部岗位的需要，利用有效的方法和手段

(如接受推荐、参办人才交流会、依托职介机构、刊登广告等）吸引应聘人才，并将其进行合理配置。职员的招募与配制工作在实际工作中是人力资源管理部门最经常的工作之一。做好此项工作可以满足企业对人力资源的需要，保证企业"新鲜血液"的供给。

（3）人力资源的培训与开发。员工的培训与开发是人力资源管理的重要环节。培训与开发的最终目的是使受训者回到工作岗位后能够发生某种行为上的变化，从而对组织产生积极影响。有效的培训开发可解决以下三方面的问题。第一，既可以有效发挥人力资源管理部门在众多部门中的特殊作用，又能使员工个人与组织双方受益。第二，员工接受培训与开发后，可提高其士气及对组织的归属感，以便为组织发挥更大效用。第三，对企业而言，可提高劳动生产率，增强整体的竞争实力。

（4）考核与工资。考核是指在一定时间内对个人的工作能力和工作成绩作出的判断。考核是人力资源部门开展人力资源管理工作研究的重要途径。用考核结果决定工资报酬及升降幅度，从而充分调动员工的工作积极性。

（5）协调劳资关系。劳资关系是一种内容广泛的社会关系。从微观上讲，它贯穿于企业生产、经营、分配的各个环节；从宏观上讲，它也是现代工业社会中最主要的一种社会经济关系。劳资关系模式应体现出其浓厚的自由化、分散化色彩，追求平衡与稳定。

（6）雇员保障与工作安全。管理者应在报酬、职位、社会保险和福利、劳动保障、工作时间和休息休假、教育和培训等方面，给员工以充分的保障。工作安全则是指以保障劳动者在劳动过程中的安全和健康而采取的相应措施，为其创造良好的工作环境，满足其安全需要，从而激发其劳动热情。

（7）人力资源管理的价值工程。运用统计和会计核算方法对人力资源进行定量分析，并进行长期预测和开发规划研究，有利于企业的组织创新和发展，使企业在激烈的竞争中处于有利地位。对企业内部而言，可激发员工的工作积极性和创造性，增强企业凝聚力，提高生产效率和组织效益。

本章小结

本章是人力资源管理的总论，是对本书基本框架的说明以及对基本概念的解释。主要讨论了人力资源管理的概念与重要性、人力资源管理的职权构成、社会经济环境与人力资源管理、现代企业人力资源的管理系统和人力资源管理研究的基本内容。

关键概念

人力资本　　人力资源　　直线职权　　职能职权　　直线功能　　协调功能

复习题

1. 结合实际谈谈企业人力资源管理的重要性。
2. 人力资源管理的特点是什么?
3. 谈谈企业人力资源管理的职权构成。
4. 谈谈人力资源管理的主要内容。

讨论及思考题

1. 人口结构变动如何影响到企业人力资源管理?
2. 产业结构变动如何影响到企业人力资源管理?
3. 经济的全球化对于企业人力资源管理有什么影响?

参考文献

[1] 贝克尔. 人力资本 [M]. 佐野阳子, 译. 东洋经济新报社, 1997.

[2] 张德. 人力资源开发与管理 [M]. 北京:清华大学出版社, 1996.

[3] 林泽炎. 3P模式——中国企业人力资源管理操作方案 [M]. 北京:中信出版社, 2001.

[4] 〔美〕加里·德斯勒. 人力资源管理 [M]. 6版. 北京:中国人民大学出版社, 1999.

CHAPTER 2

第二章
人力资源管理的基本理论

本章要点提示

- 人力资源管理的哲学思想
- 人力资源管理的原理
- 人事矛盾律

本章内容引言

本章主要论述人力资源管理的哲学和原理,"人"与"事"的矛盾规律以及如何运用这些理论做好人力资源管理工作、培养员工献身精神等问题。

第一节 人力资源管理的哲学

人的行为总是部分地建立在个人所作的一些基本假设基础之上的。对于人力资源管理来说,也是如此。

管理者对员工的一些基本假设,例如他们是否值得信任、是否不喜欢工作、是否具有创造性,他们为什么以那样的方式做事,如何对待他们等,构成了管理者的人力资源假设。每名管理者所作的每一项有针对性的人事决策,都反映出一定的基本哲学观点。这种哲学一部分是先天的,另一部分是后天形成的。一个人从开始工作就需要有某种管理哲学,它是建立在个人经历、教育以及其他一些背景基础之上的。但是这种哲学并不是瞬间就固若顽石,它会随着一个人知识和经验的积累,不断发生变化。

一、X 理论和 Y 理论

道格拉斯·麦格雷戈(Dong Las Megregir, 1906—1964)认为,由于人有两种截然不同的本性,所以企业管理有两种可供选择的理论。麦格雷戈把这两种完全对立的理论分别叫做 X 理论和 Y 理论。基于以上原因,也就造就了两类企业家。

(一) X 理论的假设

X 理论最核心的观点就是假设人是经济人，对工人的管理可以用强制的和惩罚的方法。其基本观点如下所述。

（1）一般人天生是懒惰的，从本质上说都是不喜欢工作的，并且他们都尽可能逃避工作。因此，必须对他们实行强制性劳动。

（2）基于人类对工作和劳动有与生俱来的厌恶感这一特点，所以大多数人都必须进行强迫、控制以及指挥，甚至要以严厉惩罚等方式给予威胁，才能促使人们按照社会组织规定的计划和目标尽到自己的努力。

（3）一般来说，大多数人都愿意被人指挥并且缺乏进取心、责任心，不愿对人和事负责，更不愿去冒大的风险。因此，必须有人指挥他们、管理他们，他们也宁愿接受指挥，接受他人的管理。

然而，一些管理人员的行为则反映出与 X 理论相对立的另一个极端，即 Y 理论的假设。

(二) Y 理论的假设

Y 理论是麦格雷戈在对"X 理论"这种传统的思想观念进行剖析和批判后提出的新理论。该理论的核心观点是，"人是自我实现人"。其主要观点如下。

（1）一般人在本质上并不厌恶工作，愿意为社会、为他人作贡献。因此要有意引导人们自觉地去工作。

（2）外部控制和惩罚威胁并不是使人们为组织目标而奋斗的唯一手段。

（3）激励人们的最好办法是满足他们的成就感、自尊感和自我实现感等此类高层次需求。

（4）在适当的条件下，一般的人不仅愿意承担责任而且会主动地去寻求责任感。

（5）较高的想象力、理解力、创造力等各种能力，是非常广泛地体现在每一个人身上的，而不仅仅集中在少数人身上。

任西斯·里卡尔特（Rensis Likert）认为，这两类基本假设很明显地存在于两种基本的组织类型或组织体系中，即组织体系Ⅰ和组织体系Ⅱ。

在组织体系Ⅰ中，表现为：第一，组织的管理实践所表现出来的是对下属没有信心也不信任。第二，下属是在威胁和惩罚之下被强迫工作的。第三，各种决策以及组织目标都是由高层制定的。第四，控制权高度集中于高层管理人员手中。在管理工作中，前两点表现出了管理者对下属的不信任；后两点体现出管理者的独裁。

在组织体系Ⅱ中，表现为：第一，组织的管理实践给人的感觉是对下属具有充分的信心和信任。第二，对工人的激励是借助管理参与和决策参与实现的。第三，决策权广泛分散而不是高度集中。第四，监督人员和下属之间的关系是包容性和友好的。第五，控制的责任广为分散，较底层次的人也负有完全的责任。显而易见，前两点表现出管理者对下属给予充分的信任并采取有效的激励手段，后三点体现出了管理者与下属之间的民主。

二、复杂人假设（超Y理论）

沙因认为，X假设和Y假设各自反映出当时的时代背景，并适合于某些人和某些场合。但是，人有着复杂的动机，不能简单地归为一两种。

事实上，人的工作动机包括生理的、心理的、社会的各个方面，再加上不同的时间因素等。因此，他提出了复杂人的假设，其观点如下。

（1）人的工作动机复杂多变。人的工作动机不但是复杂的，而且变动性很大。每个人都有许多不同的需求。人的动机结构不仅因人而异，而且同一个人也因时而异、因地而异。

（2）人的动机模式是与组织相互作用的结果。一个人在组织中可以形成新的寻求和动机。

（3）人的工作动机与所在的组织和团体有关。一个人是否感到满足，肯为组织尽力，取决于他本身的动机结构与他同组织之间的相互关系。

（4）人的工作动机与管理方式有关。人可以依自己的动机、能力及工作性质对不同的管理方式作出不同的反应。

三、需求层次理论

美国著名的人本心理学家马斯洛认为人的需要分为五个层次，即生存、安全、社会交往、受尊重、自我实现需要。

（1）生存的需要求。这是人的最原始、最基本的需要。同时，生理需要与高级需求不应该被当做互不相关的孤立现象来对待。当基本的需求得到了满足，新的（更高一级的）需求又会出现，以此类推，我们所说的人类基本需求交织在一个有相对优势关系的等级体系中就是这个意思。

（2）安全的需求。当一个人的生理需求获得满足之后，就会出现马斯洛所说的安全的需求。这包括防止自身的生理肌体遭受损害、防止疾病、防止经济灾难、要求劳动安全、生活有保障、避免感情上的打击和意外事件的发生，等等。一个生活不安定的人，特别迫切需求有一种稳定和秩序感，否则就总是处于一种紧张的、时时需要应付突发事件的惶恐状态。

（3）社会交往的需求。这主要包括友谊、爱情、归属等方面的需求。马斯洛指出，当一个人的生理和安全的需求得到满足之后，就开始追求与他人建立友情，即在自己的团体里求得一席之地。他会为达到这个目标不遗余力，也会把这项需求看得高于世界上任何东西。

(4) 受尊重的需求。这种需求包括自我尊重和社会（他人）对自己的尊重两方面。自尊，包括对获得信心、能力、本领、成就、独立、自由等方面的感知。社会（他人）对自己的尊重，包括接受、承认、关心、赏识、荣誉、威望、地位等方面的给予。一个人如果有了足够的自尊心加之社会对他的认可，工作起来就会充满信心，事半功倍。

(5) 自我实现的需求。这是最高一级的需求。马斯洛把这种需求描述成"一种思想要变得越来越像人的本来样子，实现人的全部潜力的欲望"，即要求自己越来越成为自己要做的人，成为自己能够达到的最高限度的人。一个人自我实现需求的满足将更提高这种需求的强度。

这五种需求的排列是由低层次向高层次迈进的。其中生存、安全需求属于物质层次的需求，而社会交往、受尊重、自我实现需求则属于精神层次需求。这五种需求是同时存在的，但是在不同的时代、社会条件下，每种需求的强度是不同的。各自的需求强度不同，呈现出不同的需求结构。在集中需求中，最强烈的需求起主导作用，称为主导需求。

需求产生动机，动机导致行为。在若干种动机中，总有一种动机强度是最大的，叫做优势动机。优势动机是人们行为产生的直接原因。

研究人们的需求层次及结构，是做好人力资源管理工作的基础和前提。

四、期望理论

维克多·弗隆姆（Victor Vroom）认为员工选择做与不做某项工作取决于三种具体因素。第一，员工对自己的某项工作的能力知觉。一般来说，如果员工相信自己能够做，则动机就会较强烈。反之，如果认为不能，动机将有所降低。第二，员工的期望（或信念）。如果员工从事了某项工作会带来渴望的结果，则反映出做该项工作的动机很强烈。相反，若员工总认为不会带来所期望的结果，则动机不定。第三，员工对某种结果的偏好。如果一位员工真的希望加薪、晋升或其他结果，则动机很强烈。但如果认为是一种消极结果，如延长工作时间、引发合作者的嫉妒等，就不会受到激励。三种要素的关系如图2-1所示。

学习该理论可以得到的启示是，应该努力让员工感觉到他们具有完成工作任务的能力，对他们的工作成绩给予奖赏，且这种奖赏对他们而言是有价值的。

弗隆姆认为，人们从事某一工作的动机强度，或者被激发出的力量（积极性）大小，取决于目标价值（效价）大小和预计能够达到这个目标的概率（期望值）。用公式表示为：

动机强度＝效价×期望值

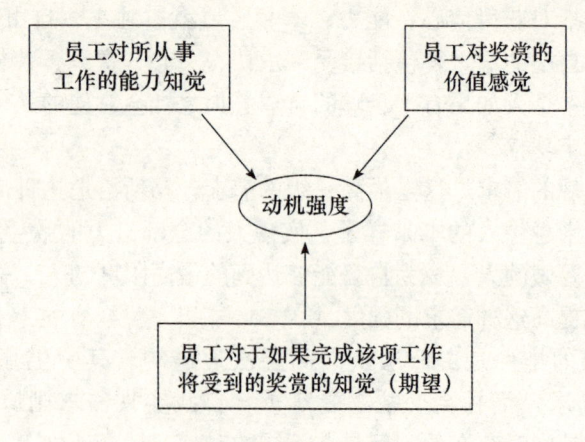

```
┌──────────────┐        ┌──────────────┐
│ 员工对所从事  │        │ 员工对奖赏的  │
│ 工作的能力知觉│        │  价值感觉    │
└──────┬───────┘        └──────┬───────┘
       │                       │
       └────────→ 动机强度 ←───┘
                     ↑
           ┌──────────────────┐
           │员工对于如果完成该项工作│
           │将受到的奖赏的知觉（期望）│
           └──────────────────┘
```

图 2-1　要素关系图

为了使动机强度达到最佳，弗隆姆提出了人的期望模式，如图 2-2 所示。

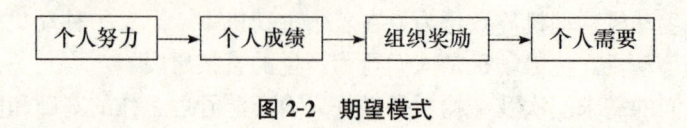

个人努力 → 个人成绩 → 组织奖励 → 个人需要

图 2-2　期望模式

根据人的期望模式，为了有效地激发人的动机，需要正确处理好努力与成绩的关系、奖励与个人需要的关系。

五、公平理论

公平理论是美国心理学家史坦斯·亚当斯（J. Stacey Adams）提出的一种激励理论。公平理论解释了员工的公平感是如何影响他们行为的。他发现，员工的工作动机，不仅受到其所得绝对报酬的影响，而且受到相对报酬的影响，即一个人不仅关心自己收入的绝对值（自己的实际收入），也关心自己的相对价值（自己的收入与他人收入的比较）。

每名员工都会不自觉地进行两种对比。第一，他们把自己对工作的投入和产出进行对比。投入可能包括努力程度、教育背景和经验，产出包括报酬、福利、职务晋升和工作的"特权"，如出差能否享受软卧、高级酒店和豪华的办公环境等条件。如果员工感到投入和产出之间不公平，他们会把大部分精力放到修正这种不公平上，而不是他们的本职工作。第二，把自己的投入与产出和同事的投入与产出相比较。如果他们认为其他员工投入更少而产出更多，他们同样会把精力放到修正这种不公平上。

员工一旦产生不公平感，就会影响工作的积极性。他们会寻找达到心理平衡的其他办法，如减少工作努力程度、讨好领导、钻空子、辞职等。

亚当斯的公平理论有助于解释为什么有些员工会丧失动机。如果员工个人认为报酬制度是公平合理的，就能有效地激发员工的积极性。管理者要为员工创造一种公平的竞争环境，做到合理分配、同工同酬，公平对待组织内的每名成员，把员工的积极性调动起来。

六、双因素理论

双因素理论是美国心理学家赫茨伯格（F. Herzberg）通过长期调查研究提出的。双因素理论比较系统地分析了如何通过一定的条件激励员工士气的现实可能性，对员工复杂多变的心态进行了科学研究与精辟的内涵界定。

赫茨伯格区分了两种层次的激励因素。第一种是"不满意因素"或称"保健因素"。它主要是由环境因素引起的，包括工作安全、工资、福利、工作条件、监控、地位和公司政策，如果这些方面安排得好，就能使员工产生满意感，因而能起到激励作用。这些因素与马斯洛的生理、安全、社会交往需求很相似。第二种是"满意因素"或称"激励因素"。它是能够使人感到满意的因素，这些因素主要是由员工从事的工作本身所产生的，包括工作成就感、认可程序、责任感、发展潜力与前景等。这些因素有助于建立自尊和挖掘自我潜力，同马斯洛的受尊重和自我实现需求很相似。

赫茨伯格认为保健因素的缺乏会造成员工的不安全感和不满意，但是这些因素的存在并不是为了产生激励工作的力量。而激励因素能够提高员工的满意度，创造出一种积极有活力的工作环境。

双因素理论说明管理者必须满足员工的高层次需求，而不是基本需求，才能达到激励员工的目的。即不但要注意满足保健因素，更要注意满足激励因素。

七、强化理论

B. F. 斯金纳认为，员工会根据自己行为的后果选择行为。如果某种行为产生了一种积极后果，个体就可能有重复的动机，成为"积极强化"。比如，员工在某项工作中表现出色，受到表扬，则还会继续坚持做。如果行为并未产生消极后果，个体也有可能重复它，成为"消极强化"。例如，一个人做了坏事，并没有受到批评，他便有可能再犯。斯金纳把运用积极和消极的后果所影响人们的行为称为"行为塑造"。

该理论的启示是，在人力资源管理过程中，应该奖罚分明。该理论的缺陷在于，假设员工不去思考，只是简单地对刺激作出反应，并不认为员工理解自己的需要。另外，该理论也没有涉及人的高层次需求。

第二节 人力资源管理原理

人力资源管理的原理很多，在此，介绍常见的九种原理。

一、同素异构原理

同素异构原理是从化学中借用的概念，意指事物的成分因在空间关系上即排列次序和结构形式上的变化而引起不同的结果，甚至发生质的变化。

把自然界中的同素异构原理移植到人力资源管理中，是指同样数量的人采用不同的组织结构，可以取得不同的效果。好的组织结构可以有效地发挥整体功能大于个体功能之和的优势。

合理的组织结构，可以充分发挥人力资源的潜力，发挥组织的系统功能。

二、能级层序原理

能级层序是来自于物理学的概念。能，做功的能量；能级是表示事物系统内部个体能量大小形成的结构、秩序、层次。这样才形成了稳定的物质结构，即能级对应关系。

将能级层序原理引入人力资源开发与管理中，主要指具有不同能力的人，应配置在组织中的不同职位上，给予不同的权利和责任，使能力与职位相应，组织结构才会相对稳定。

这里的能力不仅指知识、经验，还包括人的道德水平、价值观。

三、要素有用原理

要素有用原理是指在人力资源开发与管理中，任何要素（人员）都是有用的。关键还要知之善任，"天生我材必有用"，换言之，"没有无用之人，只有不用之人"。

首先，要承认人的能力、知识及价值观是有差异的，也是多元的。其次，要根据每个人的知识、能力、经验等要素，配置到合适的职位上。最后，作为领导或人力资源管理部门，要善于发现员工的特点，用其所长，避其所短。

总之，每个人身上都有闪光的一面，关键是将其放在合适的岗位上，为其创造闪光的机会。

四、互补增值原理

互补增值原理的含义是将各种群体，通过个体间取长补短而形成整体优势，以实现组织目标。互补的内容主要包括五方面。

（1）知识互补。在一个群体中，若个体在知识领域、广度和深度上实现互补，那么整个集体的知识结构就比较全面合理。

（2）能力互补。在一个群体中，若个体在能力类型、大小方面实现互补，那么各种能力互补就可以形成优势，从而使组织的能力结构更加合理。

（3）性格互补。就一个集体而言，每个个体具有不同的性格特点，而且具有互补性。这样就易于整个组织形成良好的人际关系和胜任处理各类问题的良好的性格结构。

（4）年龄互补。合适的年龄结构，可以在体力、智力、经验、心理上形成互补，从而有效地实现人力资源的新陈代谢，使企业焕发出持久的活力。

（5）关系互补。每个人都有自己特殊的社会关系，从整体上看，就易于发挥集体的社会关系优势。

该理论的启示是，在目标一致的前提下，充分利用互补增值原理，往往可以收到事半功倍之效。

五、动态适应原理

动态适应原理的含义是指伴随着时间的推移，员工个人状况、组织结构、外部环境等也会发生变化，人力资源管理要适时予以调整，以适应各种变化。

员工个人状况的变化包括年龄、知识结构、身体状况等。组织结构包括机构组织结构、人才组织结构、岗位组织结构、生产组织结构等。外部环境包括科学技术的进步、竞争的加剧等因素。

人与事的不适应是绝对的，适应是相对的，从不适应到适应是在运动中实现的，是一个动态的适应过程。因此，我们应该对人力资源实行动态管理，主要内容包括：实施岗位的调整或岗位职责的调整；实施人员的调整，进行竞聘上岗、平行调动；实施弹性工作时间如聘任小时工、半时工；培养、发挥员工一专多能的才干，实现岗位流动；实施动态优化组合，实现组织、机构人员的优化。

根据动态适应原理，企业经营管理者和人事部门要密切注视各种因素的变化，及时调整，使人与事相适应。

六、激励强化原理

所谓激励，就是以物质和精神满足员工的需求，激励员工的工作动机，使之产生实现组织目标的特定行为的过程。

人力资源的开发与管理，应注意对人的动机的激发，即对人的激励。激励可以调动人的主观能动性，强化期望行为，使之适应企业目标，从而显著地提高劳动生产率。

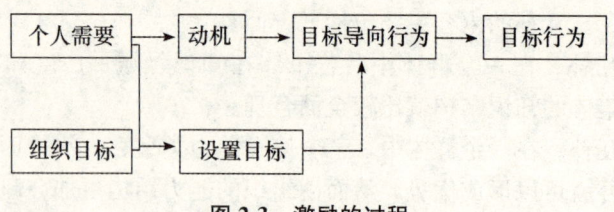

```
个人需要 → 动机 → 目标导向行为 → 目标行为
                        ↑
组织目标 → 设置目标
```

图 2-3　激励的过程

图 2-3 中的关键环节是设置目标，如评定职称，评选先进工作者、"三八"红旗手、"五一"劳动奖章获得者等，它应该符合组织目标的要求，同时又包含较多的个人需求，可以激发员工的动机。

七、公平竞争原理

公平竞争原理是指竞争条件、规则的同一性原则。引入到人力资源管理中，是指考核录用和奖惩过程中的统一性竞争原则。这里的"同一性"是指起点、尺度、条件、规则的同一性。

在人力资源管理中，运用竞争机制要注意以下三点。第一，竞争的公平性。企业管理者应严格按规定办事并一视同仁，对员工应给予鼓励和帮助。第二，竞争的强度。没有竞争或竞争强度不够，会使企业死气沉沉，缺乏活力；相反，过度竞争会使人际关系紧张，破坏员工之间的协作，破坏组织的凝聚力。因此，掌握好竞争的强度是一种领导艺术。第三，竞争的目的性。竞争应以组织目标为重。良性竞争可提高效率，增强活力，而不会削弱凝聚力；而恶性竞争必然损害组织的凝聚力，并且难以实现组织目标。

运用公平竞争原理，应坚持公平竞争、适度竞争、良性竞争三项原则。

八、信息催化原理

信息是指作用于人的感官被大脑所反映的事物的特征和运动变化的状态。信息催化原理是指人们通过获得自然、社会、人类自身的信息，能动地认识客观世界并改造世界的思想。

根据这一原理，在人力资源管理中，公司领导应不断地向员工提供各种信息。其内容是多样的，如高新科学技术发展趋势、最新的工艺操作方法、劳动技能、新的价值观、安全生产知识等。其方式也是多样化的，如出国留学深造、专业技能培训、脱产学习等，也可以通过文字以简报或建立企业内部局域网来传达各种信息，从而促使信息管理这一基础性工作上档次、上水平。

九、企业文化凝聚原理

企业文化凝聚原理是指以价值观、理念等文化因素把员工凝聚在一起的原理。

组织的凝聚力大小取决于两方面：一是组织对个体的吸引力或者说个人对组织的向心力；二是组织内部个体之间的黏结力或吸引力。

一个组织的凝聚力不仅与物质条件有关，更与精神条件、文化条件有关，即取决于内在共同的价值观、共同的理念、共同的目标。所以要加强企业文化建设，用高尚的企业目标、企业精神、企业管理、企业风气塑造人才、凝聚队伍，并肩壮大企业的发展。

第三节　人事矛盾规律

客观地说，人与事之间总是有矛盾的。如何解决矛盾，将矛盾的摩擦减少到最低限度，是人力资源管理的重要内容。

一、人事矛盾的一般规律

人与工作岗位及工作过程之间的矛盾表现为三方面：第一，事的总量和人的总量的矛盾，称为总量矛盾；第二，事的类型结构与人的能力结构、素质类型的矛盾，称为结构矛盾；第三，具体的岗位（职位）与个人的资格素质的矛盾。

无论是在一个国家、地区，还是在一家企业中，这三种矛盾都是普遍存在的。三种矛盾是相对的、对立统一的、变化的。

二、人事矛盾产生的客观原因

人事矛盾的产生，有其客观必然性。第一，人和事都是处在动态变化之中。第二，人和事的发展不可能完全同步。第三，人和事都存在着个体的差异。另外，人和事的具体搭配受到许多客观条件的限制，如市场和信息的完备、迁移成本（空间成本）、制度因素等。

三、解决人事矛盾的方法

（一）运用科学方法实现有效配置

一方面，只有把员工配置到合适的岗位上，人的才能才会得到充分的发挥；另一方面，只有所有的岗位有合适的人去做，才能使企业具有竞争力。要实现上述目标，必须应用现代管理技术，如工作分析、岗位设置等方法。

（二）实行动态调整

事实上，人和事物总是处于变化之中，要使企业运行具有持续性，必须随时随地实施动态调整，以适应变化的环境。

（三）培养员工的献身精神

对于任何一家企业来说，员工的岗位配置总是不能尽善尽美，在这种情况下，能否做好工作，取决于员工的献身精神。而且，激烈的国际化竞争、高新技术的进步等因素，已经引发了剧烈的社会变更，在这种变更中，也需要员工的献身精神。

（1）确立"人高于一切"的价值观。就像Y理论所强调的，人是应当受到尊重、值得信任的，并且都想把工作做好。人是具有创造性和进取心的。世间万物，人是最宝贵的，人力资源是第一资源。承认、尊重并设法满足人的合理要求，正是"以人为本"的要求。

（2）实现双向沟通。近几年企业界正流行一种创新管理方式——"走动式"管理，它主要是指企业主管体察民意，了解实情，与部属打成一片，共创业绩。日本企业人力资源管理的一个显著特点是注重人情味和感情投入，经理人员与所有雇员同甘苦、共命运。因此，企业和员工结成的不仅仅是利益共同体，还是感情共同体。企业管理者与员工应达到感情上的沟通，确保公平对待、一视同仁，可采取与员工共同就餐、参与集体活动，从而调动其工作积极性。

（3）在雇员中创造一种团队意识。使员工将自身的利益得失与企业捆在一起，一荣俱荣，一损俱损，鼓励他们参与企业的管理。日本传统的家庭集团意识——"团结起来一切为了家"的观念，成功地植入企业，变为"团结起来一切为了企业"。即所谓企业是核心，全体员工彼此之间团结协作，进而发挥出最大的潜能，以适应未来的协作型社会。

（4）彻底的"以价值观为基础的雇佣"。企业的成败，关键因素之一就是全体成员价值观的认同。组织对员工的吸引力，很重要的因素就是共同的理念、价值观和目标。在招聘员工时，要选择那些与企业价值观一致的人。这样，企业就不至于使所选人员不令人满意，从而造成额外费用，增加成本。比如，企业在开发生产一种新产品时，所倡导的价值观就是"追求卓越"、"质量第一"，当员工的价值观真正与之相符时，才能创造出这样的产品。

（5）雇员的就业安全。近年来，日本企业的终身雇佣制虽然有所动摇，但是至今日本的大企业普遍采用终身雇佣制度，小企业尽管未采用这种制度，但固定工也极少被解雇。在终身雇佣制下，只要企业不倒闭、自身不违法或严重违反企业规定，员工就无失业之忧。这就大大增强了安全感和归属感，从而使员工义无反顾地为企业长期工作，也增加了职工对企业的向心力。

（6）丰厚的报酬。丰厚的薪酬策略是留住人才的重要因素之一。适当的物质激励可以激发员工的工作积极性。应建立一套多样化、差别化、个性化的奖励制度，使奖励尽可能满足每名员工的特殊要求。日本的薪酬制度较为完善，管理者为员工提供高于平均水平的薪水、奖金和包括福利在内的一套报酬，使员工把自己看成是共同体的一员，愿意与企业荣辱与共——企业经营状况良好时资源共享，效益不佳时也勇于为企业分担困难。

(7) 雇员的自我实现。管理者应促使员工实现其个人价值的最大化，并为员工最大限度地发挥能力、实现个人价值提供一个良好的模式。领导的艺术在于让员工在成功中走向更大的成功，让每名员工都有成就感，实现自己人生的最大价值。

本章小结

本章是人力资源管理的基础理论。主要包括X理论、Y理论、需求层次理论等管理哲学思想，同素异构、能级层序等人力资源管理原理，人事矛盾规律以及解决矛盾的方法。

关键概念

X理论　　Y理论　　复杂人假设（超Y理论）　　需求层次理论
期望理论　　公平理论　　强化理论　　双因素理论　　同素异构原理
能级层序原理　　要素有用原理　　动态适应原理　　激励强化原理
互补增值原理　　公平竞争原理　　信息催化原理　　企业文化凝聚原理
人事矛盾规律　　雇员的自我实现　　雇员的就业安全　　双向沟通
团队意识

复习题

1. 什么是企业文化？如何建设企业文化？
2. 什么是人事矛盾规律？为什么会存在人事矛盾？
3. 如何培养员工的团队意识？
4. 什么是双向沟通？如何实现双向沟通？

讨论及思考题

1. 需求层次理论具体内容是什么？根据该理论如何做好人力资源管理工作？
2. 你如何理解"以价值观为基础的雇佣"？
3. 你如何理解"人高于一切"的价值观"？

参考文献

[1] 张德. 人力资源开发与管理 [M]. 北京：清华大学出版社，1996.

[2] 林泽炎. 3P模式——中国企业人力资源管理操作方案 [M]. 北京：中信出版社，2001.

[3] 〔美〕加里·德斯勒. 人力资源管理 [M]. 6版. 北京：中国人民大学出版社，1999.

[4] 胡君辰，郑绍濂. 人力资源开发与管理 [M]. 北京：复旦大学出版社，1999.

CHAPTER 3

第三章
工作分析与工作设计

本章要点提示

- 工作分析的概念
- 工作分析的步骤
- 收集工作分析信息的方法
- 工作说明书的编制
- 工作规范书的编制

本章内容引言

"玛丽，我一直想象不出你究竟需要什么样的操作工人"，海湾机械公司人力资源部约翰·安德森说，"我已经给你提供了四位面试人选，他们好像都还满足工作说明中规定的要求，但你一个也没录用。""什么工作说明？"玛丽道，"我所关心的是找一个能胜任那项工作的人。但是你给我派来的人都无法胜任，而且，我从来就没有见过什么工作说明。"

约翰递给玛丽一份工作说明，并逐条解释给她听。他们发现，要么是工作说明与实际工作不相符，要么是它规定以后，实际工作又有了很大变化。例如，工作说明中说明了有关老式钻床的使用经验，但实际中所使用的是一种新型数字式机床。为了有效地使用这种新机器，人们必须掌握更多的数学知识。

听了玛丽对操作工人必须具备的条件及应当履行的职责的描述后，约翰说："我想我们现在可以写一份准确的工作说明，以它为指导，我们就能找到适合这项工作的人。让我们今后加强工作联系，这种状况就不会再发生了。"[1]

上述情况反映了人力资源管理中普遍存在的问题：工作说明对完成工作所需职责和技能的说明不恰当。工作分析是解决这个问题的关键所在。工作分析是人力资源管理最基本的职能。

❖❖❖❖❖❖❖❖❖❖❖❖❖❖❖❖❖

---

[1] R.韦恩·蒙迪，罗伯特·M.诺埃. 人力资源管理 [M]. 葛新权，郑兆红，王斌，等.译. 北京：经济科学出版社，1999：80-81.

第一节　工作分析的内涵

工作分析与设计是人力资源管理中的一项基础工作。在进行工作分析之前，我们首先要明确工作分析的内涵，了解工作分析的价值。

一、工作分析的概念

（一）工作分析的概念

工作分析是对企业各类岗位的性质、任务、职责、劳动条件和环境，以及员工承担本岗位任务应具备的资格条件所进行的系统分析和研究，并制定出岗位规范、工作说明书等人事文件的过程[1]。

在企业中，每一个工作岗位都有它的工作名称、工作地点、劳动对象和劳动资料。工作分析的第一步，就是要了解特定岗位的具体内容。通过工作调查，在取得有关信息的基础上，对岗位的名称、性质、任务、程序、内外部环境、条件等作出比较系统的描述，并加以规范化。因此，工作分析又被称为工作描述。

工作描述的各种资料与有关人员的能力、经验、兴趣、个性的心理测量数据结合在一起，就能确定出人员的任用标准，为企业人力资源管理工作提供可靠的依据。

（二）与工作分析有关的几个概念

在系统阐述工作研究的基本原理、原则和方法之前，我们先对工作分析所引用的各种概念以及与之相关的一些术语加以说明。

1. 工作

工作是一个经常运用的词汇，其含义极为复杂。但是工作是组织的基本单位这一观点已达成共识，从这一点出发，可以将各项工作区分开来。工作有四个基本特征：

（1）工作由物质、理念和人力资源构成。

（2）工作和组织保持着一种互利的关系。组织可以获得资源，而工作者可利用资源为组织制造产品提供服务。

（3）工作是组织的基石。它是形成工作团队、科室甚至更大部门的基础。

（4）工作是连接人与组织的纽带，没有正式或非正式的工作任务也就没有组织。

---

[1] 安鸿章. 工作岗位的分析技术与应用 [M]. 天津：南开大学出版社，2001：76.

虽然所有的工作都具备以上的特征，但没有任何两项工作是完全一样的。一般可以通过如下六个因素将工作区分开来：

（1）使命。每项工作为组织提供独特的产品和服务。

（2）物质资源。在工作中使用的机器、工具、设备、辅助设施以及原材料。

（3）人员特征。工人在完成工作时所需具备的知识、技能、能力以及其他素质。

（4）方法。将资源转化为可用产品的流程、技术。

（5）行为。员工受其思想支配在工作中表现的活动。

（6）地位。工作在组织管理阶层中所处的位置。

2．任务

指为达到某一特定目的而进行的具体事项。例如，员工将若干物料运送到某一工作地点、会计员登记一笔账目、打字员打印好一份文件，等等。在一定时间内需要由一名员工承担一系列相同或相近的任务时，一个工作岗位也就产生了。

3．职务

指对员工所应承担事务的规定，它与职位的不同点在于强调所承担的任务内容，而不是指任务的地点。

4．职位

其含义与"岗位"基本相同，专指一定组织中承担一定职责的员工工作的位置。它与职务的不同点在于强调承担某类任务的人员数量以及具体劳动的地点。"职位"一词多见于机关、团体、事业单位的人事管理中，而在我国企业人力资源管理中，更广泛使用的是"岗位"一词。

5．责任

指分内应做的事。即员工在职务规定的范围内应尽责尽职、保质保量地完成任务。

6．职责

是职务与责任的统一，专指须由一名员工担负的各项任务组成的工作活动。例如企业人力资源部的薪酬管理员的职责之一是定期进行薪酬调查。这一职责由设计薪酬调查表、发给被调查单位、对调查项目进行必要的解释和说明、按期收回调查表、进行汇总整理和写出分析报告这六项任务组成。

7．工作族

是两个或两上以上工作的集合。一个工作族是由性质相同的若干项工作组成。例如销售工作和生产工作分别是两个工作族。

8．职业

是指个人在社会中所从事的作为主要生活来源的工作业种。"工作"和"职业"的区别主要在于其范围不同。前者的范围较窄，一般限于某一组织内部；而后者是跨行业、跨部门的，如会计师、工程师、推销员、采购员等。

二、工作分析的意义

（1）工作分析为企业选拔、任用合格的员工奠定了基础。通过工作分析，掌握工作任务的静态与动态特点，能够系统地提出有关人员的生理、心理、技能、文化、思想等方面的具体要求，对本岗位用人标准作出具体而详尽的规定。这就使企业人力资源管理部门在选人用人方面有了客观依据。企业经过人事考核、员工素质检测，即可选拔和配备符合工作数量和质量要求的合格人才。

（2）工作分析为企业员工的考核、晋升提供了依据。员工的考核、晋级、提升如果缺乏科学依据，将会挫伤员工的积极性，使企业的生产以及各项工作受到严重影响。根据工作分析的结果，企业人力资源管理部门可制定出各类人员的考核标准，以及晋级、提升的具体条件，从而加强员工考核、晋升的科学性。

（3）工作分析是企业改进工作设计、优化工作环境的必要条件。通过工作分析，可以揭示企业生产中的薄弱环节，反映工作设计、配置中不合理的地方，发现工作环境中有损于员工生产安全，造成过度紧张、疲劳等心理生理问题的各种不合理因素。有利于企业改善工作设计和劳动环境，使员工在安全、健康、舒适的环境下工作，以便充分发挥员工的专业技能，调动员工的工作积极性和主动性。

（4）工作分析是企业制订有效的人力资源管理计划、进行人才预测的重要前提。每家企业对于工作岗位的人员安排和配备，都需要制订有效的计划，并根据今后生产任务和工作发展变化的趋势，进行人才需求的中、长期预测。工作分析形成的工作说明书，为企业有效地进行人才预测、编制企业人力资源计划提供了重要前提。

（5）工作分析是建立薪酬体系的前提。工作分析是工作评价的基础，而工作评价又是建立、健全企业薪酬体系的重要步骤。因此可以说，工作分析为企业建立较为公平合理的薪酬制度准备了条件。

此外，工作分析还能够使员工通过工作说明书和工作规范，充分了解各个工作岗位在整个组织中的地位和关系，明确自己工作的目的、任务、职责和晋升方向，以便尽职尽责地工作。

总之，工作分析在节省人力、提高工作和生产效率、推动企业生产发展等方面具有重要意义。

第二节　工作分析前的准备工作

组织结构是组织的基本框架。要对一项工作进行分析与设计，首先必须进行组织结构的设计。

一、组织结构的含义

组织结构是反映组织内部构成部分和各个部分间所确定的关系的形式。组织结构使员工处于组织的不同位置上。这种相对关系会影响员工的工作满足感，影响组织行为。因此，研究组织结构十分必要。

组织结构包括复杂性、规范性、集权性三项要素。复杂性是指工作分工的层次、细致程度；规范性是指使用规则和标准处理方式以规范工作行为的程度；集权性是指决策权的集中程度。

这三项要素相结合，就可以说明一个组织的结构面貌。举例来说，美国国防部就是结构极为严密的组织。组织内部有许多专业化分工的部门，从最高管理层到一般工作人员之间有许多层级，员工必须遵守无以计数的规定。这是一个极端。而在另一个极端，组织结构松散，没有很多分工部门，管理层级很少，没有繁杂的工作规定，决策过程、方式也较简单。这两种极端结构形成鲜明对比。不过，现实中大多数情况下组织的结构形态介乎这两者之间。

二、组织结构的设计

（一）直线型结构

直线型结构是最简单的自上而下的集权式组织结构类型，最主要的特征是不设专门职能结构。该种组织结构的特点是构造单纯、简明、权责明确，因而协调容易、管理效率高；缺点是正规化程度很低，对领导人员管理才能要求较高，小企业、小规模组织或是刚刚成立的公司，大都采取此种结构。

（二）职能型结构

职能型结构的特点是设立一些专职部门，每一部门集合了该方面的专门人才从事专门的工作，如设计、生产、销售、会计、人事等；每个部门设立专门主管，这些主管则构成组织的高层权力机构。

（三）事业部结构

事业部结构是在总公司领导下按产品或地区划分成若干个事业部，统一进行产品设计、原料采购、生产和销售，各事业部相对独立经营、单独核算、自负盈亏的部门化分权组织结构。每个事业部对总公司负有完成其利润计划的责任，同时，在经营管理上拥有相应的权力，而总公司只保留重要人事任免和方针战略等重大问题的决策权力。该种结构的优点是由于实行权力下放，各事业部有充分的主动性和自主权，能够提高管理的积极性和工作效率；缺点是协调不同产品部门的活动比较困难。

(四) 矩阵式结构

矩阵式结构是职能型结构与项目小组的组合。如表 3-1 所示，矩阵式结构既有按职能划分的垂直领导系统，又有按产品（项目）划分的横向领导关系。这种组织结构可以发挥专业分工的优点，又避免了部门之间不易协调的问题。知名企业春兰和微软就是实行矩阵管理，从而提高了企业的竞争力。

表 3-1　　　　　　　　　　　矩阵式结构范例

	产品项目一	产品项目二	产品项目三	产品项目四
设　　计				
生　　产				
销　　售				
财　　会				
采　　购				

三、组织结构设计与工作分析的关系

人们建立组织的目的是让组织内的人员分担不同的工作，相互协作达到组织的目标。组织本身并不是目的，组织只是达到组织目标的手段。几乎任何组织都有自己的组织结构设计图，它能够为我们提供许多有用的信息，但是它仍然无法替代工作分析。组织结构设计的作用是表明组织中总共设立了哪些部门，指明各个部门的负责人，指明每位经理人的工作职称，指明组织内上下级的隶属关系和责任关系，使每位员工明确自己的职称及在组织中的地位。

需要注意的是，组织结构设计也有其自身的局限性，那就是它无法说明各项工作的具体的日常活动及其职责，不能说明组织中实际的沟通方式，不能反映员工受监督的程度，不能说明各级经理人所掌握的实权范围。正是这些不足，使得工作分析显得更为必要。为了解决这些问题，我们需要借助于对工作所包含的各方面信息的深入探究，即工作分析。

第三节　工作分析的步骤

工作分析是对工作进行全面评价的过程，一般可以分为工作分析计划、工作分析设计、信息收集分析、工作分析结果表达和工作分析结果运用五个阶段。

一、工作分析计划阶段

在工作分析计划阶段，主要解决以下六个问题。

（1）明确工作分析的目的。需要确定所取得工作分析的结果到底是用于人力

资源管理的哪个方面、解决什么管理问题。

（2）限定收集资料的类别以及收集的方法，以利于节约时间、精力和费用。

（3）选择被分析的工作。为保证工作分析结果的有效性，在工作分析中应选择具有代表性和典型性的工作作为样本进行分析。

（4）建立工作分析工作小组。在应有的权限内，合理分配工作分析各项工作的权限和职责，保证整个工作分析工作的协调一致。

（5）制定工作分析的规范。主要包括工作分析的规范用语、工作分析工作的时间规划、工作分析工作的活动层次、工作分析活动的经费等。

（6）作好必要的心理准备。在组织领导层次中达成一致意见后，需要广泛宣传工作分析工作的目的，以便促成职务信息提供者的合作，获得真实、可靠的工作分析信息。

随着组织的发展，在进行人力资源决策时需要更为详细的有关工作的整体信息，加之工作分析的工作量也越来越大，所以工作分析中计划阶段也越来越重要。做好工作分析计划阶段的工作，可以在进行工作分析时达到事半功倍的效果，实现工作的高效率。

二、工作分析设计阶段

工作分析设计阶段主要是解决如何进行工作分析工作的问题，一般包括以下三方面内容的工作。

（1）选择工作分析的信息来源。选择工作分析的信息来源时，应注意到不同层次的信息提供者所提供的信息存在不同程度的差异，工作分析人员应站在客观公正的角度听取不同的信息，避免偏听偏信；同时，在工作分析中，应结合自己公司、组织的实际情况进行分析，杜绝照抄照搬。信息来源主要有工作执行者、监督管理者、顾客、工作分析人员、《职业岗位分类词典》（高等教育出版社）、《国际标准职业分类》（劳动人事出版社）等信息资料。

（2）选择工作分析人员。工作分析人员应具备一定的与被分析工作相关的工作经验和一定的学历，同时应保持工作分析人员在进行工作分析时具有一定的独立性，避免受其他因素的干扰，降低工作分析结果的信度和效度。

（3）选择收集有关信息的方法和系统。根据在上一阶段所确定的工作分析的目的，选择不同的信息收集方法和分析信息适用的系统，具体的方法和系统后面将进行详细的介绍。

三、信息收集分析阶段

信息收集分析阶段是指对工作分析信息的收集、分析、整理、综合，这是整个工作分析活动的核心阶段，包括按选定的方法、系统、程序收集信息；然后研究各种有关工作因素的分析活动,主要有信息描述、信息分类和信息评价等;最后将所获得的分类信息进行解释、转换和编辑,使这些资料成为可以使用的条文。一般而言,工作分析所需要的基本数据的类型和范围取决于工作分析的目的、时间约束和预算约束等因素。

对工作信息的分析主要包括工作名称分析、工作描述分析、工作环境分析和任职者条件分析。

(一) 工作名称分析

工作名称分析是要使工作名称标准化,以便通过职务的名称就能使人了解到工作的性质和内容。一般要求工作的名称应准确,同时实现美化的目标。

(二) 工作描述分析

通过对工作描述的分析,可以全面认识工作的整体。通常要求进行以下四方面的分析。

(1) 工作任务分析。明确规定工作的行为,如工作的核心任务、工作内容、工作的独立性和多样化程度、完成工作所需要的方法和步骤等。

(2) 工作责任分析。工作责任分析的主要目的是通过对工作在组织中相对重要性的了解来为工作配置相应的权限,以保证工作的责任与权力相互对应。同时应尽量使用定量的方法来确定工作的责任与权力。

(3) 工作关系分析。工作关系分析是了解、明确该项工作的协作关系。包括该工作在组织中制约哪些工作;该工作受哪些工作的制约;相关工作的协调、合作关系;在哪些工作范围内可以进行人员的升迁或调换活动。

(4) 劳动强度分析。劳动强度分析是为了确定某项工作合理的标准活动量。劳动强度可以用此项工作活动中劳动强度指数最高的几项操作来表示。如果劳动强度指数不容易确定或代表性不强时,可以使用标准工作量来表示。如劳动的定额、工作折算基准、产品不合格率、工作循环周期等。

(三) 工作环境分析

工作环境分析是对工作所处的物理环境、社会环境所进行的分析。主要包括以下三方面的内容。

(1) 工作的物理环境。工作的物理环境分析是对工作场所的温度、湿度、噪音、粉尘、照明度、震动等以及工作人员每日与这些因素接触的时间所进行的分析。

(2) 工作的安全环境。工作的安全环境包括该项工作的危险性、可能发生的事故、事故的原因以及对工作人员身体所造成的危害及危害的程度、劳动安全卫生条件、从事该项活动易患的职业病以及危害的程度等。

(3) 社会环境。社会环境分析包括工作所在地的生活方便程度、工作环境的孤立程度、直接主管的领导风格、同事之间的人际关系等方面的内容。

(四) 任职者条件分析

对工作人员的必备条件进行分析的主要目的是确认工作的执行人员在有效地

履行职责时应该具备的最低资格条件。包括以下五方面的内容。

（1）必备知识分析。任职者必备知识一般包括任职者的学历最低要求，对使用机器设备、工艺过程、操作规程及操作方法、安全技术、企业管理知识等有关技术理论的最低要求，管理人员应具备的有关政策、法规、工作准则以及有关规定的了解的最低要求。

（2）必备经验分析。任职者必备经验分析是指对工作人员为完成工作任务所必须具备的操作能力和实际经验的分析。

（3）必备操作能力分析。通过典型的操作来规定从事该项工作所需的决策能力、创造能力、组织能力、适应性、判断力、智力以及操作的熟练程度等。

（4）必备基本能力分析。主要是指工作人员为有效完成特定的工作应具备的行走、跑步、跳高、站立、旋转、平衡、弯腰、下蹲、推力、拉力、耐力、听力、视力、手眼配合、感觉辨别能力等。

（5）必备心理素质分析。任职者必备的心理素质分析是根据工作的特点确定工作人员应当具备的一些必要心理要求。主要指工作人员应具备的主动性、责任感、支配性、情绪稳定性等气质倾向。

工作信息分析的内容，应根据组织发展的特点、工作分析的目的不同，适当地加以调整，实现资源的最优使用。

工作分析所需信息的主要类型如表 3-2 所示。

表 3-2　　　　　　　　　　工作分析信息的类型[1]

一、工作活动
1. 工作任务的描述 　● 工作任务是如何完成的? 　● 为什么要执行这项任务? 　● 什么时候执行这项任务? 2. 与其他工作和设备的关系 3. 进行工作的程序 4. 承担这项工作所需要的行为 5. 动作与工作的要求
二、工作中使用的机器、工具、设备和辅助设施 1. 使用的机器、工具、设备和辅助设施的清单 2. 应用上述各项加工处理的材料 3. 应用上述各项生产的产品 4. 应用上述各项完成的服务

---

[1] Terry L. Leap and Michael D. Crino, Personal, Human Resource Human Resource man-agement Macmillan, 1989：127.

续表

三、工作条件 1. 人身工作环境 　● 在高温、灰尘和有毒环境中工作？ 　● 工作是在室内还是在户外？ 2. 组织的各种有关情况 3. 社会背景 4. 工作进度安排 5. 激励（财务和非财务的）
四、对员工的要求 ● 与工作有关的特征要求 ● 特定的技能 ● 特定的教育和训练背景 ● 与工作相关的工作经验 ● 身体特征 ● 态度

工作分析人员可以通过多种多样的来源收集与工作相关的信息。这些来源可大致地分为三种类型：产业来源，指普通的工作描述、职业资料以及政府出版物中包含的信息；公司文件，指政策、参考手册、先前的工作描述、工会签订的合同以及其他书面文件；人员来源，指在职者、合作者、监督者、顾客及与工作相关的人力资源。

在大多数情况下，信息收集由工作分析人员完成，但也可以由在职者、监督者以及其他具备这方面能力的人完成。

四、工作分析结果表达阶段

在工作分析结果表达阶段，主要解决如何用书面文件的形式表达分析结果的问题。工作分析的结果表达形式可分为工作描述和工作规范两类。通过对从书面材料、现场观察、与基层管理者及任职人员的谈话中获得的信息进行分析、归类，就可以写出一份综合性的职务说明书。这一阶段的工作相当繁杂，需要大量的时间对材料进行分析和研究，必要时，还需要用到适当的分析工具与手段。此外，工作分析人员在遇到问题时，还需随时得到基层管理者的帮助。

五、工作分析结果运用阶段

在工作分析结果运用阶段，主要解决如何促进工作分析结果的使用问题。其具体活动包括制定各种具体应用的文件，如提供甄选录用的条件、考核标准、需进行培训的内容等；培训工作分析结果的使用者，提高整体管理活动的科学性和规范性。

工作分析工作中的控制活动贯穿于整个工作分析的过程，不断对工作分析活动进行着调整。组织的生产经营活动是不断发展变化的，这些变化必然会直接或间接地引起组织分工协作体系发生相应的调整。在调整的过程中，一些原有的工作会消失，一些新的工作会产生，同时原有工作的内容、实质、外延等都可能发生变化。因此，及时地对工作分析文件进行调整和修订就成为必然。同时，工作分析文件的适用性只有通过反馈才能得到确认，根据反馈的结果及时修改其中不适合的部分，对于工作分析是非常重要的。

第四节　收集工作分析信息的方法

获取工作分析信息的方法有多种。常见的方法有观察法、现场访谈法、问卷调查法、典型事例法、工作日志法和利用计算机职务信息分析系统。有时，在必要条件允许的情况下，企业可以同时使用不同的方法。

一、观察法

当采用观察方法时，经理人员、职务分析人员或工程技术人员须对一名正在工作的员工进行观察，并将该员工正在从事的任务和职责一一记录下来。对一项职务工作的观察，可以采取较长时间内连续不断的方式，也可采用断续的间或访察的方式，具体采取哪种方式，应根据该职务工作的特点而定。

由于许多职务并没有完整的、容易被观察到的职责或者完整的工作周期，这就使得观察法的作用十分有限。因此，观察法一般只适用于工作重复性较强的职务，或者与其他方法结合使用。

二、现场访谈法

搜集信息的现场访谈方法，要求经理或人力资源专家访问各个工作场所，并与承担各项职务的员工交谈。在进行现场访谈时，通常采用一种标准化的访谈表来记录有关信息。在大多数情况下，员工和其顶头上司都被列入访谈对象，以利于比较全面彻底地了解一项职务的任务和职责。

现场访谈法一般非常耗费时间，尤其是当访谈者与两三名从事不同工作的员工交谈时，更是如此。专业性和管理性的职务一般更为复杂和较难分析，从而往往需要更长的时间。因此，现场访谈主要是用做问卷调查的后续措施。作为后续措施，现场访谈的主要目的是要求员工和有关负责人协助澄清问卷调查中的某些信息问题；同时，分析人员也可借机澄清问卷中的某些术语方面的问题。

三、问卷调查法

一份典型的职务分析调查问卷通常包括11项问题。

(1) 该职务的各种职责以及花费在每种职责上的时间比例；
(2) 非经常性的特殊职责；
(3) 外部和内部交往；
(4) 工作协调和监管责任；
(5) 所用物质资料和仪器设备；
(6) 所作出的各种决定和所拥有的斟酌决定权；
(7) 所准备的记录和报告；
(8) 所运用的知识、技能和各种能力；
(9) 所需培训；
(10) 体力活动及特点；
(11) 工作条件。

问卷调查方法的主要长处是可以在较短的时间内，以较低的费用获得大量与职务有关的信息，不过，后续的观察和访谈往往仍是必要的。

下面是一个职位分析调查问卷实例（适合金融机构）。

作为一个例子，该问卷中包含的有些内容可能并不适用于所有金融机构。关键的一点是，在选择问卷时应考虑最终能否写出精确的职位描述。此外，问卷所收集的信息应同职位评价方案中的要求相对应。应将此问卷视为收集相关信息的一种格式。在实际应用中，应作一些必要的修改。

职位描述问卷

第一部分　职位的识别

姓名_____　　　　日期_____

职位名称_____　　　部门_____

上级主管的姓名_____

上级主管的职务_____

第二部分　职责描述

1. 你工作的基本目的是什么？（承担什么责任？为何会设立这个职位？）
2. 你日常承担哪些职责？大致列出各个职责每天占用的时间。
3. 在某一阶段内（如一周、一月、一季度，等等），你承担哪些职责？
4. 你不定期地、偶然地承担哪些职责？
5. 你收到过关于如何工作的指令吗？是谁发出的指令？多长时间收到一次？
6. 根据授权，你本人可以作出哪些决定？
7. 你作出哪些决定时需要向上级请示？
8. 其他人检查你的哪些工作？
9. 你本人定期或不定期地操作哪些机器或设备？请说明使用这些机器所要

求的速度或熟练程度。

10. 你自己认为哪方面的工作最复杂或最困难？为什么？
11. 说明主管人员对你的监督方式（单选）。
——密切的监督、指导
——一般的监督、指导
——有限的监督、指导
——很少监督、指导

第三部分　教育与经验

12. 你的职位对学历的最低要求是什么，初中、高中还是大学？
13. 完成你的工作需要学习特别课程吗？若有，请列出。
14. 你的职位对新职员工作经验的最低要求如何？
(1) 要求何种经验？
(2) 在何处积累？
(3) 你认为获得这种经验最少需要多少时间？
15. 除了上述学历及经验之外：
(1) 你认为一名新职员要完成你的工作，还需要些什么？
(2) 需要多长时间？
16. 新职员要在哪个职位上接受培训才能达到你职位的要求？
17. 就目前的职位而言，你有可能晋升到哪些职位？
18. 请列出你认为必需的所有其他要求，以及个人资历及性格方面的要求。

第四部分　责任

19. 你对现金、抵押品、流通票据或其他有价项目负多大责任？
20. 除人事和金钱之外，说说你责任的本质和范围。比如，在供应和设备方面。
21. 你对内部金融事务的保密信息了解多少？你在工作中如何使用这些信息？
22. 你对客户的保密信息了解多少（比如账户余额、贷款申请、信用报告等）？你在工作中如何使用这些信息？
23. 你负责哪些报告和记录？

第五部分　同他人的联系

24. 你同其他人员和部门的联系的性质和频繁程度如何？
25. 大致来讲，你在一个工作日内要同内部的多少人进行联系？
26. 你同客户联系的性质和频繁程度如何？如果有些联系是在不利的条件下进行的，请说明（比如追讨过期账款、拒绝贷款申请等）。
27. 你同外部人员联系的性质和频繁程度如何（比如供应商、信贷管理局、其他银行等)?

　　第六部分　体格要求

　　28. 你工作时间大致为：

　　坐____%，站立____%，走动____%

　　29. 你的工作对体力有没有特别要求？你工作时是否感到特别累？

　　30. 请说明你工作现场的条件及其性质，如噪音、温度、灯光等。你认为哪些是不利条件、不愿见到的条件或者讨厌的条件？

　　31. 你一般工作几个小时，每周工作几天？

　　32. 如果你需加班工作，请说明每周平均需要的加班时间。

　　第七部分　对其他人的领导

　　33. 你直接领导多少员工？

　　34. 你间接地领导多少员工？

　　35. 列出你属下各个职位的名称及员工数量。说明你对各个职位的领导程度或领导方式。

　　第八部分　主管人员审核

　　审核人_____

　　职务_____　　　日期_____

四、典型事例法

　　典型事例法是对实际工作中具有代表性的工作人员的工作行为进行描述。下面介绍的是一个典型的事例。

　　"2月14日，顾客请饭店执行员李小姐介绍一瓶不出名的葡萄酒，李小姐当即介绍起酒的产地、商标上符号的意义以及葡萄酒的特点。"

　　将大量的这样典型事例收集起来，并将其进行归纳分类，最后就会对整个工作有一个全面的了解。

　　典型事例法直接描述人们在工作中的具体活动，所以可以揭示工作的动态性。由于所研究的行为可以观察和衡量，所以，采用典型事例法进行信息的收集，所获得的资料适用于大多数职务的分析。但是，收集、归纳事例并且把它们分类需要耗费大量的时间。另外，根据典型事例法的内涵，事例描述的是特别有效或特别无效的工作行为，可能在职务分析时会漏掉一些不显著的工作行为，所以不易于对工作行为形成一个整体的认识。

五、工作日志法

　　工作日志法就是按照时间的顺序记录工作过程，然后经过归纳、整理、提炼，取出所需工作信息的一种职务信息提取方法。这种方法的优点在于信息的可靠性很高，适合于确定有关工作职责、工作内容、工作关系、劳动强度等方面的信息，所需要投入的费用也比较低。但是工作日志法可使用的范围较为狭窄，只适合工作循环周期较短、工作状态稳定的职位，而且信息整理工作量很大，费时费力。同时也应看到，工作人员在填写工作日志时，会影响其正常工作，往往还会遗漏很多工作内容。如果由工作分析者来填写工作日志，工作量大，又不适合处理大量的职务。这些都限制了工作日志法的应用范围。下面介绍两个工作日志的范例，如表3-3、表3-4。

表 3-3　　　　　　　　　　　工作日志范例 1

工 作 日 志
姓名：
年龄：
部门：
职务名称：
直接上级：
从事本项工作的时间：
填写日期：从_____年_____月_____日 　　　　　至_____年_____月_____日
工作日志填写说明 　1. 请您在每天工作开始前将工作日志放在手边，按工作活动发生的顺序及时填写，切勿在一天工作结束后一并填写。 　2. 要严格按照表格要求进行填写，不要遗漏那些细小的工作活动，以保证信息的完整性。 　3. 请您提供真实的信息，以免损害您的利益。 　4. 请您注意保管，防止文件的遗失。 　感谢您的真诚合作！

表 3-4　　　　　　　　　　　工作日志范例 2

结构名称：办公室　　　职位：办公室主任
　　　　　编制：3人，主任1人、打字员1人、办事员1人

花费时间/（分钟）		工作活动内容	任务完成量	备　注
开　始	延　续			
8：00	5	打电话到销售科	1	
8：05	2	接电话	1	
8：07	4	帮办事员登记材料	2份	

续表

花费时间/（分钟）		工作活动内容	任务完成量	备 注
开 始	延 续			
8：11	4	帮办事员校对	5份	
8：15	4	准备广告材料	1页	
8：19	1	接张厂长电话	1	
8：20	1	接李厂长电话，要某一信件	1	
8：21	6	和办事员商议工作	1	
8：27	5	打印李厂长要的信	1	
8：32	5	安排当天的工作	1	
8：37	3	找王科长	1	
8：40	4	找肖工程师	1	
8：44	1	送李厂长所要的信	1	
8：45	2	为张厂长打文件	1	
8：47	13	同张厂长商量，布置简报	1	
9：00	2	开始复印李厂长的材料	0	
9：02	10	把张厂长材料归档	3	
9：12	4	继续复印材料	0	
9：16	5	同李厂长商议工作	1	
9：21	2	给办事员布置复印任务	1	
9：23	9	继续复印	2	
9：32	8	分发信件	5	
9：40	15	继续复印	2	
9：55	10	整理档案材料	4	
10：05	11	印制复印品	200份	
10：16	2	将复印材料交办事员装订	1	
10：18	9	打电话和协作厂联系	1	
10：27	2	接张厂长电话	1	
10：29	3	欢迎参观者，并把他们送到张厂长处	2人	
10：32	2	打电话到车间	1	
10：34		略		

注：这是一家小厂的办公室主任的工作写实片断。

六、计算机职务信息分析系统

利用软件化的职务信息分析系统，可以大大减少用在与准备职务说明有关的各种工作上的时间和其他耗费。在这类软件系统中，针对每一项工作，都有成组排列的工作职责说明和关于问卷调查范围的说明。职务调查问卷中的资料可通过激光扫描方式输入计算机。然后，这些来自员工的资料被用来自动生成以职务特征分类的职务说明。在这些职务说明中，各种工作任务、职责和责任被分门别类，并且其相对重要性也被一一确定。

第五节　职务说明书的编制

职务说明书是工作分析的结果，在企业管理中的地位极为重要，不但可以帮助任职人员了解其工作，明确其责任范围，还可为管理者的某些重要决策提供参考。职务说明书包括两部分，即工作说明书和工作规范书，工作规范书可以是附在工作说明书中的一部分，也可以是单独的一份文件。

一、职务说明书的概念

（一）工作说明书

工作说明书主要是对某一特定职位的工作内容、性质、职责、工作联系及工作环境条件等方面的描述。即关于员工要做什么、如何做以及在什么条件下做的一种书面材料。

下面对工作说明书包括的常见内容进行简要概述。

（1）工作定位。这部分一般包括工作名称、隶属关系、所在部门、所在地点及工作分析日期。企业在对工作和员工进行定位时，可参照人力资源信息系统中的有关信息。

（2）工作概述。这一部分简明扼要地归纳了该项工作的责任和工作内容。通常认为，应该用30个或更少的字描述职务的特点。

（3）工作的基本工作职能和职责。就一份典型的工作说明书而言，这一步应清楚无误、十分精炼地表述该工作岗位的任务、职责和责任。撰写这一部分是起草工作说明书最费时间的工作。

（4）工作环境和条件。包括正常的温度、适当的光照度、通风设备、安全措施、建筑条件，甚至工作的地理位置、工作对人身安全的危害程度等方面的信息。

（5）解除条款与核准。许多工作说明的最后部分含有数位经理的核准签名和一项解除条款。这一解除条款使得企业可以改变某些工作职责，或要求员工从事那些未曾列出的工作职责。解除条款的目的，是避免人们将工作说明视为企业与员工之间的一份"合同"。

有些工作说明书还包括一部分有关工作绩效标准的内容。这部分内容说明雇主期望员工在执行工作说明书中的每一项任务时所达到的标准是什么样的。以下是两份不同风格的工作说明书范例。

范例一

日期：
部门：企划部　　　职称：企划主任
目前该职位上之员工姓名：
1. 该职位设立之目的（简述）
通过精确的企划制作，提升公司声誉及形象，增加业绩，提高士气。故特色为：
(1) 重视效果：广告与促销并重；
(2) 重视实际：理论与实力、实力与实战兼顾；
(3) 重视行销：广告之密切配合；
(4) 其他。
2. 该职位工作内外接洽状况
(1) 接洽状况及频率（概述）：几乎每日不定时有媒体约访（指广告制作）；
(2) 接洽人员及阶层：从公司负责人到业务人员不等；
(3) 接洽时，洽谈内容概述（复杂性）。
- 媒体制作界定与整个过程；
- 公司内部广告媒体决策性的会议内容；
- 公司外部广告媒体决策性的会议内容。
3. 资料处理及作业流程（注明主要处理之资料名称及流程）
(1) 资料性质（机密性或一般性）：
机密性——年度整体广告预算及策略；
一般性——已发生或即将展现之公开媒体，通过公文或内部刊物宣导。
(2) 资料处理过程中，牵涉之范围及工具使用；
(3) 在资料处理过程中，主要牵涉的人、事、地、物为：
- 决策者（总经理、副总经理、经理）；
- 广告预算；
- 广告目的；
- 表现策略及主题（素材、文案、图片……）；
- 广告目标与时段；
- 地域性、季节性及长、中、短期之设定目标；
- 经讨论会决定改进与否。
(4) 说明资料处理的步骤及其影响。
4. 该职位工作对公司或部门或客户对象的影响（名誉、金钱）。

（1）金钱上：必须精确核算公司年度媒体预算，以使广告效果增加，提升公司整体形象及绩效，不良的广告则可能造成公司上百万的损失。

（2）名誉上：

对个人——以公正无私的精神，公平、公开、公正、客观地评价事情，如此才能赢得良好的口碑。

对公司——优良的作业传统、不苟私利且为公司争取最高荣誉。

5. 该职位工作场所及工作性质的描述。

工作场所：冷气办公大楼五楼，本单位有独立的办公室空间。

工作性质：对内——年度 MEDIA 预算企划；

——年度 MEDIA 执行工作；

——内部各式平面设计之监制、督导；

——其他上级办事项。

对外——媒体之选择拟定；

——广告之接洽协调；

——公关之维系。

6. 该职位与部门组织图（图 3-1）。

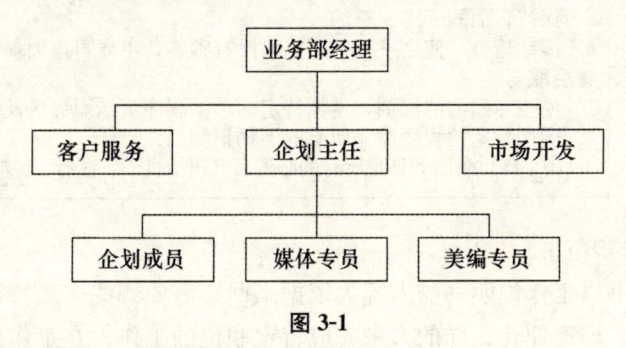

图 3-1

范例二（见表 3-5）

表 3-5　　　　　　　自助餐厅服务员工作说明书

职　位	自助餐厅服务员
主要目标	有效地提供就餐服务的同时，坚持为客人进行有感染力的食品介绍，并同客人建立良好的关系。
主要效果范围（要求）	1. 顾客满意； 2. 服务效率； 3. 个人仪表； 4. 产品知识/建议性的销售； 5. 标准的维护（包括公共卫生等）。

续表

职 位	自助餐餐厅服务员
任务	**餐前服务** 1. 检查自身的外观,以确保个人仪表大方整洁(包括制服)。 2. 检查自己的工作区域,以确保热源是开着的,其中包括水位适中、食物已经按适当的顺序摆放在盘中、配菜摆放就序等。 3. 确保所有的供应品及器皿都摆放有序、齐全(包括盘子、银器、餐巾、调味品、干净的手巾、抹刀、盛食品的大勺以及其他器皿)。 4. 检查烹调情况以获得有关仪器信息(包括每样仪器的名称、原料、原料名称等)。 5. 检查软饮料机的贮藏器,并准备好其他提供的饮料。 **餐中服务** 1. 遵循为顾客服务的五大方针,为顾客提供周到的服务。 ● 为顾客留下一个美好印象; ● 倾听、询问及回答; ● 展现顾客的重要性; ● 了解你的服务; ● 作出最大的努力。 2. 提供快捷的服务,同时给每位顾客以适当的关注。 3. 在任何时间都要遵循上菜的规范。 4. 让厨师了解你的需求,如果某种菜肴很受顾客青睐,要让厨师知道。 5. 保持台面的干净、整洁。 6. 搅动焙盘,使之不变干,如果没有顾客,不要再添加食物。 **餐后服务** 1. 使用专门的清洗剂,遵循特定的清洁程序清洁服务区及托盘。 2. 遵照特定的程序擦完所有的不锈钢制品。 3. 为下次供餐服务补足所有的必需品(包括盘子、银器、餐巾、调味品等)。

(二) 工作规范书

工作规范书以工作说明书的内容为依据来回答需要哪些个人特征和经验才能胜任这项工作,即雇佣什么样的人来完成特定职位的工作。在工作说明书专注于研究某项工作自身的构成内容时,工作规范书则更关心完成这项工作所需要的资格,包括教育背景、身体特征、经验、培训经历、个性、技能及雇主针对每项工作对上述因素的要求程度。工作规范书是对就任某项工作的人力资源所提出的要求和资格需求的说明文件。要说明一项工作对承担这项工作的员工在教育、经验和其他特征方面的最低要求,而不应该是最理想的工作者的形象。在建立工作规范时,需要综合考虑以下三方面:

(1) 某些工作可能面临着法律上的资格要求。例如,在美国,飞行员必须具备空中运输资格,这就要求具备1 500小时的飞行经历、在书面和飞行测试中表现出很高的飞行水平、良好的道德品质和23岁的最低年龄限制。

(2) 职业传统。例如,员工在进入某些行业以前必须经过学徒阶段。

(3) 胜任某一工作应该达到的标准和具备的特征,这在很大程度上取决于组织管理。

应当指出，制定工作规范一定要小心谨慎，不要对人力资源提出过分具体的要求，也不要太多的背景。因为有些非必需的要求（如大量的经验等），会使得组织不得不支付更多的薪水，以致给组织带来不必要的经济损失。另外，言过其实的要求，也会使员工产生一种与某种工作所包含的实际内容不相符的感觉，结果导致计划的失败或员工的"跳槽"。

另外，无论是工作说明书还是工作规范书，都必须有足够的灵活性，以适应不断变化的情况。职务说明书一旦确定，也并不意味着将永远保持不变。例如随着服务接待与旅游业全球一体化的发展，旅游行业的每个组织都不可避免地处于不断的变化和修正中，为此，工作说明书及规范书应该每年至少修订一次。还必须牢记的是，职务说明书是作为一种积极的工具，激励员工更致力于组织工作的，而不是作为惩戒的武器来约束员工行为的，如果是作为一种惩罚的条例，那么它将很快失去作用。

编写职务说明书常见问题问答

1. 问：公司目前并没有单纯以职位来定的工作项目，完全是看个人能力，能力强或懂得多，就多分派一些工作，因此在准备写工作说明书时，应该事先设立标准职位工作内容，或是目前在职位上的员工以现有工作内容来填写。如果以现有工作内容为主，可能换一个人，专长不同或能力差，工作内容又不适合了。如果要设立标准的职位工作内容，目前又没有客观资料，如何做？

答：应由目前在职位上的员工，先就其实际工作内容来填写，再由单位主管将全部下属的工作内容做成总汇，再作分析，如是否工作量分配不均？工作复杂性或难易度不同？或许应作一调查，消除一些重复、没有效率或不合理的工作等，重新安排工作内容后，再来制订各职位的工作说明书。

2. 问：工作说明书应由谁来写？公司在发展中，工作内容常变动，应该多久修改一次？

答：工作说明书应由在职位上的员工先填写，再与单位主管讨论。工作内容不论如何变动，除非职位调动，在同一职位上工作内容的变动，多半是渐进的方式。由于在职位上员工的工作能力、专长具有一定范围，所以工作内容的变动是有限的。如果能配合每季绩效考核制度的执行，每季在设定考核项目时，就针对工作说明书的内容进行检讨、修正。

3. 问：工作说明书由谁来保管？如何运用？

答：工作说明书与作业流程书一起做才有效，用档案夹，一面夹工作说明书，另一面夹作业流程书，一式两份，一份留在单位主管处，另一份送交人事部统筹运用。存单位主管处的一份，在绩效考核、新人训练、职务轮调及工作改善时都可用。在人事存档的一份，可针对全公司员工来运用，如工作评价、薪资架构、职位职称的规划设计、跨部门人事变动或训练等。

4. 问：各阶层员工工作说明书的规格是否一样？

答：生产现场装配员，由于工作单调、固定，因此在其工作站上方挂起该站的工作说明书，列明动作与时间的规定、工作步骤，或作业要点等即可；对于主管以上人员的工作说明书，以工作负责范围、项目为填写内容；职员专员等第一线的基层工作人员，应详细填写工作说明书及作业流程，因此这三个阶层员工的工作说明书格式应有不同。

5. 问：如果部门主管认为填写工作说明书是浪费时间或员工根本上拒绝填写，怎么办？

答：人事单位应详细介绍工作说明书的用途，强调其对主管管理以及员工工作都有直接的关联，可选择一小单位作实验，让员工体会到写工作说明书其实是在帮助他们自己。此外，部门主管的配合意愿也尤其重要。

二、编写职务说明书的要求

编写职务说明书的最根本目的是明确、简单、清楚地告诉员工，他们的工作是什么以及有效地完成其工作必须具备的资格。为了使职务说明书的价值更高，就必须把它们编写得更准确、更完整、更流畅、更实用。一份好的职务说明书应具备以下特点。

（1）清晰。整个职务说明书中，对工作的描述清晰透彻，任职人员读过以后，可以明白其工作，无需再询问他人或查看其他说明材料。避免使用原则性的评价，专业难懂词汇须解释清楚。

（2）具体。在措词上，应尽量选用一些具体的动词。如"安装"、"加工"、"传递"、"分析"、"设计"，等等。指出工作的种类和复杂程度，需任职者具备的具体技能、技巧，应承担的具体责任范围等。一般来说，由于基层工人的工作更为具体，其职务说明书中的描述也应更详细。

（3）简短扼要。职务说明书的语言应尽量简单明确，避免使用冗长的词句。

（4）客观。为建立企业职务分析系统，须由企业高层领导、典型职务代表、人力资源管理部门代表、外聘的职务分析专家与顾问共同组成工作小组或委员会协同工作，完成此任。表3-6和表3-7是两个职务说明书的范例。

表 3-6　　　　　　　　　　　工作说明与工作规范细则

职称：人力资源助理	职务编号：
部门：人力资源	职务分类：办公室职员
呈报人：人力资源经理	职位数量：
工资等级：	起草人：

概要：
　　协助人力资源经理促进员工福利、公司安全计划、政府规定的健康和保健计划；协助经理招聘员工，帮助新员工熟悉情况；保持员工档案。

基本工作职能：
　　1. 协助人力资源方面的各种工作活动，包括准备工作安排、发布招聘广告进行招聘面试、安排对公司的现场参观、核实推荐材料、使新员工和实习生熟悉情况（25%）。
　　2. 根据人力资源经理的要求，撰写内部和外部来往函，包括备忘录、员工通知和书信（20%）。
　　3. 从事使全面安全管理计划与职业安全与健康规定相符合的协调工作，包括主持常规的安全委员会会议、对日常遵守规定的情况进行现场督察、组织员工安全培训（20%）。
　　4. 管理员工福利，包括储蓄、退休、因公伤残补偿、健康保健福利。回答员工的问题和调查索赔问题（20%）。
　　5. 准备解聘员工所需文字工作，包括退休金结算、储蓄退发、其他规定的福利、最后工时结算等（6%）。
　　6. 通过重新调整员工档案中的有关资料，使员工的休假病假等假期与实际相一致（5%）。
　　7. 协调指定人员的就业前药物检查和被指定员工的随时性药物检查（4%）。
　　8. 履行管理分派的其他有关工作。

知识、技能和能力：
　　1. 关于公司政策、程序、产品和服务方面的知识。
　　2. 关于人力资源实践工作活动和办事惯例方面的知识。
　　3. 关于就业法律方面的知识。
　　4. 关于因公伤残补偿索赔管理方面的知识。
　　5. 关于健康保险索赔管理方面的知识。
　　6. 与该职务相关的基本要求方面的知识。
　　7. 分析思考能力和解决问题方面的技能。
　　8. 解决冲突的手段与措施方面的技能。
　　9. 书面与口头交流的技能。
　　10. 以谦恭有礼、专业的举止与同事和各种工作上的人际关系进行交往的能力。

教育程度与工作经历要求：
　　管理专业或相关领域大专毕业或同等学历，两年人力资源工作实践或同等经历。

体格要求：0~24%　25%~49%　50%~74%　75%~100%
　　视力：必须能够看清计算机屏幕、数据报告和其他文件。
　　听力：必须能够足以与同事、员工和顾客交流、参加各种会议和准备公司信息。
　　站立和行走：攀登、俯身、蹲跪。
　　举、拉、推：用手指拨弄、抓弄。
　　触觉：必须能够写、打字和使用电话。

工作条件：
　　正常工作条件，不存在令人讨厌的状态。

表 3-7　　　　　　　　　　　打字员职务说明书

任　　务	工 作 条 件	绩 效 标 准
打印信件	配置 IBM 的 PC 机、软件，以及机构工作手册	两小时之内，打完所有信件，无错误
接待来访者	部门主管管理会，见日程安排	不出现预约来访者抱怨等待太久等情况，前提是主管准时约见
整理文档	使用 DMB 应用软件，接受主管的指令	每周更新档案，必须准确、完好

打字员/接待员　　　　　运营支持部门
职位编码：　　　　　　　工资等级：
责任：在部门主管的指示下工作，属运营支持部门。
所要求的知识、技术、及能力条件：

- 打字速度达到 40 单词/分钟；
- 有礼貌；
- 熟练使用 Word 等软件；
- 高中或同等学历；
- 两年文字处理经验，特别能应用 Word 软件；
- 一年数据库管理经验。

三、编制职务说明书的作用

表 3-7 给出了组织对员工明确的预期，并且还促使管理者及员工认识到，不管绩效标准还是知识、技能和能力，均要视具体工作条件而定。由此看来，职位说明书可以在任务、工作条件与绩效标准之间建立一种联系，从而有助于员工和管理者的工作。但职务说明书的作用并不止于此。

（1）职务说明书所提供的信息对各种范围内的管理者与下属之间保持密切的小组合作关系十分有益。

（2）高质量的职务说明书还会为选聘过程的面谈提供很大帮助。同时，对工作必需的资格和技能的了解，也会使培训变得更有效。

（3）职务说明书还可以用于薪酬管理，员工的开发、调任及提升计划等，它所提供的基本工作信息对管理控制、工作行为鉴定、人员配置、工作量评估及激励计划的制订等各项人力资源工作，都有很大的帮助。

（4）运用职务说明书去设定标准及分配责任，可以帮助管理者消除"这不是我的工作"的工作态度，这些都是对工作的最基本要求。在实际操作过程中，各个组织都可以根据各自的特殊需求，在组织需要的范围内自由地运用工作说明书。

表 3-8 给出了职务说明书的各种用途。

表 3-8　　　　　　　　　职务说明书的用途

目　　的	需要的信息
招募	能力 教育/经验 工作状况（条件）
甄选	能力 教育背景/经验 工作状况（条件） 任务/行为
传达期望	结果 任务/行为 向谁负责（报告关系） 个人/小组工作与他人的相互影响 工具/材料/工作设施 工作情况
工作鉴定	结果 任务/行为
明确培训及发展需求	任务/行为 能力 教育背景/经验 个人/小组工作与他人的相互影响
制定提升决定	能力 教育背景/经验 工作情况 任务/行为
明确报酬	结果 能力 教育背景/经验 个人/小组工作的重要程度 工作情况 任务/行为 自治权的大小 对他人的管理责任
确定人力资源的差距	能力 教育背景/经验

第六节　工作设计

　　工作设计也称为岗位设计，与工作分析之间有着密切而直接的关系。工作分析的目的是明确所要完成的工作以及完成这些工作所需要的人的特点,工作设计是明确工作的内容与方法,说明工作应该如何安排才能最大限度地提高组织效率,同时促进员工的个人成长。工作设计是对工作分析的重新整合和再完善。

一、工作岗位概述

(一) 工作岗位的概念

岗位亦称职位。在特定的组织中,在一定的时间内,由一名员工承担若干项任务,并具有一定的职务、责任和权限时,就构成一个岗位。

工作岗位是根据组织目标需要设置的具有一定工作量的单元,是职权和相应责任的统一体。如何理解这一概念呢?首先,组织是由目标建立起来的目标体系,组织机构是为承担某些职责,完成特定的任务、目标而设置的。岗位作为组织的"细胞",也是根据组织目标需要设置的,它是具有一个人工作量的基本单位。同时,组织不仅是目标体系,它还是等级权力链。组织层次的划分是总目标、子目标的层层分解,也是权力的层层授予。因此,每家组织机构乃至作为组织"细胞"的岗位,都是职权和相应责任的统一体,即有权有责、权责对应。否则,如果有责无权,或责大权小,那么岗位任职者在执行自己的职责时,由于不能做主,就会四处请示、八方汇报,从而延误时间,降低效率。如果有权无责,或权大责小,则可能导致岗位任职者滥用权力,独断专行,出现官僚主义和瞎指挥现象,出了问题无人承担责任。

(二) 工作岗位的分类

1. 岗位分类的基本含义

岗位分类也称岗位分级、岗位归级。它是在工作分析的基础上,采用一定的科学方法,按岗位的工作性质、特征、繁简难易程度、工作责任大小和人员必须具备的资格条件,对企业全部(规定的范围内)岗位所进行的多层次的划分。

岗位分类同企业单位外的职业分类标准存在着紧密的联系。如国际劳工局制定的《国际标准职业分类》、中国人民共和国人力资源和社会保障部在1998年制定的《中国职业分类大典》,以及各类组织、地区、部门编制的职业分类标准等。各类职业分类标准是以企业单位、国家机关岗位分类为基础制定的,一旦这类标准建立之后,企业单位在进行岗位分类时,便可依据、参照或执行这些标准。

企业岗位分类与国家公务员管理中的职位分类工作程序、实施方法等方面有许多相似之处,但也有一定的差别。首先,作为一种人事制度,职位分类一般由国家专门的组织机构负责制定,经过国家立法程序,以法律的形式公布、实施,带有很大的强制性。而企业岗位分类则根据自己的实际具体组织实施,上级主管部门提出的分类方法是参考性标准,不具有强制性。其次,两者实施的范围和研究对象不同。职位分类适用于国家各级政府及其职能部门和机构,研究的对象和规定的范围是国家公务员的各级各类岗位；而岗位分类适用于实行职位分类法以外的各种企业、事业单位，考察及研究的对象是企业单位中的各类生产、技术、经营、管理、服务岗位。最后，实施的难度不同。一种国家职位分类制度的形成，往往需要十几年甚至几十年的时间。只有经过不断的摸索、调整、修改，才能形成一套比较完善的、切合实际的职位分类体系。可以说，职位分类在整个人事行政管理中，是最重要、最复杂和最难处理的问题。而企业岗位分类无论在实施范围方面，还是在考察对象方面，都相对比较容易。

2. 横向分类和纵向分类

岗位分类包括横向分类和纵向分类。在横向分类中，是按工作性质将职位分成大、中、小三类。大类叫职门，亦称职类。中类叫职组，亦称职群。小类叫职系。在纵向分类中，是按工作的轻重程度将职位分级划等。在同一职系内分级就产生职级，在各职系间统一划等就产生职等。在职位横向分类和纵向分类的基础上，制定工作说明书。具体来说，岗类、岗群和岗系是横向分类中出现的概念。其分类的依据是工作性质。工作性质完全相同的岗位群，就构成岗系。若干个工作性质邻近的岗系，可以划归为一个岗群。若干个工作性质大致接近的岗群，又可以划归为一个岗类。可见，岗类、岗群和岗系是按工作性质的相似程度，将岗位划分的大、中、小三类。

岗级、岗等是岗位纵向分类出现的概念，其分类（分级划等）的依据是工作的轻重程度。工作的轻重程度一般由工作的繁简难易、责任轻重、所需人员资格条件高低等因素来体现和评价，因此，岗级是指在同一岗系内，工作繁简难易程度、责任轻重程度以及所需人员的资格条件高低都充分相近的岗位群。岗等是指岗位的工作性质虽然不同，但工作的繁简难易、责任轻重以及所需人员资格条件高低都相近的岗位群。

在把握岗级和岗等两个概念时要注意两点。第一，二者所指范围不同。岗级是在同一岗系内把岗位按工作轻重程度分级的结果，也就是说，这是每个岗系各自进行的分级。而岗等是所有岗系（岗位的工作性质虽然不同）的岗位按工作轻重程度分级的结果，也就是说，这是每个岗系各自进行的分级。而岗等是所有岗系（岗位的工作性质虽然不同）的岗位按工作的轻重程度统一划分等级的结果。第二，二者都是工作轻重程度相近的岗位群。为什么是相近而不是相同？这一点可以从岗位级划分的步骤中得到解释。岗位级分的第二步是将按顺序排列的岗位划分为一些小组，凡工作轻重程度（相对价值或工作评价得分）相近的岗位就归为一组，每组就是一个岗级。岗等也是一样，同一岗等的一组岗位或岗位群，它们在工作评价中所得分数是相近的，所以它们工作轻重程度是相近的。

岗位分类是工作研究的重要组成部分，它与工作分析存在着不可分割的联系。工作调查为工作分析提供各种必要数据、资料，而工作分析又是岗位分类的重要前提，为岗位分类与工作评价奠定了基础。

二、工作设计的形式与方法

(一) 工作设计的概念

工作设计[1] (job design) 是指将任务组合构成一套完整的工作方案。换句话说，就是确定工作的内容和流程安排。这个课题一直是人们感兴趣的内容。最初，工作设计几乎是工作专门化 (job specification) 或工作简单化 (job simplification) 的同义语。1776年，亚当·斯密在《国富论》(*Wealth of Nations*) 一书中指出，把工作划分为一系列小部分，让每个人重复执行其中的一小部分，这样可以减少工作转化浪费的时间，并提高熟练性和技能，从而提高生产率；这就是所谓分工效益。

泰勒提出的科学管理 (scientific management) 原则，主张用科学方法确定工作中的每一个要素，减少动作和时间上的浪费，提高生产率。这实际上就是一种工作设计。从经济角度看，这种方法的确效益很高。但这种设计把工作更加机械化，忽视人在工作中的地位，结果使人更加厌倦枯燥的工作，导致怠工、旷工、离职甚至罢工等恶性事件。这提醒人们：人不是机器，不是流水线上的部件，而是有血有肉、有需求的。工作设计必须考虑人性的因素。

(二) 现代工作设计的形式与方法

现代工作设计的突出特点是充分考虑了人性的因素，体现了以人为本的管理思想。主要包括以下六种形式或者方法。

1. 工种轮换

工种轮换 (job rotation) 是让员工在能力要求相似的工作之间不断调换，以减少枯燥单调感。这是早期为减少工作重复最先使用的方法。这种方法的优点不仅在于能减少厌烦情绪，而且使员工能学到更多的工作技能，进而也使管理当局在安排工作、应付变化、人事调动上更具弹性。

工种轮换的缺点是使训练员工的成本增加。而且一名员工在转换工作的最初时期效率较低，使组织有所损失。

2. 工作扩大化

工作扩大化 (job enlargement) 是指在横向水平上增加工作任务的数目或变化性，使工作多样化。这种方法从20世纪50年代起在美国开始流行。例如，邮政部门的员工可以从原来只专门分拣邮件增加到也负责分送到各个邮政部门。

然而工作扩大化的成效并不十分理想。它只是增加了工作的种类，并没有改

---

[1] 王垒. 组织管理心理学 [M]. 北京：北京大学出版社，1993：142.

善工作的特性。正如一名员工所说："我本来只有一件令人讨厌的工作，工作扩大化后，变成了有三项无聊的任务。"这促使人们开始考虑如何将工作本身丰富化。

3. 工作丰富化

工作丰富化（job enrichment）是指从纵向上赋予员工更复杂、更系列化的工作，使员工有更大的控制权，参与工作的规则制定、执行、评估，使员工有更大的自由度、自主权。

工作丰富化可以采用以下一些手段实施。任务组合把现有零碎的任务结合起来，形成范围较大的工作，增加技能多样性和任务完整性；构成自然性的工作单元，使员工能从事完整的工作，从而看到工作的成果，看到工作的意义和重要性；与客户建立联系，从而增加工作的技能多样性、自主性和反馈度；纵向扩充工作内涵，赋予员工一些原本属于上级管理者的职责与控制权，以此缩短工作中执行层与控制层之间的距离，增加自主性；开放反馈渠道，使员工不仅可以知道自己的绩效，也可以知道是否进步、退步或没有变化。最理想的是让员工在工作中直接受到反馈，而不是由上司间接转达，这可以增加自主性，减少被监督意识。

4. 社会技术系统

社会技术系统（sociotechnical systems）和工作丰富化一样，也是针对科学管理使工作设计过细而产生的问题提出的。

社会技术系统与其说是一种工作设计技术，毋宁说是一种哲学观念。其核心思想是：如果工作设计要使员工更具生产力而又能满足他们的成就需要，就必须兼顾技术性与社会性。技术性任务的实施总要受到组织文化、员工价值观及其他社会因素的影响。因此，如果只是针对技术性因素设计工作，难以达到提高绩效的预期，甚至可能适得其反。

5. 工作生活质量

工作生活质量（quality of work life，简称 QWL）旨在改善工作环境，从员工需要考虑，建立各种制度，使员工分享工作内容的决策权。具体而言，改善工作质量的形式有增加工作的多样性和自主权，使员工有更多成长与创新的机会；允许参与决策；改善工作团体之间的互动关系；减少监督程度，增加员工自我管理的程度；扩大劳资双方的合作等。

6. 组织自主性工作团队

自主性工作团队（autonomous work teams）是工作丰富化在团体上的应用。自主性工作团队对例行工作有很高的自主管理权，包括集体控制工作速度、任务分派、休息时间、工作效果的检查方式等，甚至可以有人事挑选权，团队中成员之间互相评价绩效。概括说来，自主性工作团队有三种特性：成员间工作相互关联，整个团队最终对产品负责；成员们拥有各种技能，从而能执行所有或绝大部分任务；绩效的反馈与评价是以整个团队为对象。

从应用方面看，瑞士沃尔沃汽车公司在20世纪60年代起就采用自主性工作团队；美国通用食品公司在70年代起开始采用。如今，采用这一做法的企业越来越多，如通用汽车公司和丰田汽车公司的合资企业就是用自主性工作团队的方式制造雪弗莱和丰田卡罗拉轿车的。具体方法是，把汽车公司的员工分为一些小团队，规定各个团队的工作并监督各个团队的生产成效。这些团队有很大的自主权，自己执行每天的质量检查（而这在过去是由另一组员工进行的）。不难看出，这些工作设计的方法符合多种激励理论的主张，如Y理论、激励—保健理论、ERG理论、期望理论。

案例研究

科赫工业公司（Koch Industries）和亚马逊网站（Amazon.com）从表面上来看并没有什么共同之处。科赫的总部位于堪萨斯的威奇托，在全球有14 000名雇员，是美国第二大个人独资公司，已经拥有60多年的历史，经营涉及医药、农业、金融服务和石油天然气等行业。科赫的雇员从蒙大拿的农工到伦敦的贸易商应有尽有。

而亚马逊网站坐落于西雅图，雇佣了5 000名员工，并公开发行股票。6年前，亚马逊开创了一个全新行业——电子商务，并成为这个行业的标准，它雇佣了很多精通互联网的专家。尽管表面看上去不同，但是它们在一方面有着非常显著的共同点：它们并不是按传统的工作职位来雇佣员工，仅是雇佣员工来做事。

走进这些公司的人力资源部门，你不会发现有关工作分类、工作等级、晋升图和工作说明书等的复杂系统。"我们没有任何通常的那些人力资源结构。"科赫工业公司的人力资源副总监保罗·惠勒如是说。亚马逊也是如此。"我们专注于我们需要做什么，"斯科特·匹塔茨基这样解释，他是亚马逊的战略发展总监——在亚马逊的词汇表中，战略发展相当于通常人们所说的人力资源，"在这里，一个人也许会做着相同的'工作'，但是在3个月以后会做着完全不同的工作。"[1]

解析：灵活的工作设计

虽然听上去缺乏组织，但是随着时代的变化，以往那种传统的僵硬工作方式由于缺乏效率逐渐被一些公司所丢弃，转而建立一种更为灵活、面向项目任务的组织方式，以便加快公司步伐，紧跟社会的需要。

---

[1]〔美〕威廉·P.安东尼，K.米歇尔·卡克马尔、帕梅拉·L.佩雷威.人力资源管理战略方法[M].赵玮，徐建军，译.北京：中信出版社，2004：283.

本章小结

工作分析与设计是人力资源管理中的一项基础工作。本章介绍了工作分析、工作岗位、工作设计、工作描述、工作规范等一些主要的概念,还阐明了工作分析前的准备工作、工作分析的作用、工作分析的基本程序、收集工作分析信息的方法、如何编制工作说明书以及人力资源管理中的工作设计方法。

关键概念

工作分析　　组织结构　　工作说明书　　问卷调查法　　工作岗位
工作设计

复习题

1. 什么是工作分析?工作分析的意义是什么?
2. 组织结构与工作分析的关系是什么?
3. 工作分析分为哪几个步骤?
4. 收集工作分析信息的方法有哪些?

讨论及思考题

1. 编制职务说明书的作用是什么?
2. 你所知道的现代工作设计的形式与方法还有哪些?

参考文献

[1] 安鸿章. 工作岗位的分析技术与应用 [M]. 天津:南开大学出版社,2001.
[2] 张一弛. 人力资源管理教程 [M]. 北京:北京大学出版社,1999.
[3] 肖鸣政. 工作分析的理论与方法 [M]. 北京:兵器工业出版社,1997.
[4] 赵曙明. 人力资源管理与开发 [M]. 北京:中国人事出版社,1998.
[5] 余凯成. 人力资源开发与管理 [M]. 北京:企业管理出版社,1997.
[6] 赵耀. 如合做人事主管 [M]. 北京:首都经济贸易大学出版社,1998.
[7] 谢晋宇,吴国存,李新建. 企业人力资源开发与管理创新 [M]. 北京:经济管理出版社,2000.
[8] 〔美〕安妮·布鲁金. 第三资源智力资本及其管理 [M]. 赵洁平,译. 大连:东北财经大学出版社,1998.
[9] 刘长占,肖鸣政. 人才素质测评方法 [M]. 北京:高等教育出版

社，2000.

[10] 肖鸣政. 人员测评理论与方法 [M]. 北京：中国劳动出版社，1997.

[11] 廖泉文. 人力资源考评系统 [M]. 济南：山东人民出版社，2000.

[12] 肖鸣政. 职业技能鉴定的理论与方法 [M]. 北京：中国经济出版社，1997.

[13] 冯虹. 现代企业人力资源管理 [M]. 北京：经济管理出版社，1999.

[14] 胡君辰，郑绍濂. 人力资源开发与管理 [M]. 上海：复旦大学出版社，1999.

[15] R.韦恩·蒙迪，罗伯特·M.诺埃. 人力资源管理 [M]. 葛新权，郑兆红，王斌，等，译. 北京：经济科学出版社，1999.

[16] 〔美〕雷蒙德·A.诺伊，等，著. 人力资源管理：赢得竞争优势 [M]. 刘昕，译. 北京：中国人民大学出版社，2001.

[17] 王垒. 组织管理心理学 [M]. 北京：北京大学出版社，1993.

[18] 〔美〕威廉·P.安东尼，K.米歇尔·卡克马尔，帕梅拉·L.佩雷威. 人力资源管理战略方法 [M]. 赵玮，徐建军，译. 北京：中信出版社，2004.

CHAPTER 4

第四章
人力资源规划与招聘

本章要点提示

- 人力资源规划的概念和意义
- 人力资源规划的过程
- 人力资源需求预测
- 人力资源供给预测
- 招聘候选人的途径
- 工作申请表的设计和使用

本章内容引言

夏普科制造公司的营销经理马克·斯旺在每周经理例会上说："我有个好消息，我们可以与麦多德公司签订一大笔合同。我们所要做的就是在一年而不是两年内完成该计划。我告诉过他们我们能做到。"

然而人力资源副经理琳达·克兰却说："在我看来，我们现有的工人并不具备按麦多德公司的标准生产出优质产品所需的专业知识。在原来两年的计划进度表中，我们曾计划对现有工人逐步进行培训。但是按照现在的时间表，我们将不得不到劳动力市场上招聘那些具有该方面工作经验的工人。或许我们有必要进一步分析一下这个方案，看看是否确实需要这么做。如果我们要在一年而不是两年中完成这一计划，人力资源成本将大幅度上升。不错，马克，我们能做到这一点，但是由于有这些约束条件，这个计划的效益会好吗？"[1]

在上述案例中，营销经理没有考虑到人力资源的支撑力度，这可能会导致整个计划付之东流，企业错失发展的良机。人力资源规划和招募是企业人力资源管理的主要建筑砌块之一，许多人力资源管理实践的成功执行依赖于细致的人力资源规划。

---

[1] R. 韦恩·蒙迪，罗伯特·M. 诺埃. 人力资源管理 [M]. 6 版. 北京：经济科学出版社，1999.

第一节 人力资源规划概述

一、人力资源规划的含义、内容和意义

(一) 人力资源规划的含义

人力资源规划（Human Resource Planning，简称 HRP）是指企业为实施发展战略，适应内外环境的发展变化，运用科学的方法对企业人力资源需求和供给进行预测，制订出相宜的计划和方案，从而使企业人力资源需求和供给达到平衡的过程。它包括三方面的含义。

(1) 人力资源规划必须结合企业的发展战略，适应不断变化的内外环境。"人无远虑必有近忧"，现代企业必须在一个迅速变化的商业环境中运作，在这样的情况下，没有战略规划，企业注定要失败。企业的战略规划（strategic planning）是高层管理者确定企业总的目的和目标及其实现途径的过程[1]。人力资源规划必须服务于企业的组织战略，将企业的战略规划转化成具体的定量和定性的各项人力资源计划，同时不断监控变化的环境并设计相应的人力资源管理策略来处理出现的问题。只有结合企业发展战略、能够适应变化的人力资源规划，才是有效的、成功的。

(2) 人力资源规划是指进行人力资源供需预测，并使之平衡的过程。人力资源规划的目标是实现企业的人员补充适时、适量、适岗，即确保企业在适当的时间和适当的岗位获得适应的人员，实现人力资源的最佳配置。人力资源规划就是要企业内部和外部人员的供给与特定时期企业内部预计空缺的职位相吻合。

(3) 人力资源规划一方面要满足变化的组织对人力资源的需求；另一方面，最大限度地开发利用组织内现有的人员潜力，使组织及其员工的需要得到充分满足。在现代企业中，知识型员工所占的比重越来越大，面对这一情况，人力资源管理方法也应作出相应调整，才能满足现代企业管理的需求。于是，"员工也是客户"的人力资源管理思想得到了广大管理者的认同。人力资源规划要为组织获得合格的人才服务，也要为合适的人才匹配合适的岗位服务。如果企业不能将其核心的人才安排到最能发挥能力和潜力的岗位上去，或是忽视了他们自身发展的要求，企业就无法吸引这些核心人才。现代企业的竞争在很大程度上是人才的竞争，无法吸引所需核心人才的企业就无法在竞争中取胜。所以，只有既能满足组织需要，又能满足员工个人需要的人力资源规划，才能为组织的发展提供有效的

---

[1] Wayne Mondy and Shane R. Premeaux Management: Concepts, Practics, and Skills, 6th edition (Boston: Allyn & Bacon, 1993): 164.

人力资源补充，才能保证企业的生命力。

通过人力资源规划，企业要能够解决下面几个问题：

(1) 企业在某一特定时期内对人力资源的需求是什么？即企业需要多少人员，这些人员的构成和要求是什么。

(2) 企业在相应的时间内能得到多少人力资源的供给？这些供给必须与需求的层次和类别相对应。

(3) 在这段时期内，企业的人力资源供给和需求比较的结果是什么？企业应当通过什么方式来达到人力资源供求的平衡。

可以说，上述三个问题形成了人力资源规划的三项基本要素，涵盖了人力资源规划的主要方面；如果能够对这三个问题作出比较明确的回答，那么人力资源规划的主要任务就完成了。

(二) 人力资源规划的内容和意义

人力资源规划的内容从层次上可以分为总体规划和业务计划两个层次；从具体职能上可以分为人员补充规划和人员发展规划两方面。

1. 总体规划和业务计划

人力资源总体规划是指在有关计划期内人力资源管理的总目标、总政策、实施步骤和总预算的安排；人力资源业务计划则包括人员补充计划、退休计划等。业务计划是总体规划的展开和具体细化，每一项业务计划都是由目标、任务、政策、步骤及预算等部分构成；总体规划目标的实现是各项业务计划实施的结果。参见表4-1。

表 4-1　　　　　　　　人力资源规划内容一览表[1]

计划类别	目 标	政 策	步 骤	测 算
总规划	总目标：（绩效、人力总量素质、职工满意度）	基本政策：（扩大、收缩、保持稳定）	总步骤：（按年安排）如完善人力资源信息系统	总预算：×××万元
人员补充计划	类型、数量、层次、对人力素质结构及绩效的改善等	人员素质标准、人员来源范围、起点待遇	拟定补充标准，广告吸引、考试、面试、笔试、录用、教育上岗	招聘甄选费用
人员分配计划	部门编制、人力结构优化及绩效改善、人力资源能位匹配、职务轮换幅度	任职资格、职务轮换范围及时间	略	按使用规模、差别及人员状况决定的工资、福利预算

[1] 安鸿章. 现代企业人力资源管理 [M]. 北京：中国劳动出版社.

续表

计划类别	目　标	政　策	步　骤	测　算
人员接替和提升计划	后备人员数量保持，提高人才结构及绩效目标	全面竞争，择优晋升，选拔标准，提升比例，未提升人员的安置	略	职务变动引起的工资变动
教育培训计划	素质及绩效改善、培训数量类型、提供新人力、转变态度及作风	培训时间的保证，培训效果的保证（如大于、考核、使用）	略	教育培训总投入产出，脱产培训损失
工资激励计划	人才流失减少、士气水平、绩效改进	工作政策，激励政策，激励重点	略	增加工资奖金额预算
劳动关系计划	降低非期望离职率、管理者与员工关系改进、减少投诉和不满	参与管理，加强沟通	略	法律诉讼费
退休解聘计划	编制、劳务成本降低及生产率提高	退休政策及解聘程序	略	安置费，人员重置费

2. 人员补充规划和人员发展规划

（1）人员补充规划。企业的员工由于各种原因一直会处于动态变化过程中，所以人员补充规划是人力资源规划的重要内容。一般说来，企业在以下四种情况下有补充员工的需要：自然减员，如退休、死亡或丧失劳动能力等；离职现象，由于员工的"跳槽"而引起的职位空缺；技术或管理革新，由于企业生产技术的改进或管理系统的改进而引起的相应新专业技术人才的补充需求；规模扩大，企业扩大生产和经营规模所带来的人员需求。在企业中，对于常规性的人员补充需求，管理者一般都有充分的心理准备和时间准备，可以按照常规的方式有计划地进行。但对于一些非常规的如非正常死亡、员工跳槽等情况引起的人员补充需求，管理者如果事先不作好完善的人员补充计划，造成重要职位的空缺，那么对企业造成的损失是难以估计的。

（2）人员发展计划。正如前面谈到的，人力资源规划不仅要满足企业的需要，还要满足员工的需要。在现代企业，只有能够使企业和员工共同成长、共同发展的人力资源规划才能够增强企业竞争力，给企业带来效益。人员发展规划主要是针对企业内部员工的规划，旨在提高员工的整体素质，为员工提供各种培训、研讨等活动。一般来说，包括三项内容。第一，晋升规划。晋升规划是规定晋升比例、年资、晋升时间、晋升条件等的人力资源计划。晋升规划制定得好坏直接影响员工的积极性。晋升是企业对员工的工作成就和工作能力的肯定，对员工来说，是他们事业成功的标志，所以，有效的晋升规划能让员工明确自己在企业中的发展道路，激发他们努力工作的积极性。第二，平调规划。平调规划是规定有关员工平行调动或岗位轮换等的人力资源业务规划。对于企业来说，通过平调规划，对员工进行有计划、阶段性的工作调动，让他们在各个部门的工作中积累经验、从总体上把握各部门之间的关系，有利于企业培养高层管理人员。对于员工个人来讲，岗位平调可以增加他们的工作体验，激发他们对工作的兴趣；另外，还有助于他们成为复合型人才，使他们受益。第三，培训规划。培训规划是在对企业所需技术和知识进行评估的基础上，规划有关员工培训各项工作的人力资源业务计划。目前，培训规划越来越受到管理者的重视。一方面，新技术的飞速发展，使得员工原有的知识结构、技术水平和管理能力等各方面老化速度加快，制定适合企业发展的培训规划已成为企业的当务之急。另一方面，培训规划的好坏也逐渐成为企业吸引力的来源。对于知识型员工来说，他们更关注个人素质的不断提高，所以为他们提供良好的培训计划无疑对他们是极具吸引力的。

通过以上对人力资源规划的含义和基本内容的概要介绍，可以看出，人力资源规划在企业人力资源管理中起到了先导作用，对整个人力资源管理工作有重要的战略意义。另外，由于人力资源规划是与企业发展战略相联系的，所以，在实施企业目标和战略规划的过程中，它还能指导人力资源管理的具体活动，并不断地对人力资源管理的政策和措施作出相应的调整。具体来说，人力资源规划能够使企业及早地认识到人力资源供求不平衡的可能性，有利于及早采取措施，提高人力资源利用率；向企业和员工明确展示组织的人力资源发展计划，有利于使员工个人行为和组织未来目标相吻合，提高组织上下所有员工对人力资源管理重要性的认识，减少人力资源管理成本；使员工明确其职业生涯发展道路，激发员工积极性，有利于最大限度地利用员工的潜力。

二、人力资源规划过程

人力资源规划的总体过程包含了确定人力资源战略、人力资源预测、制定人力资源规划方案以及人力资源规划的执行与评价四大部分。

（一）根据企业战略确定企业人力资源战略

企业的人力资源战略是制定人力资源规划的战略性指导方针，关系到企业整个人力资源管理活动的目标、方向和结果。确定企业的人力资源战略对企业人力资源管理活动的开展有着至关重要的意义。然而，人力资源战略不是凭空制定的，正如在开篇所提到的那样，能使企业获得竞争优势的人力资源战略必须基于企业的发展战略，不同的企业发展战略要求有不同的人力资源战略与之相适应。

随着企业的发展和商业环境的复杂化，人力资源战略与企业发展战略的关系也越来越受到学者和企业管理层的重视，关于这方面的研究近年来也是层出不穷，在此列举两种有代表性的研究成果。伯德和比切勒（Bird & Beechler, 1995）根据舒勒的企业战略分类，对人力资源战略和企业发展战略之间的关系作了详细的说明，如表4-2所示。科迈斯—麦吉等人（1998）则采用波特（Porter）的企业竞争战略分类，探讨了每一类（竞争）战略最适合的人力资源战略，如表4-3所示。

表4-2　　　　　企业战略、组织要求及人力资源战略

企业战略类型	相应的组织特征	相应的人力资源战略
防御者战略 特征： ● 产品市场狭窄 ● 效率导向	● 维持内部稳定性 ● 有限的环境侦察 ● 集中化的控制系统 ● 标准化的运作程序	积累型战略 特征： ● 基于建立员工最大化参与的技能培训 ● 获取员工的最大潜能 ● 开发员工的能力、技能和知识
分析者战略 特征： ● 追求新市场 ● 维持目前存在的市场	● 弹性 ● 严密及全面的规划 ● 提供低成本的独特产品	协助型战略 特征： ● 基于新知识和新技能的创造 ● 获取具有自我动机的员工 ● 鼓励及支持能力、技能和知识的自我发展 ● 重视正确的人员配置及弹性结构化团队之间的协调
探索者战略 特征： ● 持续地寻求新市场外部导向 ● 产品/市场的创新者	● 不断地陈述改变 ● 广泛的环境侦察 ● 分权的控制系统 ● 组织结构的正式化程度低 ● 资源配置快速	效用型战略 特征： ● 基于极少员工承诺和高技能的利用 ● 雇佣具有岗位所需技能且能够立即使用的员工 ● 使员工的能力、技能与知识能配合特定的工作

表4-3　　　　　波特的三种企业竞争战略与人力资源战略的配合

企业战略类型	相应的组织特征	相应的人力资源战略
成本领先战略	● 持续的资本投资 ● 严密监督员工 ● 严密的成本控制，要求经常、详细的成本控制 ● 低成本的配置系统 ● 结构化的组织和责任 ● 产品设计是以制造上的便利为原则	● 有效率的生产 ● 明确的工作说明书 ● 详尽的工作规划 ● 强调具有技术上的资格证明和技能 ● 强调与工作有关的特定训练 ● 强调以工作作为基础的薪资 ● 用绩效评估作为控制机制

续表

企业战略类型	相应的组织特征	相应的人力资源战略
差异化战略	• 营销能力强 • 产品的战略与设计 • 基本研究能力强 • 公司以品质或科技的领导者著称 • 公司的环境可吸引高科技的员工、科学家或具有创造力的人	• 强调创新和弹性 • 工作类别广 • 松散的工作规划 • 外部招聘 • 团队为基础的训练 • 强调以个人为基础的薪资 • 用绩效评估作为发展的工具
专一化战略	• 结合了成本领先战略和差异化战略,具有特定的战略目标	上述人力资源战略的结合

(二) 人力资源预测

在确定了企业的人力资源战略之后,就要进入人力资源规划的下一个步骤——人力资源预测,也就是预测企业的人力资源供给和需求状况。企业的人力资源供给和需求状况是受企业内外多种因素影响的,是这些因素综合作用的结果。所以要进行人力资源预测,必须先收集各方面的信息,然后对这些信息进行分析,并在此基础上作出预测。这一部分的工作分为两个步骤来进行。

1. 收集信息

要采集的信息主要包括企业内外两方面。企业外部的信息也就是企业所面临的外部环境,包括国家政策、社会的经济法律环境、本行业的科技和工艺发展状况、外部劳动力市场以及竞争对手、客户和供应商的发展战略等,这些外部信息是企业制定人力资源规划的"硬约束"。企业内部的信息包括企业的生产经营现状和人员使用现状等。这些信息是企业制定人力资源规划的依据。收集信息工作的好坏直接影响到企业人力资源规划的成败。全面、准确、有效的信息收集可以使企业"运筹帷幄而决胜千里",达到事半功倍的效果。

2. 人力资源供求预测

在收集到的以上各个方面信息的基础上,就可以开始对企业的人力资源供求状况进行分析和预测了,也就是预测劳动力的需求、供给的过剩和短缺。进行预测的方法有很多,具体的方法在以后的章节中会有详细论述,总体上来说,可以分为统计学方法和主观判断法。在信息充分的条件下,统计学方法的准确性和可靠性都比主观判断法高,随着计算机技术的飞速发展,统计学方法正在受到管理层特别是专家们越来越多的关注。但是,任何事情都有两面性,统计学方法的准确性和可靠性是以其灵活性和对完全信息的依赖为代价的,现代的劳动力市场已经并正在变得越来越纷繁复杂和难以预料,许多重大的事件是没有历史先例的,在这种情况下,单纯使用以历史趋势为依据的统计学方法很可能会带来偏差。所以，企业家和专家对形势的感觉和主观判断在人力资源预测方面的主要作用也是不容忽视的。在有些现实情况下，它的协助已经变成解决问题的唯一途径。由于这两种方法在优势方面的互补性，在实际的人力资源预测中，根据实际情况结合使用这两种方法会获得更好的效果。

（三）制定人力资源规划方案

参照制定出来的人力资源战略，根据分析预测所获得的企业人力资源供求信息，人力资源管理部门需要针对企业的人力资源供求状况，制定具体的人力资源规划方案。下面介绍一些现代企业比较常用的解决人员供求不平衡的做法。

1. 应对人员的供给过剩

应付人员供给过剩最常用的方法是裁员。据统计，在《财富》杂志中排名前1 000位的公司中，超过85%的公司在1987—1998年间都曾有过裁员行为，直接导致700万人被永久性解雇[1]。但近年来，人们逐渐认识到裁员的同时也带来了很多负面的影响，所以企业试图采用一些替代办法，像冻结雇佣、提前退休、限制加班、工作分担或减少工资等。下面简单介绍裁员和提前退休两种方法。

（1）裁员。裁员是以强化企业竞争力为目的而进行的有计划的大量人员裁减。企业进行裁员主要有三种原因。第一，低成本是给企业带来竞争力的一项重要因素，而劳动力成本是企业总成本的很大组成部分，所以企业在重组时很自然地以此为切入点。第二，新技术的引进使得企业所需要的人员数量大大减少。第三，企业的收购和兼并造成的日常管理事务的合并，会造成一部分行政人员的替换。目前，对许多企业来说，裁员仍是一种能迅速解决企业人员供求不平衡的可行办法。但是，一些迹象表明，裁员并没有达到理想的效果。最近一项针对在《财富》杂志中位居前100名的52家公司所作的调查表明，大多数在头一年宣布裁员的公司，其下一年度的财务状况不是比裁员之前更好而是更糟[2]，这可能是由于裁员带来的长期负面影响超过了它所带来的正面效益的结果。此外，裁员是一种短期行为，许多在某一时点企业由于不需要而裁掉的人员在后来被认为是企业的一种不可替代的资产。而且，裁员会使那些侥幸留下来的员工产生恐慌和消极的情绪，使公司的士气下降。由于裁员仍然是一种见效较快的方法，所以，在某些情况下，它仍是企业应对劳动力过剩的一种主要途径。

（2）提前退休计划。提前退休计划就是通过制订提前退休激励计划来诱使老年员工提前退休。这也是近年来颇受企业重视的一种减少劳动力过剩的方法。一

---

[1]〔美〕雷蒙德·A. 诺伊，约翰·霍伦拜克，拜雷·格哈特，帕特雷克·莱特斯. 人力资源管理[M]. 3版. 刘昕，译. 北京：中国人民大学出版社，2001：187.

[2] K. P. DeMeuse, P. A. Vanderheiden, And T. J. Bergmann, "Announced Layoff: Their Effect On Corporation Financial Performance," Human Resource Management 33 (1994), pp. 509-530.

方面，由于老年员工的人力成本（工资、医疗成本、养老保险缴费水平）较高，处于高位的老年员工还可能阻碍年轻员工的雇佣和进步，所以，企业采取提前退休计划是有效的和明智的。但另一方面，老年员工的经验和稳定性对于企业有着明显的好处，因此，企业采用这种计划也是冒着一定风险的。

2. 应对人员的供给不足

（1）雇佣临时员工。对于一些临时性的任务，企业往往采用雇佣临时员工的方法来解决人员供给不足的情况。雇佣临时员工的优点在于可以保持生产规模的弹性，并减少了公司的人员福利成本（医疗费、养老金、失业保险等）和培训成本（许多临时就业机构在将临时雇员派到雇主那里之前，还会对他们进行培训）。缺点在于它会使企业内部产生一种比较紧张的关系，也就是临时雇佣员工和全职员工之间的紧张关系。

（2）外包。企业将范围较大的工作整体承包给外部的组织去完成，这种做法就叫外包（outsourcing）。外包计划使企业将任务转交给那些更有比较优势的外部代理人去做，从而提高效率、节约成本。但外包也会带来一定的负面影响。比如，东芝公司就曾经是先为西尔士公司制造电视机，几年之后以自己的品牌来生产同类商品，对于西尔士公司来说，增加了一个强有力的竞争对手，因为"你在西尔士公司所能买到的电视机也就是这些电视机，而我们的价格却更便宜"[1]，显然，东芝公司是最终的长期受益者。

（3）加班加点。在公司面临劳动力短缺，而且当前的任务可能不会太持久的情况下，企业更愿意采用加班加点的做法。虽然必须向员工支付比正常情况高的工资，企业还是节省了招聘成本以及培训成本等。但是，过度的加班加点很可能会引起员工的反对。

（4）提高员工工作效率。例如通过训练、团队运用等办法提高工作效率，以改变人力资源需求。

对具体方案的选择至关重要，因为不同方案在成本、速度、效果和受到影响的人员数量以及可回撤性（比如，将已经作出的改变再取消的难度）等方面的差别可能非常大。过去，企业出现内部劳动力过剩时，一般都采用裁员的方法，但这种方法给员工带来的伤害很大。近年来，许多企业采用了一些新的方法，收到了良好的效果。比如海尔采用的内部劳动力市场，通过内部下岗再培训政策，不仅解决了内部劳动力过剩的问题，而且构成了不断充实发展的人力资源储备。表4-4 中列举了一些可以用来减少劳动力剩余的方法，表4-5 中则列举了可以被用来避免产生劳动力短缺的一些方法，以供参考。

---

[1] K. P. DeMeuse, P. A. Vanderheiden, And T. J. Bergmann, "Announced Layoff: Their Effect On Corporation Financial Performance," Human Resource Management 33 (1994), pp. 509-530.

表 4-4　　　　　　　　减少预期出现的劳动力过剩的方法

方　　法	速　　度	员工受伤害的程度
1. 裁员	快	高
2. 减薪	快	高
3. 降级	快	高
4. 工作轮换	快	中等
5. 工作分享	快	中等
6. 退休	慢	低
7. 自然减少	慢	低
8. 再培训	慢	低

表 4-5　　　　　　　　避免预期出现的劳动力短缺的方法

方　　法	速　　度	可回撤程度
1. 加班	快	高
2. 临时雇用	快	高
3. 外包	快	高
4. 再培训后换岗	慢	高
5. 减少流动数量	慢	中等
6. 外部雇佣新人	慢	低
7. 技术创新	慢	低

(四) 人力资源规划的执行与评价

制定好的人力资源规划要在方案执行阶段才付诸实践，发挥作用。要确保方案被及时、正确地执行，就要保证有适合的人员专门负责规划的实施，并要给予他们必要的权力和资源。在这个阶段，非常重要的一点就是必须在执行过程进行信息的及时反馈。只有保证了信息反馈，才能根据实际情况对规划进行动态的跟踪与修改，保证预测效果的达成。最后，还要对人力资源规划的执行结果进行评价，要深入了解人力资源规划的每一具体环节对结果的影响，以便为下一步的工作改进提供参考和依据。

第二节　企业人力资源需求预测

企业对人力资源的需求受多方面因素的影响，所以管理者在进行人力资源需求预测时，以企业的战略目标、发展规划和工作任务为出发点，综合考虑多种因素，对企业未来所需人力资源的数量、质量和时间作出预测。

一、影响人力资源需求的因素

在企业人力资源需求预测的实践中，对企业未来人力资源需求影响最大的因素是市场和客户对企业产品和服务的需求。所以，对企业未来销售额的预测是至关重要的。大体说来，影响企业人力资源需求的因素可分为两类，即企业外部环境和企业内部因素。

（一）企业外部环境因素

企业外部环境因素包括社会的经济、政治、法律环境、新技术和科技的发展以及企业竞争者的状况等。社会整个经济的发展态势、政治环境的稳定以及相关法律的变化等都对企业未来人力资源的需求产生很大影响。另外，对于越来越依赖技术和科技的现代企业来说，能否跟上新技术和科技的发展已经成为一项决定成败的重要因素。最后，"知己知彼，百战不殆"，对竞争者未来战略和发展状况的了解也是一项不容忽视的因素。

（二）企业内部因素

企业的战略发展规划、人力资源方面的预算、生产和销售规划等方面的因素属于企业内部因素。企业的战略目标规划了其发展的方向和速度，企业关于提高产品或服务质量或开辟新市场的规划决定了企业未来所需的人力资源质量和数量，企业对于人力资源方面的预算更是直接影响了企业的人力资源规划的开展，从而对未来的人力资源需求产生重要影响。企业人力资源状况也是必须考虑的重要因素，企业的人力资源状况包括可能的员工流动比率（辞职或终止合同）、自然减员比率（退休、死亡等）以及员工的质量和性质。很明显，这些因素都直接影响企业的人力资源需求。

二、人力资源需求预测技术

人力资源需求预测技术可以分为两大类，即主观判断法与定量分析预测法。主观判断法包括经验推断法、描述法、工作研究法和团体预测法等；定量分析预测法包括趋势分析、比率分析、回归分析以及计算机模拟法等。

（一）主观判断法

1. 经验推断法

经验推断法是先推断企业产品或服务的需求，然后就产品或服务的特性、所需技术、行政支援等，将需求转化为工作量预算，再按数量比率转为人力需求。经验推断法较适用于短期预测，长期预测因为较复杂，宜采用定量分析预测法。

2. 描述法

人力资源部门对组织未来的目标和相关因素进行假定性描述、分析，并做出多种备选方案。描述法通常用于环境变化或企业变革时的需求分析。

3. 工作研究法（岗位分析法）

工作研究法是根据具体岗位的工作内容和职责范围，在假设岗位工作人员完全适岗的前提下，确定其工作量，最后得出人数。工作研究法的关键是首先制订出科学的岗位用人标准，其基础是职位说明书。当企业结构简单、职责清晰的时候，此法较易实施。

4. 团体预测法

团体预测法是集结多数专家和管理者的推断而作出规划的方法，主要有德尔菲法和名义团体法。

（1）德尔菲法。德尔菲法（Delphi）又叫专家评估法，一般采用匿名的问卷调查的方式，听取专家们对企业未来人力资源需求量的分析评估，并通过多次反复，最终达成一致意见。所谓匿名的方式，就是指专家互相之间不知道每条意见是谁提出来的，在整个过程中，专家之间不进行任何形式的交流。信息的交流和传递完全由预测活动的发起者来进行。预测活动的发起组织先确定预测的目标和要求、参与的专家组以及进行其他准备活动，然后将需要征求意见的问题以问卷的形式交付专家组讨论评价，再由发起组织收回并进行统计整理，汇总成册再次发给每位专家。专家们看到其他人的意见后对自己的想法进行修改，并提出修改原因，再次反馈给发起组织。经过这样几轮独立判断和修改，一般都能获得比较一致的看法，专家估计也就到此结束。德尔菲法的具体操作过程如图 4-1 所示。

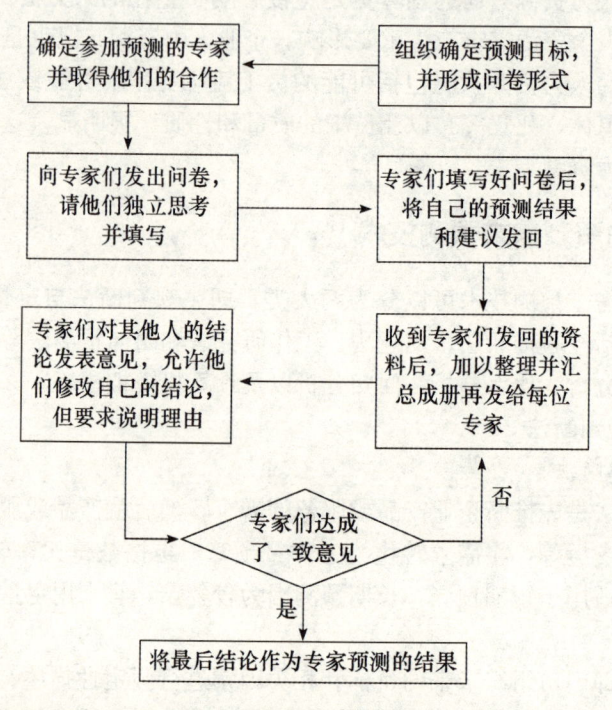

图 4-1　德尔菲法操作流程

(2) 名义团体法。名义团体法是让专家在一起讨论，让他们先进行脑力激荡以便将所有意见列出，再逐一分析这些意见，并排列出意见的实际性和优先次序。

（二）定量分析预测法

1. 趋势分析

趋势分析（trend analysis）就是首先通过分析企业在过去五年左右时间中的雇佣趋势，然后以此为依据来预测未来人员需求的技术。企业的发展有一定的连贯性和稳定性，企业的人力资源雇佣量可能会表现出某种趋势，根据这种趋势可以对企业未来的人力资源需求作出初步的预测。具体方法是，将企业人力资源需求量作为纵轴，时间作为横轴，在坐标轴上直接绘出企业的人力资源需求线，如图 4-2 所示。根据需求线 Z 可以预测未来某一时期的人力资源需求量。

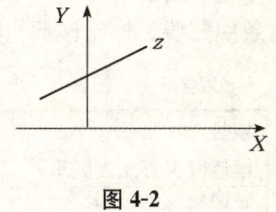

图 4-2

2. 比率分析

比率分析（ratio analysis）是通过计算某些原因性因素和所需雇员数目之间的精确比例来确定未来人力资源需求的方法。比率分析和趋势分析有相似之处，它们都假定生产率保持不变，根据历史记录进行预测。但比率分析更为精确。举个例子，某企业可以根据销售人员与行政人员的比率来确定未来对行政人员的需求。比如，这家企业有 200 名销售人员和 50 名行政人员，那么销售人员与行政人员的比率就是 200/50，也就是 4/1，这表明每四名销售人员就要匹配一名行政人员。如果该企业计划明年将销售队伍扩大到 400 人，那么根据这个比率，可以确定企业对行政人员的需求为 100 人，也就是要再增雇 50 名行政人员（如果目前的 50 名行政人员在明年前没有人离开）。

3. 回归分析

回归分析（regression analysis）是指通过确定某一因素同人力资源雇佣量之间是否存在相关关系来预测企业人力资源需求的方法。如果两者是相关的，那么只要确定了这一因素的数值，就可以对企业的人力资源需求量作出预测。回归分析同上两种方法相比，更具有统计的精确性，它的具体操作步骤如下：

(1) 绘制出一幅散点图来描述某一因素同人力资源雇佣量之间的关系。

(2) 测算一条刚好穿过散点图上的那些点的中部的回归线。最常用的测算直线回归方程式的方法是最小二乘法。最小二乘法标准方程组如下：

$$\begin{cases} \sum yx = a\sum x + b\sum x^2 \\ \sum y = na + b\sum x \end{cases}$$

由此方程组可解得 a 与 b，将这两个值代入线性方程，就得到直线趋势方程：

$$y_c = a + bx$$

（3）根据线性方程画出回归线。根据这条回归线，可以看出和每一项因素水平相对应的人力资源需求量。

下面举一个例子来说明。表 4-6 中列举了某企业 1996—2000 年间的销售量和人力资源雇佣量的数据。根据这些数据，可以画出一幅散点图（见图 4-3）。横轴表示年销售额，纵轴表示人力资源雇佣量。然后根据上述方法画出如图 4-3 那样的一条回归线。根据这条回归线，就可以预测在任何一种销售情况下的人力资源需求。

表 4-6　　　　　　　　　企业的人力资源趋势分析

年份	1996	1997	1998	1999	2000
销售额（万元人民币）	3 200	4 300	3 900	4 700	5 000
雇佣量（人）	110	180	150	190	200

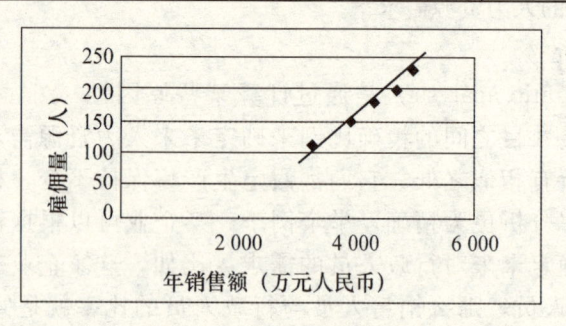

图 4-3　某企业销售额和雇佣量的回归关系图

4. 计算机模拟法

计算机模拟法是指企业建立一套人力资源需求的计算机化预测系统（computerized forecast）[1]，利用计算机技术对人员需求进行预测。它是企业人力资源需求预测技术中最复杂、也是最精确的一种方法。在这种方法中，由管理者和专家将所需要的典型信息综合起来，建立一套计算机进行预测所需的数据库，由计算机预测系统以此为根据模拟各种现实情况进行预测。这些信息包括生产单位产品所需要的直接劳动工时（对生产率的一种衡量），以及当前产品系列的三种销售额计划——最低销售额、最高销售额、可能销售额。运用这一系统，企业可以很快地将生产率水平和销售水平计划转化为对人员需求的预测，同时，也可以预测各种生产率水平及销售水平对人员需求的影响[2]。

---

[1] G, lenn Bassett, "Elements of Manpower Forecasting and Scheduling," Human Resouce Management, Vol. 12, No. 3 (Fall 1973), pp. 35-43, reprinted in Richard Peterson, Lane Tracy, and Allan Cabelly, Systematic Management Human Resouce (Reading, MA: Addison-Wesley, 1979), pp. 26-54.

[2] 〔美〕加里·德斯勒. 人力资源管理 [M]. 6 版. 北京：中国人民大学出版社，1999：113.

第三节 企业人力资源供给预测

企业的人力资源供给来自两方面：一是企业内部人力资源供给，比如人员的调动、晋升等；二是来自企业外部的人力资源的补充。相应的，对于企业人力资源供给的预测也包括这两方面。

企业人力资源供给预测一般包括以下几方面内容：

（1）分析现有人力资源状况，如公司员工的部门分布、知识与技能水平、工种、年龄构成、退休与生育员工数量等，了解公司员工的现状。

（2）分析目前公司员工流出与内部流动的情况及其原因，预测未来员工流动的态势，以便采取相应的措施避免不必要的流动，或及时给予替补，保证工作和职务的连续性。

（3）分析工作条件（如作息制度、轮班制度等）的改变和出勤率的变动对员工供给的影响。

（4）掌握公司员工的供给来源和渠道。员工可以来源于公司内部（如富余员工的安排、员工潜力的发挥等），也可来自于公司外部。

（5）分析员工的质量。假定人员没有发生流动，人员质量的变化会影响到内部的供给。质量的变动主要表现为生产效率的变化。当其他条件不变时，生产效率提高，内部的人员供给就相应增加，反之则供给减少。影响员工质量的因素包括培训、轮岗等。

对公司员工供给进行预测，还必须把握影响员工供给的主要因素，从而了解公司员工供给的基本状况。

一、企业内部人力资源供给预测

虽然企业的人力资源供给来自企业内和企业外两方面，但一项调查显示，90%以上的管理职位都是由从企业内部提拔上来的人担任的。这主要是由于内部供给有着不可替代的优势。首先，企业对内部员工的技能有着更精确的评价，而不像对外来者那样知之甚少，所以，内部供给更安全。其次，内部提升可以激发被提升员工以及其他员工的工作热情，从而提高士气。最后，他们更容易认同组织文化，能够更快地适应工作。

但是，内部供给一定要注意两方面的问题：一是要保证提拔的公平性和公开性，以避免对员工产生负激励作用；二是要防止企业内部的近亲繁殖，避免企业在需要创新时出现照章办事和维持现状的倾向。

总的来说，企业的内部人力资源供给通常是企业人力资源的主要来源，所以企业人力资源需求的满足,也应优先考虑内部人力资源的供给。

(一) 内部人力资源供给预测的基础——人力资源信息系统

企业要想做好内部人力资源供给的预测,首先必须准确地掌握整个企业的人力资源状况。建立人力资源信息系统是内部人力资源供给预测的基础和关键。人力资源信息系统有很多种,这套系统可以用人工的方式进行搜集整理,也可以是一套计算机信息系统。在现代企业,计算机信息系统已被越来越多地采用,使用计算机档案管理方法可以做到更全面、更便捷。更重要的是,它不仅仅是一个信息的集合体,还可以利用它将各种不同的数据联系起来进行综合处理。这样就可以为不同的部门提供所需的不同信息,为企业的晋升、奖励或调动等人力资源活动提供依据,大大减轻了人力资源管理工作的负担,保证了企业内部人力资源供给预测的有效性和合理性。但应注意的是,计算机化的信息系统存在着比较大的泄密风险,所以,要做好敏感信息的保密工作不容忽视。

企业的人力资源信息系统,应该包括以下七个基本组成部分:

(1) 个人资料。这一部分主要包括员工的姓名、性别、家庭与婚姻状况等基本情况。

(2) 受教育情况。这一部分是指员工在接受中等教育之后所受教育的学校名称、所学专业、被授予学位、毕业时间等。

(3) 个人能力或特殊资格。员工的个人技能、所获资格证明以及所受到的正规培训课程名称等。

(4) 个人倾向。员工的职业兴趣和职业能力倾向等。这部分还应该记录员工对自己职业发展兴趣的描述以及愿意选择的优先次序。

(5) 工作经历和行业经验。这部分主要包括员工曾为哪些组织工作过,从事哪些工作以及来本组织的原因,还包括在某些相关行业的从业经验等。

(6) 目前职位以及工作绩效。这部分内容是对员工目前工作状况的一个总体评价。由于员工的工作是动态的,所以这部分信息一定要定期进行更新,以便记录员工在各个评价领域(领导能力、激励性、沟通能力等)的进步。

(7) 福利方案、退休信息等。这部分内容主要记录根据每位员工的不同资历而确定的应该享受的福利项目、退休年龄、退休待遇等方面的信息。

以上介绍的内容只是一个基本的框架,企业根据自身情况的不同可以有自己不同的选择。例如,一种据说被2 000多家公司使用的人事/薪资软件包所包括的因素达140种之多,包括从家庭住址到雇员体重、组织性质、已享受病假、技术(类型),直到工作熟练程度等。总之,完善的人力资源信息可以使企业对组织内部目前可得到的人力资源和技能作出迅速而准确的评价,从而使企业内部人力资源得到最优的配置。

(二) 内部人力资源供给预测的方法

在内部人力资源供给预测方法中,常用的有人员接替模型和马尔科夫模型。

1. 人员接替模型

人员接替模型是通过建立组织内的某些职位候选人的评价模型来预测企业内部人员供给的一种方法。人员接替模型就是跟踪每一位职位候选人，找出他们至少两方面的信息：当前绩效及提升潜力。当前绩效一般由考核部门或上级领导确定，提升潜力则是在前者的基础上由人力资源部门通过心理测验、面谈等方式得出。具体的人员接替模型如图 4-4 所示。

```
                                总 裁
    ┌───────────────┬───────────────┼───────────────┬───────────────┐
```

人事副总裁				执行副总裁				市场副总裁				财务副总裁		
1	张先生	55	A	2	黄女士	60	A	1	韩先生	59	A	2	胡女士	60	A
3	李先生	47	B	1	刘先生	55	C	3	吴女士	47	C	3	解先生	46	C
2	王先生	42	B	3	赵女士	52	B	3	王女士	42	C	3	戴先生	41	A

冰箱部经理				空调部经理			
3	肖先生	51	C	1	刘女士	54	A
3	郭女士	46	C	3	黄先生	39	C
3	金先生	38	C	2	钟先生	32	B

人事经理				财务经理				人事经理				财务经理			
2	林先生	46	A	3	张先生	49	C	1	牛先生	52	C	2	常女士	50	C
3	兰女士	35	C	3	侯女士	39	C					3	康先生	35	A
3	陈女士	32	A	2	梁先生	34	B								

生产经理				销售经理				生产经理				销售经理			
2	王先生	39	C	1	朱先生	48	A	3	马先生	42	C	1	沈女士	47	A
3	姜女士	32	C	3	何女士	42	C	3	绍先生	35	C	2	周先生	42	C
				2	刘女士	30	B	3	潘先生	34	C	3	吕女士	36	B

当前绩效：　　　　　　　提升潜力：
优秀：　　　1　　　　　可以提升：　　　A
令人满意：　2　　　　　需要进一步培训：B
需要改善：　3　　　　　有问题：　　　　C

图 4-4　管理人员接替模型

2. 马尔科夫模型

马尔科夫模型是通过全面预测企业内部人员转移从而预知企业内部人力资源供给的一种方法。它是一种比较有效和合理的方法,有利于管理者综合考虑各种影响因素,系统地考虑企业内部的人员供给状况。但是它是建立在这样一种前提下的,即企业内部人员有规律地转移,而且其转移概率有一定的规则。

马尔科夫模型所考虑的人员变动主要有调入、提升、降职、平调或调出五种状况。通过计算某一时间段内某项工作的人员变动比率,来对未来该工作岗位的人员数量作出估计。表 4-7 就是利用马尔科夫模式预测企业 A、B、C、D 四种工作的人员供给情况时所用到的矩阵。该矩阵左方是目前这四种工作各有多少人,通过中间的人员变动可能性矩阵的计算,得到了右方在将来某一时刻这四种工作各需要多少人的预测结果。

表 4-7　　　　　　　　马尔科夫分析模式

现在的雇佣人数 （T−0 时期） （人）	变动可能性矩阵 （T−2 时期）					雇佣人数预测 （T+1 时期） （人）
		A (350 人)	B	C	D	
A—300	A	70%	—	10%	—	300×70%+275×10%=238
B—150		(245 人)				
C—275	B	20%	80%	—	—	300×20%+150×80%=180
D—360		(70 人)				
	T−1 时期	C	—	—	60%	—	275×60%=165
	D	—	—	10%	90%	275×10%+360×90%=352
	离开	10%	20%	20%	10%	离开组织的人数： 300×10%+150×20%+275× 20%+360×10%=151
		(35 人)				

中间的变动矩阵是从过去的某一时期（T−2）到过去的另一时期（T−1）人员变动可能性的数据。

如,对工作 A 来说,T−2 时有 350 人,到 T−1 时,只有 245 人留在原岗位,70 人提升到 B,35 人离开了组织。因此,可以计算出:

$$工作 A 留任率(从 A 到 B) = 245/350 \times 100\% = 70\%$$
$$工作 A 提升率(从 A 到 B) = 70/350 \times 100\% = 20\%$$
$$工作 A 离任率 = 35/350 \times 100\% = 10\%$$

用同样的方法可以得到矩阵中其他的百分比。应当注意,这里计算的变动率只是从 T−2 到 T−1 时期的人员变动。在实际运用中，常常是分几个时期收集人员变动率数据，然后以它们的平均值作为人员变动率数值，用以预测未来的人员流动情况。这样可以使员工变动率更加准确可靠。

得到人员变动率后，就可以分别对这四种工作在 T+1 时期的人员数作出预测了。

对 A 工作来说，T−0 时有 300 人

留下人数为：300×70%＝210（人）

由 C 工作到 A 工作的有：275×10%＝28（人）

因此，预测 T+1 时 A 工作共有：210+28＝238（人）

很显然，和目前的 300 人相比少了 62 人。经过相似的计算，也可以得到其他工作在 T+1 时期的预测人数。

二、企业外部人力资源供给预测

虽然企业内部供给是解决企业人力资源需求的主要途径，但当企业内没有足够的候选人可供挑选，或者从企业内部提升不能达到很好效果的时候，企业就需要从外部招募新的候选人。企业人力资源的外部供给作为内部供给的补充，有着其自身不容忽视的优点。外部供给可能给企业注入新鲜的活力，刺激内部员工的工作积极性，还可以为企业带来新的技术和管理理念。所以，不断地从外部补充人员也是企业人力资源部门的一项经常性工作。

对企业外部人力资源供给的预测包括总体的经济和人口状况预测、当地劳动力市场预测以及职业市场的预测。

（1）总体经济和人口状况预测。对企业外部人力资源供给作出预测，首先必须对社会整体的经济以及人口状况进行预测。通常情况下，失业率越低，劳动力供给就越少，人员招聘的难度就越大。另外，人口现状也直接决定了企业现有外部人力资源供给的状况，主要影响因素包括人口规模、人口年龄和素质结构、现有的劳动力参与率等。

（2）当地劳动力市场预测。对当地的劳动力市场进行预测也是至关重要的一步。包括对当地劳动力市场的发育状况和就业政策倾向的预测，对当地劳动力供给现状的预测，比如对大中专院校毕业学生人数和专业以及他们的就业偏好的预测，或对本地的失业劳动力状况的预测等。

（3）职业市场的预测。根据企业所要招聘的特定职位，预测该职业市场的潜在候选人的数量、薪酬水平等方面的状况。

企业外部人力资源供给的主要渠道有大中专院校的应届毕业生、职业学校的毕业生、失业人员、其他组织的在职人员以及流动人员等。学校毕业生的供给较为确定，主要集中在秋季，而且数量和专业、层次、学历等信息都可以通过相关部门

获取，预测工作容易进行。比较困难的是对失业人员和流动人员的预测，在预测过程中需要考虑国家就业政策、本地政府对外来员工的控制程度及其他一些因素。对于组织在职人员的预测需要考虑社会心理以及他们个人的择业心理、组织本身的吸引人力资源的策略（高薪、培训等）等因素，合理地预测外部人员的可供给量。

第四节　人力资源供求平衡方法

在企业的整个发展过程中，企业的人力资源供求都不可能自然处于平衡状态。分析完人力资源需求和人力资源供给后，企业便可着手制定一系列相互整合的人力资源规划的方案，以平衡人力资源供给与需求。

一、人力资源供给不足时的解决方案

当求过于供，即企业所需要的劳动力质量和数量无法得到满足时，企业可考虑下列做法：

（1）把内部富余人员安排到短缺的岗位上；
（2）培训内部员工，使他们能胜任员工短缺但又很重要的岗位；
（3）鼓励员工加班加点；
（4）提高员工的效率；
（5）聘用一些兼职人员或临时人员；
（6）把一部分工作转包给其他公司；
（7）减少工作量（或产量、销量等）；
（8）添置新设备，用设备来缓解员工的短缺。

二、人力资源供给过剩时的解决方案

当内在劳动力市场供过于求，即出现冗员时，企业可考虑下列做法：

（1）扩大有效业务量，例如提高销量、提高产品质量、改进售后服务，等等。
（2）培训员工，使一部分员工通过培训走上新的工作岗位。
（3）鼓励员工提前退休。
（4）缩短员工的工作时间，实行工作分享或者降低员工的工资。
（5）永久性的裁员或者辞退员工。这种方法虽然比较直接，但是由于会给社会带来不安定因素，因此往往会受到政府的限制。

上述平衡供需的方法在实施过程中具有不同的效果，例如靠自然减员来减少供给，过程比较长；而裁员的方法见效就比较快。

企业人力资源供给和需求的不平衡，往往是供大于求和供不应求两种情况交

织在一起的。例如，某些部门或某些职位会出现供给大于需求的情况，而其他部门或其他职位的供给小于需求，因此企业在制定平衡供需的措施时，应当从实际出发，综合运用这些方法，使人力资源的供给和需求在数量、质量以及结构上都达到平衡匹配。

第五节　招聘工作候选人的途径

当企业的人力资源需求大于供给时，就需要进行招聘工作。招聘工作候选人的途径可以分为内部招聘途径和外部招聘途径。内部招聘能更好地评价和安置员工，内部晋升的可能性也会激励员工，鼓舞士气；另外，内部招聘花费较少，且能更快地填补工作空缺。但是内部招聘也不可避免地有一些缺点，比如，应征失败的员工可能会产生不满情绪而影响工作积极性，获得升迁的员工面对过去的同事朋友时扮演新角色的难度会大一些，企业内容易出现思维和行为定势、缺乏创新性，等等。相对于内部招聘来说，外部招聘在提供公平就业机会，为企业带来新的技术、管理理念、增强企业活力以及刺激内部员工积极性等方面有着不可忽视的优点，然而外部招聘员工的适应期较长、较难融入企业文化等缺陷又限制了它的使用。所以，这两种途径各有长短，具体的使用应根据实际情况分析选择。

一、内部招聘途径

内部招聘也就是从企业内部的工作候选人中识别出最合适的工作人选，主要的途径有职业生涯开发系统和工作公告。

（一）职业生涯开发系统

职业生涯开发系统就是针对特定的工作岗位，在企业内挑选出最合适的候选人，将他们置于职业生涯路径上接受培养或训练。这种方式的优缺点如下：

1. 优点

（1）更可能留住企业的核心人才。对于企业来说，核心人才是一种不可替代的竞争力来源，所以这一点就显得格外重要。

（2）有助于确保在某个重要职位出现空缺时，及时填补上合适的人员，可以使企业避免由于重要职位上的人员突然离职而带来的损失。

2. 缺点

（1）对未被选中的人员可能产生负激励作用，企业可能会因此失去一些优秀人才。

（2）目标职位如果长期未出现空缺，可能会使被选中的人员由于期望没有兑现而感到灰心。

(二) 工作公告

工作公告是向员工通报现有职位空缺以进行内部招聘的方法。工作公告中应描述工作职位、薪水、工作日程和必要的资格条件等。所有合适的员工都可以申请该职位，企业筛选这些申请并对合适的申请人进行面试。这种方式的优缺点如下：

1. 优点

（1）给员工一个职业生涯开发的平等机会。由于看到了可能的晋升机会，他们会努力提高自己的工作绩效。

（2）确保企业内最适合的员工有机会从事该工作。由于工作公告是面向全体员工的，所以职位候选人的范围会更广，可以保证选择的效果。

2. 缺点

（1）这种方式比较费时。

（2）企业内部可能会缺乏一定的稳定性，比如有的员工由于不明确方向而跳来跳去。

二、外部招聘途径

企业从外部招聘工作候选人一般通过广告、就业服务机构以及校园招聘等方式。

（一）广告

广告是指通过广播电视、报纸、网络或行业出版物等媒体向公众传递企业的需求信息。广告是最能够广泛地通知潜在求职者工作空缺的方法。借助不同的媒体做广告会带来不同的效果，企业要招聘的职位类型决定了哪种媒体是最好的选择。

报纸的优点在于栏目分类编排，有专门的求职类型的报纸和版面，不容易被积极的求职者忽视，有利于他们查找。但由于发行对象无特定性，会带来大量水平参差不齐的应聘者或应聘者资料，增加人力资源部门的工作负担。如果招聘对象是蓝领工人或较低层次的管理者，地方报纸往往是最好的选择。

广播电视最不容易被人忽视，能够更好地让那些不是很积极的求职者了解到招聘信息，而且比印刷广告更能有效地渲染雇佣气氛。但广播电视的成本较高，并且持续时间短，不能查阅。当招聘竞争较为激烈，急需扩大企业影响以吸引求职者的时候，广播电视很容易达到这种效果。

行业杂志是一种吸引专业人才的最好手段，因为它会被送达到特定的职业群体手中。

目前网络广告的发展势头极为强劲，各种专门的人才网站的建立，使得求职者的信息可以在极短的时间内快速传递，极大地提高了搜寻求职者的效率。但是，由于网络的虚拟性特征，造成大量虚假或错误的求职者信息，给人力资源部门的工作带来了很大的困难。所以，虽然网络广告的方式已经不可避免地成为一种新兴的招聘途径，但它的应用还有待进一步规范和发展。

使用广告进行招募还有一个必须考虑的问题，那就是广告内容的设计。这直接关系到招聘活动的效果。广告内容的设计必须把握以下三点：

（1）广告的内容设计能够吸引求职者的注意，促使他们深入阅读。这有赖于广告设计人员的思路。首先，要确保广告的内容没有歧义，易于阅读。一般来说，使用大字标题、印刷松散、有较大空白而不是拥挤的广告更能抓住读者的注意力。另外，关键职位的招募信息通常应刊登在展示型广告中。

（2）引起求职者对工作的兴趣。通过详细地描述工作要求和所需资格，一方面可以吸引合适的候选人，另一方面也可以阻碍不合格的人申请。广告要强调工作本身的性质和重要性，以及工作中包含的职业发展前途和其他优点，比如，"你将投身于一项富有挑战性的工作"等。但要注意，不能作企业无法实现的承诺来误导求职者，对于晋升机会、挑战、责任等要诚实列出。

（3）鼓励求职者积极采取行动。为求职者提供更多信息的来源（比如公司网址、电话或地址等）或更方便的求职方式，还可以通过"今天就打电话来吧"等语言鼓励求职者积极采取行动。

总的来说，利用广告进行招聘有以下优缺点：广告可以使企业在相对较短的时间内将信息传达给大量受众，从而保证求职者的数量。但是广告经常效果不佳。研究发现，通过报纸广告雇佣的人与那些通过其他方式雇佣的人相比，工作表现较差而且经常旷工[1]。另外，对于大量求职者信息的筛选工作会导致企业招聘工作量和费用的增加。由于广告的受众很多，如果过多的人作出反应，就会带来筛选工作的困难。

（二）就业服务机构

就业服务机构是专门进行人力资源搜寻、筛选，并向企业提供各类所需人才的机构，通过就业服务机构，企业往往可以较快地招聘到合适的人员。企业通过与合适的专业机构进行接触，并告知所需员工的资格，专业机构负责寻找和筛选求职者的工作，向企业推荐优秀的求职者以供企业进一步筛选。在我国，就业服务机构是指各种职业介绍所（包括政府办的公共职业介绍机构，私人或民间的职业介绍所和人才交流中心等）。

一般来说，企业在以下三种情况下，愿意借助就业服务机构的力量来完成招聘工作：

（1）企业没有自己的人力资源管理部门，因而不能较快地进行人员招聘活动；

（2）某一特定职位需要立即有人填补；

---

[1] Breaugh, Recruitment.

(3) 当企业发现自己去招聘会有困难时，比如招聘对象是那些目前仍在别的组织工作中的人，他们可能不太方便直接同自己当前组织的竞争对手接触，那么就可以通过就业服务机构来解决人员招聘问题。

企业如果借助于就业服务机构，首先必须向他们提供一份精确而完整的工作说明。这有利于就业机构帮助企业招聘到更合适的人员。其次，参与监督就业服务机构的工作。比如，限定他们使用企业认为最合适的筛选办法或程序，定期检查那些被就业服务机构接受或拒绝的候选人的资料，以及时发现他们工作中不尽如人意的部分。总之，采用这种途径有利也有弊，具体的优缺点如下。首先，会带来较高的工作效率。借助于就业服务机构的帮助可以节省大量筛选人员的前期工作，减少工作量，缩短了招聘周期。其次，就业服务机构往往会对候选人进行前期的培训，节省了企业的培训成本。但是，根据美国的经验，通过就业服务机构的帮助获得的求职者主要是蓝领工人或低层次的管理人员，很难获得专业技术人才和高级人才。从我国人才交流中心的现实情况看，也明显存在这个问题。另外，就业服务机构对求职者的筛选可能不符合企业的要求。就业服务机构对求职者前期筛选很可能会使不合格的求职者通过企业的初选阶段，而一些合格的求职者可能会流失。

(三) 高级管理人员代理招募机构

高级管理人员代理招募机构也就是人们通常所说的猎头公司。猎头公司专门招聘薪水较高的中级或高级管理人员，并就其服务向雇主收取相当高的费用。通常，即使该公司举荐的候选人未被雇佣也需要付费。猎头公司通常是企业招聘到合适的高层经理人的最有效途径。因为一般来说，这类高层管理人员不会公开到人才市场中求职，更不会盲目跳槽。他们即使有换工作的念头，也会等待和观望。而这类高级人员代理招募机构往往投其所好，同该行业里的许多高级人才都保持着密切的联系，主动送职上门。而且，猎头公司能够在整个搜选和筛选过程中为企业保守秘密。所以，企业要招募一些核心的高层管理人员，猎头公司的帮助必不可少。但猎头公司并非没有问题，虽然猎头公司的专业化服务可以快速地帮企业招聘到合适人选，但是也会带来较高的成本。由于猎头公司的收费较高，如果招聘来的人员不能为企业创造相应价值的话，企业会为此付出较高的成本，并且招募的成功率不高。据调查，所有猎头结果只有 50%～60% 选到了企业需要的类型[1]。有时，这些猎头公司更像是推销员而不是纯粹的专业机构，他们可能更倾向于说服你雇佣某一候选人，而不是为你找到一个合适的人。

(四) 雇员举荐

雇员举荐是指当企业职位出现空缺时，由雇员向组织推荐合格的朋友或同伴

---

[1] Hutton, T. J. (1987). Increasing the odds for sucessful searches. Personnel Journal, September, 140-152.

来申请。这种方式目前被越来越多的公司所重视，有的企业甚至通过向推荐人提供津贴或奖金的方式，鼓励雇员向企业推荐合适人选，足可以看出这种方式的诱人之处。据调查，一般公司15%的劳动力是通过举荐招聘到的。雇员举荐的求职者一般比通过其他方式招聘到的人员表现得更好，而且在公司工作的时间更长[1]，一方面这可能是雇员对企业的空缺职位和候选人都比较了解，另外，还可能是由于推荐会涉及他们的荣誉，所以他们会努力推荐高质量的求职者；另一方面，被推荐者也可能顾及该雇员的面子，一般表现不会太差。雇员举荐的另外一个明显的优点在于这种方式的成本较低。然而，这种做法也并非没有缺点。通过这种方式招聘员工，企业内有可能会形成许多非正式组织，有些会对工作产生不利的影响。另外，一旦雇员推荐的人被拒绝，可能会产生不满情绪。

（五）校园招聘

校园招聘是指企业通过在校园中举办招聘会等形式，招聘即将毕业的大中专院校的学生的一种招聘途径。大中专院校的学生，特别是一些名校或紧俏专业的学生，由于他们具备最新的知识、较高的素质和能力并具有较强的可塑性，往往是各大企业争夺的对象，对他们的获取一般都通过校园招聘的途径。校园招聘活动一般遵循这样的步骤：

第一步，进行招聘分析。分析并确定企业需要通过校园招聘获取的岗位和工作。

第二步，准备职位申请书。将所需招聘职位的要求制成职位申请书，申请书的内容应包括该职位的工作职责、所需技能和能力等。

第三步，挑选学校。在每年的春季选择招聘学校并制定招聘日程表。

第四步，进行校园面试。招聘者到校园中邀请适合的候选人参加组织的现场面试。

第五步，审查候选人。对面试中表现出色的候选人进行进一步的审查和甄选。

第六步，评价招聘工作。对整个招聘工作进行评价，确定此次活动中的不足之处以及成果和成本效率。

校园招聘往往能为企业获取大量优秀的管理和专业后备人才，但是，校园招聘是一种比较昂贵的招募方式，它的成本高，持续时间长，而且确定的候选人要等到毕业才能被雇佣。另外，由于毕业生就业之初离职或跳槽的比较多，对于组织来讲，白白浪费了许多招募、选拔和培训的资源。

---

[1] Kirnan J. P., Farly, J. A., and Geisinger, K. F. (1989). The relationship between recruiting cource, applicant quality, and hire performance: An analysis by sex, ethnicity, and age. Personnel Psychology, 42 (2), 293-308.

(六）计算机数据库

计算机数据库就是由一些网络公司建立的计算机化的求职履历等级系统，企业通过它来确定工作候选人。这种网络公司并不是职业介绍机构，而是一种信息汇编机构。机构将求职者的个人履历编辑成数据库，然后将其放到一个大型的计算机信息网络上，所有同该网络联网的企业或其他组织都可以获得这些数据。企业可以通过交费参与这个计算机网络，也可以通过向这些网络公司支付一定的费用，直接查询信息。求职者可以通过缴纳一定的费用，将自己的信息登记在这套系统中，以供雇佣者查询。

这种计算机化的招聘方式可大大加快企业获得与职位相匹配的候选人的速度，降低了日常人力资源管理工作的费用，使得招聘的效率大大提高。

（七）其他招聘途径

除了上述的这些较为常规的招聘途径，还有一些非常规的招聘途径，在企业实践中也经常被应用到。例如一些毛遂自荐的随机求职者，他们往往是被企业的声望所吸引，主动提出工作申请。企业应该重视这些求职者，对他们进行面试并保留他们的简历等信息。但是毛遂自荐这种方式存在一个时间问题，即当职位出现空缺时，求职者可能已找到了其他的工作。兼职招募是另一种方法。企业中一些临时的、专业性较强的工作可以采用兼职招募的方法，这种方法可以省去企业培训和员工福利的费用，并能得到较为专业和高效率的工作人员。目前还有一种较特殊的招募方式——实习。它主要是针对一些名校的学生，企业为他们提供一份临时性的暑期或学年间的兼职工作，以让他们对企业有一个较全面的认识，能够更好地吸引他们；另外，企业对这些学生也能进行较长时期的观察，对他们的个人资格作出较好的判断。

从上面的介绍可以看到，不同的招聘途径有着各自的优缺点和适应情景。企业在进行选择时要综合考虑招聘职位的性质、周围雇佣环境等因素，找出最适合的招聘途径。下面对以上六种外部招聘途径在适合的工作类型、速度、成本、求职者来源以及求职者同工作要求的符合程度五方面进行比较。如表 4-8 所示。

表 4-8　　　　　　　　外部招聘途径比较

招聘途径	适合招聘的工作类型	速度	成本	求职者来源	求职者同工作要求的符合程度
广告	所有	快/中	中	广	不高
就业服务机构	蓝领工人低层管理人员	中	中	较广	较高

续表

招聘途径	适合招聘的工作类型	速度	成本	求职者来源	求职者同工作要求的符合程度
高级管理人员代理招募机构	中、高层管理人员	中	高	较广	较高
雇员举荐	所有	快	低	不广	高
校园招聘	管理人员专业技术人员	慢	高	较广	较高
计算机数据库	所有	快	中	广	高

三、内部招聘与外部招聘的优缺点比较

(一) 内部招聘的优点

(1) 激发员工的内在积极性。内部招聘能极大地鼓舞员工的内在积极性。企业实行内部招聘，员工就会觉得自己有晋升和发展的空间，因而会用更好的表现去推销自己。

(2) 迅速地熟悉和进入工作。内部招聘的人力资源由于熟悉企业，熟悉企业的领导和同事，了解并认可企业的文化、核心价值观，因此能迅速地进入工作，减少了熟悉陌生环境这一过程所带来的成本。

(3) 保持企业内部的稳定性。从外部招聘新员工可能引起企业文化和价值观方面的碰撞，而通过内部招聘将优质人力资源补充到合适岗位，由于对企业文化和价值观的认同，不会出现企业内部的不稳定状况。

(4) 尽量规避识人用人的失误。内部招聘由于对员工有较长时间的了解，可以有效地规避识人用人的失误。

(5) 人才招聘的费用最少。一次大规模的公开招聘，总要消耗相当多的时间和财力。内部招聘可以节省开支，使人才招聘的费用降到最小值。

(二) 内部招聘的缺点

(1) 容易形成企业内部人员的帮派。人员流动少以及内部晋升的途径和方法容易在企业内部形成帮派。当内部晋升渠道畅通时，非正式组织想推荐自己小圈子里的人员就成为一种必然。

(2) 可能引发企业高层领导的不团结。用人的分歧历来是在企业高层领导中最容易引起分歧的问题，因为这涉及权力的分配、个人核心班子的组成和个人威信的提高。因此，如果企业高层领导原本存在不团结因素，当出现用人分歧时，这种矛盾就容易显现化，而这种状况的产生是内部招聘过程中最大的损伤。

(3) 缺少思想碰撞的火花，影响企业的活力和竞争力。

(4) 企业高速发展时，容易以次充优。不少企业为了规避识人与用人的失误，几乎所有的管理人员均由内部选拔。当企业高速发展时，这种由内部晋升的方法不仅不能满足工作的需要，而且"以次充优"的现象将会十分普遍和严重。

(5) 营私舞弊的现象难以避免。由于彼此熟悉和了解，当一个崭新的机会来临时，不可避免地会出现托人情、找关系的现象，结果是难以避免徇私情、官官相护或出现利益联盟的情况。

(6) 会出现涟漪效应。内部的每一次提升，会出现一连串的提升和调动，这种"牵一发而动全身"的涟漪效应会使企业领导不得不去接受本不应该移动的岗位和个人，从而给企业的工作带来损害。

（三）外部招聘的优点

(1) 新员工可以给企业带来新的观念、新的思想方法、新的文化和价值观，甚至新的人群和新的社会关系，给企业带来思想碰撞和新的活力。

(2) 可以规避涟漪效应产生的各种不良反应，无须调整其他岗位和人员。

(3) 避免过度使用内部不成熟的人才。外部招聘能保护和完善"能岗匹配"的原则，使内部人员获得必要的培训和充足的成熟时间，避免过度使用不成熟的人才。

(4) 大大节省培训费用。外部招聘使企业能获得符合企业所要求的学历和经历的高素质人才，使企业节省了培训费用和培训时间。

（四）外部招聘的缺点

(1) 人才招聘成本高。外部招聘须支付相当高的招聘费用，包括招聘人员的费用、广告费、测试费、专家顾问费等。特别是通过猎头公司招募高层管理者时，其费用是十分昂贵的。

(2) 给现有员工以不安全感。外部招聘，特别是招聘非空缺岗位的新员工，会使老员工产生不安全感，致使工作的热情下降，影响员工队伍的稳定性。

(3) 文化的融合需要时间。引入人才的新思想、新观念的同时也会带来对现有企业文化的挑战和思考，彼此的认同和相互吸引是事业成功的基础，而融合的时间会部分地影响工作的进展。

(4) 熟悉工作以及与周边工作关系的密切配合需要时间。新员工对本职工作、企业工作流程和与之配合的工作部门的熟悉，以及与上级、下属、同事的工作配合均需要时间，对企业外界相关部门的熟悉和建立良好关系也需要时间。

第六节 工作申请表的设计和使用

企业通过各种招聘途径吸引了一批求职者，那么下一步的工作就是对他们进行筛选。对求职者的筛选有很多方法，工作申请表是最常用的一种，企业一般都把它作为筛选的第一步。工作申请表可用来获取关于求职者过去或现在的行为的简明信息。申请表中的项目多数能提供与职业有关、对决策有用的信息。而且，申请表中的数据一般不太可能是伪造的，因为它的大部分内容都有可能得到证实。工作申请表是一种能够迅速地从候选人那里获得关于他们的可证实的信息的良好手段，它可以使雇主比较精确地了解到候选人的历史资料，其中通常包括教育背景、工作经历以及个人爱好等信息。从一份填写完整的表格可以了解到四方面的信息[1]：

（1）对求职者的客观情况加以判断，确定其是否具备工作所要求的资格等；
（2）通过申请表上关于过去经历的部分，评价求职者的成长和进步情况；
（3）从求职者的工作记录中了解其工作能力、稳定性等情况；
（4）运用申请表中的信息预测求职者的工作绩效。

但是，需要指出的是，工作申请表的使用是建立在这样一个假设的基础上，那就是一个人完成将来工作任务的能力取决于他过去完成工作任务的情况，或者可以通过他过去的工作情况加以推测。

一、工作申请表的设计

工作申请表一般由招聘单位设计，求职者自己填写。企业使用工作申请表的目的是通过求职者自行填写的这些信息，获得对求职者初步但比较全面的认识，以决定如何采取下一步行动。

工作申请表的设计一般要遵循以下原则：

（1）申请表的设计要从求职者的角度出发，尽量采取方便他们填写的方式来设计表格。比如，将申请表分为几个明显的部分（个人情况、技能、就业经历等），把同类问题归到这些部分中，问题答案的设计尽量用"是"或"否"这类简洁的词语表达。语言一定要通俗易懂，没有歧义。清晰明了的申请表必然会使求职者更愿意填写更清楚详细的信息。

（2）申请表的设计应当考虑企业的应用实践，比如要便于招聘工作的组织和管理工作，也就是说，要考虑到申请表的存储、检索以及与其他信息相区分等因

---

[1] Pell, Recruiting and Selecting Personnel, pp. 96–98. See also Wayne Casico, "Accuracy of Verifiable Biographical Information Blank Responses," Journal of Applied Psychology, Vol. 60 (December 1975), for a discussion of accuracy of bio data.

素，还要考虑到企业要招聘人员的类型，可能需要设计不同的表格以适应不同类型人员招聘的需要。

（3）要注意申请表内容设计的合法性。这方面的问题目前在我国还不是非常明显，但我国加入世界贸易组织以后，各项法律以及劳动合约都要遵循国际惯例和条款，这类问题迟早会显现。在美国，按照联邦法律，提问有关种族、宗教、性别或原属国家等此类问题并不违法，然而尽管如此，公平就业机会委员会却将此种提问视为有歧视嫌疑的问题，企业必须提供所招聘职位与这些问题有相关性的证明，否则，很可能被那些落选的求职者提起歧视诉讼。所以，在设计申请表的时候要特别注意这些问题，包括被捕记录、亲属关系、属于何种组织成员、婚姻状况以及身体残疾状况等。

根据以上原则，设计一份完整的工作申请表需要包括个人情况、受教育状况、所取得成就、技能以及就业经历等信息。表 4-9 为某美国公司的工作申请表，可供参考。

表 4-9　　　　　　某美国公司的工作申请表[1]

就业申请

作为一位提供公平就业机会的雇主，本企业将不会因工作申请人的种族、信仰、肤色、性别、年龄、宗教、残疾或国家来源而在就业方面有所歧视。本企业只雇用有权在美国就业的人。

| 拟申请职位： |
| 希望的工作时间安排： |
| （　）全日制　　　（　）临时 |
| （　）非全日制 |

　　　　　　　　　　　　　　　　　　　　　　　　　／　　　／
　　　　　　　　　　　　　　　　　　　　　　　　　　申请日期

个人情况				
姓名		中间名		你是否有权在美国就业？ （　）有　（　）没有
现街道住址		城市　　州 邮政编码：		你在那里已居住多长时间？ 　　年　　月
原街道住址		城市　　州 邮政编码：		你在那里已居住多长时间？ 　　年　　月
住宅电话号码	社会保障号码	如果你尚未满 18 岁，请注明你的年龄：		

---

[1]〔美〕加里·德斯勒. 人力资源管理［M］. 6 版. 刘昕, 等, 译. 北京：国人民大学出版社，1999.

受教育状况					
学校类型	学校地址及名称		学位/学习科目	在校时间	是否毕业
高中	名称				是　　否 （　）（　）
	城市　　　州				
大学预科	名称				是　　否 （　）（　）
	城市　　　州				
大学	名称				是　　否 （　）（　）
	城市　　　州				
研究生院	名称				是　　否 （　）（　）
	城市　　　州				
其他	名称				是　　否 （　）（　）
	城市　　　州				

学术活动、专业活动及所取得的成绩	
请列举你所参加的学术活动、专业活动以及所取得的成绩、所获得的奖励、出版的作品以及所加入的专业或技术协会的名称与类型。不包括能表明你的种族、信仰、肤色、性别、年龄、宗教、残疾状况或国家来源的那些信息	获奖时间

技　　能
你所具有的可运用于所申请职位的技能有：

遇到紧急情况公司可与何人联系			
这部分信息只是为了方便在遇到紧急情况时同与你有关的某人取得联系，与甄选过程无关			
全名	住址	电话	与你的关系
工作地点	地址	电话	

就　业　经　历
从最后的职位开始列举出你的就业经历，说明在你失业的这段时间中所从事的活动的性质。如果你在过去更换的工作不多于四个，则请列出我们可以联系的证明人。我们可以同你过去的雇主联系吗？ 　　　（　）可以　　　　（　）不可以

日　　期	雇主姓名、住址	职位及主管人	工作的主要职责	薪　　资	离职原因
从 年　月 至 年　月	姓名 住址 电话	你的工作名称 你的主管人		起薪 终薪	
从 年　月 至 年　月	姓名 住址 电话	你的工作名称 你的主管人		起薪 终薪	
从 年　月 至 年　月	姓名 住址 电话	你的工作名称 你的主管人		起薪 终薪	
从 年　月 至 年　月	姓名 住址 电话	你的工作名称 你的主管人		起薪 终薪	

补　充　事　项				
你是否还有使我们能查到你的工作记录中使用的假名或不同的名字提供的信息？ 如果有，请说明：				
你是否曾被本企业或本企业的任何其他分支机构或附属机构雇用过？ （　）是　　（　）否				
如果是，请说明：	时间：	地点：	职位：	
请列举出你已经被本企业雇用的亲戚或朋友的姓名： 你是否有犯罪记录？（　）是　　（　）否 如果是，请说明：				

二、利用工作申请表预测求职者的工作绩效

在实际工作中，有的企业还利用其他两种形式的申请表，对其中的信息进行统计分析，得出工作申请表中所反映的申请人的信息和申请人被雇佣后在工作中的实际绩效之间的关系，以获得对求职者未来工作绩效的预测，可以在一定程度上使主观的判断客观化。这两种方式是加权申请表（WAB, Weighed Application Blank）和传记式申请表（BIB，Biographical Information Blank）。

（一）加权申请表

加权申请表是利用一些统计资料或较权威机构的研究成果，根据重要程度对求职者的条件确定相应的权重，从而对求职者自身条件进行综合评价分析的一种形式。权重通常是这样确定的：根据企业现有员工的工作绩效将他们分为好、坏两个等级，也即上组和下组。然后，找出他们原来求职时填写的工作申请表，将他们的工作绩效与他们在申请表中填写的栏目进行比较。那些与工作绩效有很高相关关系的申请表中的栏目被给予高分，而与工作绩效的关系最不密切的申请表的栏目给予低分。具体的方法见表 4-10。

表 4-10　　　　　用水平百分比制订的加权申请表[1]

反应类别	下组（人）	上组（人）	总数（人）	上组百分比（%）	加权数
婚姻资料					
未婚	35	19	54	35	4
已婚	52	97	149	67	7
离婚	25	8	33	24	2
分居	15	6	21	29	3
寡居	13	10	23	43	4
合计	140	140	280		
受教育程度					
小学	13	14	27	52	5
中学肄业	28	23	51	45	5
中学毕业	56	46	102	45	5
大学肄业	18	16	34	41	5
大学毕业	16	25	41	61	6
研究生	9	16	25	64	5
合计	140	140	280		
工作经验					
无	18	5	23	22	2
生产	40	30	70	43	4
文秘	38	26	66	42	4
销售	8	35	43	81	8
管理	5	17	22	77	8
专业技术	13	16	29	55	5
其他	18	9	27	33	3
合计	140	140	280		

---

[1] 黄天中. 认识心理学 [M]. 台北：台北三民书局有限公司.

续表

反应类别	下组（人）	上组（人）	总数（人）	上组百分比（%）	加权数
服兵役与否					
已服	77	86	163	53	5
未服	63	54	117	46	5
合计	140	140	280		

根据表中资料，就可以算出任一求职者的总分数，比如一名未婚、研究生毕业、没有工作经验也未服过兵役的求职者的总分为：4＋6＋2＋5＝17分。这个总分也就表现了对求职者未来绩效的预测。

（二）传记式申请表

传记式申请表是一份包含大量多重选择问题的申请表，这些问题大多涉及求职者的态度、偏好等方面。使用传记式申请表的目的在于通过对求职者态度、偏好等的了解来预测他们的在职行为和绩效。像加权申请表那样，所有那些被证明能够反映工作表现和绩效的栏目都被给予相应的分数，然后计算每一位求职者的总分数以对他们作出选择。见表4-11。

表4-11　　　　　　　　　　自传式申请表[1]

请在每题下选择最符合本人情况的项目

一、你目前的婚姻状况
1. 单身
2. 已婚、无子女
3. 已婚、有子女
4. 寡居
5. 分居或离婚

二、习惯与态度
你是否常开玩笑
1. 很经常
2. 经常
3. 偶然
4. 很少

三、健康
你经常的健康状况如何
1. 从不生病
2. 从不生重病
3. 一般
4. 有时感觉不好
5. 经常感觉不好

四、人们的相互关系
你如何看待你的邻居

1. 你对邻居不感兴趣
2. 喜欢他们，但很少拜访
3. 有时相互拜访
4. 经常在一起

五、金钱
作为一位家长，在正常情况下，你打算在一年收入中储蓄多少
1. 5%或更少
2. 6%～10%
3. 11%～15%
4. 16%～20%
5. 21%或更多

六、双亲的家庭，童年、青少年时期
你在18岁以前的大多数时间和谁在一起生活
1. 父母亲
2. 父或母
3. 亲戚
4. 养父母或非亲戚

七、个人特征
你自己感到有多大创造性
1. 高度的创造性
2. 比你的范围内大多数人创造性多一些

---

[1] 安鸿章. 现代企业人力资源管理[M]. 北京：中国劳动出版社，1995：147.

续表

3. 中等的创造性	4. 19 岁以上
4. 比你的范围内大多数人创造性少一些	5. 高中没毕业
5. 没有创造性	十一、自我印象
八、现在你的家庭	你是否总是尽力而为
关于迁居、你的配偶	1. 不论做什么都这样
1. 不论你要去哪里工作都愿意一起去	2. 只是感兴趣时这样
2. 在任何情况下都不搬家	3. 只是对你有所要求时才这样
3. 只在绝对需要时才搬家	十二、价值观、看法和偏好
4. 你不知道他（她）对此的看法	下列哪点你认为最重要
5. 未婚	1. 舒适的家和家庭生活
九、娱乐、爱好和兴趣	2. 挑战性和令人兴奋的工作
你去年读了几本小说	3. 走到世界的前列
1. 没读	4. 在社团事务中表现积极并被接纳
2. 一本或两本	5. 尽力施展某方面的才能
3. 三本或四本	十三、工作
4. 五本至九本	你一般工作速度怎样
5. 十本或更多	1. 比大部分人快得多
十、学校和教育	2. 比大部分人稍快些
你高中毕业时多大	3. 与大部分人差不多
1. 小于 15 岁	4. 比大部分人稍慢些
2. 15～16 岁	5. 比大部分人慢得多
3. 17～18 岁	

本章小结

凡事预则立，不预则废。企业的管理工作首先是从作规划开始的。现代企业无论规模大小，无论是单一经营还是多元经营，管理者都必须根据企业的发展战略，对雇佣人员的数量、应具备的技能以及应在什么时候被雇佣等作出决策。企业在进一步的发展过程中，人力资源也会呈现动态的变化，如由于各种原因而产生职位空缺、由于企业发展而带来新的职位需求等。所以，企业还必须不断保持充足的人力资源供给。所有这些都需要企业进行有效的人力资源规划和人员的招募。

关键概念

人力资源规划   需求预测   供给预测   马尔科夫模型   内部招聘   外部招聘

复习题

1. 什么是人力资源规划？它包括哪些内容？

2. 人力资源需求预测的方法有哪些?

3. 招聘对企业有何意义？招聘的途径有哪些？各有何利弊？

讨论及思考题

1. 人力资源规划具有什么意义？与人力资源管理其他职能的关系如何？

2. 应该如何来预测人力资源的需求和供给？

3. 应当怎样平衡人力资源的供给和需求？

参考文献

[1] Pell, Recruiting and Selecting Personnel, pp. 96–98. See also Wayne Cascio, "Accuracy of Verifiable Biographical Information Blank Responses." Journal of Applied Psychology, Vol. 60 (December 1975), for a discussion of accuracy of bio data

[2] Arthur Sherman, George Bohlander and Scott Shell: Managing Human Resources, 1998, South—Western College Publishing Co

[3] 〔美〕加里·德斯勒. 人力资源管理 [M]. 6版. 刘昕, 等, 译. 北京: 中国人民大学出版社, 1999.

[4] 〔美〕劳伦斯·S. 克雷曼. 人力资源管理——获取竞争优势的工具 [M]. 孙非, 等, 译. 北京: 机械工业出版社, 1999.

[5] 〔美〕R. 韦恩·蒙迪, 罗伯特·M. 诺埃. 人力资源管理 [M]. 6版. 葛新权, 等, 译. 北京: 经济科学出版社, 1998.

[6] 〔美〕雷蒙德·A. 诺伊, 约翰·霍伦拜克, 拜雷·格哈特, 等. 人力资源管理 [M]. 3版. 刘昕, 译. 北京: 中国人民大学出版社, 2001.

[7] 苏永华, 聂莎, 彭平根. 人事心理学 [M]. 大连: 东北财经大学出版社, 2000.

[8] 罗布·戈菲, 等. 人员管理 [M]. 吴雯芳, 译. 北京: 中国人民大学出版社, 2000.

[9] 齐善鸿. 新人力资源管理 [M]. 深圳: 海天出版社, 1999.

[10] 〔美〕洛丝特. 人力资源管理 [M]. 孙健敏, 等, 译. 北京: 中国人民大学出版社, 1999.

[11] 谢晋宇. 企业人力资源的形成 [M]. 北京: 经济管理出版社, 1999.

[12] 袁庆宏. 企业智力资本管理 [M]. 北京: 经济管理出版社, 2001.

[13] 宝利嘉. 如何设计人力政策和制度 [M]. 北京: 中国经济出版社, 2001.

[14] 亚瑟·W. 小舍曼, 乔治·W. 勃兰德, 斯科特·A. 斯奈尔. 人力资源管理 [M]. 张文贤, 译. 大连: 东北财经大学出版社, 2001.

第五章
招聘中的甄选与测试

本章要点提示
- 甄选的重要性
- 测试的效度与信度
- 测试的技术与方法

本章内容引言

　　企业组织的生存与发展取决于它们在竞争环境中所处的优势地位,在竞争优势要素中,人力资源的质量是最为重要的,人力资源被称为组织发展的"第一要素"。因此,企业组织中的人力资源管理的各道环节与组成部分都必须以人力资源的质量要素为基本前提。如果将人力资源管理看成是一套动态系统的话,那么,人员的招聘与录用工作就可以称为人力资源管理系统的输入环节。人员的招聘与录用工作的质量将直接影响企业人力资源的输入和引进质量。

　　招聘是人力资源进入企业的入口,把好人力资源的入口关,是企业人力资源管理的重要工作。甄选与测试是把好入口关的技术。

第一节　甄选的重要性与甄选的标准

　　在招募和配置人员的工作中,不可避免地要对应聘者进行甄选。顾名思义,甄选就是甄别与选拔。

一、甄选的重要性

　　甄选是企业人力资源管理活动中不可或缺的一环,其重要性主要表现在以下五方面。

（一）确保进入企业人员的质量

确保进入企业人员的质量是甄选的首要任务。企业所招人员只有符合一定的要求才可能完成相应的工作，进而促进组织目标的实现。所谓"得人者昌"，这里的"人"应该是企业真正所需的人才。甄选好比过滤器，所有候选者通过严格的"过滤"，实现优胜劣汰。众所周知，真正经久不衰的品牌都是以质取胜的，这不仅包括产品和服务的质量，更重要的是在其背后起支撑作用的人的质量（包括品德、体质、知识、经验、能力、兴趣等的综合素质），因为所有的产品和服务都是通过人来完成的。购买原材料尚需严格的把关，人力资源作为企业获取竞争优势的第一生产力，更是需要精挑细选，丝毫的差错都可能带来莫大的隐患。

（二）保证人员与岗位的匹配和组织的相对稳定性

如何吸才、激才、用才、留才是竞争日趋激烈的今天每家企业都在考虑的问题。成功的甄选可以增加人员与岗位的匹配程度，为企业的培训与开发工作奠定坚实的基础，进而减少人员的流失。在甄选工作中，很重要的一点就是考察候选人的基本素质是否适合该工作，如果候选人与空缺岗位的要求相差甚远，意味着企业将投入较高的培训成本，甚至造成人员的频繁更替与不必要的流失，使组织结构、组织控制变得混乱无序。

（三）节省人工成本

如上所述，有效的甄选工作可以使得进入企业的人员素质更符合空缺岗位的要求，从而降低培训工作的投入，而当人员素质低于岗位要求时，企业支付的工资就可能大于该员工为企业创造的实际价值。但如果招进的人员的素质远远高于工作所需，企业是难以留住人才的。人员与工作的匹配带来了组织的稳定，减少了人员流失造成的成本耗费，包括新一轮招聘的费用、对离职员工原有的培训花费以及连带的其他成本。

（四）促进计划的完成与组织目标的实现

虽然高素质并不等于高绩效，但良好的素质无疑是实现高绩效的有力保证。管理大师德鲁克曾说过，没有其他决策会像甄选一样，后果持续作用这么久或这么难作出。如果企业不加选择地雇佣了太多平庸无能之辈，即使有最合理的组织目标、最完善的实施计划和组织系统，也难以成功。

（五）减少法律纠纷

在国外，由于年龄、性别、种族等歧视问题经常会引起法律纠纷。我国最近几年类似的法律纠纷也逐渐增多。严格公正的甄选程序使落选者明白自己失败的原因，减少不公平感，为企业树立良好的公众形象。由于知识型员工更关注这一点，高新技术企业应当尤为注意。

最后，成功的甄选工作既使企业的目标得以更好的实现，员工也可从中获得个人的满足，达到"双赢"的效果。

二、甄选的标准

职位内在的要求是人员甄选的客观标准和依据。而职位的内在要求主要体现在前面章节所介绍的工作分析中。

一般来说，人员甄选需要考虑应试者以下几方面的特征：

(1) 基本的生理或社会特征，如性别、年龄、户籍等；

(2) 与知识和技能相关的特征，如学位、学位、专业、工作经历、所受培训、已经获得的专业资格证书等；

(3) 心理特征，如性格、爱好、各种素质等。

工作分析的最终结果一般包括两部分：工作说明书和工作规范。其中，工作说明书部分一般比较具体地涵盖了所需人员的基本生理或社会特征、与知识和技能相关的特征。至于心理特征，虽然有的工作分析也涵盖了相关内容，但更多的还是通过人员测试来实现的。

国外著名企业人员甄选的标准[1]

1. 微软

微软公司根据"成功六要素"提出了人员甄选的多种"才能"要求：个人专长、绩效、顾客反馈、团队协作、长远目标及对产品和技术的挚爱。微软的经理选出5~7项"才能"来描述对每个职位的要求，而一般做法则是用工作内容及职责来描述。

微软（中国）有限公司人力资源部招聘经理尹冬梅介绍说，微软愿意招募"微软人"。"微软人"主要是指以下三种人：第一，非常有激情的人，对公司有激情、对技术有激情、对工作有激情；第二，聪明的人，学习快手，有创新性，知道怎么去获得新想法，并有能力提高的人；第三，努力工作的人。

2. 英特尔

英特尔公司具有独特人才文化：六大价值观——以客户为导向、严明的纪律、质量的保证、鼓励冒险、以结果为导向、创造良好的工作环境。

3. 松下

对于人才的标准，松下这样认为：不念初衷而虚心学习的人，不墨守陈规而常有新观念的人，爱护公司和公司成为一体的人，不自私而能为团体着想的人，有自主经营能力的人，随时随地都有热忱的人，能得体支持上司的人，能忠于职守的人，有气概担当公司重任的人。

---

[1] 彭剑锋. 人力资源管理概论 [M]. 上海：复旦大学出版社，2003：282-283.

> **4. GE**
>
> GE招募人员主要有以下要求：首先是精力充沛。能从事紧张的工作，承受压力，同时能以他的活力感召周围的人。其次是有团队精神，善于和同事团结协作。GE认为，在现代企业里，靠单打独斗是不行的。团队精神是GE不可缺少的精神，缺乏团队意识，不愿与别人合作，在现代企业中很难成功。再次是要有创新精神，不惧怕变化。GE鼓励员工寻求更好的方法来完成工作。在GE，只有不断地寻求更佳的工作程序、工作方式，不断创新，个人才能跟上公司发展的步伐。也只有这样，公司才能适应外界不断变化的形势，立于不败之地。最后是要善于学习，脚踏实地做好现任工作，不断地为自己设立更具挑战性的目标。只有不断进取，主动迎接挑战，才可能在GE这样的公司里获得成功。
>
> **5. 思科**
>
> 思科在进行人员甄选时一般不作情商智商方面的测试，主要关注候选人的以下特征：一是候选人的文化适应性；二是创新精神；三是团队合作性；四是客户导向；五是要有超越自我的目标。
>
> **6. 西门子**
>
> 西门子认为管理者必须具备以下四方面精神：具有较强的实力；具有不屈不挠的精神；具有老练稳重的性格；具有与他人协作的能力。
>
> **7. 宝洁**
>
> 宝洁公司的用人标准：强烈的进取心；卓越的领导才能；较强的表达能力；较强的分析能力；创造性；优秀的合作精神；正直的人格。

第二节　测试的基本概念

测试是甄选工作的重要手段之一。通常测试有两类：素质测试与绩效测试。素质测试主要是在被测者工作前作的预测，而绩效测试则是对被测者工作结果的审定。在甄选中，显然更多的是素质测试。下面关于测试概念的相关解释也主要从狭义的甄选测试角度展开。此外，还要介绍效度和信度两个概念。如果一项测试的效度很低，则这项测试没有什么应用价值；如果一项测试的信度不理想，则测试的结果就无法代表被试者的真实情况。

一、测　试

测试按照用途或目的来分，有选拔性、开发性、配置性、诊断性、考核性测试几种。

就甄选而言,测试是指测试的实施主体,也就是企业(以人力资源部门或用人部门为代表),采用科学的方法,收集被测试者(应聘者或候选人)的表征信息,对其综合素质进行分析与评定的过程。在此基础上可以推断该应聘者(或候选人)是否符合对应工作岗位的条件,并作出录用或提拔与否的决策。同时,通过测试,也可以发现被测者的优势与劣势,具有哪些潜在的有开发价值的特性,为企业的人力资源开发工作、员工的职业生涯规划提供依据。因而这里的测试具有选拔、配置功能,对于企业的内部劳动力市场,又兼有开发功能。测试工作可分为心理测试、面试、评价中心、观察评定等,一般是由人力资源部门进行。通过测试,在应聘者中筛选出一部分候选人,再由相关部门的主管作出最后的录用决策。关于几种常见的测试方法,将在后面的几节中介绍。

二、效　度

效度(validation)即测试的有效性,反映了运用某种技术得出的测试结果所真正衡量被测试对象的程度。通俗地讲,这个指标就是看在使用该测量工具时,所实际测量的内容是否就是其最初要测的对象,即测量的准确性。常说的"所答非所问"现象就是效度极低的典型。

需要指出的是,工具本身并不存在是否有效的问题,也就是说,不要把效度理解为判断一种测试工具的有效性的指标。运用某工具或技术进行测试得出结果,并对此结果作出推断进而形成结论,此结论的有效性才是我们所指的"效度"的真正含义。举例来说：A企业的人力资源部对前来应聘市场部客户代表职务的50人进行了心理素质的测验,并确定以80分为界。结果只有6人达到80分以上,通过了这轮筛选。这里,80分就成为效度的判断标准。

通过对效度的分类可以加深对效度概念的理解,从分析的不同角度来看,主要有内容效度、结构效度和效标关联效度三种。下面一一加以说明。

(一) 内容效度

内容效度指实际的测试内容与最初的测试目标之间的一致程度。一项测试要具有内容效度必须满足一定的条件：

(1) 内容范围定义完好。这里的内容范围可以是一个确定的有限数量的题目群,也可以是企业招聘者事先编制好的材料。

(2) 测试题目应当具有代表性,是所界定的内容范围的代表取样。国外有学者针对这一点,将"内容效度"(content validation)定义为"一种关于测试的效度战略,其主要做法是证明在测试中所出现的问项、问题或者所设置的难题都是在工作中可能会出现的各种情况或者问题的一个代表性样本"[1]。关于代表程度可以从两方面来分析：一是测试题目应涵盖目标测试内容的主要方面，没有遗漏任何重要成分；二是题目的结构比例适当，没有过分强调或忽视的地方，这一点主要通过检查在测评范围内的样本的比例结构是否与工作分析的结果一致来确认。最终，实际的测试内容与最初的测试目标内容越一致，说明测试结果的内容效度越高，测试结果越有效。

内容效度的分析与确定就是从上述条件着手，目前多采用定性的方法。大体过程是：首先进行工作分析，确认某职位的职责与任务以及相应的任职资格；然后，选取用以衡量这些内容的样本，并与工作分析的结果进行对照；进而，请专家组评判。不同评估者的判断结果可能不一致，假设有 N 位专家，其中 n 位持肯定态度，此时可以用内容效度比率 C 将内容效度加以量化，计算公式如下[2]：

$$C = \frac{n - N/2}{N/2}$$

表 5-1　　　　　　　　　　C 值含义

C 值	含　义
1.0	所有专家均持肯定态度
−1.0	所有专家均持否定态度
0.00	持两种态度的人数相当

表 5-2　　　　　一定参评人数时内容效度比率所应达到的水平[3]

参评专家人数	内容效度比率的要求
5	0.99
8	0.75
10	0.62
15	0.49
30	0.33

当然，也可制定评定量表，从题目覆盖率、结构等各个方面评分，作出总的评价。

---

[1]〔美〕雷蒙德·A. 诺伊，等. 人力资源管理：赢得竞争优势 [M]. 刘昕，译. 北京：中国人民大学出版社，2001：234.

[2] 肖鸣政. 人员测评理论与方法 [M]. 北京：中国劳动出版社，1997：188.

[3]〔美〕雷蒙德·A. 诺伊，等. 人力资源管理：赢得竞争优势 [M]. 刘昕，译. 北京：中国人民大学出版社，2001：235. 转引自 C. H. Lawshe,"A Quantitative Approach to Content Validity", Personnel Psychology 28 (1975), pp. 563–575.

（二）结构效度

结构效度指实际测试内容与最初测试目标的同构程度，即实际的测试内容在多大程度上能够替代或真实地说明被测试目标。这是企业在招聘甄选中最关注的问题，因为招聘者就是想通过测试来推断应聘者的实际素质是否符合条件。

结构效度的分析也以定性为主，常会受到检验者主观理解的影响。

（1）在测试中，需要给所要测试的内容的结构模式进行操作性的定义，在对测试内容特征的把握上应选取可以感知的成分。如果对测试目标只有抽象的概括，对结构效度的分析就没有什么帮助。定义过程如图 5-1 所示。

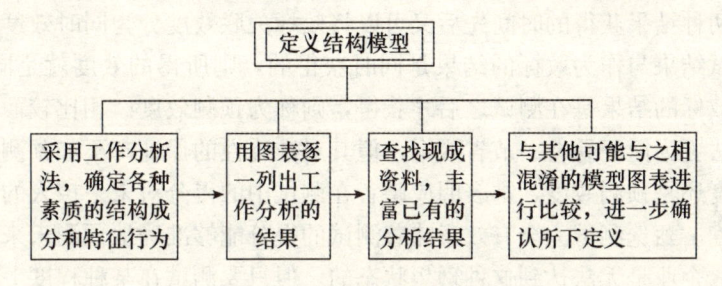

```
                    定义结构模型
    ┌────────┬────────┬────────┬────────┐
采用工作分析  用图表逐   查找现成   与其他可能与之相
法，确定各种  一列出工   资料，丰   混淆的模型图表进
素质的结构    作分析的   富已有的   行比较，进一步确
成分和特征行为 结果      分析结果   认所下定义
```

图 5-1　结构模型定义框图

（2）收集事实资料。要想证明测试中的结构模型能够很好地代表原有测试目标的结构，没有足够的事实证据是无法说明问题的。关于收集方法有两种不同的分类方式。按照证明逻辑来分，有正面与反面收集两种。这种分法有些类似数学中的证明题目，既可以从正面一步步推导，也可以运用反证法，比如运用问卷向持反对意见者进行调查，就属于反面资料的收集。按照获取资料的方式来分，则除去最常见的问卷调查法外，还有访谈法、观察法、座谈法、实验法、文献法，等等。

（3）选取恰当的评判方法，进行结构效度的评判。所谓"工欲善其事，必先利其器"。如果检验方法不当，最终得出的评判结果也是难以令人信服的。常见的方法有三种：一是专家法。如上所述，对内容效度可以采用专家组进行评判。这里邀请专家咨询仍是一种值得考虑的方法。请经验丰富的专家根据测评的结果来判断最初的测试内容，如果专家的回答与原有的真实测试目标的结构基本一致，则可以断定此测试结果的结构效度是良好的。二是逻辑分析法。这种方法适用于大家对所测试内容的结构模型具有比较一致认识的时候。在这种情况下，如果测试工具适当，并且测试过程排除了一切外来的干扰因素（如测试时间充分、操作要求明确、程序执行无误、等等），则可以断定该测试结果具有较好的结构效度。三是多元统计分析。对于测试结果的结构效度的分析还可运用统计学中的聚类分析和主成分分析等手段。分析的结构如果与目标结构相一致，就说明结构效度较好。比如，聚类分析的思路是将相似的因素归类，而主成分分析则是找出主要成分。关于统计分析的具体方法请有兴趣的读者参阅相关书籍[1]。此外，当测试结果本身已经能够说明关于结构模型的其他解释都是不合理的，就无须其他的方法再作检验了。当然也可以把这种情况归为一种方法，比如称之为排他法。

（三）效标关联效度

效标关联效度有时也称之为与标准相关的效度，指测试结果与作为效标的结果之间的一致性程度。这里的效标是指衡量测试效度的参照标准。效标关联效度的分析关键在于对效标的选择。效标应该是与所分析的测试结果相独立的，并且是可以直接被测试的行为结果。

根据两种结果获得的时间先后又可以将效标关联效度分为同时效度与预测效度。当测试结果与作为效标的结果是同时获得的，则所得的效度就是同时效度。而当作为效标的结果是在测试之后才获得，则称为预测效度。相比较而言，同时效度的方法更为简便易行、节省成本，但其对准确性的保证却不如预测效度。无论同时效度还是预测效度，都表明应聘者在测试中的得分对未来该人的工作绩效的预测程度。甄选测试完全有效意味着测试的得分能够准确地预测未来的工作绩效。通常，企业是无法达到这种理想状态的，但只要测试在某种程度上具有一定的有效性，就可以作为一项重要的参考依据，帮助企业判别应聘者或候选人今后胜任工作的可能性。

此外，效标关联效度在运用时需要测试的组织者掌握一些经验性的资料，否则，还需依赖内容效度或者结构效度来分析。对于企业所有者及相关经营者而言，最好是能对上述不同方法得出的效度有全面的了解，以尽可能减少各种不利因素。

以上介绍的是学术领域常见的效度分类，有些著作中还提到了项目分数效度[2]、差异效度[3]、卷面效度[4]等，这里不再详述。

三、信　　度

信度又称之为可靠性，主要衡量测试的一致性与稳定程度，若对同一对象进行多次的测试，结果大体一致，则说明测试结果稳定可靠，信度较高。测试结果的差异来自两方面，即被测方与施测方（包括测试者、测试工具、测试内容等），而信度主要以施测方为依据进行度量。拿生活中常见的例子——买菜来说，顾客挑选好的马铃薯在商贩那里称的重量是 5 公斤，但回家后用自己的弹簧秤再次称重时，却发现只有 4 公斤，这说明称量的结果是缺乏信度的。需要指出的是，包

---

[1] 何晓群. 现代统计分析与应用 [M]. 北京：中国人民大学出版社，1998.
[2] 肖鸣政. 人员测评理论与方法 [M]. 北京：中国劳动出版社，1997：193.
[3] 西蒙·多伦，兰多·舒尔乐. 人力资源管理 [M]. 董克用，等，译. 北京：中国劳动社会保障出版社，2000：124.
[4] 徐升，等. 人才测评 [M]. 北京：企业管理出版社，2000：53.

括测试在内的各种甄选手段都存在信度问题。

按照评估方法的不同，可以将信度分为以下几种。

（一）重复信度

重复信度又称为再测信度，指以同样的测试工具对同一测试对象在不同的时间按照同一方式进行测试，所得的测试结果之间的相关程度。比如，利用同一份试卷在相同条件下对同一组应聘者先后实施两次测试，测试结果的相关系数就是再测信度。即使试卷是完美的，由于测试的对象是人，环境等因素的变化对被测试者带来的影响以及被测试者自身的变化都会影响再测信度。例如测试者身处的物理环境、身体状况、两次测试的时间间隔等。

（二）复本信度

复本信度指两种等值的测试工具分别得到的测试结果的相关程度。"等值"是指在测试内容、结构、形式、难度、要求各方面都相同，因此一个可以视为另一个的复本。这也正是复本信度名称的由来。把两组结果的相关系数表述为等值系数，从此角度看，复本信度实际是用等值系数反映的信度。

（三）内部一致性信度

内部一致性信度又称为项目关联信度，指各种测试手段内容的同质程度，也包括有着相同对象的测试项目之间的一致程度。用内部一致性来衡量信度的优点是无须重蹈再测信度与复本信度重复的弱点，而只需测试一次。对这种信度的分析有两种常见的方法：折半分析与 a 系数分析。

所谓折半分析就是把测试结果一分为二，分别为奇数与偶数编号项目组，然后计算两部分之间的相关系数 r，再由 $r_t = \dfrac{2r}{1+r}$ 的公式计算出一致性系数 r_t。按照分半法得到的信度也称为"分半信度"。

a 系数分析也有一个专门的公式[1]：

$$a = \dfrac{\dfrac{n}{n-1}(s_t^2 - \sum v_i^2)}{s_t^2}$$

其中，n 为测试项目数，s_t^2 为测试结果的方差，v_i^2 代表第 i 个项目得分的方差。

（四）测试者信度

前面提到信度主要是以施测方为依据来度量测试结果的差异的。测试者信度就是从施测方的角度来揭示测试结果中个体的主观误差（区别于系统误差与随机误差[2]），主要适用于一些主观评定的方法所获得的结果。通常测试者信度的系

---

[1] 克朗巴赫 1951 年提出。
[2] 可参考心理测量相关书籍，如金瑜. 心理测量 [M]. 上海：华东师范大学出版社，2001.

数用肯德尔和谐系数来计算。公式如下：

$$W = \frac{12[\sum R_i^2 - (\sum R_i)^2/m]}{n^2(m^3-m)}$$

式中 W 即为肯德尔和谐系数，n 为测试者人数，m 为测试项目个数，R_i 为第 i 个项目所有被测者分数之和（只限正整数）。W 越大，则信度越高。但 W 必须达到显著水平或者规定的标准才认为测试结果是可靠的。

有几种常见的信度检验方法，可用于各种信度的检验，包括绝对差异比较法、相对差异比较法和相关比较法等。

（1）绝对差异比较法。绝对差异比较法是通过直接比较两次测试结果的绝对差异量来测信度。差异量越小，则重复信度越高。本方法适用于测试对象数目与测试内容均相同的情况。如果这些条件不满足，就需要考虑相对差异比较法。反映绝对差异量的方式包括两级差（全距）、平均差、标准差、方差。

（2）相对差异比较法。相对差异比较法是通过绝对差异量的平均数来表现信度的高低。检验公式为：

$$CV = \frac{100 \times S}{D}$$

其中，CV 代表差异系数，S 代表标准差，D 代表平均差。绝对差异量的平均数越小，则重复信度越高。

（3）相关比较法。相关比较法是通过两次测试结果的位置差异来揭示信度的高低。一般要求测试对象在3个或3个以上。相关系数越接近1，说明复本信度越高。此外应注意：相关系数 r 是一个比率，而不是等距的，因此不能作简单比较；相关系数的大小差异是相对的；相关不一定意味着存在因果关系；当样本量较小时，需要对 r 进行显著性检验。

信度与效度是表征测试质量的重要指标，两者既相互区别，又存在着联系。测试结果的一致性与稳定性用信度来反映，而其正确性与可靠性则由效度来表示。概括讲，信度是效度的必要非充分条件，即正确与可靠必然稳定与一致，反之则不一定成立。因此，在测试中，如果效度较高则信度也一定较高，就不必再作信度检验了；但若是有较高的信度，则还需要对效度进行检验。

在进行测试时，当然需要尽可能地追求高的信度与效度。因此，尽管前文已涉及影响信度与效度的一些常见的共同因素，这里仍有必要再加以总结。提高信度与效度也可从以下列举的测试双方、测试本身以及环境因素来考虑，包括被测者的态度、动机、身心健康状况、兴趣、经验等；施测者对测试情境的控制以及对测试规则的执行情况等；测试题目的取样数目、比例、难度、表达方式、编排方式等；测试场所及周围的光线、温度、湿度、噪音、通风、书写工具、桌椅的舒适度等。

第三节 测试的步骤

上一节中介绍了测试、信度和效度这三个重要的概念,并对其特性以及分类和应用进行了解释。本节将继续就测试的步骤具体展开讨论,企业的管理者可以通过本节的学习掌握测试的具体程序,并应用于工作中。

一、测试的步骤

广义的测试步骤一般包括:编制计划、初步接触、审查申请材料、测试、补充调查、体检、主管面试、实习、录用决策。这里主要就其中审查完申请材料之后,补充调查之前的阶段进行说明,共分四步:确定测试内容;选取测试方法;实施测试;结果分析。

(一) 确定测试内容

这一步主要是进行工作分析,明确该工作任职者所需条件,并根据这些条件,确定所要测试的对象特征(核心是测试标准体系的建立)。

第三章中已经介绍了工作分析的内涵。工作分析是对企业各类岗位的性质、任务、职责、劳动条件和环境,以及员工承担本岗位任务应具备的资格条件所进行的系统分析和研究,并制定出岗位规范、工作说明书等人事文件的过程。通过工作分析,能够系统地提出有关人员的生理、心理、技能、文化、思想等方面的具体要求,对本岗位用人标准作出具体而详尽的规定。这就使企业人力资源管理部门在人员甄选方面有了客观依据。在测试中,我们所要测量的内容就是应聘者的特征是否符合该工作所需。但这里的工作分析不要求形成职位说明书等文件,关键是要分析出某职位任职者需要的素质条件、评价指标以及相对权重。

这一步的核心是测试标准体系的建立。这个标准体系包括标准、标度与标记三项要素。其中,标准就是对规范化素质的行为特征进行的描述。标度则是对这些特征或行为的范围、强度和频率的规定。标记是用于表示不同标度的对应符号,可以是数字、字母、汉字等。测试标准体系建立的具体过程是:

(1) 明确测试的目的及内容。这是测试的第一步,也是最为关键的一步。譬如,对于研发人员或营销人员的标准是完全不同的,应该根据工作分析来确定不同职位的任职资格要求。错误的测试内容将会导致整个甄选工作的失效。

(2) 将测试内容处理成可操作化的结构。通常分为三层,分别说明测试对象的总体特征、具体特征以及每项特征的具体内容,最后一个层次称为测试指标,用于清晰准确地界定对象特征的内涵与外延。测试指标必须切实可行、具备实际价值,不符合此要求的指标应当剔除。

(3) 分配恰当的权重。权衡每个层次、每项指标在整个体系中的相对重要性，分配恰当的权重。加权方式不外乎三种：横向加权（对每个测试对象分配不同的等级分数，使各对象之间可以就同一指标进行得分的比较）、纵向加权（对不同的指标分配不同的数值，使不同指标的得分可以纵向比较）和综合加权（横向纵向同时进行）。而加权方法有专家咨询法、层次分析法和多元分析法。

(4) 确定计量方法。对各指标应有一种统一的计量方法，才可能最大限度地减少测试误差。通常采取的是分等计分法。比如分为五等，1~5分别代表优、良、中、差、极差五种水平，对应的分数分别是5、4、3、2、1分，然后统一运算。也可以把某一测试指标上各个对象所达到的水平按照从高到低的顺序排列，最高分者得5分。但在实际中，常会出现这样的情形：一些指标缺少客观的数据结果或者没有可参照的量化标准。此时一般借助模糊数学的方法，由多位评分者根据经验并结合实际给出分数，按照下面的公式计算出该指标的最后得分。

$$该指标的得分 = \frac{\sum(该等级的分数 \times 处于该等级的评分者人数)}{评分者总人数}$$

（二）选取测试方法

上一节介绍了几种常见的测试方法。明确了测试的目标特征之后，就可以结合各种方法的优缺点进行分析，选取恰当的方法，进而准备所需的材料。在选取具体的方法时，也可以考虑现有的资源状况是否能够满足某种方法所需的材料供应。比如，采用面试，是否有合适的人选来主持面试？场地与时间安排上有没有矛盾冲突？采用心理测量的方法，有可信、有效的工具或量表吗？测试者是否具备进行心理测试的技术和能力？这一步对于整个测试依然很重要，不恰当的方法会导致最初的测试目的无法实现甚至得到的多是虚假信息，从而给甄选决策带来干扰。

（三）实施测试

这一步，将安排在下面几节中针对不同的方法分别详细介绍。但在测试进行中需要特别指出的是，收集相关信息时尽量把可能对决策产生影响的细节记录下来，对于应试者的一些特殊表现也不应忽视，比如无意中得知的其过去的特殊经历或者拥有的某些特长，都可以作为一些补充或者辅助材料。当然，也不能为此而喧宾夺主，影响到测试的公平性与客观性。

个案介绍

2005年某电器公司试题（节选）

1. 三只猫在三分钟内能抓三只老鼠，那么100只猫抓住100只老鼠要花多久？
2. 如何教奶奶使用EXCEL做图表？
3. 如果把全世界的零售商都集中在一起，你会向大家提什么样的问题？

4. 两枚硬币面值共 1 元 5 角，其中一枚不是 5 角的硬币，那么两枚硬币的面值分别为多少？

（四）结果分析

将测试所得的数据运用一定的方法或工具（如 spss 等统计软件包）进行整理分析，得出相应的判断，为以后的决策提供依据。通常，对测试结果的分析方法都是预先建立的或者说是在最初选定测试方法时就已经确定的。而测试结果的解释与测试的实施是相分离的，测试实施中获取应试者的各种反应信息，对结果的解释则是利用这些信息来对应试者的特征作出判断与评价。为了确保测试的客观性，应尽量使实施者与分析解释者由不同的人来担任。

我们知道，甄选中的测试应当是对应试者的素质作出评价，并预测其未来的工作表现或者绩效，确定岗位与人选的匹配。在第二节关于效标关联效度的内容中，我们提到无论同时效度还是预测效度，都是表明应聘者在测试中的得分对未来该人的工作绩效的预测程度。甄选测试完全有效意味着测试的得分能够准确地预测未来的工作绩效。通常，企业是无法达到这种理想状态的，但只要测试在某种程度上具有一定的有效性，就可以作为一项重要的参考依据，帮助企业判别应聘者或候选人今后胜任工作的可能性。见测试结果汇总表（表 5-3）。

表 5-3　　　　　　　　　　测试结果汇总表

招聘职位		应聘人数		人	初选合格		人	测试日期		月　日		测度负责人			
甄选记录	应聘人员姓名	学历	年龄	专业知识				态度仪表				工作经历		语言能力	其他
				优	良	可	劣	优	良	可	劣	相关	非相关	优 良 可 劣	

此外，测试结果仅是决策的一部分依据，在进行录用与否的决策时，应该全面考虑，而不是完全依赖测试。

二、对测试结果的跟踪检验

跟踪检验并不在我们所界定的"测试"范围内，而是属于广义的测试步骤。

采用同时效度需要对目前在岗的员工进行测试，比较其测试分数与目前的工作绩效，但是在岗的员工最初也是经过甄选才进入企业的，并且都经过了在职培训，因而他们的情况究竟能在多大程度上代表现在的候选人是不能确定的。而预测效度则是先忽略测试的结果，让这些候选人作为新员工工作一段时间后，再将其绩效与最初测试的分数相比较。可以使用期望图表（expectancy chart）等图形的形式表现二者之间的关系。制作和开发期望图表的通常做法是：根据测试分数把被试者分成若干组，然后计算出每组中高工作绩效的百分比，从而表明每个分数组中的人员实现高工作绩效的可能性。

跟踪检验的结果，一方面证明了前期甄选工作的成效如何，另一方面也为测试获取了经验性的资料，有助于今后进一步提高测试的效度。

第四节　测试的技术与方法

上一节就测试的实施步骤，特别是实施前期的准备作了详尽的阐述，本节将进一步向读者展示按照不同的方法实施测试的技术和程序。

一、心理测试

在发达国家，企业界心理测试的应用非常普遍。但在这方面，我国几乎还是一项空白，只有少数的企业在经理测评的实践中试用过心理测试。

心理测试是对行为样组的标准化并力求客观的测量，其中行为样组是一组具有代表性的行为。这种行为既不是反射性的生理行为，也不是内部的心理活动，而是一种外显的、间接的行为。从测试的设计、实施到评分、解释都应保持一致，以使得最后结果具备可比性。心理测试有不同的分类标准，参见图5-2。

心理测试源于实验心理学中个别差异研究的需要，并广泛应用于企业的人力资源管理实践中。比较有影响的有[1]：罗夏（Rorschach）的墨迹测验、墨里与

---

[1] Stephen P. Robbins, Organization Behavior, 7th edition, Prentice-Hall International, Inc., 1998.

摩根（Murray&Morgan）的主题统觉测验（TAT）、哈特威（Hathaway）与麦金利（Mckinley）的明尼苏达多项个性测验（MMPI）、卡特尔16项人格因素测验等。这些测试方法可以分为两类，一类是自陈式测验，如卡特尔16项个性特征问卷等多维度综合个性测评工具；另一类为投射式测验，如罗夏墨迹测验、主题统觉测验等。

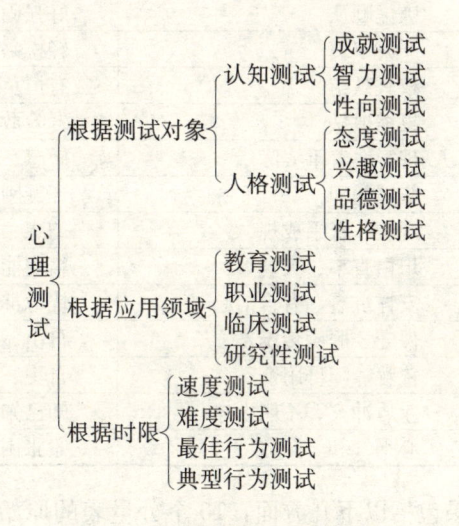

```
                    ┌ 认知测试 ┌ 成就测试
                    │         ├ 智力测试
         ┌ 根据测试对象       └ 性向测试
         │          │         ┌ 态度测试
         │          └ 人格测试 ├ 兴趣测试
         │                    ├ 品德测试
心理测试                      └ 性格测试
         │                    ┌ 教育测试
         ├ 根据应用领域        ├ 职业测试
         │                    ├ 临床测试
         │                    └ 研究性测试
         │                    ┌ 速度测试
         └ 根据时限           ├ 难度测试
                              ├ 最佳行为测试
                              └ 典型行为测试
```

图 5-2　心理测试常见分类框图

（一）自陈式测验

自陈式测验方式是向被试者提出一组有关个人行为、态度意向等方面的问题，被试者根据自己的实际情况作真实的回答。主试者根据被试者的回答与评分标准或模式相比较，从而判断被试者的人格特征。

卡特尔16因素人格测验（以下简称16PF）广泛应用于企业人员甄选中。16PF从乐群性（A）、聪慧性（B）、稳定性（C）、恃强性（E）、兴奋性（F）、有恒性（G）、敢为性（H）、敏感性（I）、怀疑性（L）、幻想性（M）、世故性（N）、忧虑性（O）、实验性（Q1）、独立性（Q2）、自律性（Q3）和紧张性（Q4）这16个人格维度来了解测试对象在环境适应性、专业成就和工作效率等方面的情况。测试含有187道题，每个维度有10~13道题，并构成一个相对独立的分量表。题目排列顺序是：分别从16个维度抽取一道题构成1~16题，然后采用同样的方法在剩余的题目中再次抽取，构成17~32题，以此类推。每道题有三种备选答案，但只能选取一项。各维度的评分特征如表5-4所示。

表 5-4　　　　　　　　卡特尔 16PF 中的人格特征[1]

特　质	低程度特征	高程度特征
乐群性	缄默、孤独	乐群外向
聪慧性	迟钝、学识浅薄	聪慧、富有才识
稳定性	情绪激动	情绪稳定
恃强性	谦虚顺从	好强固执
兴奋性	严肃审慎	轻松兴奋
有恒性	权宜敷衍	有恒负责
敢为性	畏缩退怯	冒险敢为
敏感性	理智、着重实际	敏感、感情用事
怀疑性	依赖随和	怀疑刚愎
幻想性	现实、合乎成规	幻想、狂放不羁
世故性	坦白直率、天真	精明能干、世故
忧虑性	安详沉着、有自信心	忧虑抑郁、烦恼多端
实验性	保守、服膺传统	自由、批评激进
独立性	依赖、随群附众	自主、当机立断
自律性	矛盾冲突、不明大体	知己知彼、自律谨严
紧张性	心平气和	紧张困扰

16PF 的测试结果包括以下几方面：16 个分量表的原始得分、转换后的标准分（能准确描述 16 种人格特质）、个人的人格轮廓剖面图、依据标准分推算的双重人格因素的估算分（用于描述双重人格特征）、综合人格应用评价分。

需要注意的是，对结果的解释必须参考被测试者的各个人格因素状况进行全面考虑，同时尽可能地与心理学专家一起进行复核[2]。

(二) 投射式测验

投射式测验主要用于探知个体内在隐蔽的行为或潜意识的深层态度、冲动和动机，主要采用图片测试。这种方式的优点是避免了不说真心话而投测评者所好倾向性，因此往往用投射测验来了解应聘者的成就动机、态度等。

投射测评法所依据的原理是，人的一些基本性的个性特征与倾向性，是深藏于自己意识的底层、处于潜意识状态下的，他自己并未明确认识到特质。当把某个意义含混、可作多种解释的物件，如一张图，突然出示给被测评者看，并让他很快地说出对该物体的认识和解释，不给时间思索和推敲，由于被测者猝不及防，又无暇深思，就会把自己内心深处的心理倾向"投射"到对该物体的解释上

---

[1] 郑晓明. 人力资源管理导论 [M]. 2 版. 北京：机械工业出版社，2006：167.

[2] 有关心理测试的工具和量表可以从相关的国内外期刊上找到，比如《心理科学》、《应用心理学》、《社会学研究》、Personnel Journal、Journal of Occupational and Organizational Psychology、Journal of Organizational Behavior、Journal of Applied Psychology，etc.

去，难以作出掩饰，因而较为可信。

图 5-3 罗夏墨迹测验图举例[1]

这里对各种心理测试的实施过程作大体介绍如下：

（1）确定测试的目的和对象，再根据各种心理测试方法的适用范围和功能，选取合适的方法作为甄选手段。比如，是测智力还是兴趣或者态度呢？测试对象的背景如何？

（2）搜集有关的资料。比如，是使用已有的测试工具，还是开发和设计新的工具呢？好的心理测试所测的内容应该与测试目的相一致，并且有一套标准化的过程和较高的信度与效度。通常情况下是选取现成的测试，以省去编制新测试的大量花费（包括时间、金钱、人力等）。

（3）培训工作人员。实施心理测试的工作人员可以是专业的心理学工作者，也可以是经过这些专业人员培训和指导的企业内部人员。整个工作应该按照固定的规范化的程序进行。

（4）实施测试。

（5）结果分析。测试的结果也应该由心理学的专业工作者进行分析，或者在其指导下进行。此时必须有比较适当的常模。同时，由于心理测试涉及个人的能力、人格等问题，分析员要谨慎行事并严格遵守职业道德，既要向对方解释测试结果，又要为其结果保密，以维护其利益。

人力小故事：

司机考试

某大公司准备以高薪雇用一名小车司机，经过层层筛选之后，只剩下三名技术最优良的竞争者。主考官问他们："悬崖边有块金子，让你们开车去拿，你们觉得距离悬崖边多近才不至于掉落呢？"

---

[1] 郑晓明. 人力资源管理导论[M]. 2版. 北京：机械工业出版社，2006：167.

"二公尺。"第一位说。

"半公尺。"第二位很有把握地说。

第三位说:"我会尽量远离悬崖,越远越好。"

结果这家公司录取了第三位。

解析:冰山理论

所谓"冰山理论"是根据每位员工个体素质的不同表现形式,将其分为可见的"水上部分"和深藏的"水下部分"。其中,水上部分包括基本知识、基本技能,这是人力资源管理中人们一般比较重视的方面,它们相对来说比较容易确认;而水下的部分包括社会角色、自我概念、特质和动机,这些方面作为冰山水下部分,是很难评估的。但在选拔人才中,这部分内容却最具有预测价值,同时,它也是"冰山理论"的核心内容。

二、评价中心

评价中心对于业外人士来说比较陌生。事实上,这种方法早在20世纪30年代就已经建立,并且最早应用于军队中。

概括地讲,评价中心是以管理素质为测试核心,采用多种技术进行的一系列标准化的测评活动。评价中心有些类似于情境模拟,即模拟一些真实的场景来观察被测者的相应行为。从其主要活动形式来看,有公文处理、案例分析、小组讨论、演讲、面谈、角色扮演、管理游戏等。

评价中心是对一组个体(通常是12人)同时测试,评价者(通常是6人)由企业的相关管理者以及心理专家组成,时间跨度从几个小时到几天不等。每名被测者至少由3名评价者观察,并依据一定的标准对其行为给出得分,最后在评价者间达成一致意见。对素质评价的综合性、整体过程的互动性、活动设计的标准性以及信息量大、形象逼真等都是评价中心的优点。然而相对来说,这种方法的成本较高,其中所运用的各种技术的有效性也需要进一步的理论解释与验证。

评价中心有多种形式,操作技术与方法各异,下面以一个典型的评价周期来说明。

11月13日

6名评价者在企业的多功能厅会面,商议后一周的活动安排。同时,12名被评价者也被召集,等待安排。

11月14日

(1)评价者向被评价者介绍总体活动安排,被评价者进行自我介绍。

(2)分组进行管理游戏。内容:每组均拥有相同数目的资金,可用于购买建筑材料、雇佣工人，在指定的地方建造楼房，并销售出去。被评价者应当决定投资方式与内容，并组织雇佣、采购、施工和销售等一系列工作。活动进行中会有意安排一些突发事件，比如某次大型国际盛会的举行、国际局势的变动、股市的大幅波动等都会导致原料、房地产等的价格改变，此时需要被评价者作出果断决策、重新作出安排或调整。在此过程中，评价者可以观察其计划、组织、协调能力，应变与控制能力，领导风格，市场洞察力等方面状况。游戏结束后，每位参与者就自己以及其他参与者的表现写出一份书面汇报。

(3) 将12名被评价者分成6组，一组接受心理测验，同时其他组的成员与评价者进行个别谈话，评价者通过此过程了解被评价者的过去。接着心理测验与面谈活动交替进行。

11月15日

(1) 无领导小组讨论：将12名被评价者分为2组，每组都不设组长。被评价者接到上级的通知，要求从6人中选出一人作为晋升对象，唯一的根据是每名候选人的档案资料。允许1小时的讨论时间。在此过程中，可以观察到被评价者的自信心、表达能力、人际沟通与交往能力等方面的情况。

(2) 选择性练习：分组方式与上面的无领导小组相同。被评价者就一名管理者所应当具备的关键品质进行讨论，并按照重要程度进行排序，在此之后，每组推举一名代表向大家介绍本组讨论的结果及依据。

(3) 每名参与者接到一份求职者的简历，同时有一份关于甄选配备的辅导材料。要求阅读这些材料，以备后面的练习使用。

11月16日

(1) 公文处理：被评价者扮演一名高层经理，面对各种信件或文稿，需要作出决定。要求在规定的时间内，在独立或者有一名助手供调遣的情况下，处理完这些文件。

处理完之后，还可请被评价者说明自己处理的依据或者原因。评价者通过以下方面对其在管理方面的综合能力作出评价：是否对每份文件都作出了处理？文件之间的轻重缓急处理得当吗？对助手的授权是否恰当？作出决策的理由充分吗？能否高效而巧妙地解决问题？……

(2) 请受过专门训练的人扮演求职者，由被评价者接待，依据是昨天提供的资料。求职者离开后，评价者会向被评价者询问其从求职者那里了解到了什么信息。

(3) 向全体被评价者提供一家公司的详细资料，要求他们以咨询顾问的身份审查该公司的财务和市场状况，并在第二天向董事会提交一份书面报告。

11月17日

(1) 每3人一组，分成4个小组。在组内，每个人向大家轮流介绍自己对材料的分析情况，进而小组讨论并在规定时间统一意见，完成报告。

（2）被评价者互相评价。

11月18—19日

评价者对各个候选人（被评价者）的情况进行讨论，并作出综合评价。

三、观察评定

观察法是心理学、社会调查中常用的研究方法，但请注意不要把上述观察法与这里讲的观察评定混为一谈。所谓观察评定，就是借助一定的评定量表，以测试人员素质为目的，通过实际工作生活中的观察获取信息的测试活动。前面提到的几种方法其实也都用到了"观察"，但观察评定不是在特定的场景（如面试）和模拟的场景（如评价中心）中来观察，而是一种自然观察，因而更能确保信息的客观性。但同时，对过程的控制变得困难，观察的记录以及结果的处理工作量都很大。

从观察评定的特点也可看出：在甄选中，这种方法主要适用于对企业内部人员进行的选拔测试。此外，观察评定的方法更多地适用于对企业现有员工的选拔，这里不再详述。

第五节　面　　试

应该说，几种测试方法中，面试是最为读者熟悉的，但是并非每个人都对面试有正确的理解。面试并非只是简单的面对面谈谈话而已。严格地讲，面试是在特定的场景下，施测者与被测试方面对面的交谈，施测者通过在此过程中观察被测者的表现（语言、行为、表情等），由表及里地推测出其有关素质。面试的问题与程序通常是经过事先精心安排的，但也需要主试官有一定的应变力。

通过面试并不能获得被测者的全部特征信息。但与其他方法相比，面试仍有其独特的功能与特点。面试可以弥补笔试的缺陷。笔试的题目由于限制在一张试卷内，所以常常有很大的局限性，需要对题目进行信度与效度的检验。而面试往往能给被测者更大的发挥余地，主试者也可以根据行进中的状况灵活决定某些问题的取舍与先后次序。同时，只通过笔试，常出现高分低能的人被录取而真正有能力者反而落选的情况，互动式的面试则使得主试者可以从不同的角度以及细节发现应试者的特征。

面试既可以被看做测试的方法之一，也可以被看做是测试之后的进一步的甄选工作。按照面试的规范程度，可以分为结构化面试、半结构化面试和随意性面试。结构化面试对整个面试过程中的各项因素都作出了严格的规定，而半结构化面试与随意性面试则允许主试人员有灵活调整的自由。作为测试方法的一种，早期的研究对面试信度与效度的评分并不高。不过后来的许多研究都显示，结构化的面试效度通常高于非结构化的面试。本节主要围绕结构化面试的操作过程展开。

一、前期工作

面试首先要明确目的，除了推测应聘者未来的工作绩效外，面试官还可借此机会宣传企业的诸多优势，使对方了解企业、了解该工作。面试的目的决定了面试的内容。比如：面试的重点应是对哪些方面内容的考察？是否应向应试者讲述企业或者工作的真实情况（包括现存缺陷）？面试过程中是否允许对方提问？

明确了面试的主要目的后，还需制定面试提纲，内容包括按一定顺序排列的待提问的问题、对应回答的等级划分或评价标准、预备的候选题目（用于随机应变）等，问题应该是熟悉本工作的人在职位说明书的基础上设计出的。面试前，面试官应当已经阅读了应试者的申请材料。面试提纲最好能够结合这些材料，在该工作通用的一些问题之外添加一些更有针对性的问题，尤其是申请材料中没有反映却又很关键的内容，有必要通过面试来确认清楚。对于可能得到的答案，事先设定等级。比如采用5分制，最佳答案为5分，最差答案为0分。

当"万事俱备"之时，面试的组织者最好再审视一遍。看看面试问题是否考虑周全、评价标准可操作性如何、面试官的素质能否胜任工作，确认无误时，就可以实施面试。

二、实施面试

在开场时，主试官首先介绍自己和各位面试官，说明面试的目的和主要程序，同时尽可能以一种轻松的语气营造出和谐的氛围。

实施面试的技巧也很重要。主试官问什么、以什么顺序发问、如何发问都很关键。

请看下面一些典型的面试问题。

面试中的问题[1]

面试作为一项有效的甄选工具，通过招聘双方面对面的交流，使主试官有机会对应试者的综合情况作出进一步的判断。然而，面试的有效性在很大程度上取决于主试官采取的方式，尤其在人才流动及竞争日趋加剧的今天更是如此。下面是一位人力资源教授提供的主试官在面试中可能提出的问题，并给出了隐含内容的分析，供大家参考借鉴。

---

[1] 转引自中国人民大学劳动人事学院内部刊物，《人力资源时代》第一期（2000.11）。

- 在日常工作中，哪些业务由您决定？

隐含主题：你工作的重要性，由你决定的事务越多、越重要，你的能力和经验就越丰富，个人的价值也就越高。

- 在您的日常工作中，常规性的工作大约占您工作时间的比重有多少？

隐含主题：日常性、常规性工作的比例越高，改造的主动性空间越小，工作就越不重要，因此，个人的价值就不高。

- 如果我们录用您的话，您在什么时间内可以报到？

隐含主题：马上——意味着目前对工作需求迫切，可能面临困难境地；同时也可能意味着不看重合同，缺乏信誉。正常情况下的回答应该需要有一段办理工作交接的时间。如果没有这种时间的需求，这种人很难对工作负责。

- 就您的了解来看，从事您这份工作的待遇应该是多少？

隐含主题：一是自己对工资的期望；二是对所应聘职位的熟悉程度。如果对此缺乏清楚的了解，可能说明他没有从事该职业的深刻背景和经验。

- 您认为您适合从事的工作有哪些？能否排列一个顺序？

隐含主题：适应的工作越多，深入程度越差，职业化越低。因此，这样的人到企业工作，很难见到立即的实效，总的说来是个"万金油"，不能指望有什么建树。

上述的几个题目均采用间接的发问方式，从表面上看不到任何带有评价色彩的词汇，可以消除被试者的戒心，以实情相告。比如第一题，如果换成"在日常工作中，哪些重要的业务由您决定？"相当于给了对方一种暗示，被试者很可能会夸大其词，以表明自己在原有工作岗位上的重要性。

面试官在面试过程中与对方的互动也非常重要。这样可以营造和谐的气氛，同时更利于发现应试者的特征，其中，身体语言的运用尤为重要。在应试者回答问题时，可适时地点头表示认同，也可通过眼神的变化来反映自己的倾向，但注意不要斜视，也不要随意打断对方的谈话。尽管结构化的面试有事先制定的提纲，但在进行中根据时机适当谈些无关话题可以放松对方紧张的情绪，使其自然发挥。然而也有许多人认为，与工作无关的问题以及非正式用语还是应尽量减少，以降低给企业带来法律纠纷或其他麻烦的可能。所以，"度"的把握很关键。

最后，以积极的语气结束面谈可以给双方都留有余地。但真正需要当时就回绝的话，也应把握分寸。比如："我们非常欣赏您的才干，不过出于各方面的考虑，很遗憾只能希望以后还有合作的机会。感谢您对我们工作的支持。"

三、面试应注意的问题

有过应聘经历的人都知道，面试的一个诀窍就是"投"面试官的"所好"。之所以有这样的机会，是因为面试官也是人，不可避免地有自己的喜好或偏好，并把这种个人倾向带入面试过程。正因为这样，面试官应该审查并尽量地克服自己易犯的偏见。

在心理学中,"偏见"是指"以有限的或不正确的信息,用固定的、不变的思维模式,对他人或事物作出错误的或片面的判断"[1]。常见的认知中的偏见有:

(一) 第一印象作用

对应试者的初次印象常会比较牢固,导致对工作相关方面的判断偏颇。通常与素不相识的人的第一次见面,首先知觉到的主要是仪表特征、言谈举止等外在的东西,因此,面试官在最初的几分钟里应明确自己喜欢或不喜欢应试者的什么,并尽量在后面的判断中从多方面考虑,而不是以印象、凭感情看待人。

(二) 晕轮效应

晕轮效应其实就是以偏盖全、以点盖面。比如人们常说的"一好遮百丑"就是典型的例子。在面试中,面试官应当注意全面考察对方的素质,不能因某方面的才能突出而忽略了对其他方面的考察。这一点在今天是存在争议的。"全才"好还是"偏才"好?中国的传统教育一直是强调全面发展,结果造成许多庸才。现在提倡培养有特长的人才,但是组织中几乎没有什么工作是只需单一才能就可以胜任的。研发人员也常需要团队合作能力,只会一门心思编程而完全不懂人际沟通的计算机天才,恐怕很难有广阔的职业生涯前景。所以,晕轮效应究竟是否应当避免、或者控制到何种程度,还要视情况而定。

(三) 定势或定型效应

由于头脑中固有的印象或者看法,人们习惯用固有的思路来思考新问题,而不是作全方位的了解。这与劳动经济学中的"统计性歧视"有些相似,当群体成员的差别越大,使用群体资料作为甄选手段的代价就越高。比如:许多企业每年都要招收一定数量的应届毕业生,对于名校总是格外关注,常常在一些重点高校召开专场招聘会,或者指明要某校某系的毕业生。这样固然简化了招聘程序,但却很容易将其他学校的优秀毕业生排除在外。克服这一点重在面试提纲的制定。如果提纲制定得较为科学,就应严格按照提纲进行。

(四) 情绪或者环境影响

面试官的情绪或者组织环境等都会影响面试实施的效果。譬如说,如果公司某个部门急需招人,并给人力资源部施加很大压力,面试官很可能为完成任务而降低标准、仓促筛选;又比如,面试官因为家事而心情不佳,常会对应试者产生偏低的评价。此外,企业安排面试多是较为集中的时间,同一名面试官在对几名应试者面试之后,各个应试者的差异比较常会使其产生忽高忽低的期望值,而偏离了评价标准。

---

[1] 王维义. 现代管理心理学 [M]. 北京:首都经济贸易大学出版社,1998:72.

(五) 类我效应

人们通常会对与自己在某些方面相似的人产生好感。当某应试者知道自己与面试官恰有相似的地方，他应该感到庆幸。因为对于与自己相似的人，面试官很容易忽略他的缺点；反之，与自己差异大的人，则容易夸大他的缺点。面试官要尽可能地排除偏见的影响。不过，这一点很难把握好分寸。一位力求公正的面试官很可能为此而走到另一个极端——过分压低与自己相似者的分数，同时抬高其余人的分数，从而为了避免偏见而制造出新的偏差。

提高面试有效性的守则[1]

1. 先设定面试的目的和范畴

根据面试的目的决定提问的范围和问题，接见应征者前应重温工作的要求以及申请表格上的资料、测试分数和其他有关资料。

2. 创造和维持友善气氛

以轻松的态度接待应征者，表示有诚意、有兴趣知道应征者的资料，细心聆听，以创造和维持友善气氛。

3. 主动和细心聆听

用心思考和发掘一些不明显的含意或暗示，好的聆听者对对方脸部表情和动作会较为敏感。

4. 留意身体语言

应征者的脸部表情、姿势、体位和动作会反映出其态度和感受，面试者应留意应征者如何表达其身体语言。

5. 坦诚回应

尽量以坦诚态度提供资料并详细回答应征者的问题。

6. 提有效问题

问题应尽可能客观，不应暗示具有任何理想答案，以便取得真实的回应。

7. 把客观和推断分开

在进行面试时，记下客观性的资料，并对客观资料进行推断，再与其他面试者的意见作比较。

8. 避免偏见和定型的失误

面试者不能心存偏见，认为那些与自己兴趣、经历和背景相近的应征者较为可以接受，或把人定型，认为属于某一性别、民族或背景的人，都有相似的观念、思想、感情和做法。

---

[1] 陈余，程文文. 人力资源管理 [M]. 2版. 北京：高等教育出版社，2006：120-121.

9. 避免容貌效应

面试者应避免歧视外貌不吸引人的应征者。

10. 提防晕轮效应

提防因应征者的某些长处（或短处）而对他作出整体的有利（或不利）评分。

11. 控制面谈过程

让应征者有足够的机会说话，但同时要控制面试的进度，确保达到面试的目的。

12. 问题标准化

为避免歧视个别应征者，面试者应对同一职位空缺的应征者提问相同的问题。若想获得多些资料，或在面对一位出众的应征者时，可以另外提探查式的问题。

13. 仔细记录

记下事实、印象和其他有关资料，包括提供给应征者的资料。

四、后期工作

面试是一门艺术，对面试技巧的追求也是永无止境的。对应试者的评价结束后，并非万事大吉。面试官可以对自己提问：我的经历、个性等是否影响到了对应试者的判断？面试中双方互动协调得如何？程序安排得是否有漏洞？通过以上问题对整个过程中自己的表现作出分析和评估，找出进一步改进的方向。

最后有必要谈一下包括面试在内的各种甄选方法的后期工作。实际操作中，很难找到完全符合标准的人选，甚至对标准本身人们也会提出质疑，因此最后决策时往往存在争议。而企业应该在最后一轮筛选后尽快作出决策，因为漫长的等待对于候选人来说是难以承受的，企业有关部门通常也急需新人尽快上岗。所以，防患于未然，评价标准应该是大家事先确认无误的，以免最后引起争论。此外，无论最终人选来自企业内部还是外部劳动力市场，甄选工作的成效如何，还需通过试用期得到检验。这离不开接收部门的配合，包括为新员工尽快适应新岗位创造条件、协助人力资源部对其在试用期的表现作出中肯的评价。

随着科技的飞速发展，人力资源领域也引入了许多先进的技术，比如，运用互联网进行"面试"、计算机辅助面试等。应聘者可以通过坐在电脑前，对着屏幕回答问题，或对模拟的画面场景作出反应。对于前文提到的面试官易犯的一些偏见，这种方式可以有效地避免。同时，在这种方式下，应试者可以减少顾虑，提一些诸如薪资待遇等的敏感问题。当然，这种新的方式称之为"面试"是否合适，可能值得推敲了。下面是两个面试常用的记录表格范例。

表 5-5　　　　　　　　　　　　　面试记录表

姓名					
提要	\multicolumn{5}{l}{请主持面试人员在适当之格内划"√",无法判断时,请免打"√"。}				

评分项目	配分				
	5	4	3	2	1
仪容　礼貌　精神 态度　整洁　衣着	极佳	佳	普通	稍差	极差
体格、健康	极佳	佳	普通	稍差	极差
领悟、反应	特强	优秀	平平	稍慢	极劣
对其工作各方面及有关事项的了解	充分了解	很了解	尚了解	部分了解	极少了解
所具经历与本企业的配合程度	极配合	配合	尚配合	未尽配合	未能配合
前来本企业服务的意志	极坚定	坚定	普通	犹疑	极低
外文能力　语种　英文　日文	极佳	好	平平	略通	不懂
总评	● 拟予试用 ● 列入考虑 ● 不予考虑			面试官： 日　期：　年　月　日	

应聘职位：

表 5-6　　　　　　　　　　标准的面试结果评价表

评价项目	评分
应试者的仪表和姿态是否符合本工作要求？	
应试者的态度及工作抱负与本企业的工作目标是否一致？	
应试者的气质、性格类型是否符合本项工作的要求？	
应试者的工作意愿是否能够在本企业得到满足？	
应试者的专长是否符合所聘用职位的工作要求？	
应试者的工作经历是否符合所聘用职位的要求？	

续表

评 价 项 目	评 分
应试者的教育程度是否符合所聘用职位的要求？	
应试者所要求的待遇及工作条件是否适合本企业所能提供的条件？	
应试者的自我表现能力（包括表情、语言、自信）如何？	
应试者的潜能是否在本企业有继续发展的可能？	
应试者的口头表达能力如何？	
应试者的综合分析能力如何？	
应试者的想象力和创造力如何？	
应试者的工作热情和事业心如何？	
应试者是否有足够的精力担当此项工作？	
应试者所表现出来的综合素质是否足以担当所要任命的工作职务？	
应试者的随机应变能力如何？	
综合评语以及录用建议：	主试官签字：

本章小结

本章主要诠释了在甄选决策中所涉及的问题，包括甄选的重要性、测试的基本实施步骤以及按照不同的方法实施测试的技术和程序。在测试的技术中，重点介绍了面试这一人力资源管理常用的测试方法。人力资源的甄选与测试是为企业把好人才关的重要战略手段。

关键概念

效度　　信度　　心理测试　　评价中心　　面试

复习题

1. 什么是效度，它有哪些类型？
2. 测试的技术与方法有哪些？
3. 面试时常发生的认知偏见有哪些？

讨论及思考题

1. 如何衡量测试的信度和效度？

2. 面试时有哪些技巧可以运用？

参考文献

[1] 石金涛. 现代人力资源开发与管理 [M]. 上海：上海交通大学出版社，2001.

[2]〔英〕罗布·戈菲. 人员管理 [M]. 吴雯芳，译. 北京：中国人民大学出版社，哈佛商学院出版社，2000.

[3] 秦祎，林泽炎. 现代人力资源管理 [M]. 北京：中国人事出版社，2000.

[4] 史若玲，金延平. 工商企业人力资源管理 [M]. 大连：东北财经大学出版社，2000.

[5]〔美〕维尼·奥特罗. 精明的雇佣 [M]. 谢晋宇，郭庆松，等，译. 北京：中华工商联合出版社，2000.

[6] 谢晋宇，吴国存，李新建. 企业人力资源开发与管理创新 [M]. 北京：经济管理出版社，2000.

[7]〔美〕R. 勒德洛，F. 潘顿. 成功的选聘 [M]. 沈志莉，译. 北京：中信出版社，1999.

[8] 刘长占，肖鸣政. 人才素质测评方法 [M]. 北京：高等教育出版社，2000.

[9] 赵耀. 如何做人事主管 [M]. 北京：首都经济贸易大学出版社，2000.

[10] 赵西萍，宋合义，梁磊. 组织与人力资源管理 [M]. 西安：西安交通大学出版社，1999.

[11] 赵曙明. 人力资源管理与开发 [M]. 北京：中国人事出版社，1998.

[12] 廖泉文. 人力资源考评系统 [M]. 济南：山东人民出版社，2000.

[13] 徐升等. 人才测评 [M]. 北京：企业管理出版社，2000.

[14]〔美〕R. 韦恩·蒙迪，罗伯特·M. 诺埃. 人力资源管理 [M]. 葛新权，郑兆红，王斌，等，译. 北京：经济科学出版社，1999.

[15]〔加〕西蒙·多伦，兰多·舒尔乐. 人力资源管理 [M]. 董克用，等，译. 北京：中国劳动社会保障出版社，2000.

[16]〔美〕雷蒙德·A. 诺伊，等. 人力资源管理：赢得竞争优势 [M]. 刘昕，译. 北京：中国人民大学出版社，2001.

[17]〔美〕安妮·布鲁金. 第三资源智力资本及其管理 [M]. 赵洁平，译. 大连：东北财经大学出版社，1998.

[18] 肖鸣政. 人员测评理论与方法 [M]. 北京：中国劳动社会保障出版社，1997.

[19]〔美〕凯文·C.克林维克斯，马修·S.奥康内尔. 招兵买马 [M]. 孟加，周锋，孟家其，译. 中国标准出版社，科文（香港）出版有限公司，2000.

[20] 郑晓明. 人力资源管理导论 [M]. 2版. 机械工业出版社，2006.

[21] 陈余，程文文. 人力资源管理 [M]. 2版. 高等教育出版社，2006.

[22] 肖鸣政. 职业技能鉴定的理论与方法 [M]. 中国经济出版社，1997.

[23] 谢晋宇. 企业人力资源的形成：招聘、筛选与录用 [M]. 经济管理出版社，1999.

[24] 罗旭华. 实用人力资源管理技巧 [M]. 经济科学出版社，1998.

[25] 王垒，姚宏，廖芳怡，肖敏. 实用人事测量 [M]. 经济科学出版社，1999.

[26] 刘远我，吴志明，章凯，武欣. 现代实用人才测评技术 [M]. 经济科学出版社，1998.

[27] 孙健敏，李原，张孝宇. 中国人民大学工商管理/MBA案例：人力资源开发与管理卷 [M]. 中国人民大学出版社，1999.

[28] 王维义. 现代管理心理学 [M]. 首都经济贸易大学出版社，1998.

[29] 董克用，潘功胜. 西方劳动经济学教程 [M]. 中国劳动出版社，1995.

[30] 付亚和. 面试中的问题 [J]. 中国人民大学劳动人事学院内部刊物《人力资源时代》第一期，2000（11）.

[31] Stephen P. Robbins, Organizational Behavior, 7th edition, Prentice—Hall International, Inc., 1998.

[32] Joel Lefkowitz, Melissa I. Gebbia, Tamar Balsam and Linda Dunn, Dimensions of biodata items and their relationships to item validity, Journal of Occupational Psychology (1999), 72, pp. 331-350.

[33] Jan A. Feij, Mandy E. G. van der Velde, Ruben Taris and Toon W. Taris, The Development of Person—Vocation Fit: A Longitudinal Study Among Young Employees, International Journal of Selection and Assessment, 1999, Volume 7. Number 1, pp. 2-25.

CHAPTER 6

第六章
人力资源培训与开发

本章要点提示

- 培训与开发的内容和技术
- 培训的实施步骤
- 管理人员开发的方法和技术

本章内容引言

一旦企业成功地进行了人力资源的招募和甄选，获得了所需的人员，那么下一步要考虑的问题就是人力资源的培训与开发。虽然企业在招募、甄选、录用以及安置员工的时候，已经通过考试、测评及其他科学方法对这些人员的能力、素质等各方面进行了大量的挑选和考核工作，但由于这些员工面临的是一种新的企业文化、一个新的职位，他们并不会一开始就具备完成规定工作所必需的知识、技能和心理素质。因此，对他们进行必要的培训是企业首要的任务之一。另外，在当今市场竞争日益激烈、环境变化越来越快的时代，企业也越来越重视员工素质的提高和更新，以求在竞争中立于不败之地。在这种情况下，企业人力资源的培训和开发已经成为企业发展的一项长期的需求。

第一节 培训与开发概述

1960年美国经济学家舒尔茨在《论人力资本投资》的报告中指出，经济增长的主要源泉，除了靠增加劳动力和物质投资以外，更主要的是靠人的能力的提高。人力资本的概念是把对劳动者的培训和开发看成是一种投资，企业投入的财力和时间等换来的是员工工作效率和生产率的提高，一名员工离开企业的可能性越小，企业在该员工身上的投入所得的回报就越高。一般来说，有效的培训所产生的收益要大于培训所花费的成本。对于那些技术迅速变化的企业来说，员工培训和开发尤其重要。

一、培训和开发的概念

人力资源培训和开发是指为满足企业不断发展的需要，提高员工的知识技能，改善员工的工作态度，使员工能胜任本职工作并不断有所创新，在综合考虑组织的发展目标和员工的个人发展目标的基础上，对员工进行的一系列有计划、有组织的学习与训练活动。所以，有时统称为人力资源开发（human resource development，HRD）。但是，培训和开发是有区别的，它们的差异取决于目标的指向。培训是一种相对目标更明确的活动，它的目的是帮助员工完成当前的工作，主要是培养员工与当前工作或特定任务相关的能力；而开发则是以提高员工的适应能力为导向，中心问题是使个体能够适应预期的变化或者复杂的工作环境。

具体说来，培训就是有计划地帮助员工学习与工作相关的基本能力的过程。培训的目的在于使员工的知识、技能、态度以及行为发生改进，从而使其发挥最大潜力以提高工作绩效。如今，越来越多的企业认识到，要想通过培训获取竞争优势，培训就不能仅仅局限于基本技能的开发[1]。培训还要提供更广阔范围的技能，在竞争日益激烈的今天，仅仅能胜任工作是不够的，对员工的培训还要关注他们分析和解决工作中发生的问题的能力，满足现代企业对速度和灵活性的要求。另外，培训还要从单纯地向员工教授具体的技能转变为创造一种知识创造和共享的氛围，使员工能够自发地分享知识，创造性地应用知识来满足客户的需求。开发是指有助于员工为未来工作作好准备的正规教育、工作实践、人际互动以及人格和能力评价等所有各种活动[2]。开发侧重于使员工获得既可用于当前工作又为未来职业生涯所需的知识和技能，主要是通过提高他们的能力以使他们能够为未来的职位、技术或工作的变化作好准备。由于开发是以未来为导向的，它使员工能够跟上组织的变化和发展。由上面的论述可以看出，由于现代企业的培训越来越重视同企业发展和经营战略的契合，培训和开发之间的界限已经变得越来越模糊。

二、培训和开发的意义

培训和开发对于企业的重要意义似乎是不言而喻的。在科技发展日新月异的

---

[1] J. B. Quinn, P. Anderson and S. Finkelstein,"Leveraging Intellect," Academy of Management Executive 10 (1996), pp. 7-27.

[2] 〔美〕雷蒙德·A. 诺伊，约翰·霍伦拜克，拜雷·格哈特，帕特雷克·莱特. 人力资源管理[M]. 3版. 刘昕，译. 北京：中国人民大学出版社，2001：187.

今天，越来越多的企业认识到企业核心竞争力的来源是掌握了先进科学技术和经验的人力资源。没有一支具有特色、拥有专门技能的员工队伍，企业就不具有核心竞争能力。雇用到优秀的人才并不等于企业就拥有了优秀的员工。确保员工掌握了帮助企业获得成功的信息和技能，对于企业的管理者来说，是一项重要的任务，也是一项巨大的挑战。另一方面，由于知识型员工对自身发展的需求，企业培训和开发工作的好坏也越来越成为知识型员工考虑的一个重要方面，具有吸引力的培训和开发工作可以使企业在吸纳优秀人才时更具竞争力。所以，对员工进行有效的、持续的培训和开发，已经成为企业发展的一项战略要求。

人力小故事

野公猪和狐狸

一只狐狸发现一只野公猪正在磨它的长牙，而眼前似乎没什么危险。"公猪，你的敌人并不在附近，为什么要磨你的长牙呢？"狐狸问。野公猪回答："如果敌人扑上来，我就没时间去磨牙了。"

点评：未雨绸缪

在敌人未到来之前磨牙，作好战斗的准备，员工培训也是一样的道理。做好员工培训的"磨牙"工作，才能让员工在今后的工作中更有战斗力。

很多成功企业的发展已经验证了这一点。摩托罗拉公司的 13.2 万名员工每年都要在内部学校参加至少 40 个小时的质量培训课程。韩国三星集团每年用于教育培训的经费高达 1.5 亿美元，占整个企业年销售总额的 1%~2%，该集团共有 20 多万名员工，而每年参加公司一级和公司"研修院"培训的人数却高达 100 万人次。国际商用机器公司（International Business Machines Corporation，IBM）是一家拥有 40 万名中层干部、520 亿美元资产的大型企业，其年销售额达到 500 多亿美元，利润为 70 多亿美元，是世界上经营最好、管理最成功的公司之一。培训和开发几十年来一直是该公司的秘密武器，IBM 坚信员工的管理水平不是"来自天生"，而是来自于对他们进行的有效的培训和开发。在这方面，IBM 取得了成功的经验。具体地说，IBM 公司绝不让一名未经培训或者未经全面培训的人到销售第一线去。销售人员说些什么、做些什么以及怎样说和怎样做，都对公司的形象和信用影响极大。如果准备不足就仓促上阵，会使一名很有潜力的销售人员夭折。因此，该公司用于培训的资金充足，计划严密，结构合理。一旦培训结束，学员就有足够的技能，满怀信心地同用户打交道。该公司认为不合格的培训几乎总是导致频繁地更换销售人员，其费用远远超过了高质量培训过程所需要的费用。并且，这种人员的频繁更换将会使公司的信誉受损，同

时，也会使依靠这些销售人员提供咨询和服务的用户受到损害。近年来，该公司更换的第一线销售人员低于3%，可以看出，IBM公司对员工的培训工作是非常卓有成效的。

从上述成功企业的经验可以看出，培训和开发已经成为现代企业的一项不可或缺的战略需求，而且它正在受到越来越多的关注。具体说来，培训和开发对于企业的意义体现在以下四方面。

(一) 提高员工能力

对员工进行的培训和开发是一个学习训练的过程，在这一过程中，员工获得有助于促进实现企业各种目标的技术和知识。所以，培训和开发对于一家企业而言，首要的意义就是可以提高员工的能力。企业的培训和开发工作主要针对两种人：一种是企业新录用的员工；另一种是企业现有员工。对于企业新招募的员工来说，通过企业提供的各种引导培训，可以使他们迅速了解工作环境、组织文化以及新岗位所需的知识和技能。对于企业的现有员工，培训和开发能使他们跟上企业的发展变化。企业随时都在发生变化，特别是在一些高技术产业，客户在变化，需要在变化，环境在变化，企业永远不会保持静止。但是企业的现有员工并不欢迎变化，他们已经习惯于既定的工作方法和组织环境，变化常常会使他们无所适从。培训和开发能提高他们的技能、帮助他们适应变化。对于一家现代企业来说，拥有一支具有不可模仿性技能的员工队伍常常是制胜的法宝，而这种技能的获取无疑是通过企业对员工技能的不断培训和开发实现的。新加坡航空公司的成功在很大程度上源于该企业的优秀的空中服务人员队伍，通过培训带来的空中服务人员的优质服务态度已经成为一种不可模仿的技能，从而为新航带来了持久的竞争力。

(二) 增强企业对优秀人才的吸引力

市场竞争，说到底就是人才的竞争，没有优秀的人才，企业就难以在市场竞争中取胜。在我国的劳动力市场上，各企业之间为了网罗最优秀、最合适的人才展开了激烈的竞争，人才的流动也越来越频繁。随着我国对劳动力流动障碍的进一步清除，这种竞争将会越来越激烈。那么，企业怎样才能吸引优秀员工就成为管理者面临的一大难题。随着知识型员工比例的增大，企业仅仅依靠加薪似乎已不能成功地留住人才。知识型员工更关注自身的发展，有时，他们对自身发展机会和能力提高的关注甚至超过了对薪酬的关注，所以，能够为员工提供良好发展机会和学习机会的企业在人才竞争中更具有优势。实践证明，良好的培训和开发计划会增强企业对优秀人才的吸引力。通过培训还可以改变企业内部的不良管理方法，改善管理者的管理行为。一些员工，特别是那些掌握着最特殊技能的优秀员工，常常会因为对企业管理方式的不满而离开企业。企业可以通过培训和开发实践来缓解这个问题，引进优秀的管理方法，改善管理者的管理水平，减少优秀人才流动的可能性,增强企业的吸引力。

(三) 加强企业内部交流,培养学习型的企业组织

企业对人力资源的培训和开发还可以为企业带来一项经常为人们所忽略的益处,那就是加强了员工在企业内部的交流,营造了一种鼓励持续学习的工作环境。企业内部信息和观点的交流有助于员工之间产生彼此的认同感,有利于企业内部信息的分享,从而提高工作效率,产生创造性的思想。更为重要的是,培训和开发有利于形成学习型的企业组织。在这种组织氛围中,员工总是在不断努力地学习新东西,并将他们所学到的东西直接运用到产品或者服务质量的改善上来,而且,改善的过程并不会在正规培训结束的时候停止[1]。通过以目标为导向的人力资源培训和开发,也就是说,培训和开发的每一个过程都是与组织的目标紧密联系的,企业可以培养出一个共同参与、积极认同的学习型企业组织。无疑,这种学习型的企业组织能够导致成功。

(四) 营造优秀的企业文化

优秀的企业文化是现代企业追求的一个目标,可以增强员工对企业的认同感,有助于使员工和组织的目标趋向一致,从而实现员工和企业的共同发展。一方面,通过对员工进行企业文化培训,可以营造这种优秀的企业文化;另一方面,通过培训和开发活动的进行,就会营造一种学习的、积极的组织氛围,这些正是优秀企业文化不可缺少的因素。所以,培训和开发有利于营造优秀的企业文化,是企业成功制胜的法宝。

第二节 培训与开发的内容、技术

在对培训与开发有了一个概括的了解之后,下面介绍培训与开发的内容和技术。培训与开发的内容和技术涉及的范围很广,具体的应用需要企业根据自身的实际情况加以选择。

一、培训与开发的内容

培训与开发的目的是要确保员工具有能够胜任他们工作的能力,提高工作效率,改善工作绩效,所以,培训与开发的内容是很广泛的,可以是提高专业技能的培训,也可以是对员工进行企业文化的培训,等等。但培训与开发内容的选择还必须要考虑两方面的因素:

---

[1] D. Senge, "The Learning Organization Made Plain And Simple," Training And Development Journal (October 1991), pp. 37–44.

（1）培训内容的选择必须和企业的发展需要相一致。从花费的组织资源和员工的时间、精力角度来看，培训和开发是一项价格昂贵的活动，只有有针对性和高效率的培训和开发活动才能够为企业带来效益，因此，选择最合适的培训和开发的内容就显得格外重要了。培训内容必须和企业的发展相一致，企业在选择培训内容时，应不断地提出这样的问题："这些培训内容能够为组织的发展服务吗？"只有能够为企业发展带来效益的培训内容才是可取的。

（2）培训的内容必须具有由学到用的可转化性。企业对员工的培训开发与一般的学校常规教育有所区别。人力资源的培训与开发是以提高工作岗位的工作效率和水平、改进工作绩效为核心和直接目的，因此，内容的选择应该侧重于那些能够指导工作实践或是具有可操作性的培训内容，关注培训与实践的结合。

另外，由于培训对象不同，具体培训内容的选择也有所不同。对刚进企业的新员工来说，培训主要是以帮助新员工了解企业、帮助他们学会适应企业的要求为目标和宗旨的。所以，培训的内容主要侧重于对企业的基本情况、企业文化、企业的工作环境和生活设施、企业的发展前景等的介绍。对新员工的培训内容还应该包括向他们传授岗位操作的基本知识和技能，帮助他们尽快适应新的岗位。

对于企业的现有员工来说，培训的主要目的是使他们能够不断适应企业的发展变化，以及知识与技术的更新，所以，培训内容以传授本领域的新知识与新技术为主，以提高他们的能力，使他们能够适应更高层次的要求。培训的内容还应包括改善他们的管理能力、人际沟通能力、心理素质、洞察力等。对专业技术人员的培训，则要更重视培养他们解决实际问题的能力和人际关系的处理能力。

总的来说，培训与开发的内容主要包括四方面，即技术技能、工作程序或过程、专业和人际交往的能力。另外，企业还可能需要对员工进行一些具有特殊目的的培训，比如价值观的培训。现在，越来越多的企业将价值观的培训也列入到对员工的培训和开发的内容中。这些企业相信让员工认同企业提倡的价值观，会使他们更能认同组织文化，更具有主人翁意识，更愿意为组织服务，从而带来更高的工作绩效。近年来，通过协作和授权来提高企业的工作效率已经成为共识，团队建设是企业更好地完成工作的一条重要途径。然而，这种团队协作的精神不会自己产生，必须对员工进行培训，使他们成为合格的团队成员。这种类似指向特殊目的的培训还有很多，如客户观念培训，等等。

二、培训与开发的技术

对员工进行培训和开发有很多种方法和技术，而且随着科技的发展，培训和开发的新技术也会越来越多，新技术的采用给培训和开发带来了新的活力，并对培训效果和方式产生了巨大的影响。然而，每一种技术都有其优点和缺点，在实际的操作中，应根据不同的需要和情况加以选择。在此介绍一些目前比较流行的培训和开发技术。

(一) 在职培训

在职培训（On the Job Training，OJT）是指一名员工从实际工作操作中学习和掌握工作技巧的一种培训方式。它是在工作时间内，通过工作现场的实地演练来指导、规范日常工作的教学方法。几乎所有的新员工都接受过某种形式的在职培训，在有些企业，这也是员工能够得到的唯一的一种培训。在职培训的基本原理就是由员工首先观察同事或上级管理者是如何工作的，然后再来模仿他们的行为。在职培训比较适用的对象包括新员工、尚未掌握正确技术的员工以及进行工作轮换的管理人员。

在职培训最常用的方式有两种：教练法和工作指导培训。教练法是指由一位有经验的人员或直接主管人员在工作岗位上对员工进行培训的方法。工作指导培训是指通过工作分解，分步骤地列出应如何进行工作，并对每一步骤的要点进行描述的指导技术。使用工作指导培训这种方法时，培训者应首先讲解并演示任务，然后让受训者一步步地执行任务，必要时给予纠正。当受训者能够连续两次正确执行任务时，培训结束。这种培训技术对于那些相对简单并由一系列有逻辑顺序步骤组成的工作非常有效。

在职培训有很多优点：它便于实际操作且成本较低；受训者可以直接在生产、工作中接受培训而不需停工，也不需要专门的教室或其他教学工具；可以根据个别情况灵活调整培训计划；培训效果反馈及时，各种纠正活动可以及时进行，等等。

但是，在职培训也存在着一些不尽如人意的地方，如新员工可能损坏机器设备、生产出不合格产品、浪费原材料。另外，如果管理者对在职培训不够重视，没有很好地设计在职培训，不明确在职培训的目标，在实施过程中也不指派训练有素的教员，那么在职培训也会收效甚微。

因此，一项完整有效的在职培训计划要遵循一定的原则和步骤：

（1）应当对实施培训的人员进行严格的训练，使他们掌握必要充分的培训资料并对他们进行指导技能的训练。

（2）应该让受训者作好准备，为他们创造一个轻松的环境，向他们说明接受培训的原因，让他们熟悉工作设备、环境等。

（3）检查并反馈。在教授过程中，在适当的时候让受训者亲自操作，以便及时纠正他们的工作。在受训者可以正式工作后，还要对他们的工作进行定期检查，提供及时的反馈。

(二) 课堂讲授法

课堂讲授法一般是指培训者向一群受训者利用课堂的形式进行知识传授的方

法。这是人们最熟悉而且使用频率最高的一种培训方式。它能够以最低的成本、最少的时间向众多的受训者提供大量信息。传统的课堂讲授法由于其被动的学习方式和缺少反馈受到了很多批评。事实上，在课堂讲授过程中往往还辅之以众多的其他培训技术的应用，如讨论、多媒体技术、视听技术、角色扮演、案例研讨等，这些先进技术的加入，使得课堂讲授法突破了传统模式的束缚，得到了广大培训者的认同。在这种培训中，受训者和培训者的互动越多，这种方式的效果越好。课堂讲授特别适合大面积的员工需要进行知识更新的情况。

课堂讲授法的优点很多，例如，有利于系统地讲解和接受知识，而且容易掌握和控制学习进度；在相对较短的时间内能向一大批人提供大量的信息，且培训费用相对较低。这种方法也有一定的缺点，例如比较单调，受训者处于被动地位，不能自主选择学习内容，参与程度低；另外它与实际工作结合得并不密切，缺乏实际操作的机会，因而也就缺乏针对性。

为了获得最好的课堂讲授法的效果，在具体的实践中应掌握以下要点：

（1）在讲授之前，应该尽可能充分地了解受训者的情况，确保整个教学过程有的放矢。

（2）讲授过程中随时注意受训者的反应，保持积极活跃的课堂气氛，尽量使用录像片、活动挂图、幻灯片、投影等媒体进行讲解，并尽量辅助以讨论和案例研究等形式，以丰富课堂内容。

（3）在讲授之后，要及时地获取反馈信息，通过测试或讨论等形式了解受训者掌握的情况并对自己的讲授情况进行评估，以便及时地对讲授方法、内容等作出相应的调整。

（三）视听技术

视听技术是指通过电影、闭路电视、录音磁带和录像带等方法进行培训的一种技术。视听技术的应用可以向受训者展示更生动真实的内容，从而产生更好的效果。视听技术被广泛应用在提高员工的沟通技能、面谈技能以及客户服务技能等方面，在以下情况下应用也会收到良好效果：当某事件或某一程序需反复呈现时，例如焊接、电话维修等，视听技术特有的任意停止、即时反复、快放或慢放等特性就非常有效；当需要向受训者讲解某些事实或说明某种操作，而又很难通过授课、讲座等方式做到时，比如对企业的参观、讲解心脏外科手术等；当授课方式培训成本太高时，比如需要接受培训的人员不在同一个地方，培训者要从一个地方到另一个地方奔波。

在培训中使用视听技术有以下三方面的优点：

（1）培训者可以根据受训者的经验水平，通过重放、慢放等方式灵活地调整课程进度。

(2) 视听技术可以多次拷贝，以便受训者可以利用这些现成的资源在需要的时候随时自行学习。

(3) 通过录像等方式，可以让受训者真切地感受到具体的情况，比如设备故障、客户的不满等很难用语言表达清楚的情形。

然而，由于视听技术的及时反馈性较差，在实际应用中，它常常与课堂讲授法结合在一起使用。关于视听技术的素材，可以根据本企业的经验等自己制作，也可以购买现成的录像带或影片，目前市场上有很多培训视听教程，主题应有尽有。另外，企业还可以为专门的用途向生产厂家定做。

（四）远程培训

远程培训是指通过一些电子通讯手段来提供跨地区、跨国家的培训课程的一种培训技术。随着跨地区、跨国公司的增多，远程培训被越来越多的企业所接受。那些在地域上较分散的企业经常通过远程培训来向其员工提供关于企业政策、技能培训或者专家讲座等方面的信息。远程培训通常包括电话会议、电视会议以及电子文件会议等形式。在这种培训中，培训者和受训者以及所有的参加培训人员之间可以通过电子邮件等网络沟通方式进行双向交流。另外，有的公司还通过网络提供培训课程，对相应的员工进行网上培训。

远程培训的优点首先在于可以为企业节省一大笔差旅费用。其次，远程培训还使得跨地区以及跨国公司在各地的分公司之间保持了密切的联系和一致性，这有利于地域分散的企业在各地保持均衡的发展势头，并有利于统一的组织文化的形成。但是，这种培训很容易忽视双向的沟通，这就很可能会造成培训者和受训者之间缺乏互动，从而影响培训的效果。

（五）程序化教学

程序化教学（programmed learning）是指传授工作技能的系统方法，包括提出疑问或事实，让受训者回答并对其回答及时给予反馈。这是一种在没有教师介入的情况下提供教学指导的方法。

程序化教学包括以下两个操作步骤：

(1) 编制程序教材。教材应依据内容的内在逻辑将其细分成单独的小单元，按照由简到繁的顺序排列，并在每个单元后附上问题提示和操作说明。程序化教学既可以用教科书作为教学手段，也可以利用计算机技术。

(2) 由受训者自己选择最适合自身目前能力水平的单元开始学习，受训者每学完一个单元，都要接受该单元的测评，如果合格就依次向下进行，如果不合格，就要重新学习这一部分。

程序化教学的优点之一在于它可以大大节省培训时间。另外，它在提供及时反馈、提高受训者的积极主动性以及满足不同程度的受训者需要等方面都有着不可忽视的优点。但是，通过这种方式学到的内容的质量受到质疑，有时，它并不比从教科书上学到的多。而且，该培训方法比较适合于传授知识性的内容，特别是需要进行死记硬背的资料，而不适合教授复杂的工作技能和管理决策技能及人际关系技能。所以，在企业培训实践中，通常在需要对大量的员工进行基础知识的培训时才采用程序化教学法。

（六）情景模拟

情景模拟是指以脱产的方式将受训者置于一个模仿现实工作情形的场景中来进行培训的一种方法。在这个场景中，受训者作出的决定所产生的结果就是受训者如果在现实工作中作出同类决策所可能产生的后果。情景模拟培训可以使受训者在没有风险的情况下，真切地看到他们行为决策的后果，从而掌握工作所需的技能。这种培训方式比较适合于新员工或一些具有高危险性的岗位，比如飞行员培训。让飞行员新手到实际的情境中去学习飞行驾驶技术危险性太大并且会带来较高的成本，而情景模拟培训则成为最佳的选择。另外，情景模拟培训在开发管理人员技能方面也很有效。通过对现实管理情景的模拟，让受训者在模拟情景中扮演不同的角色进行活动，并记录下受训者在模拟情景中解决问题的行为和人际互动，然后对受训者的这些表现进行评价。在情景模拟的总结阶段，受训者会得到他们业绩表现的反馈。

情景模拟法的优点在于可以通过受训者在模拟情景中的角色扮演，强化受训者对培训内容的理解和体会，更切实地提高他们实际的工作能力。但是，在设计模拟情景时要达到逼真的效果是非常困难的，要考虑到实际工作中的一切基本行为过程及可能遇到的突发事件，这些突发事件又往往是影响这些高难度、高危险性工作的不可忽略的重要因素。因此，情景模拟法的采用需要进行仔细的分析和研究。

（七）案例研究

案例研究是指向受训者提供一些实际案例，要求每名受训者对案例提供的信息进行分析，并根据具体情况作出决策的培训方法。在这种培训方法中，受训者通常被分为几个不同的小组共同讨论。这种方法能够激发受训者的学习积极性，并通过受训者之间的交流扩大视野，启发思维，有利于思维的创新和问题的解决及决策能力的培养。

案例研究适用于两类对象。一类是企业内部的操作性员工，通过向他们提供与他们工作直接相关的案例来培养他们处理实际状况的能力。另一类是企业内从事管理、营销、高级技术等工作的员工。案例研究对于开发这类人员的智力技能，比如综合能力、分析能力和决策能力等方面具有不可替代的优势。

在案例研究中，必须为受训者提供充分表达论证自己观点的机会，并保证受训者之间的沟通和讨论，这样才能最大限度地发挥每个人的想象力和积极性，体现案例研究的优势。还需注意的一点是，案例的选择一定要有针对性。培训者首先应该对案例进行审查，以确定它对培训的意义。

案例研究法的优点是生动具体，直观易学，参与度高，变单项的信息传递为双向的交流，变被动为主动，它使培训关注的重点由知识的获得转移到能力的训练。但这种方法的运用较为费时费力，对教师和受训者的要求都较高。

（八）计算机辅助培训

计算机辅助培训是一种应用计算机来辅助培训的技术。受训者通过计算机辅助系统进行人机对话，受训者的反应可以通过计算机的声像录入系统转化为数字信号储存在计算机中，计算机的程序系统则可通过记忆存储，随时评价受训者的成绩，并随时根据受训者的特殊需要改变学习的难度，以此提高受训者的知识和技能。它实现了以一对一的方式对受训者进行培训。

计算机辅助培训主要有三项优点：

（1）它使培训个人化。受训者可以自由地选择培训的内容，自己控制培训的进度，比程序教学的内容更能因人而异。

（2）受训者可以立即得到培训效果的反馈。

（3）它使得培训更加灵活和方便。由于这种技术利用了计算机的速度、记忆和数据处理能力，而具有更大的灵活性。它具有更快的速度，对教师和对场地的依赖性都更小。无论员工的时间怎么安排，无论员工身在何处，他们都可以随时随地地接受培训。

然而，计算机辅助培训技术的成本较高，软件的开发、更新以及维护的费用都很高，所以，对于那些更新速度较快的培训内容来说，采用计算机辅助技术的成本会比较大。

以上介绍了培训和开发的内容和常用技术。正如前面所说，培训和开发实际上是一个学习的过程，所以无论采用什么样的培训内容和技术，都应该考虑人们的学习习惯，这样，具体的培训内容和技术才能更好地发挥其作用。

下面简要介绍在应用培训技术和方法的过程中应注意的三点：

（1）整体性学习方法。在培训开始时，要使受训者对他们所要接受的培训内容有总体的了解，这通常比让他们立即进入第一阶段的培训的效果要好一些。这种学习方法被称做整体性学习方法。这就要求在具体的培训技术应用中，首先要使员工对所要进行的培训的大体内容和步骤有初步的了解。

（2）及时反馈的原则。在培训过程中要及时地对受训者的行为进行反馈，它的理论依据是人们倾向于重复那些他们受到某种正面鼓励的举止和行动，同时避免那些可能导致负面后果的举止和行动。

（3）提供实习的机会。学习新的技能需要进行实习，让受训者进行实习比之单纯地阅读或被动地听讲要有效得多。一旦基本的讲授结束后，实习就应该被应用到每一种培训场合。

第三节 培训的实施

在讨论了培训的概念、内容以及常用的技术方法之后，就要进入培训的实施了。具体的培训和开发过程包括四个阶段，即培训需求的评估、培训计划的制订、培训实施和培训结果的评价。下面分别来讨论这四个步骤。

一、培训需求的评估

为了保持竞争力，企业必须使员工不断接受良好的培训。但在具体的培训过程中，首先遇到的问题就是为什么要培训和培训内容与目标是什么等问题。没有针对性的培训不能为企业带来任何收益。所以，培训实施过程的第一步就是要确定企业对培训的具体需要，也就是要进行培训需求评估。这种评估可以分为三个层次进行：一是组织分析，着重于确定培训在整个组织范围内的需求；二是人员分析，就是确定哪些人需要进行培训；三是任务分析，就是试图确定培训的内容，即员工完成任务，达到令人满意的工作绩效所必须掌握的知识和技能。

（一）组织分析

组织分析就是从整个组织的角度出发，关键是要把对培训需求的估计与组织将要达到的目标联系起来。首先确定组织的发展目标和人力资源状况，找到培训的需求所在。然后还要考虑培训发生的环境，也就是对企业内可用于培训的资源以及员工的上司和同事对培训活动的态度等情况进行分析，以明确培训是否符合需要以及培训的可行性。具体地说，组织分析需要关注以下两方面。

1. 明确组织的发展目标和人力资源状况

组织分析的目的就是要确定组织中的哪些部门、哪些群体需要培训。所以，组织分析的第一步就是要明确组织的发展目标和人力资源状况。不同的发展目标需要不同的培训种类和数量，培训的主题也会由于企业不同阶段的战略目标而有很大差异。使员工的培训和组织的目标相契合是组织分析阶段的一项重要任务。另外，还要对企业现有人力资源状况进行分析，找出现有人力资源状况与组织的发展要求之间的差异。在这个阶段，企业的人力资源信息系统以及其他的一些相关的工作描述等，对于信息的收集非常有帮助。

2. 分析培训发生的环境

培训的开展需要组织的投入和员工的执行，所以，在制定培训方案之前，弄清组织内可用于培训的资源以及员工对培训的态度是非常重要的。否则，很可能会出现培训方案由于缺少资源或者遭到反对而半途而废的情况。避免徒劳无益的培训方案需要对培训发生的背景环境进行分析，主要包括对企业内可用培训资源以及受训者的上司和同事对待其参与培训的态度的分析。对于一项培训需求，企业可以通过多种培训方法和技术来满足，由上一节的介绍可以看出，各种不同的培训方法和技术在满足企业各种培训需求上有着各自的优势和劣势，企业可以此来选择最合适的培训方法。例如，如果一家公司要对它的商务部进行电子化改造，那么它可以采取三种方法来解决对懂计算机员工的需求问题：

（1）公司可以在现有人员的技术水平以及可使用资源的基础上，利用内部的培训师来对员工进行培训。

（2）如果企业认为对员工进行培训成本过高的话，也可以通过对现有员工进行技能测试，让那些测试合格的员工来从事相应的工作，而将那些低于标准要求的员工重新配置到其他工作岗位上。

（3）企业还可以利用外部的培训资源，比如从咨询公司那里购买培训服务等，这样可以提高该企业技术改造的效率，并且可以弥补企业技术能力的缺乏。另外，实践证明，参加培训的员工的上司和同事对其参与培训所持的态度会对培训效果产生影响。这是因为，如果受训者参与培训得不到上司和同事的支持，他就不太可能将培训内容应用于工作中。因此，在培训方案执行前分析员工对待培训的态度，也是保证培训效果的一个重要方面。

（二）人员分析

人员分析可以帮助管理者确定谁需要接受培训以及培训是否合适的问题，通常是通过对员工的绩效进行评价找出存在的问题。然而在找出了不良绩效之后，还要考虑通过培训能否解决这些不良绩效的问题。有时候，绩效不良的问题不一定都能通过培训解决。例如某企业管理者发现，有一支专业的员工队伍整体工作绩效不达标，通过分析发现，这是由于最近的薪资政策调整影响了这些员工的积极性。在这种情况下，培训似乎不是解决问题的途径，除非培训的内容是向他们解释为什么采取这项新的政策。一般来说，人员分析分为两个部分，一是对新员工的培训需求分析，二是对现有员工的需求分析。

1. 对新员工的培训需求分析

对新员工的培训主要是帮助他们尽快适应组织、适应工作。新员工的培训需求主要存在于两方面，一是技能方面的，二是对新环境的适应。首先，要对新员工的背景进行分析，即对他已经拥有的技能、知识进行分析，发现其与新岗位要求的差距，进行有针对性的培训。其次，由于新员工对企业环境还比较陌生，可能会产生一些顾虑和不确定感，企业需要对他们这方面的需求进行分析，提供切实有效的培训项目，使他们尽快融入企业，认同企业文化，适应企业的工作和生活方式。

2. 对现有员工需求分析

对现有员工的分析主要是通过绩效评估的方式，找出那些与组织期望绩效有差距的员工，分析他们的差距，从而为提供有针对性的培训作好准备。但在某些特别的情况下，比如企业发生较大变革或引入新技术、新服务时，可能所有的员工都需要接受培训。在对企业现有员工进行培训需求分析时，一是要重视员工本人的参与，在实践应用中，比较有效的一种方法是把以行为为基础的绩效评估同员工的自我分析结合起来。另外，还要考虑员工的发展目标。绩效目标和发展目标并重的做法已经被很多企业所认同。朗讯公司在绩效评估过程中，会让员工自己列出期望的目标，这项目标不仅包括绩效目标，即可以用来衡量工作结果和行为的目标，还包括发展目标，即那些以开发员工技能和知识为导向的目标。根据这两项目标，企业来确定员工的培训需求。

（三）任务分析

任务分析是以具体工作为分析单位，分析员工所要完成的工作任务以及成功地完成这些任务所需的技能和知识，也就是确定培训的内容。任务分析的第一步是对工作进行描述，找出对工作有重要意义的具体任务，然后分析成功地完成每项任务所需的技能和知识。

1. 对需要分析的工作进行描述

通过与有经验的员工、其直接上司以及衔接部门的同事进行访谈，或利用组织中现有的工作描述、任务特点、绩效标准等文字资料，来对该工作进行描述，找出它需要的任务，列出一份初步的任务清单。

2. 分析任务

对列出的任务清单进行分析，判断出这些任务的重要性、被执行的频率以及完成该项任务的难度，并根据这些资料，找出那些重要的、经常被执行的并且具有中等难度以上的任务进行下一步的分析。

3. 确定任务所需技能

对确定下来的任务，通过访谈、问卷调查或组织内现有的工作信息等资料，确定完成每项任务所需要的知识、技能和能力。

（四）培训需求分析的技术

收集培训信息可应用不同的方法来进行评估，包括观察法、访问法和问卷调查法等。各种方法的优缺点比较可参见表 6-1。

表 6-1　　　　培训需求信息收集方法优缺点比较[1]

收集方法	优　　点	缺　　点
员工行为观察法	● 基本上不妨碍考察对象的正常工作和集体活动 ● 所得资料与实际培训需求之间的相关性较高	● 必须十分熟悉被观察对象所从事的工作程序及工作内容 ● 在进行观察时，被观察对象可能故意做出假象

---

[1] 郑晓明. 人力资源管理导论 [M]. 北京：机械工业出版社，2006：212.

续表

收集方法	优　点	缺　点
问卷调查法	• 可以在短时间内收集大量的反馈信息，但无法获得问卷之外的内容 • 花费较低 • 问卷对象可以畅所欲言 • 易于总结汇报	• 需要大量的时间和较强的问卷设计能力和分析能力
管理层调查法	• 管理层对自己下属员工的培训需求比较清楚 • 省时省力	• 管理层个人的主观好恶会影响调查的结果 • 出于未来职位竞争的考虑，可能会选错培训对象
关键事件法	• 易于分析和总结 • 可以分清楚是培训需求还是管理需求	• 事件的发生具有偶然性 • 容易以偏盖全
资料档案收集法	• 便于收集 • 可以了解员工现有的技术职称资格 • 可以了解员工已经受过哪些培训	• 不一定能反映员工现在的真实技术水平
态度调查法	• 易于区分工作上表现欠佳是否是由于技术不足所造成 • 易于发现工作中的其他问题	• 态度调查的对象可能会故意掩饰自己的想法
面谈法	• 可充分了解相关信息 • 有利于培训双方建立信任关系，易于得到员工对培训工作的支持 • 有利于激发员工参加培训的热情	• 培训双方的面谈可能占用很长时间 • 员工不一定将其个人发展计划告之培训者

二、培训计划的制订

通过上面介绍的三个层次的分析，企业就确定了培训的需求，那么下一步的工作就是要制订培训计划了。这时候就会遇到一个问题，即是自己设计并开展培训计划还是请外部的专门机构来帮助企业进行。要回答这个问题，企业首先要明确自己可以用于开展培训的内部资源和外部资源。

对于一家企业来说，具有特殊技能、知识和经验的员工以及直接管理者是可以利用的两种关键内部资源。不要忽视他们的作用，利用他们进行培训可以使受训者和培训者双方都得到提高。让企业内具备培训者所需技能的员工参与培训，可以在员工中培养团队精神，正如前面谈到的那样，这种团队协作精神是目前大多数企业所追求的。而对于直接管理者来说，他们具有宝贵的工作经验，而且他们愿意协助自己的员工进行培训，因为这样可以提高他们部门的绩效。

另一方面，现在也有很多专门的机构从事提供培训计划并帮助企业实施培训，他们是企业可以用于培训的外部资源。这些专门机构包括一些本地的大学、公共培训机构以及一些咨询公司等，关注并和这些外部培训机构保持联系，可以对企业的培训工作有所帮助。利用外部资源进行培训的好处在于他们可以带来更开阔的视野、更新的观点。

总的来说，内部和外部的资源都是企业在制订培训计划时应该考虑的因素，而且将内部资源和外部资源综合起来开展培训计划，有可能是最好的选择。关键是要有效地满足组织培训的需求。

表 6-2　　　　　　　选择培训者两种渠道的利弊比较[1]

渠　道	优　点	缺　点
外部渠道	● 培训者比较专业，具有丰富的培训经验 ● 没有什么束缚，可以带来新的观点和理念 ● 与企业没有直接关系，员工比较容易接受	● 费用比较高 ● 对企业不了解，培训的内容可能不实用，针对性不强 ● 责任心可能不强
内部渠道	● 对企业情况比较了解，培训更有针对性 ● 责任心比较强 ● 费用比较低 ● 可以和受训人员进行更好的交流	● 可能缺乏培训经验 ● 受企业现有状况的影响比较大，思路可能没有创新 ● 员工对培训者的接受程度可能比较低

无论企业是利用内部资源还是聘请外部机构抑或是二者结合进行培训，都要首先明确培训的目的。培训目标的设立可以对员工起到有效的激励作用，因为企业和员工都需要目标的指引。对于组织和培训员来说，目标是工作指南；对受训者来说，目标既是他们学习的方向，也是取得期望的培训成绩的指南。而且培训目标也为后期培训结果的评价提供了重要的参考，目标的实现也就意味着培训的成功。好的培训目标应是具体的、可测量的、可操作的，一般来说，目标越具体，就越有可能制订出正确的培训计划，也就越有可能取得圆满的培训成效。

培训目标可划分为若干层次，主要包括以下几大类：

（1）技能培养。基层员工主要是具体的操作训练；高级管理者主要是思维性活动和技巧训练，如分析与决策能力、沟通能力、人际关系处理技巧等。

（2）传授知识。这包括对概念和理论的理解和纠正、知识的灌输与接受、认识的建立与改变等。

（3）转变态度。态度的确立或转变属于情感因素，所以在性质和方法上不同于单独的知识传授。

（4）工作表现。这是指受训者经过培训后，在一定的工作环境下达到特定的

---

[1] 董克用，叶向峰. 人力资源管理概论 [M]. 北京：中国人民大学出版社，2004：217.

工作绩效和行为表现。

（5）企业目标。培训的结果应有助于实现部门或企业的绩效目标。培训目标是进行培训效果评估的依据，所以必须保证每项目标都是可测量的。

在明确了培训的目的之后，下一步就是制订具体的培训计划了。培训计划的制订主要是对培训对象、培训内容和培训方法的选择。一项好的培训计划应该同企业的发展目标相一致，应该能够反映员工的发展需求等，它主要包括五项基本内容，即培训目的、期望结果、培训活动、培训材料以及对每次培训活动时间和地点的设定等。

寓言故事

鸡窝里的鹰

从前有个猎人，在上山打猎的途中捡到了一只没有妈妈照顾的小鹰。猎人把小鹰带回了家。猎人家里有只母鸡刚刚生了一窝小鸡，于是猎人就把这只小鹰和小鸡们一起养在了院子里。

小鹰和小鸡在一起一天天长大了，他以为自己是只鸡，就整天在院子里捉虫吃菜叶子！猎人想让长大的鹰和他一起打猎，想让他高高地飞翔，做真正的猎鹰，但无论怎么尝试，小鹰就是不会飞！

无奈之下，猎人把小鹰带上了高高的山顶，把小鹰向山下抛了下去。惊慌的小鹰开始拼命地扇动翅膀。一下、两下……终于小鹰找到了平衡、找到了飞翔的感觉，小鹰终于在天空中展翅高飞了。

解析："小鸡"如何变"雄鹰"

如何从小鸡中发现一只鹰？如何让这只鹰学会飞翔？如果这只鹰并不相信自己可以飞，怎么办？你要如何帮助它？如果猎人不把小鹰带到山顶，不把小鹰抛下去，整天和小鸡待在一起的小鹰能展翅高飞吗？

企业不仅要善于挖掘、发现人才，更重要的是应该积极为员工提供培训和学习的机会，要鼓励他们敢于搏击长空，这是人力资源工作的重要方面。另一方面，如果员工培训的方法和途径不正确，"小鸡"是无论如何也变不成雄鹰的。

三、培训实施

按照培训对象的不同，可分为新员工的上岗前培训、在职员工的培训、管理人员开发三种。由于管理人员开发内容较多，将在第四节中专题讨论。

（一）新员工的上岗前培训

新员工的上岗前培训也被称为员工上岗引导，是指给新员工提供有关企业的基本背景情况，这些信息对于他们做好本职工作是必需的。现实冲击（reality shock）可能是每位新员工都会遇到的事情，它是指新员工对新工作所怀有的期望与工作现实之间的差异。这种现实冲击如果没有得到应有的重视，可能会造成新员工的紧张不安甚至引发抵触情绪，给工作带来不利。对新员工的上岗前引导就是为了解决这一问题，使他们能够更快地融入组织，适应工作。

上岗引导培训计划有很多种形式，既包括正式的计划，也包括直接管理者或其他在职员工对新员工作的简短介绍。就正式的计划而言，大多数企业会将企业的基本情况制成一本手册，发给新员工进行学习；同时，还会请一些企业内或者企业外的专家对新员工进行课堂式的培训，在课堂上回答新员工的疑问。对于非正式的介绍，可能会由新员工的直接领导或其他有经验的员工来进行，将新员工介绍给他的新同事，向新员工介绍工作的性质，让他熟悉工作环境等。另外，企业还可以采取其他方式，比如新员工见面会、新老员工经验交流会等，凡是可以帮助新员工尽快适应工作、能够减轻他们不适应感的方法在适当的时候都可以被采取。

上岗引导计划的内容包括两大部分，一是对企业和岗位基本情况的介绍，另一项也是越来越受到重视的一项，就是对员工进行价值观和企业文化的培训。人们发现，这种价值观和企业文化的培训可以培养新员工对企业的信任感和归属感，以及他们对企业的热爱心理和对企业文化的认同，从而更有效地提高他们的工作绩效。

（二）在职员工的培训

对在职员工的培训是企业培训工作中最主要的组成部分。对在职员工的培训一般是基于对他们进行的绩效评价，通过绩效评价，找出需要改进的地方，进行有针对性的培训。企业对在职员工的培训应该是一项经常性的工作，在科技发展日益加快的今天，及时地更新员工的知识技能，拥有一支具有最先进知识技术的员工队伍，是企业赢得竞争力的关键因素。

然而，由于在职员工与新员工不同，他们已经在企业工作了一段时间，企业和员工双方都有了一定程度的了解。一方面，在职员工对企业和工作都有了自己的认识和想法；另一方面，企业对在职员工的能力、技术和工作风格等也有了较多的了解。这就要求企业对在职员工的培训应该遵循两方面的原则：

（1）重视员工的参与。对于在职员工来说，他们自己往往更能发现工作中的不足，更能了解自己需要哪方面的培训。同时，让员工参与他们自己的培训设计与开展，可以使他们在参加培训时更积极、更有主动性，从而取得更好的培训效果。

（2）重视对在职员工的培训和开发。完善自我是每个人的追求目标，特别是知识型的员工，他们更重视自我能力的提高和个人的发展，往往都有自己的发展目标和学习计划。给员工提供发展的机会就是增强企业的竞争力，这一点已经被越来越多的企业所认识。另外，有针对性地培养有潜力的员工，使他们为承担更重要的职责作好准备，也是培训实施者应该考虑的一项重要因素。

四、培训结果的评价

培训对于企业和员工都是一件费时费力的事情，有的培训项目还需要大量的资金支持，因此，企业就应该对培训结果进行评价，因为盲目的培训只能给企业带来无谓的浪费。事实上，对培训结果的评估不只是为了对培训的效果进行总结，更重要的是它可以对已经结束或正在实施的培训计划作出合理的评价，通过评估发现问题，丰富经验，对以后培训计划的设计和开展提供指导。下面介绍评价的内容和方法。

（一）评价的内容

评价的内容即在具体的评价中应该衡量的培训结果。培训结果可以被划分为五种类型，即认知结果、技能结果、情感结果、成效和投资净收益。

1. 认知结果

认知结果可被用来判断受训者从培训项目中学到了哪些原理、技术和知识。它是最直接的一种评价结果，可通过书面测验的方式来评价。

2. 技能结果

技能结果是用来评价受训者通过培训获得的技能以及行为改变的指标。技能结果包括两方面的内容，一是获得的技能，二是技能在工作行为中的应用，也就是技能转化。对受训者技能结果的评价往往都是通过对其工作行为的观察得出的，比如观察客户服务部的员工对待来投诉的顾客态度是否更友善了，也可以通过让员工的同事和上司进行评价得出。

3. 情感结果

情感结果是用来评价受训者对待培训的态度以及学习动机的一项指标，也就是评价受训者对培训计划的反应。情感结果的评价可以通过让受训者填写问卷的形式获得答案。

4. 成效

成效是被用来判断培训项目给企业带来的回报，比如客户的投诉是否减少、产品质量是否提高、员工离职率是否降低，等等。对于成效的评估可能是最重要的一点。因为虽然可以根据认知结果、技能结果以及情感结果来判断员工的知识是否增长、工作行为是否改善，但是如果没有取得相应的成效，很难说培训计划真正实现了目标。

5. 投资净收益

投资净收益是指对培训所产生的货币收益与培训的成本进行比较之后，评价企业从培训项目中获得的价值。培训的直接成本包括参加培训的所有内部员工薪资和福利以及向外部机构支付的费用，还有培训项目中的原材料、培训用品、培训设施，等等。间接成本是指与培训项目的设计开发不具有直接关系的一些费用，比如支持性管理人员和员工的薪资等。对培训收益的确定比较困难，因为它可能是潜在的，对它的确定可以通过考察培训目的来获得。比如，企业当初进行培训的目的是为了提高产品的质量，那么可以对培训前后的质量进行比较，然后计算出这种差异所代表的货币量。

（二）评价的方法

对培训进行评价的方法有很多，比如观察法、书面测试法、管理人员评价法、问卷调查法以及培训前后对照法，等等。在此介绍两种比较复杂也比较有效的方法。

1. 培训前后对照法

培训前后对照法就是在培训之前对参加培训的员工进行一次测评，在培训结束之后，再进行一次同样内容的测评，测评的内容可以采用前面介绍的几项培训结果的信息，然后对这两组信息进行比较，如果培训后的绩效同培训前相比改进了很多，就说明培训确实使绩效得到改进。

不过这种方法也存在一定的缺陷，即在培训过程中，除了采取的培训措施可能对员工绩效改进有效外，可能还有其他的因素导致员工绩效的改善，而企业往往无法判断哪些绩效改进是经由培训带来的，哪些是由其他因素带来的。

2. 控制实验法

对培训计划进行评价还有一种较常用的方法，那就是控制实验法，它可以避免前后对照法的缺陷。具体的操作如下：

在控制的实验情境中，设置一个实验组（接受培训组）和一个对照组（没有接受培训组），参照培训目标，确定将要收集的数据指标（比如技能方面的变化、认知方面的变化等），然后对实验组和对照组在培训进行前后的相同时间跨度内分别进行同样的测验或问卷调查，收集所需的数据。通过这种方法企业就可以确定员工的绩效改进是培训导致的结果，而不是其他因素的影响（如报酬的提高等），因为企业可以进行严格的实验控制，使薪酬等其他因素对两组产生相同的作用。

第四节　管理人员开发

现代商业环境不确定性的增加对现代管理提出了挑战。对管理人员的领导技能进行开发已经成为企业的一种长期需求。管理人员的开发与前面讨论的员工培训很相似，都是通过对员工提供其完成工作所必需的技能、知识等，来改进他们的工作绩效。然而，管理人员的开发由于其对象的特定性，而具有其他的一些特性。

一、管理人员开发概述

管理人员开发（management development）是指一切通过传授知识、转变观念或提高技能来改善当前或未来管理工作绩效的活动。这种开发活动不仅要满足管理人员目前工作的要求，更重要的一点在于，它是面向未来的，它还要为管理人员承担未来工作作好准备。

管理人员开发的目的有两层含义：

（1）帮助管理者有效地完成本职工作，提高他们的工作绩效。面对一个日新月异的时代，管理人员的技能"不进则退"，不能对管理人员的领导技能、知识水平等进行有效的开发和提高，就意味着企业管理水平的落后，对于一家现代企业来说，这几乎是致命的缺陷。所以，树立一项清晰的、令人鼓舞的目标，制订一套切实可行的管理人员开发计划，是帮助管理人员完成本职工作，提高他们的工作绩效，从而增强企业竞争力的有效途径。

（2）为管理人员晋升职位、承担更多的工作职责作准备。这也是一项不容忽视的目标，因为在管理实践中，内部提升已经成为企业管理层的主要来源。一项对84位雇主的调查显示，约有90%的主管人员、73%的中层管理人员、51%的高层管理人员是从内部提升的[1]。然而现实情况是，管理者经常被提拔到与他们的才能不相称的岗位上去。如果一名管理者在原岗位上取得了一些成就，那么他很有可能获得晋升，可是他又不具备这个更高职位要求的技能和素质。管理人员的开发无疑是应对这种情况的好办法。另外，通过提前对有潜力的员工进行更高职位职能的开发和培养，可以增强组织工作的连续性，减少因工作变动带来的低效率行为。

在管理人员开发的实践中，经常会遇到这种情况：一方面管理开发计划在不断地进行，而另一方面这些计划并没有带来什么令人满意的效果。为避免这种情况的出现，企业的管理人员开发需要注意以下三方面的问题。

（1）管理人员开发计划必须与企业的发展目标相一致，必须基于对企业需求评估的基础上。不同的企业发展目标所侧重的管理人员的能力和素质可能会有很大的不同。比如开拓型的企业发展战略和保守型的企业发展战略对管理人员素质的要求会有很大不同，前者会更需要管理者的独立解决问题、创造性决策的能力，而后者更需要管理者的规范行为和执行决策的能力。另外，满足企业需求也是很重要的一点。总之，只有与企业发展目标一致、能够切实满足企业需求的管

---

[1]〔美〕加里·德斯勒. 人力资源管理 [M]. 6版. 北京：人民大学出版社，1999：264.

理人员开发计划才可能是有效的。

（2）企业有清晰的、便于理解的管理人员开发政策和哲学。企业的整个管理人员的开发应该围绕一项统一的目标，有着一致的价值观的指导。比如，某企业的管理人员开发的哲学是，成功的管理人员开发需要关注人员的新陈代谢，确保当前和未来工作得到合适的管理人才；管理人员开发应更侧重于良好的实践性教育以及在遵循具有潜力和主要职位优先的前提下，每名管理者都应当得到适当的培养和开发，等等。

（3）关注成效。很多企业都为自己大量的管理人员开发计划而自豪，然而其中很多计划给企业带来的效益可能是微不足道的，不对开发的效果进行评估，不关注成效的开发计划，给企业带来的只能是资源的浪费。

二、管理人员开发过程

由于管理人员开发具有两个层面的目标，所以服务于这两个层面的目标的开发计划也有两种，一种为了提高管理人员的知识和技能水平，改善其工作绩效而进行的，二为弥补组织管理职位空缺所进行的。这两种开发计划制订的过程有所区别。

（一）为提高管理人员水平而进行的开发过程

这种管理人员开发的过程大致可以分为三个步骤：

1. 确定管理者的发展需求

这一步是在职位分析和绩效评估的基础上进行的，要找出管理者实际绩效同期望绩效之间的差距，明确该职位所需的技能和素质要求。

2. 制订并实施开发计划

针对各个管理者的不同情况，制订出合适的开发计划并认真落实这些计划。在这个步骤中，要注意对开发方法的选择以及在计划执行过程中各方之间信息的沟通，这些都是保证开发计划成功的关键因素。

3. 对开发计划实施的结果进行评估

评估的目的是指导下一阶段的工作，并为以后开发计划的制订提供经验。

（二）为填补组织职位空缺而进行的开发过程

这类管理人员开发过程主要包括两个步骤：首先，在整个组织范围内进行管理人员的规划和预测，确定组织对管理人员的需求，也就是找出那些需要充实人员的管理岗位，并将预测的这些岗位同组织内可能获得的候选人进行比较；其次，进行管理人员的需求分析和开发。根据每个岗位的不同要求分析管理人员的开发需求，并制订出合适的人员开发计划，确保企业的各个管理岗位都能获得具有适当技能和素质的人员。

具体来说，这种开发计划的制订包括以下三个步骤：

（1）制作组织设计图，根据业务发展情况（比如扩展或缩减等）设计部门的管理人员需求。

（2）查看企业的管理人员信息库，确定当前可能候选人的状况，包括他们的教育背景、工作经历以及工作绩效评价等资料。

（3）画出管理人员安置图。在图上标出每个管理职位可能的候选人，以及每个人的开发需求，比如需要岗位轮换或者客户服务能力开发，等等。

三、管理人员开发的方法和技术

对管理人员进行开发的方法和技术有很多种，主要可以划分为两大类：一是在职培训；二是脱产培训。

（一）在职培训

由于处在管理岗位的人员一般都承担着比较重大的职责，让他们长期离开工作岗位去接受培训和教育有时不大可能。而且，工作岗位上也有很多培训的机会。所以，在职培训在管理人员的开发中是运用得最为普遍的方法之一。在职培训中比较常用的技术有工作轮换、初级董事会、行动学习、辅导等。

1. 工作轮换

工作轮换（job rotation）是指企业为员工在几种不同职能领域中作出一系列的工作任务安排，或者在某个单一的职能领域或部门中为员工提供在各种不同工作岗位之间流动的机会。它的基本目的是扩大管理人员的知识面，丰富他们的管理经验，以使他们适应更高层次的管理工作。

工作轮换有助于受训者熟悉企业各环节的工作，不仅可以丰富他们的经验，还可以使他们找到最适合自己的工作；更重要的是，通过工作轮换，他们会对企业的目标有一个总体性的把握，有利于工作绩效的提高。另外，工作轮换还可以增强他们对于企业中不同职位的理解和认识，加强他们与各部门之间的联系，形成一个企业内部的联系网络，通过这些，可以提高他们解决问题的能力和决策能力。

当然，工作轮换也有不足之处：

（1）在大部分的工作轮换计划中，受训者实际上并没有主管工作的权限，他们只是观察或协助工作，而不真正承担管理的责任。这样，处于轮换过程中的员工容易对各种问题产生短期性的看法，或者采取一些短期目标导向的问题解决方式。

（2）由于受训者在一个岗位上停留的时间很短，他们无法接受到富有挑战性的任务，这可能会影响到他们的满意度和工作积极性。

（3）可能会对那些参与工作轮换的部门带来负面的影响。对于接收轮换员工的部门来说，可能会因为提供培训而导致工作负担的加重；而对于失去轮换员工的部门，又可能会因为人力资源的丧失而导致工作效率降低。

（4）工作轮换提倡的是一种"通才化"的培养方式，并不适合职能专家的培养。

一项有效的工作轮换计划应该做到以下三点：

（1）应当保证受训者理解工作轮换所要开发的技能。

（2）应该根据每名受训者的需求和能力制订有针对性的工作轮换计划，并根据他们的学习速度调整其从事每项工作的时间。

（3）应当保证实施工作轮换的培训者接受过专门的训练，能够有效地控制整个工作轮换过程。

2. 初级董事会

初级董事会（junior boards）是指通过让中级管理者组成一个模拟董事会的方式，让他们对整个企业的高层次管理问题提出建议的一种方法。这种方法的目的是为有潜力的中层以上的管理者提供分析整个企业问题的经验。工作轮换的目的是让受训者熟悉每个部门的问题，而这对于初级董事会来说，只是最基本的要求。所以，初级董事会更适合于那些已经颇有经验的中高层管理者。这种方法的具体做法是让 10~12 名受训者组成一个初级董事会，这些受训者来自于企业的各个部门，然后让他们就企业的一些大政方针问题，比如组织战略、组织结构、薪酬设计以及各部门之间关系等问题提出建议，将这些建议提交给正式的董事会。

初级董事会也可以看做一种模拟的主管机构，通过这种机构，可以给这些有经验的管理人员互相接触的机会，还可以让他们熟悉涉及整个组织的各种事务，了解各部门之间的关系，以及这些部门在互相衔接的过程中可能遇到的问题。这些都有利于他们从更宏观的角度去看待企业问题，对于培养中高层管理人员有着很好的效果。

3. 行动学习

行动学习（action learning）是指让受训者组成团队或工作小组，让他们将全部时间用于分析和解决某一个其本职工作以外的特殊项目的一种培训技术。通过具体的实践来完成这些特殊培训项目，使他们为未来的工作任务作好准备。使用这种培训方法，受训者遇到的是一些管理中发生的实际问题，在受训期间他们要定期开会，每个团队或工作小组在会上要提出他们的研究结果，说明项目的进展程度，并就此展开讨论。另外，受训者可能还会被要求写出一份书面报告，比如，要求受训者研究企业面临的市场状况并制作一份市场开发可行性报告。书面报告有利于上级管理者对他们的培训效果进行反馈。

行动学习法不同于初级董事会，它要求受训者将全部时间用于一项特殊的、非常规的项目而不是组成一个机构来分析企业问题。这种方法有时会由于其培养能力的特殊性而涉及几家企业以及其他机构之间的合作。比如，政府和大企业之间可能会互派人员到对方的机构中做研究项目。另外，如果项目涉及共同的利益，那么团队成员中还可以包括客户或者销售商。

行动学习法对于管理人员的开发是一种具有贡献性和创造性的方法。它能够通过向受训者提供现实面临的问题，将学习和培训的成果最大限度地转化到实际工作中去。然而，这种方法的不足之处在于，放任受训者到其他部门或其他机构从事项目工作，一方面可能会导致部门或企业由于失去了一名优秀管理人员而带来的低效率，另一方面也加大了管理的复杂性，比如有些项目可能会花费很长时间，而受训者就需要长期地脱离其目前的岗位。

4. 辅导

辅导是指让企业中更富有经验的员工负责受训者技能开发的一种方法。它一般通过指定一名导师或教练，让受训者直接与他们一起密切合作，一方面，导师或教练负责激励受训者，帮助他们开发技能，并对他们的行为提供强化和反馈；另一方面，受训者通过模仿这些优秀管理人员的行为也可以达到提高自己的目的。一般来说，使用这种方法，受训者并不承担具体的经营管理责任，以便于他们能够更好地学习。

这种方法可以扩大受训者的眼界，有助于培训者在实际工作中及时发现受训者存在的问题，及时地给予反馈和纠正。另外，这种培养方法还有一个优点，就是不仅能使受训者受益，同时还能为指导者本人提供开发人际交往能力的机会，并从别人对自己的智慧和经验的需求中得到满足。

为了使这种方法更有效，在具体的实施中应该注意以下两方面：

(1) 指导者和被指导者都是自愿参与该计划的。只有双方都有互相交流的愿望，辅导才能够得以进行并获得令人满意的效果。

(2) 必须保证指导者是良好的教练和教师。他们不仅自己有着较高的工作绩效和交流的意愿，还必须善于提供帮助和进行沟通。一名业绩有效的经理人员不一定是一位好的老师。这种技能有时需要专门的培训。

(二) 脱产培训

脱产培训就是让管理人员脱离工作岗位，进行专门的培训和技能开发。比如参加一些大学或学院的研修班、参加企业内部的一些培训课程或活动，等等。脱产培训也有很多方法。

1. 正规教育

正规教育是指让管理人员参加一些专门的培训课程以扩展知识，提高技能的一种方法。这些培训课程可以是企业内部提供的，也可以是企业外部的一些咨询公司和大学提供的短期培训班或是研修班等。随着科技的发展，这种正规教育的方式也突破了传统的面对面的授课方式，应用了远程授课技术以及网络技术的教育方法。

企业内部提供培训课程的方法有很多种，很多企业也成立了内部的开发中心来专门承担对管理人员的开发工作。他们通常举办一些长期的培训课程，提供一些业内权威人士的讲座等。有时，他们还将课堂教学、企业管理游戏与实战模型以及与客户见面等技术相结合来帮助开发管理人员。企业内部提供的正规教育课程由于更有针对性、更适合本企业的发展情况而能够取得更好的实践效果。

企业外部也有很多机构提供专门的培训课程，比如一些咨询公司、大学院校等。他们提供的培训包括一些特别的研修班和会议，比如企业人力资源管理培训或者某地区企业家协会活动等。还有一些专门的教学计划，这类培训主要是由本地的一些大学院校提供的，主要包括两种管理开发活动：一是领导管理方面的继续教育计划，利用案例或讲座的方式为管理人员提供最新的管理技能，组织他们分析复杂的管理问题等；二是学位计划，比如MBA以及EMBA等学位，这类学位都需要一定管理工作经验的积累，比较适合于提高中层以上管理人员的管理水平。

这种正规教育的目的是为了通过系统的知识学习来增长管理人员的知识和技能，更新他们的管理思维。它在提高管理人员的自身素质水平方面很有成效。然而，知识和技能的增长以及思维的转变并不必然地带来管理行为的改变和管理绩效的提高，所以，企业在向管理人员提供正规教育时应注意以下两个问题：

（1）在利用外部培训机构时，要注意选择一些客户化的培训素材和课程，保证课程内容具有针对性，能够满足不同管理人员的特殊需要。

（2）企业在向管理人员提供正规教育的同时，应该补充一些其他形式的开发活动，加强教育内容同实践的结合。

2. 案例研究和商业游戏

案例研究和商业游戏都是指在管理人员开发的培训中，设计一些场景来让受训者进行分析和讨论的开发方法。这两种方法的目的都是为了提高管理人员实际解决问题的能力。具体说来，案例研究是指为受训者提供一个企业问题的书面描述，然后让他们对这个问题进行分析、诊断，并提出解决的办法。商业游戏则是通过设计一个场景，让受训者收集该场景中的重要信息，然后对这些信息进行分析并作出决定。由于这两种方法都是模拟现实的情况，中间可能会有很多复杂因素的影响，整个讨论和活动容易偏离主题或陷入一种不必要的争论当中。所以，需要一位训练有素的主持人对整个活动进行引导，以达到更好的效果。

关于案例研究，在前面的培训技术章节中已经有过一些介绍，在这里，主要讨论在案例研究的开展过程中应该注意的三方面问题：

（1）案例的选择应有针对性，最好是组织遇到的实际问题。

（2）创造一个尽可能活跃的气氛。可以将受训者分为几个小组，让他们分别想出解决问题的办法，展开讨论，尽力为自己的方案辩护并去挑战其他组的方案。通过这种激烈的争论，更能够激发出新的思维，找出各种可能的漏洞。

（3）保证主持人是受过专门训练的。正如前面所说的，主持人在案例讨论中起着至关重要的作用，他必须经过一定的专门训练，具备一些特殊的技能。比如，激发他人的能力，主持人应很少回答"是"或者"不是"，主要是激发受训者的思维，产生更好的解决问题的办法。主持人应该扮演催化剂和信息源的角色，而不是讲师。

可用于开发管理人员能力的商业游戏有很多种，而且根据调查显示，通过游戏进行学习的效果是令人惊喜的。游戏可以激发参与者的兴趣，增强他们之间的交流，更重要的是，能够快速培养起一种凝聚力很强的团队精神。对于一些高层管理人员来说，由于商业游戏的方式更真实、有趣和富于竞争性，所以，在培养他们的沟通技能和协作精神方面比其他像课堂讲授这样的方法显得更有意义。商业游戏可以是现场的也可以是通过一些高科技技术来进行的，比如管理竞赛。这是一种由几组管理人员就某一模拟真实的企业经营问题分别作出决策，并互相竞争的开发方式。例如，某企业的市场营销人员的开发课程中有这样一份关于市场份额的管理竞赛计划，它将受训者分为几个不同的小组，分别代表不同的公司，每家公司制定自己的战略来同其他公司进行市场份额的争夺，他们可以作出几方面的决策，比如广告费用、生产投资、产品种类等。同在现实中一样，每个小组都不能看到其他小组的决策。这种管理竞赛的开展由于其信息的复杂性，往往是通过计算机系统来进行的。

3. 行为模仿

行为模仿（behavior modeling）也是一种常用的管理人员开发技术，有时也被称做行为塑造。主要是通过对某一行为或管理技术的强化，来改进管理人员的管理绩效。研究发现，它是在开发管理人员人际关系技能方面最有效的方法之一。

行为模仿的具体操作方法如下：首先，向受训者解释所要培训的管理技能，并说明每一关键行为的理由。其次，向受训者展示良好的管理技能或行为，这一步一般都通过播放录像带来进行。再次，为受训者提供角色扮演的机会来实践这些管理行为。最后，对录像带中的样板行为和受训者的角色扮演行为进行讨论，帮助受训者理解这些关键行为怎样被应用到工作中去，并对他们的角色扮演行为进行反馈和纠正。在行为模仿培训中，受训者所扮演的角色以及被样板化的关键行为，都是根据受训者所处的真实工作环境可能应用到的技能和行为以及可能发生的各种事件编排出来的。

行为模仿比较适用于以下两种人员和情况：对于基层管理人员，通过行为模仿可以使他们更好地处理同员工之间的关系，比如怎样鼓励员工、纠正员工错误行为时应注意的技巧以及怎样引进变革等；对于中高层管理人员，行为模仿可以使他们更好地处理与各个部门的协作关系，以及有效地在其管理的领域内营造一种良好的人际关系氛围，指导他人的行为。

4. 团队建设培训法

团队建设培训法（team building）是指通过在员工中营造团队的氛围来改进工作绩效的方法。这种方法的目的主要在于协调企业内有着共同目标的不同个人之间的工作和行为。在这里，为了方便起见，把这些有着共同目标的个人群体叫做小组，这种工作小组的成员可能来自不同的部门。

团队建设培训法的主要步骤：

（1）收集小组目前的工作信息，包括绩效和态度两方面的。这一步需要通过对小组成员的访谈以及查阅一些书面资料来进行。主要是了解他们对该小组职能和工作进展情况的看法，以及他们对工作的态度，对目前的工作状态是否满意，如果不满，来自哪些方面。

（2）针对他们提出的问题，由实施培训者安排不同主题的讨论会，让小组成员一起进行讨论，分析问题的原因，并探讨问题的解决办法。在这个过程中，培训者应该引导小组成员的讨论，使他们认识到彼此工作目标的一致性以及他们工作之间的相互关联性。

（3）决定要采取的解决办法并将它们应用到实际的工作绩效改进中。

团队建设培训法可以促进知识和经验在受训者之间的分享和沟通，有助于树立起他们对集体和团队的认同感，使他们更加了解自己以及同事的优缺点，并更容易适应这种动态的人际关系，从而提高工作小组的绩效。

团队建设培训法比较适用于这样的情况：员工之间必须分享信息并且每个人的行为都会对整个群体的工作绩效产生影响，这往往是一些需要协调性的工作任务。比如一辆汽车的设计工作，虽然工作小组的成员分别负责不同零件的设计，但是他们必须分享信息才能作出关于零件尺寸、性能的设计决定，他们的决策必须很好地互相契合才能使汽车跑起来。

在具体的管理人员开发实践中，团队建设培训方法的采用还经常伴随着其他很多技术的使用。比如，可以利用角色扮演法来让团队成员更好地体会协作的重要性，达到更好的互相理解，还可以用行为模仿的方法来向受训者传授沟通的技巧等。

本章小结

人力资源的培训与开发在企业人力资源管理中有着非常重要的意义，是保证企业获得充足的人力资源支持、赢得竞争优势的关键所在。本章着重讨论了四个问题：首先是人力资源培训和开发的概述；其次，介绍了一些比较流行的人力资源培训与开发的内容和技术,并对它们的优缺点以及适用范围加以概括;再次,是培训的具体实施;最后,讨论管理人员的开发。

关键概念

在职培训　　情景模拟　　案例研究　　工作轮换　　初级董事会
行动学习

复习题

1. 员工培训的方法主要有哪些?
2. 实施培训的步骤有哪些?
3. 管理人员开发的方法和技术有哪些?

讨论及思考题

1. 为什么要对培训的结果进行评价?
2. 管理人员培训开发技术与一般的培训技术存在哪些不同?
3. 请画出员工培训的流程图,并解释各个阶段所涉及的培训工作。

参考文献

[1] M. Davis, "Getting Workers Back To the Basics," Training And Development (October 1997).

[2] D. A. Blackmon, "Consultants Advice on Diversity Was Anything But Diverse," The Wall Street Journal (March 11, 1997).

[3] T. T. Baldwin, C. Danielson, and W. Wiggenhorn, "The Evolution of Learning Strategies in Organizations: From Employee Development to Business Redefinition," Academy of Management Executive 11.

[4] J. M. Rosow and R. Zager, Training the Competitive Edge (San Francisco: Jossey-Bass, 1998).

[5]〔美〕加里·德斯勒. 人力资源管理[M]. 6版. 刘昕,吴雯芳,等,译. 北京:中国人民大学出版社,1999.

[6]〔美〕劳伦斯 S·克雷曼. 人力资源管理——获取竞争优势的工具[M]. 孙非,等,译. 北京:机械工业出版社,1999.

[7]〔美〕R. 韦恩·蒙迪,罗伯特·M. 诺埃. 人力资源管理[M]. 6版. 葛新权,郑兆红,王斌,等,译. 北京:经济科学出版社,1999.

[8]〔美〕雷蒙德·A. 诺伊,约翰·霍伦拜克,拜雷·格哈特,帕特雷克·

莱特. 人力资源管理 [M]. 3版. 刘昕, 译. 北京: 人民大学出版社, 2001.

[9] 苏永华, 聂莎, 彭平根. 人事心理学 [M]. 大连: 东北财经大学出版社, 1999.

[10]〔英〕诺里·吉利兰. 培训员工 赢得竞争 [M]. 张喆, 译. 北京: 商务印书馆, 1999.

[11]〔英〕琼·普莱尔. 培训与发展手册 [M]. 王庆海, 译. 北京: 商务印书馆, 1999.

[12] 亚瑟·W.小舍曼, 乔治·W.勃兰德, 斯科特·A.斯奈尔. 人力资源管理 [M]. 张文贤, 译. 大连: 东北财经大学出版社, 2001.

[13] 齐善鸿. 新人力资源管理 [M]. 海天出版社, 1999.

CHAPTER

7 第七章
职业管理

本章要点提示
- 职业管理的概念
- 影响职业选择的因素
- 职业流动管理
- 激励管理

本章内容引言

美国强生公司的经营哲学是公司要承担起对客户、对员工、对社会的责任，企业不只是为自身的利益而存在，应以长远的眼光看待员工的职业发展。一些员工不惜辞掉现有的稳定工作进入强生，就是因为感觉到强生是实实在在地注重人。员工在这样的环境中，工作会有成就感，环境会激励他们不断努力。

第一节 职业管理概述

组织依靠员工的力量发展壮大，员工依靠组织提供的工作实现自我发展的需要。随着知识经济的到来和员工素质的提高，职业已不仅仅是一种谋生的手段，而是员工自我实现和自我发展的一条必经途径，越来越多的企业也认识到只有组织和个人的需要相互配合，组织和个人的发展目标共同实现，才能达到双赢的效果。所以，有效的职业管理是企业获得竞争力和员工个人发展、实现组织目标的重要保证。

一、职业管理的概念

要了解职业管理，就必须先明确职业的含义。从传统上来看，对职业的定义多种多样，比如在某种职业类型中所从事的一系列职位集合，或者指在某一组织内部的流动，还可能表示员工所具有的某种特征。但这些都不能代表现代的职业观念。现代的职业观念是建立在现代的职业发展观意义上的。

所谓现代的职业发展观，是指企业为员工构建职业开发与职业发展以及度过职业生涯的通道，使之与组织的职业需求相匹配、相协调，以满足组织及成员各自需要，达到彼此受益。从这个意义出发，职业可以分为内职业和外职业[1]。

内职业是对于个人而言的，意味着个人追求的一种职业道路。在内职业中，员工协调工作同他们个人的其他需要（比如社会交往、获得尊重等）、家庭责任以及个人休闲之间的关系以获得平衡。外职业是对于组织而言的，是指组织努力为员工在组织的工作生涯中确立一条有所依循的、可感知的发展道路。现代职业的概念是要追求内职业和外职业的相互融洽。这是因为，内职业作为员工的主观心理和个体行为，它的实现要考虑组织的需要，依靠外职业；而外职业作为客观存在的组织的需求和行为，它的实现也同样离不开作为职业岗位主体的员工的积极性和主动性的发挥。

从现代的职业概念可以看出，对于企业来讲，从组织的角度承认并有效地对职业进行管理是现代企业的必经之路。职业管理是组织遵循自身发展目标的要求，协调、计划、管理组织内部员工职业生涯开发和职业抱负，达到组织既定目标的过程。它的目的是将组织目标和员工个人目标相契合，以获得二者的共同实现。

作为一种专门的管理，职业管理在企业人力资源管理中起着不可替代的作用，主要表现在以下四方面。

（1）配置作用。企业的职业管理可以通过确认组织中的职位空缺和职位要求、员工的个人能力和素质，来合理配置组织内的工作和岗位。配置作用的实现需要企业根据员工个人的特征，结合企业的岗位要求，将员工安排到合适的岗位上，做到人岗匹配。另外，从宏观上来看，企业还需要根据未来的发展战略，作出企业人力资源的合理规划。

（2）发展作用。发展作用是以开发员工技能，改善员工绩效，从而保持和增强员工工作竞争力为目标的。发展作用主要表现在对员工进行的培训和开发以及激励等。

（3）评价作用。通过职业管理，企业可以对员工的工作绩效以及整体职业配置情况作出观测和鉴定。通过评价员工的绩效以及与其岗位的匹配情况，可以发现员工的潜能，更好地运用和发挥其劳动能力。

（4）调整作用。调整作用是指根据人尽其能、人岗匹配等原则对员工做出的一系列调动、整合和再配置等活动，比如晋升、转岗、辞退等。

二、职业管理的过程

一般企业都有自己的职业管理系统，不同的企业在职业管理系统的复杂程度

---

[1] E. H. 施恩. 职业的有效管理 [M]. 仇海清，译. 上海：三联出版社，1992：3.

以及对于职业管理过程各组成部分的侧重点上存在很大的差异。但是,总的来说,企业的职业管理主要包括以下四个步骤。

(1) 自我评价。自我评价一般是通过心理测验来获得的,这些心理测验包括职业性向的测试、职业技能的测试等。自我评价可以帮助员工确定自己的兴趣、价值观、资质、行为取向以及对待工作和休闲的偏好等。更重要的是,它还可以帮助员工明确自己当前处于职业生涯的哪一个发展阶段,以制定未来的发展规划,进而评估个人的职业发展规划与其所可能获得的资源之间是否匹配。通过自我评价,员工可以基本确定进一步发展的需求。这种需求来源于员工当前技能或兴趣同他期待获得的工作或者职位要求之间存在的差距。

(2) 现实审查。在这一阶段,一般由员工的上级管理者对员工的技能和知识作出测评,同时,给出他们的发展需要是否符合企业的规划(比如晋升、流动机会)等各方面的信息。

(3) 目标设定。目标设定是由员工来确定他们的短期和长期职业目标。这一目标通常是建立在前两步自我评价和现实审查的结果的基础上的。这些目标通常与期望的职位(比如,在两年之内成为人力资源经理)、技能的获得(比如,学会进行人力资源需求预测)、工作的设定(比如,在一年之内进入人力资源部门)等联系在一起。

(4) 行动规划。在这一阶段,员工要根据设定的个人短期和长期目标,设计自己的行动规划来实现这些目标。包括参加一些培训、开发活动等。

总的来说,职业管理过程需要员工的共同参与,员工和企业需要担负不同的责任。具体的责任划分见表 7-1。

表 7-1　　　　　职业管理过程中企业和员工双方的责任[1]

	自我评价 →	现实审查 →	目标设定 →	行动规划
员工的责任	确定改善的机会和改善的需求	确定哪些需求具有开发的现实性	确定目标及判断目标进展状况的方法	制定达成目标的步骤及时间表
企业的责任	提供评价信息来判断员工的优势、劣势、兴趣和价值观	就绩效评价结果以及员工与公司的长期发展规划相匹配之处与员工进行沟通	确保目标是具体的、富有挑战性的且可实现的;承诺帮助员工达成目标	确定员工在达成目标时所需要的资源,其中包括课程、工作经验以及关系等

---

[1] 〔美〕雷蒙德·A.诺伊,约翰·霍伦拜克,拜雷·格哈特,帕特雷克·莱特. 人力资源管理[M]. 3 版. 刘昕,译. 北京:中国人民大学出版社,2001:420.

三、职业管理的意义

建立在现代职业概念基础上的职业管理,是符合现代经济发展趋势的一种企业不可或缺的专门化管理,是企业获得具有竞争力的人力资源必需的管理手段。有效的职业管理是现代企业追求的发展目标。它的重要意义主要体现在以下三方面。

(1) 有利于员工的全面发展。员工要获得全面发展,首要的条件就是要使他们主动参与其职业的设计与发展,使职业不仅是他们谋生的手段,而且成为他们发展自我、实现自我的途径。首先,职业管理保证了员工获得全面发展的机会。企业通过外职业为员工内职业的发展创造了职业通道,为员工主体作用的充分发挥铺平了道路。其次,职业管理是一个动态过程,为员工实现全面发展提供了坚实的现实保证。从员工被招聘进企业开始,就对其进行合理的岗位配置,然后,通过不断地评价、培训、开发等活动,尽其所能地帮助员工找到自己最适合、满意的岗位,以充分发挥每位员工的潜力。通过对职业发展通道的设计,为员工的自我实现提供了切实可行的途径,并且,对于员工的发展来说,这是一种良好的激励和动力,推动员工不断进步。最后,职业管理开放的视角是员工全面发展的思想保证。职业管理是建立在现代职业的概念上的,所以,职业管理要求企业不仅关注员工作为一个工作人的需要,还要考虑与员工的工作相关的其他个人需要、家庭责任等的要求,并且针对这些问题,适当地调整企业的人事政策,比如激励机制、工作调配等。考虑了员工全面发展的职业管理能够使企业制定出更适当的人力资源政策和措施,保证组织目标和个人目标的共同实现。

(2) 有利于组织的发展和创新。一方面,组织和员工的发展是互惠互利的,员工的发展离不开组织的支持;另一方面,人力资源是企业最宝贵的竞争力来源,员工发展的同时带来的是企业的人力资源的增值,显然是企业发展的源泉。进行职业管理,发现、培养和开发员工的潜能,是组织发展和创新的动力和要求。并且,职业发展能够帮助企业制订职业发展计划,为企业发展规划的实施准备好人力。企业发展规划的实施离不开合适的人力资源配置,没有人员支持的发展规划只能是空中楼阁;企业发展规划的开展过程中也需要不断进步、改善的职业发展系统的支持。所以,职业管理对于组织来说意义也同样重大,它为组织在合适的时候、适当的岗位获取合格的人员,配合并促进组织的发展和创新。

(3) 有利于良好企业文化的创建。企业文化对企业的影响作用越来越受到更多管理者的重视。企业文化是整个企业的精神支柱和灵魂,对企业员工有着潜移默化的作用,在很大程度上是员工士气和干劲的来源。在职业管理中,通过对职业发展通路的设计,员工对职业精神的认同是企业文化积累的重要源泉。另外,职业管理内蕴涵的开放的职业观念也有利于活跃、创新的企业文化的形成。职业管理强调组织发展和个人发展的相互结合、组织目标和个人目标的统一，这些都对整体企业文化的形成和发展有着重要的意义，事实上，这一整合的过程也就是企业文化的发展过程。

案例研究

大鹏公司的两位部门经理小李和小王在讨论各自在公司的发展前景。小李说："我开始有些灰心了。3年前我到公司时，觉得自己肯定可以在这里有所发展，但现在我不这么有信心了。昨天我跟老板讨论自己今后这几年将在哪方面发展时，他只是说会有各种可能。我想要得到的不只是这样一句话。我想知道，如果在这里继续努力工作的话，我会得到怎样的发展机会。我不能确定是否要把自己的职业定在这份工作上。"

"我也深有同感，"小王回答到，"上个月的绩效评估结束时，老板只是对我说我的工作业绩很出色，公司也很需要我，但是并没有明确我的下一步发展方向。我想知道我需要经过什么样的培训，我将来可以获得别的什么样的工作。"

解析：职业管理的重要性

从上面的案例可以看出，大鹏公司忽视了员工对职业发展的能动性，缺乏对员工的职业管理，这很可能会带来人才的流失，对于公司来说，会是一项巨大的损失。现代人力资源管理与传统的人事管理的首要区别就是强调了员工的能动性。对于传统的人事管理来说，规划、招聘以及绩效评价等一系列的人事活动的主要目的在为组织提供合适的员工，满足组织发展的需要，然而，对于现代人力资源管理来说，这些活动的目的还在于鼓励员工不断进步，充分满足他们发展的需要。为了留住和激励员工，企业要建立一种能够满足员工发展需要的管理系统，这对于知识型员工显得尤为重要。这套管理系统就是职业管理。

第二节　影响职业选择的因素

职业选择是指员工依照自己的职业期望和兴趣，凭借自身能力挑选职业，使自身能力素质与职业要求特征相符合的过程。由这个定义可以看出，员工是职业选择的主体，然而，我们并不能把它看做是员工单方面的活动，事实上，职业选择是一个过程，一方面是员工作为主体主动择业的过程，同时也是企业提供的职业岗位选择员工的过程，它是员工与职业岗位互相选择、互相适应的过程。所以，企业进行职业管理、对员工的职业进行开发和规划活动的时候，必须考虑员工个人兴趣、资质和技能等方面的问题，这些都是影响职业选择的因素。

一、个人职业生涯发展阶段

尽管每个人在各自漫长的职业生涯中，具体的职业选择过程、从事的职业以及职业的发展等情况都会各不相同，但由于职业发展通常是伴随着年龄的增长而变化，人们在不同年龄阶段表现出大致相同的职业特征、职业需求和职业发展目标，所以，根据这些共性可以将职业生涯发展过程划分为几个时期或阶段。对于这方面的研究，不同的学者有着不同的划分方法，但基本上都是根据人的年龄进行划分，有着很多的相似之处。这里我们介绍美国职业学家萨柏的理论。他将人的职业生涯划分为五个大的阶段。

（一）成长阶段

成长阶段（growth stage）大体上可以界定为从一个人出生到14岁这个年龄阶段。在这一阶段，个人通过和家庭成员、朋友、老师以及他们自己之间的交流和认同，经历对职业从好奇、幻想、兴趣到有意识地培养职业能力，最终逐步建立起自我的概念并逐步成长。到这一阶段结束的时候，个人成长为进入青春期的青少年，这时对各种可选择的职业就可以进行某种现实性的思考了。萨柏将这一阶段又具体分为三个成长期。

（1）幻想期（10岁以前）。儿童从外界感知到许多关于职业的印象，并对自己喜爱的职业充满幻想并进行行为模仿。

（2）兴趣期（11~12岁）。在这一时期，儿童以兴趣为中心，对职业有一定的理解，并会作出一些评价，这时他们开始作出最初的职业选择。

（3）能力期（13~14岁）。开始结合自身条件对喜爱的职业作出思索，并会有意识地进行能力培养。

（二）探索阶段

探索阶段（exploration stage）大约是一个人15~24岁这个年龄阶段。在这一阶段，个人会结合对职业的了解以及个人的兴趣、能力等认真地考虑各种可能的职业选择，并会根据这些思考进行择业尝试。同样，他们还会根据自己对各种职业选择的了解来作出相应的教育和培训决策，有意识地使个人兴趣和能力相匹配。个人在这一阶段中作出的职业选择往往带有试验的性质，随着他们对职业和自我的更深入的了解，这种最初的选择往往会发生较大变化。在这一阶段结束时，他们已经选择好一个最初的职业，并开始从事这种职业。具体说来，这个阶段也可以分为三个时期。

（1）试验期（15~17岁）。综合考虑自己的兴趣、能力与各种可能的职业选择，开始尝试一些职业选择。

（2）过渡期（18~21岁）。开始有意识地进行一些相应的教育或职业培训，并进入劳动力市场开始真实的职业选择。

(3) 尝试期（22~24岁）。作出最初的职业选择，并开始从事这种工作。

(三) 确立阶段

确立阶段（establishment stage）大约是在一个人的25~44岁之间。这一阶段对于大多数人来说，是他们职业生涯中的最重要的组成部分。通常，人们是在这一阶段找到自己适合的职业并沿着这个职业的道路努力发展下去。这一阶段也可分为三个时期。

(1) 尝试期（25~30岁）。在这一时期，个人判断最初选择的职业是否适合自己，如果不适合，就会尝试作出一些变化，选择、变换职业工作。这个时期对于不同的人来说长度是不同的，作出变化的次数也不等。

(2) 稳定期（31~40岁）。经过前面一个时期的尝试，人们往往已经找到了自己适合从事的职业，定下了职业发展目标，并对自己的职业发展以及相关的教育培训等活动作出规划，进入了一个相对稳定的职业发展时期。

(3) 职业中期危机期（41~44岁）。虽然在稳定期人们都已经制定了自己的职业发展目标并朝着它进行了不懈的努力，但是经过这段较为稳定的发展时期，人们会遇到很多实际的问题，比如他们并没有靠近他们设定的目标，或是达到了之后发现这并不是他们希望获得的全部。通过思考这些实际的问题，他们会对自己的职业发展规划重新作出评价和调整。这往往是一个比较艰难的时期，因为他们要面临一些现实的问题，比如达不到原定目标该怎么办，或者为了达到这个目标他们要作出什么牺牲等。

(四) 维持阶段

维持阶段（maintenance stage）往往发生在一个人的45~55岁这一阶段。在这一阶段，人们往往已经为自己确定了的职业目标奋斗了精力最旺盛的一段时间，达到了一定的社会地位，在自己的工作中占有了一席之地，因而已不考虑变换职业工作的问题，主要将精力放在维持已取得的成就和社会地位上了。

(五) 下降阶段

下降阶段（decline stage）多发生在一个人55岁以后。55岁以后，多数人已面临退休，职业生涯即将结束，同时，他们的健康状况和工作能力也逐步衰退，已不适合再从事繁重的工作。在这一阶段，他们要面临的就是调整好自己的心态，学会接受这种新的角色。

二、职业性向

职业性向这一概念是由美国约翰·霍普金斯大学心理学教授、美国著名的职业咨询师约翰·霍兰德在他的人业互择理论中提出的。他在1959年提出这一影响广泛的理论，认为人格（包括价值观、动机和需要等）是决定一个人选择何种职业的一项重要因素。他将人划分为六种基本的"人格性向"，相应地将职业也划分为六种基本类型。有着某一种性向特征的人常常倾向于从事相应的某一类职业。下面分别介绍这六种性向和相应的职业。

（一）实际性向

具有这种性向的人愿意使用工具从事操作性工作，动手能力较强，做事手脚灵活、动作协调，而且不善言辞、不善交际。他们适应的职业类型通常是各类工程技术工作、农业工作，这类工作通常需要一定的体力，需要运用一些工具或操作机器并运用一定的技巧来完成。比如农民、牧民、渔民、安装和维修工人、电工以及工程师和技术员等。

（二）调研性向

具有这种性向的人抽象思维能力强，求知欲强，善于思考但不擅长动手；喜欢独立的和富有创造力的工作；知识广博，有学识但不具备领导才能。他们往往愿意选择包含着较多认知活动（思考、理解等）的职业，而不是那些以感知活动（感觉、反应或人际沟通等）为主要内容的职业。这类职业的例子有研究人员、专家、大学教授等。

（三）社会性向

这种性向的人喜欢与人交往，从事为他人服务和教育他人的工作，并喜欢参与解决人们共同关心的社会问题，渴望发挥自己的社会作用，看重社会义务和道德。相应的职业有医疗服务、教育服务等，比如教师、医生、管理人员以及服务人员等。

（四）艺术性向

这种性向的人喜欢以各种艺术形式的创作来表现自己的才能，实现自身价值，具有特殊艺术才能和个性并乐于创造新颖的、与众不同的艺术成果，具有较强的表现欲。这种类型的人往往被吸引去从事各种类型的艺术创作工作，比如音乐、舞蹈、戏剧等方面的演员、艺术家以及编导等，还有主持人以及各类设计师等。

（五）企业性向

具有这种性向的人大多精力充沛、自信心较强、善于交际并具有领导才能，而且喜欢竞争并敢冒风险，喜欢权力、地位和物质财富等。他们常常喜欢从事那些能够影响他人的工作，比如企业家、政府官员以及其他类型的领导者等。

（六）常规性向

具有这种性向的人办事情喜欢按部就班，习惯接受他人的领导，自己不喜欢充当领导角色，不喜欢冒风险和竞争，做事踏实可靠，遵守纪律。他们往往被那些与各类文件档案、统计报表等相关的工作所吸引，比如会计、出纳、图书管理人员以及文秘等职业。

霍兰德的人业互择理论实际上说明了员工与职业要相互配合。某一类型的员工只有在与其性向相适应的职业岗位上才能够最大限度地发挥其能动性和潜力。然而事实上，大多数人都并非只具有一种性向，而是多种性向的混合。霍兰德认为，一个人内在的性向越单一，或者多种性向越相似，则其在选择职业时越容易找到自己适合的工作，并且在进行选择时心理的矛盾和冲突越少。另外，员工性向类型和职业类型越相关，则两者适应的程度越高；反之，两者的适应程度就越低。霍兰德用一个六角图形来直观地表示这种关系，如图 7-1 所示。

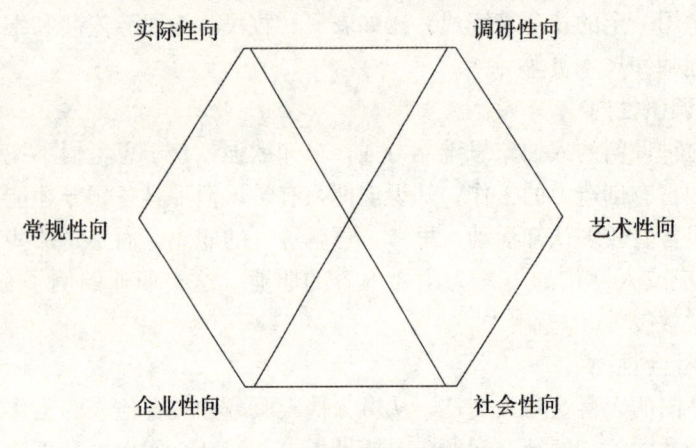

图 7-1　霍兰德的人格性向图

这个图的六个角分别代表六种职业性向和它们相对应的职业类型。每一类员工和每一种职业的关联程度用连线来表示，连线距离越短，则两种类型的人业相关程度就越高，适应性就越好。同时，如果一个人具有的不同性向在图中越接近，则表明它们的相容性越高，那么这个人在选择职业时会更容易；而相反，如果其具有的不同性向分别在互相对立的角上，那么其在选择职业时更有可能会面临犹豫不决的情况，因为兴趣的不相容性使得其不得不在十分不同的职业之间作出抉择。

三、自我职业技能的认定

前面讨论了职业性向的确定，但是确定了职业性向并不代表一个人就会从事与它相应的职业，还取决于他是否具备完成这种职业的技能。自我职业技能的认定就是要通过自我评价来了解自身的技能，加深对自己的认识，并以此为根据作出自己的一些教育和培训的决策，使自己能够在兴趣、技能以及职业机会之间找到并满足一个最佳的结合点。

自我技能的认定可以通过职业咨询以及职业测验表来帮助进行，这种现成的工具是人们已经做了大量的研究工作找到的各种资质和特定职业之间的关系，可以较为快速地帮助个人找到自己的长处和短处。另外，个人还可以问自己一些问题,来评定自己的技能,比如:我在哪一方面有特长?具备哪些职业技能?等等。或者在一张纸上记录下自己从事过的工作,详细地对在这些工作任务中承担的职责进行描述,并说明更胜任或更喜欢哪种类型的职责,通过这种方式,也可以对自己的技能有一些较为清楚的了解。

四、职业锚

职业锚的概念是由美国E.H.施恩教授提出的。它是指一种指导、制约、稳定和整合个人职业决策的自我观,也就是人们在选择和发展自己的职业时所围绕的核心。职业锚虽然是引导人们作出职业选择的中心,但许多人并不是在选择工作的一开始就很明确自己的职业锚。它是在个人进入早期工作情景后,在具体的工作经验中,经过对自己的资质、动机、需要、价值观和能力的认识的相互作用、整合,逐步形成的一种长期稳定的职业定位。而且,更多的时候,人们往往在不得不作出重大职业抉择时才会意识到自己无论如何都不会放弃的东西和价值观是什么,这就是他们的职业锚。另外,一个人的职业锚并不是固定不变的,它不断地发生着变化,是在持续不断的探索过程中产生的动态结果。它只是人们在更多的生活工作经验的基础上发展得更深入的自我洞察,形成的在职业选择中更加稳定的部分。

职业锚是个人在工作生活经验基础上形成的对于职业选择的自我观念,每个人都有着各自不同的价值观、动机和需求,所以形成的职业锚也会有所不同。施恩通过对麻省理工学院毕业生的研究,提出了以下五种类型的职业锚。

(一) 技术或功能型职业锚

具有较强的技术或功能型职业锚的人有着特有的职业工作追求、需求和价值观,表现为以下几方面。

(1) 他们注重实际技术和具体的某项职能业务的工作。技术或功能型职业锚的员工热衷于从事某些专业技术工作或职能工作,注重个人专业技能的发展。比如从事工程技术、系统分析以及财务分析等工作。

(2) 不愿意选择全面管理性质的职业。具有这类职业锚的员工对管理类的工作多是避之不及,在这种类型的工作中他们大多会感到无所适从,不能施展才华。即使是从事管理工作,也多是某方面的职能管理,而不是全面管理工作。

(3) 他们关注专业技能和职业能力的发展。具有这种职业锚的员工往往并不太看重等级地位的提升,相比较而言,他们更重视在自己的专业领域内获得的评价和认可。

(二) 管理型职业锚

具有管理型职业锚的员工同具有技术职业锚的员工表现出完全不同的特征,他们有着强烈的影响他人的动机并往往具备这种能力。他们的特点主要表现在以下四方面。

（1）喜欢承担更大更多的责任。他们热衷于权力，并把掌握更大权力、肩负更大责任作为其追逐的目标。

（2）重视等级地位的大幅提升，并把这作为他们成功的标志。

（3）他们同时具有三种能力并能够将它们结合起来：分析能力，指在信息不完全或者不确定的情况下发现、分析和解决问题的能力；人际沟通能力，也就是影响、监督、领导、操纵以及控制他人，有效地实现组织目标的能力；感情能力，指具有一定的调适力和承受力，能够在严峻局面和人际危机的情况下应付自如，并能够主动承担风险，在责任压力较大的情况下作出决策，承担责任。感情能力实际上是一种心理适应能力，它对于经常面临高责任、高风险决策的管理职位来说，往往是最为重要的一种能力。

（4）具有管理型职业锚的人员相对于其他类型的人员来说，对组织有着更强的依赖性。这是因为他们的成功往往是通过组织内的某一高层职位来表现，所以组织所在的行业、组织的规模以及发展状况对于他们而言都具有非同一般的重要意义。

（三）创造型职业锚

具有创造性职业锚的个人注重建立或创造完全属于自己的成就，比如一家自己的公司或一件以自己的名字命名的专利等。在某种程度上，创造型锚同其他类型的职业锚存在重叠。比如他们也要求有管理能力，或者要求在某一专业领域获得独创的成果。但是，这些并不是他们的核心动机和目的，创造才是他们的核心。另外，他们往往意志坚定，勇于冒险。标新立异和冒险是创造力的源泉，他们对于新事物的尝试总是乐此不疲，而一旦进入正规的工作他们就会产生厌倦而退出。

（四）安全型职业锚

对于具有安全型职业锚的个人来说，稳定和安全是他们追求的目标，比如工作的安定、收入的稳定、可靠的保障体系，或者是一种心理上的被组织接纳的稳定和安全感。在行为上，安全锚的人倾向于照章办事，不越雷池一步。在职业选择上，他们往往对组织有较强的依赖性，一般不轻易离开组织，依赖组织对他们的能力和需要进行识别和安排，更容易接受并融入组织。但是，具有这种职业锚的个人由于缺乏主动性和个人驱动力，如果组织没有很好地认识到他们的技能和需求，则他们的职业生涯的发展很可能会受到限制。

（五）自主与独立型职业锚

具有这种类型职业锚的个人表现为最大限度地摆脱组织的限制，追求能够更自由地施展个人才华的工作环境。他们的目标是要达到这样一种状态，那就是能够随心所欲地安排自己的发展步骤、工作时间表、生活方式以及工作习惯。他们倾向于从事自由职业或是其他一些自主性较强的工作。当然，从事这类职业的人并不都是自主型，比如咨询师中的许多人更多的是技术或功能型锚，还有一些人是将咨询这种工做看做是一种向更高层面的管理职位的过渡。具有自主型职业锚的人的特点是，他们的自主需要比其他方面的需要更强烈，这些人不会因为高工资或社会地位而在组织中任职。自主之所以为锚，是因为这些人在被迫选择时也不会放弃它。

具有自主型锚的人在工作中显得很愉快，因为他们很少体验到错过提升机会的心理冲突，也很少会感到失败或因缺少更大抱负而内疚。他们享有自身的自由，具有职业认同感，把工作成果与自己的努力相连结。自主型的人有一种与创造型的人共同享有的认知。单从表面上看，很难把这两种类型的人相区分，企业家一旦成功也享有自主权和自由，但是，仔细观察你就会发现两者的区别，企业家追求创造、建立某种东西，而自主型的人主要追求的是一种随心所欲的生活工作状态。

施恩后来又增加了三种职业锚，分别是服务/奉献型职业锚、挑战型职业锚和生活方式整合型职业锚。具有服务/奉献型职业锚的人主要是一直追求个人认可的核心价值，比如服务他人，他们更倾向于接受能够帮助他们实现这种核心价值的工作提升或变换。具有挑战型职业锚的人喜欢看起来似乎障碍重重的工作，他们喜好新奇、困难、富有挑战性的工作，而一旦任务变得简单容易，立刻对他们失去了吸引力。具有生活方式整合型职业锚的人希望生活的方方面面是一个均衡的整体，他们需要能够结合个人需求、家庭需求和职业需求的弹性工作环境。

以上介绍了职业锚的含义和主要类型，然而，对于个人来说，职业锚有时并不是那么显而易见的，那么如何确定自己的职业锚呢？可以通过下面给出的这张职业锚分析表来进行判定。如表 7-2 所示。

表 7-2　　　　　　　　　职业锚自我分析表[1]

外在因素和事件	内在理由和情感
1. 你在大学时主要的注意力放在哪方面？	你为什么选择这方面？你对此感觉如何？
2. 你上研究院了吗？如果上了，你的注意力放在哪方面？你获得了何种学位？	你为什么上（或不上）？
3. 离校后你的第一项工作是什么？（如果恰当的话，包括服役）	你在第一项工作中寻求的是什么？
4. 你开始自己的职业时，你的抱负或长期目标是什么？它们有过变化吗？何时？为什么？	

---

[1]　E. H. 施恩. 职业的有效管理 [M]. 仇海清，译. 上海：生活·读书·新知三联出版社，1992.

续表

外在因素和事件	内在理由和情感
5. 你的第一个主工作或主公司变动是什么？	启动这次变动的是你还是公司？你为什么启动或接受这次变动？ 在接下来的工作中你在追求什么？
继续列出在自己的职业中所见到的、被认为是主工作、主公司、主职业变动。列出每一步，对每一步的问题作出回答。	
6. 变动—	你为什么启动或接受？ 你在追求什么？
7. 变动—	你为什么启动或接受？ 你在追求什么？
8. 变动—	
9. 变动—	
10. 回顾自己的职业，看看什么时期特别愉快。	你这段时间感到愉快的是什么？
11. 回顾时，看看什么时期感到特别不愉快。	你这段时间感到不愉快的是什么？
12. 你甚至拒绝过一次工作离职或提升吗？	为什么？
13. 你是如何向他人描述自己的职业的？	你认为自己是什么样的人？
14. 你看到了自己职业中的主过渡点了吗？客观地描述这种过渡。	你对此过渡感觉如何？你为什么启动或接受它？复查本栏目中的全部回答，找出回答中的模式。你在答案中看到某种锚了吗？

　　根据上述回答，从1到5，逐一评定下列锚，1＝重要性低、5＝重要性高。从而确定管理能力、技术或职能能力、安全、创造性和自主性。在这张问卷中，要求你在左边栏目中给出客观的信息，在右边栏中给出选择、决策等理由。回答要自然。

　　职业锚理论是一种以个人为出发点的职业生涯选择理论，将它应用于职业管理实践符合现代职业管理的理念，是一种能够实现个人价值与组织目标有机统一的有效的管理方式。对于个人而言，职业锚清楚地反映了个人的职业追求和抱负，是进行职业选择的依据；对于组织而言，通过对员工职业锚的认定，可以获得员工个人正确信息的反馈，根据这些反馈，组织可以有针对性地进行职业管理，一方面可以实现组织内部人力资源的最佳配置，最大限度地激发员工的才能，另一方面通过有效的职业管理使员工的个人职业需求得到满足，这样，就加深了他们对组织的感情认同，有利于组织和个人双方的互相接纳。

第三节 职业流动管理

上一节讨论了影响个人职业选择的因素,这些因素在个人的职业生涯中是不断变化的,个人在不同的阶段会有不同的职业需求,必然地会有职业流动的需要。而对于一家企业来说,员工的素质和职业经历的变化也必然要求企业对人—岗匹配作出一定的调整,以适应企业内职业岗位的要求。微软将人员的流失率确定在 7%～15%之间为健康指数,而华为的创办人任正非提出华为每年人员流失率都不得低于 10%,其中还包括末位淘汰出局者。所以,企业进行职业管理必须能够很好地意识到员工的这种需求,作出合理、恰当的流动决策,有效的职业流动管理是实现企业目标和员工职业发展目标的必然要求。

一、职业流动管理的指导原则

合理的职业流动有利于调动员工的积极性和创造性,有利于企业的人力资源配置适应激烈的市场竞争,在动态变化中实现合理化和高效化,是企业获取人力资源优势的来源。所以,企业进行有效的职业流动管理是一项意义重大的工作,关系到企业的兴衰和员工的切身利益,必须遵循一定的指导原则,以保证职业流动管理的效果。

(一) 适才适用,兼顾组织和员工双方面利益

人岗匹配是企业进行职业管理的一项基本要求。要做到这一点,必须充分了解每名员工的技能、专长和特点,也就是我们上一节讲到的那些影响职业选择的因素,做到用人所长,避人所短,充分发挥每位员工的才能和潜力。另外,企业进行职业流动管理不能只顾及企业的职业岗位的需要,还要考虑员工个人的其他需要,比如家庭、个人兴趣发展以及个人的职业生涯设计等方面的要求,只有充分考虑员工的需求,才能做到组织目标和员工个人目标的相互契合,才能赢得员工对组织的信赖和认同,从而最大限度地激发他们的工作热情和创造力。

(二) 立足长远发展,结合企业的人力资源规划

职业流动是企业进一步发展对人力资源配置提出的要求,它是服务于企业的长远发展的。但是,职业流动的产生并不必然地符合这种发展的需要,这是因为影响职业流动的因素既有基于个人的也有基于组织的,如果不对其进行一定的预测和控制,反而会给企业的发展带来障碍。在一定的时期内,员工的职业流动如果过于集中,流动数量过多,就会带来人员调配工作的骤然增大,影响企业生产经营的正常进行。这就要求企业对职业流动的管理应该结合企业的人力资源规划,对组织在何时、何地需要何种人员补充作出预测,考虑可能的人员流动状

况，防止在职业流动中出现青黄不接的情况。

（三）企业内外职业流动相结合

企业现有员工是职业流动的主体，进行职业流动管理也应该立足于现有内部员工的调配和开发，充分利用企业现有的人力资源。在科技发展日新月异、竞争日益激烈的今天，职业流动管理只局限于内部员工显然是不够的。优秀外部员工的引入可以为企业带来先进的技术、新鲜的管理理念，这些都是一家现代企业保持竞争力不可或缺的条件。所以，学会在竞争中吸引优秀人才，使企业内外部的职业流动相结合，共同服务于组织的发展，是现代职业流动管理不可忽视的一项原则。

（四）留住核心人才，防止人才流失

人才，特别是核心人才对于一家企业的意义非同一般，实际上，人力资源已经成为企业最宝贵的财富。然而，对于目前日益增多的知识型员工来说，流动在某种程度上已经成为他们的一种需求，那么，如何认识到他们对职业的内在要求，挽留住对企业发展有着重要作用的员工，就成为人力资源管理工作中的重中之重。所以，对于企业的职业流动管理来说，在如今这种人员流动日趋频繁、高科技人才竞争日益激烈的情况下，应该将留住核心人才、防止人才流失作为开展工作的指导原则，采取有效的措施增强企业对人才的吸引力，保证企业人员队伍的稳定性。

案例研究

2004年4月，原方正集团助理总裁周险峰和方正科技PC部门近30名技术骨干集体加盟海信事件被媒体确认。同月，同方销售经理郝毅及另外3名曾在同方销售前三名的大区经理集体跳槽到长城电脑。同月下旬，在中国著名防寒服装品牌企业波司登刊出的大幅广告中，上海南极人20多名负责产品研发、生产、销售的高层职业经理人集体跳槽波司登内情浮出水面。同年5月，继太平洋电脑网市场总监秦刚离职后，太平洋电脑网站手机频道的严峰等员工集体投奔到www.IT.com.cn旗下。

核心员工集体"出走"事件不仅发生在中国企业中，外企中也同样存在。据韩国媒体报道，2004年4月初，韩国Grigon Entertainment集团旗下的 *Seal Online* 核心开发团队（团队名称为伽蓝·风）除金武光外，其余人员已经全部跳槽到Sonogong公司。另外，中智上海外企服务公司年初在对5 000多位上年至少跳过一次槽的外企员工进行的调查中发现，有一成多属于集体跳槽。据悉，集体跳槽的起因往往是企业中高级管理人才的流动，导致一个团队的"集体出走"。[1]

---

[1] 郭云贵. 核心员工缘何集体"出走"[J]. 人才资源开发，2005（3）：52-53.

解析：留住核心人才

尽管当今的人才流动日益频繁，员工跳槽已经司空见惯，但是核心员工集体"出走"，任何企业都不能无动于衷，因为它有可能对企业造成致命的打击。企业应该关注其员工的职业发展，注意使外职业和员工的内职业相结合。尤其对于核心骨干人才，应多作沟通，增强群体的凝聚力。

二、晋升与调动管理

（一）晋升管理

晋升，是指企业员工由于工作业绩出色和组织工作的需要，沿着组织等级，由较低职位等级上升至较高等级。对于员工来说，晋升是一种积极的成就，可以使他们具有更高的职业工作地位并承担更重的责任，同时也可以为他们带来更高的薪资福利。所以，一般来说，合理的晋升管理可以对员工起到良好的激励作用，有利于员工队伍的稳定、避免人才外流。另外，合理的晋升制度的执行，还可以激励员工为达到明确可行的晋升目标而不断进取，致力于提高自身能力和素质，改进工作绩效，从而促进企业效益的提高。可见，晋升管理工作进行的好坏直接关系到企业人力资源队伍的积极性和士气，重要意义不可忽视。进行有效的晋升管理必须遵循以下三项原则。

1. 保证晋升过程的正规、平等和透明

许多企业依靠非正规的渠道来提升员工。在这些企业中，晋升完全是上层管理人员的事情，员工对组织内是否存在空缺职位以及空缺职位的要求一无所知，晋升对象的选择往往是由上层管理人员凭主观印象作出。这种做法切断了工作绩效和晋升之间的关系，使得晋升起不到应有的激励作用。晋升程序的正规、平等和透明，可以大大改善这种状况。

（1）正规，是指晋升的过程遵循一定的制度和程序，并且这种制度和程序是被广大员工所知晓的。

（2）平等，是指给全体员工以平等的晋升机会，并且在执行和判断晋升条件和标准时应该一视同仁。

（3）透明，是指将空缺职位以及整个晋升选拔过程公之于众。

正规、平等、透明的晋升过程有助于员工为自己设计职业生涯的努力方向，有利于晋升结果获得广泛认同，对晋升者以及其他的员工都起到激励作用。另外，还可以激发员工自觉进行自我开发和职业设计的热情，有利于优秀企业文化的形成和发展。

2. 员工的晋升选拔应该重视能力

在我国的很多企业里，论资排辈的现象在晋升选拔中不足为奇。这种以资历作为选拔标准的制度打击了很多德才兼备的年轻人的积极性。在目前知识更新速度加快的情况下,这种单一的标准显然已不适应时代的发展。员工晋升选拔的标准应该重视能力,适当考虑资历的因素,做到"不拘一格降人才"。从激励的角度看,以能力为重心的晋升选拔标准更有利于年轻员工的快速成长,更能够激发员工的积极性。

3. 对能力的评价要注重对员工技能、绩效、经验、适应性以及素质等因素的综合考察

在作出晋升决策时,必须对员工的目前工作绩效以及发展潜力作出评价。对目前的工作绩效作出评价可能比较简单,运用一些评价工具就可以作出判断。对员工发展潜力的评价就需要综合考虑他的经验、适应性以及素质等各方面的因素。一个技能很强的人不一定有从事管理工作的经验和心理素质,一个有经验并且具有很强技能的人不一定善于领导别人,所以,对员工晋升资格进行评价时,需要借助一些有效的程序对这些因素作出综合的评判。

(二) 调动管理

调动是指员工在组织中的横向移动,也就是说在并不改变薪资和职位等级的情况下变换工作。调动可以由组织提出,也可以由员工自己提出。

由组织提出的调动可能会出于两方面的原因。

(1) 企业调整组织结构的需要。企业的发展或变革经常会带来组织结构的变革,比如组织的扁平化改革,再比如组织引入了新的技术或管理模式,都会带来相应的组织结构的变动,需要新设立某些部门,也会撤除一些部门。为了满足这种由改组而产生的需要,组织会对员工进行非提升性的调动。为了留住有价值的员工,管理者会将那些原工作部门被撤销的员工安置到其他的工作岗位上去。这些调动可能是在同一间办公室内进行,也可能是在不同的地区间进行。

(2) 为了使更多的员工得到激励。我们知道,企业的层级结构是一个金字塔形的结构,越往上职位越少,很明显,有很多员工得不到进一步的提升。对于那些工作绩效出色却又无法得到提升的员工来说,可能会因为得不到激励而对工作产生厌倦,这时,组织会利用工作调动来为他们提供实现工作多样化,从而实现自我发展的机会。现在,越来越多的企业在进行组织扁平化的改革,通过减少管理层级来提高工作效率,在这种情况下,丰富的实践经验成为获得提升的必要条件。利用工作调动不仅可以通过实现员工工作的多样性来使他们受到激励,而且这种工作调动本身就是在为提升作准备。

由个人提出的调动可能会有很多原因,主要可以分为两方面。一是为了协调个人的其他需要同工作的关系,比如家庭中有需要照顾的老人或者小孩儿,需要一份时间更有弹性的工作,或者工作往返的路程太远,等等。还有一方面的原因就是解决工作中的个人冲突。员工可能在原来的部门中和其他某位或某些员工不

易相处。针对这些个人提出的调动请求，组织一定要及时处理，因为这些因素对于个人来说非常重要，他们很可能会为此而辞职，企业也许就会因此而失去一些很有价值的员工。

三、解雇管理

尽管企业通过人力资源规划对企业人力资源的现状和未来进行了尽可能详尽的了解和预测，通过人员招聘与甄选对员工的素质进行了大量的鉴别工作，并在后来的工作中通过绩效评价和培训与开发等活动对改进员工的技能、素质以及绩效进行了大量的努力，但还是会由于市场变化的偶然性或者一些员工无法达到要求的绩效水平而需要进行裁员，也就是解雇一些员工。解雇对于员工来说，是一种非自愿的流动，所以可能会是一件非常困难的事情，并且有可能带来危险。危险可能来自于经济方面，比如一些解雇行为可能会引起被解雇员工的控告。在美国，有70%以上的这种控告都是雇员一方获胜，而且，企业赔偿的费用比较高。危险还可能来自于人身方面，这是因为职业常常是一个人全部收入的来源，当员工被解雇时，他们受到的压力非常大，可能会做出一些极端的行为，比如暴力冲突，造成人身伤害。所以，企业在进行解雇管理时要格外小心，通过遵循一些原则来尽量避免不良后果的出现。

（一）保证公平

企业往往愿意留下那些有价值或者说是绩效更好的员工，所以解雇对于员工来说是对他们工作成绩的一种极端的否定，这是他们都不愿接受的事实。但是，如果让他们明白自己被解雇的真实原因，并且这种原因是基于公平的评价或筛选，那么他们可能会更容易接受一些。公平有三种，结果公平、程序公平和人际公平。对于解雇管理而言，结果公平是不可能达到的，因为总有人会被解雇。但是程序公平和人际公平都是可以通过一定的制度做到的。

程序公平是指在决定哪个员工被解雇时所使用的方法，就是指作出解雇决策的程序具有一致性、没有偏见、有代表性并且符合道德规则。这就要求企业在进行解雇管理时创建一套公平的解雇程序，所有的解雇都是按照这套程序进行，而不是因人而异或者由某些管理者偶然作出决策。

人际公平是指解雇被执行过程中的人际关系的性质。这要求在解雇决策的执行过程中要向被解雇人员作出充分的解释，并以一种细心周到、充满人情味的方式来进行，以缓解被解雇员工的怨恨情绪。

（二）采取一些缓解的解雇措施，比如逐级惩戒

除了在某些极端的情况下，因为员工绩效不佳或过失而导致的解雇不应该突然发生，也就是应该在他们有被解雇的危险时事先提出警告，而且这种警告有时不只一次地被提出。这样，可能能够缓解员工被解雇时的激愤情绪，而且，当存

在问题的员工最终被解雇时,他们控告组织的机会就大大减小了。另外,企业还可以通过其他一些方式,比如对被解雇的员工提供一些再就业的咨询或者推荐他们到别的地方就职(这种情况多发生在企业因为一些自身的原因进行的大规模裁员时)等方法来缓解解雇带来的不良后果。

四、退休管理

大部分员工是以退休的方式离开企业的。退休建立在员工达到一定的年龄并为组织服务了一定的年限的基础上,员工可根据企业以及当地政府的一些规定享有退休金。企业对退休的管理也有着重要的意义。首先,一份良好的退休计划可以使退休员工顺利地渡过从工作状态到赋闲在家的转型;更重要的是,它还可能是企业对人才具有吸引力的来源;并且,良好的退休计划对企业现有的在职员工能够起到一定的激励作用,使他们安心工作,没有后顾之忧。

退休常常会带来强烈的感情波动。因为对于大多数员工来说,退休是他们生活中的一个重大的突然的转变,从办完退休手续的那一天起,他们忽然由忙碌的全职工作者转变为整日无所事事的赋闲人员。虽然退休是他们职业生涯的顶点,退休后他们就不用为工作上的问题操心,可以彻底放松下来,好好地享受自己一生职业生涯积累下来的劳动成果。但是,事实上,他们大多会面临一种归属感和自我价值的迷失,这种迷失的感觉会让他们无所适从。企业进行的退休管理一般都是针对这种情况开展的,比如为他们提供一些有关退休生活的信息,有关社会保障福利、住房、财政等方面的,有的企业还提供一些关于健康、心理、休闲的咨询,帮助退休职工平稳度过这个阶段。

第四节 激励管理

高昂的士气、员工对工作较高的满意度以及令人兴奋的生产率都不是伴随着一家企业的成长自然而然就可以获得的,它们是需要企业花费一定的人力、物力和财力来换取的。随着企业的不断扩展,指挥的链条越来越长,员工就越来越难看到共同分享的目标,企业高层和员工之间出现了较深的隔膜,相互看不到对方,更不了解对方。没有了全身心的参与,高昂的士气和个人的自我价值感也随之削弱。所以,对于企业来说,对员工进行激励管理的重要性不言自明。

一、激励的概念

激励在现实的企业管理中是一项非常重要的功能,它是组织行为学中研究的核心问题。研究激励问题,实质上是探讨人的行为动力,从而将其应用到企业管理中，也就是探讨如何有效地调动员工的工作积极性，提高其工作绩效。

激励作为一个心理学的术语，是指心理上的驱动力，含有激发动机、鼓励行为、形成动力的意义，也就是说通过某些内部或外部刺激，使人奋发起来，驱使人们去实现目标。在企业管理中，不同的人对激励有着不同的定义，但都基本包括三方面的含义：人的行为动力是什么；人的行为如何被引导向特定的目标；怎样维持人的行为。因此，激励就是指激发人的动机，使人有一股内在的动力，朝着所期望的目标前进的心理活动和行为过程。激励是对人的一种刺激，是促使和改变人的行为的一种有效手段。激励的过程，就是管理人员引导并促进员工产生有利于管理目标行为的过程。

激励可以激发人的内在潜力，开发人的能力，充分发挥人的积极性和创造性。美国哈佛大学的教授威廉·詹姆士通过研究发现，在缺乏激励的组织环境中，员工的潜力只发挥出20%~30%，而在良好的激励环境中，同样的员工可以发挥出其潜力的80%~90%。可见，在企业管理中，每位员工都需要被激励，使每位员工始终处在良好的激励环境中是人力资源管理应该追求的目标。管理者对员工进行有效的激励，可以使每位员工都充分发挥自己的聪明才智，接受并认同组织的目标和文化，从而保持最佳的工作状态并带来优秀的绩效。另外，良好的激励计划还可以增强企业对人才的吸引力，有助于企业获得人力资源的竞争优势。

二、激励的方法

本书第二章介绍了很多具有一定影响力的激励理论，这些理论是企业在选择具体的激励方法时的依据，将这些理论应用于具体的激励管理实践，会产生许多种方法，在此主要讨论四种最常用、最基本的方法。

(一) 目标设置

目标设置是由美国著名行为学家洛克于1968年首次提出的一种管理方法。洛克认为，目标设置是管理领域中最有效的激励方法之一。员工的绩效目标是工作行为最直接的推动力，所以，为员工设置恰当的目标是管理工作中的一项重要任务。

目标管理 (management by objectives, MBO) 是一种最典型的目标设置管理方法。它是一种先由组织确定在一定时期内期望达到的总目标，然后由组织内各部门、各团队和全体成员共同参与，制定各自的分目标和行动方案，安排自己的工作进度，最后以目标的实现作为绩效衡量的管理方法。主要包括以下几个步骤。

(1) 制定总目标。总目标的制定采取由上而下的方法由组织上层管理人员集体制定，一般程序如下：首先，确定组织所要达到的关键结果区，所谓关键结果区是指对一个组织的整体绩效影响最大的区域,比如销售额、市场占有率等。其次,确定关键结果区的具体绩效测量方法,这就要求总目标应该是客观的、可测量的。最后,制定具体的行动方案。

(2) 制定各层级的分目标。目标管理的主要职能在于分解目标,使组织的总目标具体化,形成一个由上而下的相互制约、相互衔接的目标网络,层层落实、层层负责,使每个部门、每个人都有明确的工作目标,以此来确保总目标的实现。

(3) 目标评价和控制。目标控制的任务就是定期检查下属工作的进度和绩效,对他们的工作进展情况作出评价和反馈,并帮助他们解决遇到的困难和问题,对意外情况采取必要的调整措施。这项工作一般是在一个生产或经营的周期内进行,如销售部门按月评定、生产部门按周评定等。

(4) 目标调整。进行目标评价的另一项重要作用就是对前一期的工作进行总结,并据此对下一期的目标作出相应的调整,以便开始下一轮的目标管理循环。

目标管理是一种广为流行的激励管理方法,通过让员工参与制定个人具体的、富有挑战性的目标,可以让他们在工作中明确自己应该做什么,以及怎么做,这样会对他们起到很好的激励作用,从而提高工作绩效。但是,目标管理也有其缺点,这种管理方式太注重结果,而往往忽视了对达到结果所采取手段的关注,因而可能会出现一些员工采取不正当手段的现象。

许多研究结果表明,目标的设置对员工的工作绩效有明显的影响,但是也要注意一些原则。首先,目标的设定应该是具体的。具体的目标比含混不清的目标更能激发员工的行为,达到更好的工作绩效。比如,制定每天、每月完成产量和质量的具体指标比只含糊其词地说"你们好好干"效果要强很多。其次,目标难度应当适中。"跳起来摘的桃子"的标准可以起到很好的激励作用。再次,目标应该是员工参与制定的、被他们所接受的。这也就是目标的内在化,只有转化成个人愿意为之付出努力的目标才能真正起到激励的效果。最后,对目标的执行过程进行及时、客观的反馈。及时客观的反馈可以使员工及时发现目标进程的偏差,也可以对他们取得的优良绩效起到强化的作用。

(二) 奖励制度

奖励制度是企业最常用的一种激励方法,它是一种外激励。奖励制度是否得当,直接影响企业员工的工作积极性。一般来说,奖励制度的制定要遵循两项基本原则,一是组织为员工提供的奖励必须对员工来说是具有较高价值的,也就是员工认为这种奖励对他有重要意义;二是组织制定的奖励制度要保证员工得到的报酬与他们工作绩效相联系。

奖励制度包括物质奖励和精神奖励,由于每个人之间存在个体差异,不同的奖励形式对不同员工的激励效果也会有所不同。具体的奖励制度主要有以下五种方式。

（1）加薪。这是一种组织较为普遍使用的奖励方式。对于大多数人来说，工作报酬是他们唯一的生活来源，所以加薪对于他们能够起到很好的激励作用。但是，加薪会给企业带来较大的成本。

（2）晋升。晋升对于很多员工来说，也是一种很好的激励方法，因为晋升往往同加薪相联系，并且，晋升还意味着更多的职责和更大的权力。对于那些成就动机强的人来说，普升比加薪的激励作用还要强。

（3）津贴。津贴是指与职业相关的一些福利，比如养老金、人寿保险、健康保险、住房补贴等。

（4）地位和身份的象征。在一些大公司中，有许多地位和身份的象征，比如专用办公室、专用停车点、私人秘书等。对于不同的员工来说，地位象征所起到的激励效果是因人而异的。

（5）特殊奖励证书。这主要是指为具有特殊贡献的员工颁发的奖状和授予的荣誉称号。这种奖励有时会伴随一些物质奖励，但主要是一种精神奖励，可以满足员工的某些精神需求，从而起到激励的效果。

除了以上五种奖励制度外，还有很多其他的奖励制度，比如福利、休假、实物奖励，等等。

案例研究：通用电气公司——奖励最优秀的员工

奖励高绩效员工被韦尔奇当做自己的一项重要任务，直到20世纪90年代后期，杰克·韦尔奇仍然关注着如何构筑最佳的企业领导层。但是此时他已经从专注于具体成分转向研究如何确保给那些最佳的企业领导者以恰当的奖励。

比尔·科内蒂声言："韦尔奇并不是事无巨细都要过问，但他力图确保在每一天的经营中，让最有效率的人得到最好的待遇；同时我们必须留意查看那些绩效最差的人，并给予一定的处罚。"

韦尔奇对优秀员工的奖赏不止于物质方面，他还通过给优秀员工以探索、创造的机会，让他们承担更重要的责任，给予荣誉等方式来激励他们。公司经常在各种范围的会议上，表扬那些工作优秀的职员，介绍他们的成就，并由韦尔奇亲自授予证书、奖章。

韦尔奇认为，奖励必须与本人的业绩挂钩，只有这样，才能激励最优秀的人才，激发他们的积极性和创造性。韦尔奇把奖励运用到绩效文化中，取得了极大的效果。[1]

---

[1] 杨和茂. 高效激励：打造常青企业［M］. 北京：中国铁道出版社，2007：122.

(三）工作设计

工作设计是指组织通过控制向员工分配工作和职责的方式来对员工产生激励的一种方法。工作设计是一种内激励，从改变工作内容和形式入手来激发员工的工作动机，增强他们对工作的满意度，从而提高工作绩效。

通过工作设计的方法来激励员工主要有两种形式。一种是工作扩大化。它是建立在双因素理论基础上的。具体做法就是通过增加员工工作任务的种类，让员工同时承担几项工作任务或者从事周期更长的工作，来克服员工对单调工作可能产生的厌烦，增加他们对工作的兴趣。另一种是工作丰富化。它是指让员工有机会参与工作任务的计划与设计，并在他们执行工作任务的过程中向他们提供反馈，评估和修正自己的工作，从而使其对工作本身产生兴趣，增加其责任感和成就感。这两种形式的不同之处在于，工作扩大化是一种工作任务水平负荷的增加，即增加同类工作的数量；而工作丰富化是纵向的扩大工作范围，让员工担负更多的责任，有更多的自主性。

工作设计对员工的激励作用不一而论，据分析，人们对这种方法的反应各不相同，具有高成就需要的员工往往对这种方法反应更积极，而对于那些成就需要低的员工来说，这种激励的作用并不显著。所以，在运用这种方法对员工进行激励时，要注意方法的适用，因人而异。

（四）行为矫正

行为矫正是强化理论应用于管理实践产生的一种方法和技术。它是以改变影响工作绩效的行为，从而提高组织的工作效率为目的。一般来说，行为矫正方法的实施分为五个步骤。

（1）确定关键行为。也就是确定对工作绩效有重大影响的行为。这种关键行为可由本部门的管理人员和从事该项工作的员工共同来确定，也可由外来的咨询专家来确定。这一步对于整个行为矫正活动有着至关重要的意义，是后面工作的指向。

（2）行为的测量。通过观察、计算或查阅记录等方式获得关键行为在实际工作中的次数。这一步骤有两种目的，一是检验关键行为的确定是否恰当。比如原来确定的关键行为是出勤率低，但是通过测量发现出勤率达到了95%，那么这一关键行为显然是无需矫正的。另一种目的就是可以获得基本的客观数据，为以后的矫正提供参考和比较。

（3）行为起因分析。对行为的起因进行细致、正确的分析是采取相应的矫正措施的基础。

（4）选择矫正措施。在经过了以上三个阶段的工作之后，就要对行为进行具体的矫正了。具体的矫正措施根据强化理论可以分为三种：正强化措施、与正强化相结合的惩罚以及与正强化相结合的消退。这一步骤的具体操作应该注意要以正强化为主,以惩罚和消退作为辅助手段。

(5) 绩效评价。这是行为矫正的最后一个步骤。也就是对行为矫正的效果,即行为改变和绩效改进作出评价。行为矫正并不是为了矫正行为而矫正行为,改善员工的行为、改进组织的绩效才是它的最终目的。

三、激励方法的适用原则

上面我们介绍了四种基本的激励方法,但是,要想在激励管理中取得良好的激励效果,仅仅掌握这些方法是不够的,还要合理地应用这些方法,因为具体适用环境、对象和技巧的不同会带来非常不同的激励效果。所以,在激励方法的具体适用中,要因人、因事而异,遵循一定的原则。

(一) 目标结合原则

企业目标是企业发展的方向,是企业一切工作的核心,所以,在目标设置中必须体现组织目标的要求,否则,一切努力就只能是徒劳。只有将组织目标与员工的个人目标相结合,使组织目标中包含更多的个人目标,考虑个人的发展,同时,又要使员工为个人目标的实现所作的努力朝向组织目标的方向。这样,既能起到良好的激励作用,又可以促进组织的发展,不偏离组织发展的方向。

(二) 物质激励与精神激励相结合

在社会发展的现阶段,从工作中获得物质利益仍然是人们工作的主要目的之一,所以,物质激励的作用仍不容忽视,甚至还应放在主要位置来考虑。然而,随着社会经济的进一步发展,人们生活水平进一步提高,精神激励的作用也会越来越重要。所以,应该坚持以物质激励为基础,精神激励为根本,在两者结合的基础上,逐步过渡到以精神激励为主。

(三) 外激励与内激励相结合

外激励是指来自工作环境的激励因素,比如工资、奖金、人际关系等;内激励是指来自工作本身的激励因素,比如工作是充满乐趣的、具有挑战性的,通过内激励使员工真正对工作本身产生兴趣,通过工作达到其自我实现的满足感。这两种激励方式缺一不可,管理者在激励管理中应该坚持以内激励为主,并力求达到这两种方式的合理结合。

人力小故事

某天,一户人家的小花狗忽然不见了,于是马上报警。一周后,小花狗被人送到警察局,警察立刻通知了这家人。在等待主人到来的空隙,警察发现这只小花狗没有一点欢喜的神情,反而悲伤地流泪了。

警察相当好奇:"你应该高兴才对啊,怎么流泪了呢?"

小花狗悲伤地回答:"警察先生啊,你有所不知,我是离家出走的啊!我在主人家已经待了好多年,从一开始就负责一家人的安全,一直很尽忠职守地执行我的职责。当然主人也夸奖我的业绩，平时见到我会摸摸我、拍拍我，常带我出去散步。那种保卫一家人的成就感，那种受重视、受疼爱的感觉，让我更加提醒自己，好好保护这一家人。直到有一天……有一天家里装上了防盗门，从此我失业了，看门不再是我的职责，家人也不需要我保护了。我整天无所事事，对家庭一点用都没有，虽然主人还是一样地饲养我，但是我实在受不了这种受冷落的感觉，所以才会离家出走，宁愿过流浪的日子。"[1]

解析：设法满足员工的特定需求

在现实生活中，很多老总以为自己已经给了属下丰厚的薪水，他们就没有理由再有任何埋怨了。其实，金钱对于员工的激励是有限度的，并不能持久地起到作用，因为人们更渴望实现自我价值。当员工工作热情下降、业绩不佳时，不要以为光靠高工资就能够摆平，而要知道他们所需，有针对性地给予鼓励。就像故事中的这只小花狗，它并不会因为每天有吃有喝就放弃了对保护家人安全的责任感和成就感的向往。同理，下属也不会因为获得了丰厚的回报就减弱了自己对荣誉感、成就感的追求。

（四）正激励和负激励相结合原则

正激励是指对员工正确的行为或工作进行肯定、奖励，从而产生激励效果；负激励则是指对员工错误的行为或工作进行批评、惩戒，也可以起到激励的效果。在实际应用中，企业应该注意这两种激励的结合，只有两者结合才能起到很好的激励效果，也就是人们经常讲的"黑脸和红脸要一起唱"。

（五）灵活的原则

激励的起点是满足员工的需要，但员工的需要存在着个体差异性和动态性，因人、因时而异，灵活的激励管理才能获得期望的效果。对不同的员工群体要采取不同的激励方法，比如对低薪资员工群体，加薪的激励方法就会显得非常有效；而对于高收入员工，特别是越来越多的知识型员工，晋升、工作设计等方法可能比加薪更能收到良好的效果。

（六）控制奖励的效价差

效价差过小，就会造成平均主义，从而失去激励的作用，但是如果效价差过大，不符合贡献的差距，则会走向反面，使员工感到不平等。所以，在激励管理中，要特别注意效价差与贡献差相匹配，既使员工感到公平，又能够使先进者有动力、后进者有压力，起到良好的激励效果。

激励方法的应用对于企业来说具有实际的意义，不能应用于实践，再好的方法也只是空中楼阁，毫无意义。以上我们介绍了在激励应用中应该遵循的原则，

---

[1] MBA最新核心课程编译组. 人力资源管理 [M]. 北京：九州出版社，2006：194-195.

按照这些原则来开展激励管理工作是成功激励的必要条件,具体的实践还要结合企业的实际情况,谨慎选择和适用。

本章小结

职业管理是现代企业不可忽视的一项工作,良好的职业管理不仅能够保持企业的人力资源竞争优势,还可以对员工起到激励的作用。本章首先对职业管理的概念以及它对企业的重要意义进行探讨,然后分析影响职业选择因素以及企业如何进行流动管理,最后专门讨论了企业的激励管理。

关键概念

职业管理　　职业性向　　职业锚　　职业流动管理　　激励管理

复习题

1. 职业管理的概念是什么?什么是内职业?什么是外职业?
2. 约翰·霍兰德教授如何划分"人格性向"和相应的职业?
3. 职业锚有哪些类型?
4. 激励管理的概念和方法是什么?

讨论及思考题

1. 除了本章提到的因素外,你还能列举出哪些因素影响职业选择?
2. 如何在保持一定的人员流动率的同时防止核心人才的流失?

参考文献

[1] nne Roe and Patricia W. lunneborg: "Personality Development and Career Choice", Ursula Delworth and Gary R: Hanson (edit.), Career Choice and Development, 1984, Jossey-Bass Inc.

[2] M. Rousseau, "Protean Careers of the 21st Century," Academy of Management Executive 11 (1996).

[3] M. B. Arthur, P. H. Claman, and R. J. DeFillippi, "Intelligent Enterprise, Intelligent Careers," Academy of Management Executive 9 (1995).

[4] J. S Lubin and L. B. White, "Throwing Off Angst, Workers Are Feeling in Control of Their Careers," The Wall street Journal (1997).

[5] E. H. 施恩. 职业的有效管理 [M]. 仇海清,译. 上海:生活·读书·新知三联出版社,1992.

[6]〔美〕加里·德斯勒. 人力资源管理 [M]. 6 版. 北京：中国人民大学出版社，1999.

[7]〔美〕劳伦斯·S.克雷曼. 人力资源管理—获取竞争优势的工具 [M]. 孙非，等，译. 北京：机械工业出版社，1999.

[8]〔美〕R.韦恩·蒙迪，罗伯特·M.诺埃. 人力资源管理 [M]. 6 版. 葛新权，等，译. 北京：经济科学出版社，1998.

[9]〔美〕雷蒙德·A.诺伊，约翰·霍伦拜克，拜雷·格哈特，帕特雷克·莱特. 人力资源管理 [M]. 3 版. 刘昕，译. 北京：中国人民大学出版社，2001.

[10] 亚瑟·W.小舍曼，乔治·W.勃兰德，斯科特·A.斯奈尔. 人力资源管理 [M]. 张文贤，译. 大连：东北财经大学出版社，2001.

[11] 吴国存. 企业职业管理与雇员发展. 北京：经济管理出版社，1999.

[12] 许玉林. 组织行为学. 北京：中国劳动出版社，1996.

[13] 胡宇辰，熊子永，叶清. 组织行为学. 北京：经济管理出版社，1998.

[14] 安鸿章，吴江. 面向21世纪的现代企业人力资源管理. 北京：中国劳动社会保障出版社，1999.

[15] MBA 最新核心课程编译组. 人力资源管理 [M]. 北京：九州出版社，2006.

[16] 杨和茂. 高效激励：打造常青企业. 北京：中国铁道出版社，2007.

CHAPTER 8

第八章
绩效考核

本章要点提示

- 绩效考核的重要性
- 绩效考核的操作与流程
- 绩效考核的方法和考核中容易出现的问题
- 绩效考核面谈

本章内容引言

绩效考核是帮助企业维持和提高生产力、实现企业目标的最有效的手段之一,也是企业人力资源开发与管理工作的最重要的环节,已经越来越受到企业的重视。本章主要介绍绩效考核的程序、绩效评价的方法、绩效考核中常见的问题和解决的方法。

第一节 绩效考核概述

企业内任何一名员工的工作绩效如何,都直接或间接地影响到企业的战略目标和战略任务的实现。只有企业对个人绩效作出了公正的鉴定和评估,才能进行有效的反馈和控制,才能使员工的工作活动与企业的目标有效地结合起来

开篇故事

三只老鼠

三只老鼠一同去偷油。老鼠们找到一个油瓶,通过协商达成一致意见,轮流上去喝油。于是三只老鼠一只踩着一只的肩膀开始叠罗汉,当最后一只老鼠刚刚爬到另外两只的肩膀上,不知什么原因,油瓶倒了,并且惊动了人,三只老鼠不得不仓皇逃跑。

回到鼠窝,大家开会讨论行动失败的原因。

最上面的老鼠说:我没有喝到油,而且推倒了油瓶,是因为我下面的第二只老鼠抖动了一下;第二只老鼠说:我是抖了一下不错,但那是因为我下面的第三

只老鼠抽搐了一下；第三只老鼠说：对，对，我之所以抽搐是因为好像听见门外有猫的叫声。

"哦，原来如此呀！"大家紧张的心情顿时放松下来。

结论：猫的责任。

解析

企业里很多人也具有老鼠的心态，这使得绩效考核在企业的实践中往往得不到有效的实施。要解决这一问题，必须认真分析影响绩效考核的诸多因素，对员工的工作绩效作出客观公正的评价，明确职责，奖惩分明。

一、绩效考核的概念

（一）绩效

绩效是指员工在一定的时间和条件下为实现预定的目标所采取的有效工作行为以及实现的有效工作成果。它主要包括三方面。

（1）工作效果。包括工作中取得的数量和质量。主要指工作活动所实现的预定目标的程度。工作效果涉及工作的结果。一个人工作有没有绩效，首先要看其工作任务完成之后，取得了多少成果。

（2）工作效率。包括组织效率、管理效率、作业效率等方面。主要指时间、财物、信息、人力及其相互结合利用的效率。工作效率涉及工作的行为方式。一个人的工作绩效如何，还要看他是如何取得的成果，是投入大于产出还是投入小于产出。

（3）工作效益。包括工作中所取得的经济效益、社会效益、时间效益等。工作效益涉及对组织的贡献。一个人的工作绩效如何，还要看他所取得的工作成果能不能给社会、企业、部门和个人带来一定的利益。

（二）绩效考核

绩效考核就是管理者用系统的方法、原理来评定、测量员工的工作行为和工作效果，以确定其工作成绩的管理方法，是对员工的工作完成情况进行定性和定量评价的过程。绩效考核是一种贯穿于工作全过程的管理行为，它不仅仅是要对员工的绩效作出科学的考核与评价，更为重要的是要对员工起到指导、教育、监督、激励、约束等作用，在员工绩效和组织绩效不断改善的过程中，使员工个人与组织都能获得不断的发展和提升。目前，大多数企业的绩效考核工作主要致力于监督绩效和对目标达成程度的控制，在很大程度上忽略了指导、教育、培养员工个人成长和发展的功能。

绩效考核是一套完整的系统，该系统包括绩效界定、绩效衡量以及绩效反馈。

（1）绩效界定就是要确保管理者和员工在对于组织来说绩效的哪些方面是重要的要达成共识，其基础就在于工作分析；同时根据双方沟通的结果达成协议，该协议要对员工的工作职责、工作绩效的衡量、双方的协同、障碍的排除等问题作出明确的要求和规定。

（2）绩效衡量就是要根据协议所确定的工作标准进行绩效的评价。绩效衡量有很多种评价方法，在下文详细介绍。

（3）绩效反馈是指向员工提供绩效评价的结果，由管理者和员工就绩效情况进行探讨，以便员工能够根据组织的目标来改进自己的绩效，同时管理者还与员工共同商量并协助其制订个人工作改进计划，并确保个人培训和发展计划的实现，以促进个人的发展。

由此可见，绩效考核是依据管理者与员工之间达成的协议来实施的一个动态沟通过程，其重点不是为了解释过去如何，而是要将考核结果作为组织和个人未来规划的基础和依据，更多地集中于未来绩效的提高而不是对过去绩效的评价。因此，脱离了这个体系的单纯的绩效衡量难以发挥绩效考核的应有功能，只会是"走形式"、"做样子"。

二、绩效考核的重要性

绩效考核对于企业来说是一项具有挑战性的工作，但它也是赢得企业竞争优势的关键所在。绩效考核的最终目的就是通过对员工全面综合的评估，改善员工的工作表现，充分发挥员工的潜能和积极性，以更好地达到企业的经营目标，并提高员工的满意程度和未来的成就感。绩效考核的重要性主要表现为以下四方面。

（一）绩效考核可以将员工的工作活动与企业的目标有效地联系起来

绩效考核首先就是要明确企业的目标、部门的目标，根据企业的战略目标来确定员工个人的工作目标和工作标准。绩效考核的标准就是企业所期望的行为和结果，就是员工努力的方向。有效的绩效考核系统必会将员工的活动与企业的战略目标结合在一起，通过考核使员工更好地认识企业的目标，改善自身的行为，不断促进企业目标的实现。同时，通过检查、反馈员工现有的工作绩效，还可以使员工改进缺点，发扬成绩，提高自身的工作业绩，促进员工个人今后的发展。

（二）绩效考核为管理者和员工搭建了一座正式沟通的桥梁

考核为企业管理者及其下属人员提供了一次很好的沟通机会。考核不仅是对员工的工作行为和结果进行讨论审查，制订计划克服在工作绩效评价过程中所揭示出来的低效率行为，强化已有的正确行为，而且利用这个机会，管理者可以及时正确地了解员工的思想状况、工作状态、未来规划、各种困难等，同时也给员工定期讨论绩效和绩效标准的机会，可以使员工及时正确地了解管理者的管理思路、计划、对自己的期望，以及企业对自己的真实评价等，促进了管理者与员工的相互了解和信任，提高了管理的效率和效力。

（三）企业在实施管理的过程中要大量地使用到绩效考核的信息

绩效评价的结果是企业人力资源管理的基本依据，可以切实地保证人力资源管理各项工作的科学性。同时，企业的计划评估、政策制定和修正也都涉及绩效考核。

从管理的角度看，绩效考核可以为人力资源活动的各个层面提供服务。比如通过对每位员工对企业贡献的大小进行评估，可以清楚地了解其对企业的贡献到底是多少，而员工工作绩效考核的结果可以作为公正合理的待遇和奖惩的基础，为员工的薪酬决策提供依据；同时也是员工聘用、晋升、调动、辞退的重要依据；企业可以把绩效考核作为提高员工素质、调动员工积极性的重要激励手段；企业也可以根据绩效考核结果对员工招聘、甄选和工作匹配决策进行评估，绩效评估数据还可以用做人力资源规划，在岗位评定计划中衡量某个岗位的相关价值，确定人员培训和开发工作的需求，评价培训和开发工作的效果等；绩效考核还有利于检查和改进本企业的人力资源管理工作。绩效考核不仅仅可以作为一般人事决策的参考，而且可以作为其他管理决策的参考。如一项新的管理政策实施后，欲评估其效果，就可以将实施前后的员工的工作绩效的改变情况进行对比，以此来确认该政策是否能有效促进管理效率的提高，并发现问题，进行修正和改进。

（四）绩效考核可以促进对员工的进一步开发，使他们有效地完成工作

在绩效反馈过程中不仅仅要指出员工的缺点和不足，帮助他们找到绩效不佳的原因，更为重要的是企业可以根据员工已经表现出来的缺点和优点来为员工制订培训、开发和个人职业发展计划，帮助员工制定新的目标以达到更高的绩效。这时管理者的作用就是建议、指导，以及全面帮助下属员工通过积极的参与来寻求他对于能够提高绩效的自身潜能的更好理解。员工因此可以清楚地意识到自身的优缺点，并知道该如何提高自己的技能和素质，这不仅能调动员工的积极性，发挥其全部的潜能，达到企业的战略目标，而且可以提高员工的满意度和未来的成就感，降低人才流失率。

三、绩效考核的内容

绩效考核的内容主要是以岗位的工作职责为基础来确定的，根据考核内容的不同，可以将绩效考核分为三种基本类型。

（一）品质基础型考核

品质基础型考核的内容以考评员工在工作中表现出来的品质为主，着眼于"他这个人怎么样"，主要用于评价员工的个性或个人能力、特征等。所选的内容

主要是那些比较抽象的个人基本品质，诸如忠诚、可靠、主动、有创造性、有自信、有协助精神等定性的形容词，如表8-1所示。这种类型的考核对员工工作的最终结果关注不够，并且操作性与效度较差，含混而主观，不明确，且往往与具体的工作行为和效果之间没有关系。但是这种考核类型适合对员工工作潜力、工作精神及人际沟通能力的考评，并且在用于对管理者的绩效考核时，其作用是其他类型的考核所不能代替的，因为管理工作的特点对管理者的品质、能力以及素质要求提出了一定的标准。

表 8-1　　　　　　　　部门经理品质基础型考核表

模块结构	考核指标	考 核 标 准
工作态度	责任感	• 明确自己在组织中的地位和作用，积极实施自己的职责 • 勇于承担责任，在职权范围内，不推诿 • 对自己和下属的行为负责，不推卸
	积极性	• 能够充满热情地完成工作，保持旺盛的干劲 • 努力充实提高自己，经常留心改善工作，不断提高自己的业务水平和领导能力 • 积极向公司领导提出有利于企业发展的建议
	协作性	• 为部门间的合作和平衡作出贡献，配合其他部门开展工作 • 加强部门内的团结工作，为使整个部门成为一个有效率的团队而努力 • 主动、及时地帮助与指导本部门员工解决困难
	纪律性	• 模范遵守公司内部各种规章制度，服从上级命令指挥 • 坚持原则，是非分明，绝不拿职权做交易或为了情面放弃原则 • 在遇到超出自己职责范围的事情时，不自作主张，及时上报
	创新性	• 在例外事情面前，能够迅速准确地把握事件的本质，作出恰当的判断和决定 • 善于提出独特而有效的方法应用于工作中，提高工作效率 • 善于应用新的有效的工作方法

（二）行为基础型考核

行为基础型考核的内容以考核员工的工作行为为主，着眼于"干什么"、"如何去干的"，重在工作过程，而非工作结果，重点评价员工在工作中的行为表现（如表8-2所示）。这种考核类型较适合于那些绩效难以量化的考核或需要以某种规范行为来完成工作任务的员工，诸如商店的售货员、宾馆的服务员等。行为基础型考核面临的主要问题是实际考核时难以开发出所有与工作行为相关的标准，而且在实际工作中，两种工作行为方式不同的员工都可能取得良好的工作绩效。这时，如果按照既有的行为基础型考核标准进行考评，可能会对某位员工的评价不公正。

表 8-2　　　　　　　　某类作业人员行为基础型考核表

模块结构	评定项目	分　数
职务行动	是否准确地拟定了检查项目	
	是否按正确的方法检查炉内的温度	
	是否是在规定的炉内温度的时刻做的	
	是否配备了消火器	
	是否戴了安全帽	
	是否穿了安全鞋	
	是否正确穿戴了作业服	
	材料放置是否正确	
	是否做了准备活动	
	是否上油	

（三）效果基础型考核

效果基础型考核的内容以考核工作效果为主，着眼于"干出了什么"，其考核的重点在于产出和贡献，而不关心行为和过程（如表 8-3）。由于它考核的是工作业绩，而不是工作过程，所以考核的标准很容易制定，并且考核也容易操作。这类考核对于那些最终绩效表现为客观的、具体的、可量化的指标的员工是非常适合的，比如对于具体生产操作的员工较适合，像在一线从事具体生产的工人、推销员等，但对事务性工作人员的考核不大适合。

目标管理考核方法就是对效果基础型内容的考核。效果基础型考核具有短期性和表现性的缺点。由于效果基础型考核只测结果，不问过程，可能会助长员工"不择手段达到预期效果"的想法，从而导致组织所不期望的行为发生，以致影响组织的长远利益。它无法提供有助于员工提高绩效的明确信息，因此对员工的提高发展也不利。

表 8-3　　　　　　　　销售人员的效果基础型考核表

考核指标	考核标准
销售计划	及时全部完成
销售费用	合理控制
回款率	100％
市场占有率	不断提高
已有重要客户	流失率低
新客户	不断开发与增加
客户满意度	高
销售表格、销售分析和总结报告	及时上交、质量高

总之，三种基本类型各有适用对象，也都存在各自的问题，不论采用哪一种类型都无法全面地对员工进行考核。因此，企业要从多方面对员工进行考核，既

要考核工作行为，又要考核工作效果，还要考核员工在工作中自身的素质。在进行实际绩效考核时，应根据具体情况慎重地予以选择、取舍，将三种基本类型进行有效的组合并精心设计。

四、绩效考核的原则

在进行绩效考核的时候，一定要注意做到科学、公正、客观，这样的考核才有意义。为此，应该遵守以下八项原则。

（1）制度化原则。企业的绩效考核要作为一项制度固定下来，同时考核的标准、程序、责任等都要有明确的制度规定，并在操作中严格地按照规定进行。这样，绩效考核才会有权威性。

（2）公开化原则。考核的内容和标准要公开，使员工认识到所有的考核对大家都是一样的，这样才能使员工对绩效考核工作产生信任感，各部门和各员工之间就不会造成人为矛盾。同时，每位员工都可以明确地了解到工作的要求是什么，这样就可以按照考核的标准来要求自己，提高工作绩效。

（3）客观性原则。要做到考核标准客观、组织评价客观、自我评价客观，不能带有考核人的个人观点，尽量避免掺入主观性和感情色彩。必须用公认的标准进行客观的评价。唯有客观，才会保证其公正性。

（4）分层次原则。绩效考核应避免用统一的标准来评价不同的人和不同的工作要求。不同层次的员工，考核的标准和考核的内容是不同的。例如，对一般员工，主要考核其完成工作的数量、质量、效益以及工作态度等，而对于主管人员来说，则不仅要考核其完成工作任务的数量、质量以及效益，还要考核其企业及各部门目标的实现程度，以及作为主管人员在计划、决策、指挥、激励、授权、培养人才等方面的成绩。

（5）同一性和差别性原则。在考核相同类别的员工时要用同一标准、同一尺度去衡量，同样的工作内容、工作职位不能用不同标准去考核。如企业中不同部门的秘书工作，工作内容大致是相同的，可以用同一种考核标准来进行考核。在考核不同类别的员工时，要注意用不同的标准和尺度去衡量。如生产部门用产品的产量、合格率、物耗等指标，而销售部门则用销售额、销售费用、回款率等指标来进行衡量。

（6）单头考核原则。一些企业在考核时出现员工与考核者、管理者的摩擦，最主要的原因就是在考核时多重考核，多头领导。在企业中，最了解员工工作情况的是员工的直接主管。如果在考评时，间接的管理者对员工的工作情况妄加指责，就容易造成不公平现象，就会出现摩擦。当然，并不排除间接的上级对考核的结果进行调整修正。

（7）反馈原则。对员工进行考核以后要把考核结果直接告诉员工，使员工能明白自己工作的成绩和不足，同时要向其提供今后努力方向的参考意见。还应及时地将考核的结果反馈给公司培训部门，培训部门根据考核结果，有针对性地加强员工培训工作。

（8）判别性原则。考核方法要能评出工作的好坏差别。正常情况下，员工在工作中的成绩是有差别的，考核方法要正确体现出员工工作中的这种差别，使考核带有刺激性，鼓舞员工上进。

寓言故事

画鬼最易

古代有一位画家，有一天被请去为齐王画像。在画像过程中，齐王问画家："你认为什么东西最难画呢？"画家回答说："活动的狗和马是最难画的，我画不好。"齐王又问道："那你认为什么东西最容易画呢？"画家说："画鬼最容易。""为什么呢？""因为狗和马这些东西人们都熟悉，经常出现在人们的眼前，只要画错一点点，就会被人发现，所以难画。而活动的狗和马，既有形又不定形，那就更加难画。至于鬼呢，谁也没见过，没有确定的形体，也没有明确的相貌，那就可以由我随便画，想怎样画就怎样画，画出来后，谁也不能证明它不像鬼，所以画鬼是最容易的。"

解析：明确的考核标准

动物难画，是因为人们有客观标准来检验画的结果；画鬼容易，是因为人们没有客观标准来检验画的结果。管理者在对员工进行绩效评估时，一定要设置明确的考核指标。没有明确指标的考核，容易导致不公平、不公正，更不具有说服力，同时也难以起到激励员工的作用。

第二节　绩效考核的操作与流程

人力资源部门对员工进行绩效考核主要起到监督、协调以及提供指导和帮助的作用，而各职能部门的经理必须积极地参与制订考核计划的目标以及具体考核。如果员工也能够参与其中，比如制定工作标准等，那么他们就会对绩效考核更加认同。所以说，绩效考核并不单纯是人力资源部门的事情，而是要求整个企业都参与其中，才能够真正有效地实施。

企业的绩效考核流程一般说来主要包括三个阶段：首先，要界定工作本身的要求，确保管理者及其下属在工作职责和工作标准上达成一致，这是进行绩效考核的前提基础。其次，根据要求来评价实际的工作绩效，这是进行绩效考核的主体部分。最后，给员工提供考核结果的反馈。因为绩效考核的目的并不是为了惩罚绩效差的员工，而是要以考核的结果为基础，来确定员工工作中存在的不足和成功之处，并分析其原因，对员工进行指导或者安排培训，以此达到提高工作绩效的目的。所以，在考核结束后给员工提供反馈是至关重要的。

绩效考核应注意以下五点：第一，考核的标准必须是在工作分析的基础上制定的。第二，考核的标准必须是公开的，并且是可衡量的，是管理者和员工达成共识、反映其共同期望的。第三，考核者要经过一定的培训，知道如何使用考核标准来作出正确公正的判断。第四，向员工提供考核结果的反馈，并对员工提供咨询，以使工作较差的员工提高绩效。第五，建立一套申诉制度和程序，使员工能够发表不同的意见。

一、建立绩效标准

在绩效管理体系中，最重要的环节就在于制定绩效标准，因为如果没有绩效标准作为考核的基础，考核就无公正客观可言，考核的结果就没有说服力。因此，它是整个绩效管理体系中最重要的环节之一。

（一）建立绩效目标

针对不同员工的个人实际情况要先建立一项绩效目标。由主管经理与员工合作，就员工下一年应该履行的工作职责、各项任务的重要性等级和授权水平、要实现的工作目标、经理提供的帮助、可能遇到的障碍及解决的方法等一系列问题进行探讨并达成共识。绩效目标的作用在于帮助员工找准路线、认清目标，具有前瞻性。要参照企业或部门的经营计划和工作目标，结合员工个人的实际工作，由管理者和员工共同制定员工的工作目标。

绩效目标应具备以下五方面的特点，也就是通常所说的 SMART 原则：

(1) S——SPECIFIC，即目标要具体明确。
(2) M——MEASURABLE，即制定的目标要可以测量和考核。
(3) A——ATTAINABLE，即该目标经过努力是可以达到的。
(4) R——REALISTIC，即所制定的目标具有现实性和可操作性。
(5) T——TIME-BASED，即目标是应该在一定的时间内完成的。

（二）确定绩效指标和标准

要根据员工的工作性质来确定绩效指标和标准。这些指标应该以工作的要项为基础，并且是通过对岗位的分析得出来的，反映了岗位的特征和特殊性。绩效考核的标准就是说明按照什么尺度对工作的哪些方面进行评价。从合理的角度来看，绩效标准应该使员工有很多机会得以超过标准并得到上级的赏识，同时也表示未达到此标准的绩效是无法让人满意的，也就是说应该以完成工作所达到的可接受的程度为标准，不应过高或过低。确定绩效的指标和标准是非常关键的一步,也是难点所在。

1. 绩效指标

在评价过程中,被评价对象的各方面或是各要素应是可以测定和评估的,也就是指从工作的哪些方面来考核员工是否完成了工作目标。只有通过绩效指标,考核工作才具有可操作性。设置绩效指标应遵循以下四项原则。

(1) 针对性原则。绩效指标是相对于工作的目标而言的,必须根据工作的内容和性质进行设定。要了解每个岗位的工作内容。可以通过查阅工作说明书或是填写调查问卷、工作日志或是访谈等办法来了解该岗位需要什么样的知识、技能和能力,工作有哪些,工作量如何,工作目标是什么。

(2) 易操作原则。一项工作由许多活动组成,但考核不可能针对每一项工作内容来进行,只能选取在工作中的主要任务来实施考核。如果对每一项的工作内容都进行考核,不仅没有必要,而且可操作性也不强。工作中的主要任务包括两大类,一类是虽占用的时间不多,但是非常重要;一类是虽看起来重要程度不高,但是占用大量的工作时间。总之,要遵循少而精的原则,从众多的工作选项中选取有代表性的、最能反映工作特征的项目。

(3) 独立性原则。每项绩效指标一定要有独立的内容、独立的含义、独立的界定。每项指标的措辞要清晰明了,没有歧义,能够明确区分它们之间的不同之处;同时,指标之间要尽量减少相互交叉、相互影响,在内涵上有明显的差异。

(4) 定量和定性指标相结合的原则。建立绩效考核的指标的关键并不是尽力用量化的方式来测量。有些工作并不能用数字来测量,但可以用语言来描述。描述性的绩效指标也是一样有用的,关键在于考核指标所需要的数据要易于采取。

2. 绩效标准

绩效标准就是说明按照什么尺度对工作的哪些方面进行评价。绩效标准的确定要遵循以下七项原则。

(1) 绩效标准是基于工作而不是基于工作者。考核的标准是依据工作本身建立的,而不管是由谁来做这项工作。目标和标准是不一样的,目标是针对个人的实际情况而设立的,但是标准却只有一套,不能因做该项工作的人不同而设定不同的标准。

(2) 绩效标准是经过努力可以实现的。考核标准应该在员工能力所及的范围之内,但是又要比一般的水平要高一些,使其具有挑战性,避免设立过高或过低的标准。

(3) 绩效标准是公开的。主管和员工对该标准要认同,同时还要公布于众,使标准对主管和员工来说都是非常明确的。

(4) 绩效标准是可以衡量的。绩效标准要尽可能具体,或者是数量化,或者是行为化,否则就无法操作。如作为一条绩效标准,"能够并且愿意处理客户的订单"不如"所有客户的订单必须要在 4 小时内处理并且正确率要在 98% 以上"的表述更为成功。

（5）绩效标准是要有时间限制的。在标准中要使用一定的时间单位，即设定完成这些绩效指标的期限，这也是关注效率的一种表现。

（6）绩效标准是现实的。绩效标准是配合企业和部门的目标来订立的，其数据是可以证明的或是通过观察得到的。

（7）绩效标准是不断进行修订改变的。当引进新的工作方法、设备，或是由于环境的改变等因素发生时，绩效标准也要随着情况的改变进行修订。

一般来说，绩效考核的标准由主管和员工共同参与完成比较妥当。

二、实施考核

在有了具体的考核指标和考核标准后，就可以针对不同的员工实施考核了。首先从各方面收集资料，再将每位员工的绩效与先前所设定的标准相比较，得出考核结果。这个阶段是实行绩效考核的主体部分。

在这个阶段，关键是由谁来实行绩效考核、采用什么方法来实行绩效考核，以及在考核中应该注意避免哪些问题。关于采用什么方法来进行绩效考核、在考核中应该注意避免哪些问题等内容，将在后面具体讲到。下面主要介绍一下如何决定由谁来作绩效考核。

绩效考核的参与者可以是多方面的，参与评估的人员可以是上级、同事、员工自己、下属、客户甚至是专门的工作绩效评价委员会。由谁来实行绩效评估才能确保考核的客观性和准确性，是因人而异的。

（一）上级评估

通常都是由员工的直接主管来实行考核评估，并呈报上级检查。直接主管评估是绩效考核中最常见的，也是最传统的方法。它是大多数绩效考核制度的核心所在。这是因为，在大多数情况下，主管都是执行该项任务的最佳人选，因为他们是最熟悉员工工作情况以及他们的工作状态和工作结果的人，在获取其下属员工的工作情况时也较其他的评估人员容易。因此，上级评估在绩效考核中占有较为明显的优势，很多企业都采取这种办法。

但是，由于上级评估可能会带来一些比较主观的或是有偏见的考核结果，因此，在实施直接主管考核时，要由直接主管的上级来实行复核，以避免上述情况的发生。

（二）同事评估

即由共同工作的同级别的员工来对该员工进行业绩评估。由于同事可以从各个不同的角度来观察绩效，因此同事评估所提供的信息在一定程度上要有别于上级所作出的评估结果，可能会更加准确地评估一位员工的优缺点，提供更加正确和真实的信息,尤其是在上级难以观察到被评估员工的行为时。

但是,同事评估也可能存在问题,比如同事可能会依据在现实生活中关系的亲密远疏来进行评估;在员工之间处于相互竞争状态的时候,用同事评估的方法会与实际的绩效情况有很大的出入;在同事评估中还经常发生这样的情况,那就是所有的同事串通起来,互相将对方的工作绩效评价为较高的等级;使用同事评估还可能会在员工之间产生戒备心理和敌意情绪,伤害员工之间的感情。

为确保同事评估的正确性和可靠性,必须要保证满足三个条件:

(1) 被评估者的绩效应该是评估者能够确切地了解和掌握的;

(2) 同事之间必须是相互高度信任的;

(3) 如果员工的薪酬是以绩效考核为基础的,那薪酬制度必须不是竞争性的。竞争性的薪酬制度就是规定了一个既定的薪酬总数,如果一个人拿得多,就会影响到其他人的薪酬水平。

(三) 员工自我评估

很多企业在进行绩效考核时还采用员工自我评估的方法。员工自我评估就是员工自己对自己的绩效情况进行评价,通常是与其他人员的评估结合起来使用的。当企业想提高员工在绩效考核中的参与程度,或是当需要主管人员与员工一起来建立未来的工作目标、员工发展计划的时候,这种方法是非常有效的。员工自我评估可以促使员工对自己的工作进行反思、总结,使员工端正工作态度,提高工作能力,提升工作业绩,同时也会增加他们对绩效考核的认同感。但是,一般说来,员工自我评估总是有夸大其优点、宽容其缺点和不足的倾向,导致员工自我评估的结果往往比其他人员的评估结果得出的绩效等级要高。因此,在使用员工自我评估方法时要注意与其他人员的评估方法相结合。在使用员工自我评估时要慎重,因为,自我评估更适用于员工发展的用途而不是管理的用途。自我评估要求评估者有较高的素质,并且能够正确地理解考核的要素和标准。

(四) 下属评估

现在,越来越多的企业让下属人员以匿名的方式参与到对主管人员的评估中去。在评估主管人员的时候,由于员工经常与他们接触,并站在一个独特的角度来观察许多与工作有关的行为,因此提供的信息也可能是其他人员进行评估时所无法提供的。尤其是在对主管人员的领导能力、协调能力、授权能力、指导能力等方面,下属更有发言权。在使用下属评估时,可以使企业的高层管理人员对企业的管理风格进行诊断,认识到企业中存在的潜在人事问题。

但是,在进行下属评估时,这种方法往往受人际关系的影响很大,人际关系好的领导往往会取得较好的评价,而有些评估成绩较低的领导,有可能会产生报复的心理。同时,下属在进行评估的时候,也可能会有所顾忌或是对主管有偏见而不能真实客观地反映实际的情况。因此,在使用下属评估的时候,一定要保证采用匿名提交的方式，同时还要将多名下属的评估结果进行综合考虑。

（五）顾客评估

顾客既包括企业外部的顾客，也包括企业内部的顾客。外部顾客评估是通过外部顾客获取比较客观的评估数据，来作为绩效考核的一项参考。而内部的顾客是指企业内部得到了该员工服务支持的人。比如销售部门的经理得到了人力资源部门在招聘、考核、培训等方面的服务支持，那么销售部门的经理就是人力资源部门的一名内部顾客，就可以对其绩效进行一定的评估。无论是内部顾客还是外部顾客，都对绩效考核提供了较为有用的信息，但是一般说来，顾客评估只是作为参考的数据，应结合其他人员的评估进行。因为在实施顾客评估时，企业花费在打印、邮寄、电话以及人工等方面的成本太高，而且存在外部顾客是否合作的问题。

（六）工作绩效评价委员会

企业中比较正规的方式就是采用工作绩效评价委员会来对员工的绩效进行评价。委员会一般是由员工的直接主管再加上3~4位其他方面的主管共同组成。由多人进行评估，可以从不同的角度、层次来进行，弥补了直接主管评估时的个人偏见以及视角的片面性，使评估更加公正可信。

表8-4展示了采用以上六种评估主体进行评估时的优缺点，企业可以根据自身的情况决定使用哪些途径来进行考核。

表8-4 评估途径对比表

考评主体	优　点	缺　点
直接主管评估	● 直接主管通常处于最佳位置来观察员工的工作业绩 ● 直接主管通常对员工所做的工作较为了解，知道该从哪方面来进行衡量 ● 下属的培训和发展与管理者的评价紧密相连	● 直接主管可能会强调员工业绩的某一方面，而忽视了其他方面 ● 直接主管在进行评价时可能会受个人主观上的偏好的影响
同事评估	● 同事对被评估员工的了解更加真实，因而可以更加准确地作出评价 ● 同事的压力对员工来说是一项有力的促进因素，认识到同事评价，员工会表现出对工作的更加投入 ● 众多同事的评价会避免偏见的因素，能得出较为客观的评价	● 实施评价需要大量的时间 ● 同事评价可能会有私心

续表

考评主体	优　　点	缺　　点
自我评估	• 员工处于评价自己业绩的最佳位置 • 促进员工对自己的工作进行反思，并采取必要措施进行改进 • 对绩效考核更加认同	• 夸大成绩 • 对缺点进行隐瞒或是寻找借口为自己开脱
顾客评估	• 从不同的角度进行评价，评价者处于较为客观的地位 • 更重视内外部的顾客，可以促使全面质量管理的改进，减少内耗	• 实施评估需要花费大量的时间 • 成本较高 • 效果的好坏取决于评价者是否合作
下属评估	• 下属处于一种较为有利的位置来观察上级的管理效果 • 激励管理者注意员工的需要，以改进工作方式	• 员工有可能担心遭到报复而舞弊 • 在小部门中对评价者保密比较困难
工作绩效评价委员会	• 避免个人评价所带来的个人偏好以及晕轮效应等问题	• 实施评价需要大量的时间 • 削弱了直接领导的作用

（七）360度考评

360度考评又称多源评估或是多角度评估，它是目前出现的一种较为全面的对员工进行评价的方法。在这种模式中，评估者包括上级、同事、下属、客户以及员工对自己的评估，它是从不同层面的群体中来收集评价信息的。它减少了个人的偏见和评分误差，使对被评价者的了解更加深入全面，得到的信息更加准确；同时，可以帮助员工调整对自己的评价，加深对自己的了解，提高工作绩效，增强团体凝聚力，促进企业发展。其评价途径如图8-1所示。

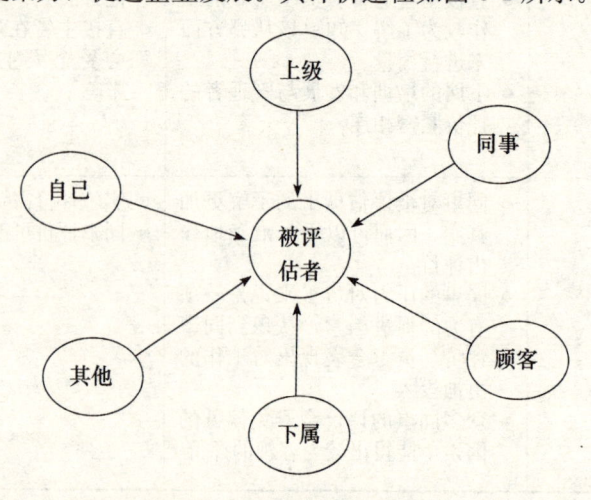

图8-1　360度绩效考评途径

三、绩效反馈

绩效考核的最终目的是为了能够找出员工在工作中的不足之处，与之进行沟通，作出评价和绩效改进的建议，以提高员工的工作绩效，保证员工的工作不偏离既定的绩效目标。由此，绩效反馈是绩效考核必不可少的程序，也是绩效考核过程中最为重要的部分。绩效反馈主要包括根据考核结果实施考评面谈、根据绩效面谈制订绩效改进计划以及根据绩效改进计划进行绩效改进指导。

大多数员工都希望能够得到关于对自身工作绩效好坏评价的反馈，并希望能够说明为什么好或不好。因此，管理者有责任向下属及时准确地提供信息反馈，这需要管理人员同下属人员就他们的绩效和进步情况进行面谈讨论。

一旦发现绩效低下，最重要的就是找出原因。绩效不佳的因素可以分成两类。一类是个体因素，如能力与努力不够等；一类是组织或系统因素，如工作流程不合理、官僚主义严重等。绩效诊断应当先找出组织或系统因素，再考虑个体因素。一旦查出原因，管理人员和员工就需要齐心协力排除障碍。由于个体的因素导致绩效不高时，管理人员要充当导师、帮助者的角色，帮助员工制订绩效改进计划。

绩效改进计划主要包括三方面的内容：一是明确的改进目标；二是改进绩效的具体方案；三是达到改进目标的时间期限。绩效改进计划制订出来后，管理者要随时进行追踪、支持、帮助和指导。要进行动态、持续的绩效沟通，即管理人员与员工双方在计划实施中随时保持联系，全程追踪计划进展情况，及时排除遇到的障碍，必要时修订计划。这是绩效考核体系的灵魂与核心。

第三节 绩效考核的方法

如何对一名员工来进行绩效考核呢？下面将介绍几种主要的绩效考核方法，包括图尺度评价法、交替分级法、配对比较法、强制分布法、关键事件法、行为锚定等级评价法、行为观察等级法和目标管理法等。

一、图尺度评价法

图尺度评价法是最简单和运用最普遍的绩效考核工具之一。在这种方法中，每种特征或特性都是以某种尺度表示，评估者就是依据这一尺度对员工拥有的特征进行评估。这种方法首先要列出构成绩效的因素，然后提供评价该因素特征等级的详细说明，也就是对尺度进行定义。这样，就可以根据每项因素特征的尺度对员工进行评估。最后再按照一定的权重，将各项因素的评估结果综合起来，得出该员工最终的工作绩效评价结果，如表 8-5 所示。图尺度评价法最大的优点就在于当尺度被准确清晰地定义后，评估时的主观偏见将会大大地减少。

表 8-5　　　　　　　　某企业关于销售人员的图尺度评价表

姓名_____ 　　　　　　　　　　　所属部门_____
职务名称_____　　　　　　　　　 评价期间从_____到_____
评价尺度定义（从 1 到 5 共有五个等级）
（1）工作绩效水平总的来说无法让人接受，必须立即加以改进。
（2）基本达到工作的要求，但在绩效的某方面存在缺陷，需要进行改进。
（3）全部达到了工作绩效标准的要求，是称职的。
（4）工作绩效是高质量的，很好地达到并明显地超出了工作的要求。
（5）绩效非常突出，并明显地要比其他人的成绩优异。
工作绩效评价要素
评价等级
评语
销售业绩：是否完成销售目标
销售费用：是否在销售费用的控制标准内
回款率：是否达到规定的目标
业务报表：是否按时准确上交
客户满意度：是否及时处理客户的要求，投诉率低
销售分析报告：是否按时上交，并提供有价值的意见或建议

二、交替分级法

交替分级法就是根据某些工作绩效评价要素将员工从绩效最好的人到绩效最差的人进行排序分级，采用比较选优和淘汰的方法，先找出绩效最佳者，然后跳回去找出与绩效最好的人对比最强烈的绩效最差者，再在剩下的员工中找出最好的和最差的，一直到所有的员工都被排完为止。要注意的是，在交替分级的时候一定要仔细比较辨别。表 8-6 是对于勤勉性评价要素的交替分级法表示。

表 8-6　　　　　　　　　　　交替分级法举例

评价要素：勤勉性——上下班的准时程度、出勤率的状况、加班的状况
员工姓名：李红、张明、王江、孙敏、何飞、赵军、周文、姜荣
评价等级最高的员工
1._____　　　　　　　　　　　 5._____
2._____　　　　　　　　　　　 6._____
3._____　　　　　　　　　　　 7._____
4._____　　　　　　　　　　　 8._____
评价等级最低的员工

备注：请将工作绩效评价最高的员工姓名列在第 1 行的位置上，将评价最低的员工列在第 8 行的位置上，然后将次好的员工姓名列在第 2 行的位置上，将次差的员工姓名列在第 7 行的位置上。依次交替排序下去，直到所有的员工都被排列出来。

三、配对比较法

配对比较法是将每位员工按照所有的评价要素与其他所有的员工逐一配对比较，然后把在逐对比较中被评为优的次数相加，用得到的总数来确定等级名次。这种方法应用简便、准确性也较高，但这种方法只考核总体的情况，结果也只是相对的等级顺序，较为粗糙，而且比较适用于10个人以下进行考核的情况，因为人数太多，配对比较的次数越多，既麻烦又失去了准确性。

从表8-7可以看出，经过配对比较后，绩效高低的顺序依次是王江、李红、赵军、张明、孙敏。

表 8-7　　　　　　　　配对比较法举例

姓　名	李　红	张　明	王　江	孙　敏	赵　军	分　数
李　红		1	0	1	1	3
张　明	0		0	1	0	1
王　江	1	1		1	1	4
孙　敏	0	0	0		0	0
赵　军	0	1	0	1		2

说明：李红与张明比，李红比张明好，于是李红就在横行的张明那一栏中记1分，张明就在纵列李红那一栏中记0分。依次类推，在所有的两两比较完成后，将每位员工得到的分数累计起来，积分排序，就可以排出一个总的顺序。

四、强制分布法

强制分布法是按照"两头小、中间大"的正态分布规律，提前确定一种比例，以将各个被评价者分别分布到每个工作绩效等级中去。一般来说，实施强制分布法的目的就是为了避免考核当中的趋中效应或是偏松或偏紧的问题。而在评价中很容易出现这种情况，那些在工作中做出显著成绩的员工与那些工作做得不错但是并没有什么突出之处的员工等级差不多，或是一个部门中大部分的员工绩效等级都差不多，结果使企业的绩效考核体系没有起到应有的作用。实施强制分布法就可以在员工之间形成更大的绩效评价等级差别，更容易发掘出工作业绩优秀的员工。在实施强制分布法时，首先要确定各个等级的人数比例。比如，若划分成优、中、劣三等，则可以划分成分别占总数的30%、40%、30%；若划分成优、良、中、劣、差五个等级，则可以划分成分别占总数的15%、20%、30%、20%、15%的比例。然后根据每一种评价要素，对员工进行评价，按照每人绩效的相对优劣程度，强制列入其中的某个等级。

五、关键事件法

关键事是指在某些工作领域中，导致产生了不同寻常的成功或是失败的员工的行为。在应用此种考核方法时，考核者应将注意力集中在那些区分有效的和无效的工作绩效的关键行为上，所记录的事件必须是典型的、较为突出的、与工作绩效相关的事，而不是一般的、琐碎的、与绩效无关的事件。也就是说，主管人员要将下属员工在工作中表现出来的非常好或非常不好的行为记录下来，注意，所记载的应该是具体的事件与行为，而不是对员工身上的某种品质的评判。将这些具体的关键事件进行收集、归纳、总结，以此得出可信的考评结果。如表8-8所示。

表8-8　用关键事件对打字员打字的质量进行绩效考核的考核表

正面的关键事件	负面的关键事件
● 检查并注意到打印稿中不正确的地方，改正它	● 将要打印的图表放错了位置
● 对输入的文档格式进行排版调整，使其整齐统一	● 粗心大意，没有注意到字型的大小和排版的格式要求
● 当要打印的文字中有不清楚的地方或是怀疑有错误的地方，及时向顾客求证或查阅有关的手册	● 要打印的文字中有不清楚的地方就胡乱猜测着录入

使用关键事件法，有如下三个优点：

（1）可以帮助确认考评者的长处和不足，为考核结果提供了事实依据，使考核结果真实可信。

（2）避免了考核中存在的近期效应，也就是说依据员工在最近一段时间的表现来确定其绩效的好坏。因为关键事件总是在很长的一段时间积累起来的。

（3）在对员工提供反馈的时候，不但因为有具体的事实使被评估者更容易接受，而且可以在绩效面谈时，有针对性地提出改进意见。

六、行为锚定等级评价法

行为锚定等级评价法就是为每一职务的各考核纬度都设计出一份评分量表，并有一些典型的行为描述与量表上的一定的刻度相对应，供考核者在评估时作为参考的依据，如表8-9所示。由于行为锚定法的等级尺度上所附带的关键事件可以使评估者更清楚地理解在不同绩效等级上的差别，因此，工作绩效的评价标准更为明确，对工作绩效的评估更加准确，并且可以更好地向被评估者提供反馈。

表 8-9　　百货公司售货员对待顾客投诉的处理态度与方式考核表

关键事件	等级	评分	关键事件
一怒气冲冲的顾客持一羊毛衫来，声称上周购自本店，今日发现有一小洞。能礼貌地为她退换，表示歉意，感谢她指出本店缺点，欢迎今后多加监督，结果该顾客满意而去	9 8	8.7 8.3	一女顾客持在本公司另一家分店新购的一件女式衬衫，要求退换成另一款式，能很圆满地予以退换，使该顾客大受感动，当场又另购三件衬衫、一条裙子与一件上衣
一顾客说本周从本店所购一副手套嫌小了，要求换一副大一号的，能礼貌地为她退换	7 6	7.4 6.75 5.7	一顾客持购自本店的男式大衣一件，说才购得一年多，衬里已磨损，要求更换，能友好接待并同意为其更换衬里 用理性的方式接待了几位在春节前购物高潮中自本店购得商品，现于节后又要求退货的顾客
一顾客要求将一件背心退款，未见瑕疵，起先拒退。后在顾客坚持下，终于接受其退货，付还原所付货款	5 4	4.6 3.6	在顾客要求将已购商品更换另一颜色或式样的商品时，予以拒绝，态度粗鲁，令顾客悻悻而去
当一顾客要求退换一在本店购得的商品时，虽明知按公司政策，该商品尚在规定可退有效期内，却谎称已过期限，无法再退	3 2 1	2.7 1.6	一老年妇女要求更换刚购得的围巾，说原以为是天然羊毛的，回家后女儿指出是混有大量人造毛的，保温不良。对此始则不理，继则粗暴拒绝，指责顾客自己粗心，最后发生争吵，破口大骂顾客

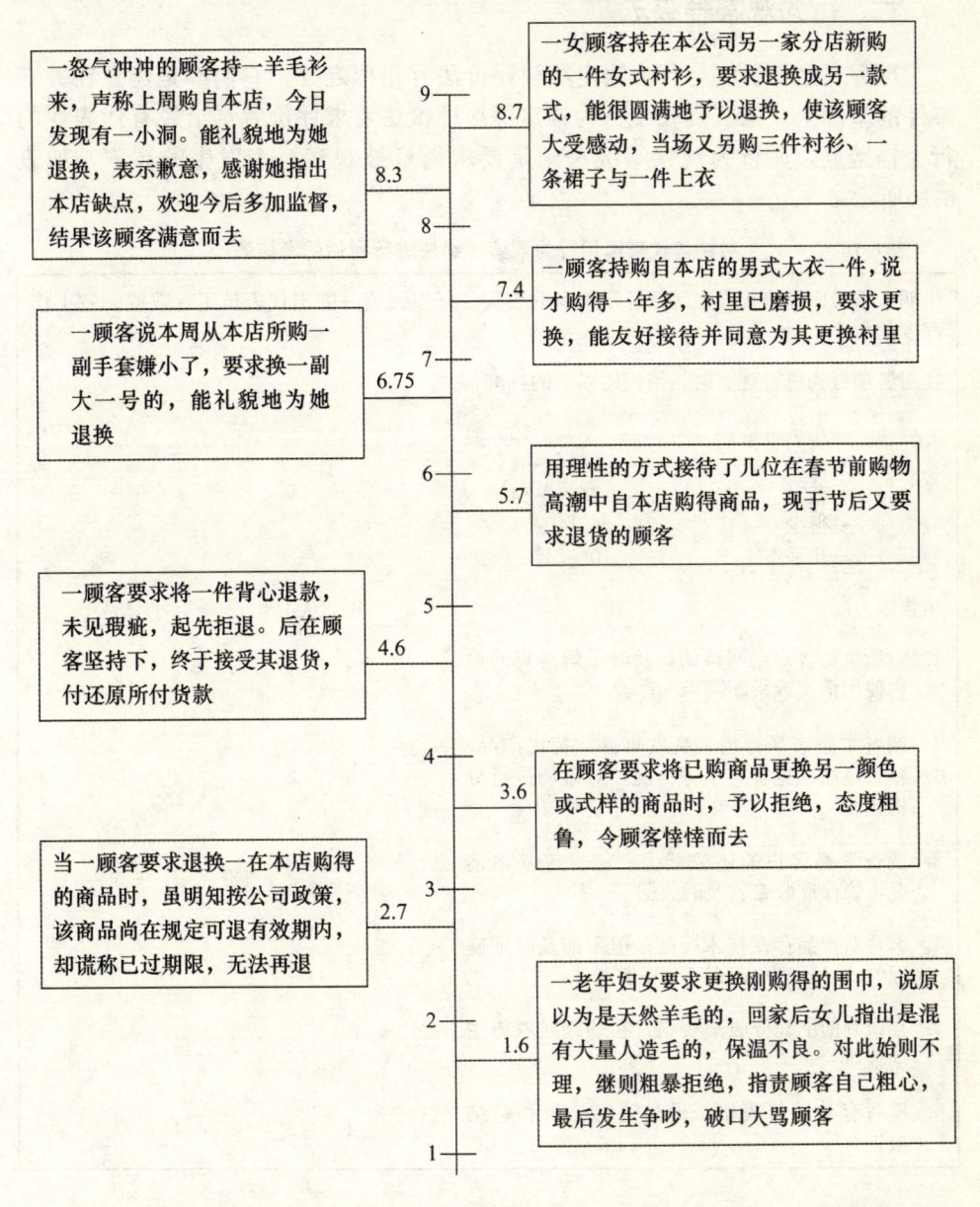

要使用行为锚定等级评价法，首先要由对工作较为了解的人对该项工作有代表性的关键事件进行描述，之后将关键事件分类合并成不同的绩效要素，将各绩效要素的关键事件按照等级顺序排列，然后依照专家的意见给关键事件制定价值分（一般是 7 点或 9 点等级尺度）。这样，对于每项工作绩效要素来说，都会有一组关键事件（通常每组中有 7～9 个关键事件）来作为其行为锚。

七、行为观察等级法

行为观察等级法与行为锚定等级评价法有相似之处,它们都是建立在关键事件的基础上,但区别在于行为锚定等级评价法要求评价者选出最有代表性的行为锚定点,而行为观察等级法则是要求衡量被观察行为发生的频率,如表8-10所示。

表8-10　　对销售代表运用行为观察等级法进行评估的考核表

说明:请考虑销售代表在等级评定期间的表现。仔细阅读并圈出代表员工有效或无效工作程度的数字。

在对各项行为进行观察时,请使用以下的标准:

```
5——几乎总是        95%~100%
4——经常           85%~94%
3——有时           75%~84%
2——很少           65%~74%
1——几乎不         0~64%
```

销售能力	几乎从不 ←——→ 几乎总是
1. 对所负责客户定期拜访,及时了解客户的销售使用情况或最新需求	1　2　3　4　5
2. 调查掌握市场行情、突发事件、替代产品、新兴产品、竞争对手等情况,对市场进行分析预测	1　2　3　4　5
3. 调查掌握客户的还款能力、信誉等基本情况,确保应收账款及时收回	1　2　3　4　5
4. 客户对产品存在技术疑问,但不能及时准确回答,导致客户迟迟不肯下订单	1　2　3　4　5
5. 在谈判前能充分收集资料,在谈判时取得主动权	1　2　3　4　5
6. 填写有关销售表格,提交销售分析和总结报告	1　2　3　4　5

八、目标管理法

目标管理法提供了一种将组织的整体目标转换为部门目标和每位成员目标的有效方式,它是指员工与上司协商制定个人目标,然后将这些目标作为对员工进行评估的基础。为了使目标管理方法取得成功,企业应该将目标管理计划看成整个管理体系的一个组成部分,首先要制定整个企业的整体目标和战略,接着由各部门领导和他们的上级共同制定各部门的目标。在确定企业的目标和部门的目标后，由部门领导就本部门目标与下属人员展开讨论，并要求他们制定自己的工作目标和计划，确保将确定目标的权力下放到员工手中，但要求员工为工作结果负责任。员工在制定目标后与上级进行讨论和修改，最后使双方达成一致。员工在设立目标时，还要制定达到目标的详细步骤。对员工工作中的进步和存在的问题，直接主管都要给予及时的反馈和指导。在中期考核完成，向员工提供已建立目标完成程度的反馈信息时，要对目标进行适当的调整，增加新的工作目标或者删除不恰当的工作任务。再按照已建立或修正的目标对员工进行期末的考核，由部门领导就每位员工的实际工作绩效与已建立的或修正的目标进行比较，对被考核者提供反馈，共同制订绩效改进计划。

寓言故事

每秒钟摆一下

一只新组装好的小钟放在了两只旧钟当中。两只旧钟"滴答"、"滴答"一分一秒地走着，其中一只旧钟对小钟说："来吧，你也该工作了。可是我有点担心，你走完三千两百万次以后，恐怕便吃不消了。"

"天哪！三千两百万次。"小钟吃惊不已。"要我做这么多的事？办不到。"

另一只旧钟说："别听他胡说八道。不用害怕，你只要每秒摆一下就行了。"

"天下哪有这样简单的事情。"小钟将信将疑。"如果这样，我就试试吧。"

小钟很轻松地每秒钟"滴答"地摆一下，不知不觉中，一年过去了，它摆了三千两百万次。

解析：目标细化

一个优秀的团队，必然会制定一项合理的企业目标，把这项目标分解成一系列的子目标，并把其融化到每位员工的心里去，落实到每位员工的行动中去。步步落实，层层推进，就像那只小钟一样，每秒"滴答"地摆一下，最终目标就会越来越近。

以上考核方法可分为四类：比较法、特征法、行为法以及结果法。其中，交替分级法、配对比较法、强制分布法等属于比较法；图尺度评价法等属于特征法；关键事件法、行为锚定等级评价法、行为观察等级法等属于行为法；而目标管理法等则属于结果法。在实际的绩效考核过程中，企业究竟选择哪种方法，取决于考核的目的以及企业自身的实际情况。当然，在实践中，大多数的企业是将几种考核方法结合起来使用的。

第四节　绩效考核中可能出现的问题与解决办法

在绩效考核中通常会出现各种各样的问题，我们把它们归结为两大类，一类是由于考核者主观的错误，一类则是由于考核方法、工具的选择不当或是由于考核的评价指标不清晰造成的，这属于技术上的问题。

一、考核者主观上的错误

考核者主观上的错误包括晕轮效应、居中趋势、宽松或严格错误、逻辑误差、近期效应、比较性错误、独具效应、相容效应、盲点效应、刻板效应和历史记录影响的错误等。

（一）晕轮效应

美国心理学家 E. L. Thorndike 根据心理实验的结果发现，当评估者根据被评估者的一种特征得出总体印象时，就容易出现晕轮效应。对员工进行考核的晕轮效应是指，评估者对员工个人的某一种绩效要素的评估影响到对这个人所有其他绩效要素的评估。例如，如果一名员工忠诚度高，比较谨慎，那很有可能其主管给他的评价就是他在其他方面也比较出色。再如，一位对主管人员表现得不甚服从的员工，不仅主管给他的"纪律性"等方面的评价较差，而且也会影响对他其他方面的评价。同样，下属给上级主管进行评估时，如果下属很欣赏该上级的某些做法，比如对下属很体贴、很少得罪人等，就可能给该上级所有的评估项目都填上优秀，而如果下属认为该上级比较苛刻严厉，则有可能会给所有的评估项目打低分。

（二）居中趋势

即评估者对所有的被评估者作出的结论相差不多，都过分集中在评定尺度的中心附近，致使各被评估者的成绩拉不开距离，导致评估结果不符合正态分布的要求。比如，如果评价等级是从第一等级到第五等级，那么评估者很有可能避开最高的等级，即第四、五等级，同时也避开最低的等级，即第一、二等级，而把大多数被评估者都评定在第三等级上。如果将被评估者的等级划分为优、良、中、较差、不合格，那么评价的结果则会大多数都在"中"这个等级上。其结果就是，似是而非，大家都半斤八两，差不太多。这样，不仅违背了企业进行绩效考核的目的和意义，而且极大地削弱了绩效考核的管理功能和促进员工发展成长的功能。

居中趋势的产生，从评价者主观因素来看，主要是由以下三方面的原因造成的：

(1) 人们往往很难或不愿意作出"极好"或"极差"的评价；
(2) 评价者对评价工作缺乏足够的信心；
(3) 评价者缺乏足够的事实，以至于难以作出准确的评定。

在第三节提到的评估方法中，强制分布法可以帮助避免居中趋势的产生。因为它已经提前确定了一个将被评估者分别分布到每一个绩效等级上的比例，这样，评估者就不可能把他们全都排在中间的位置上了。

（三）宽松或严格错误

与居中趋势相对，有时有的评估者给被评估者非常高或非常低的评估结果，也就是说结果出现了极端化的倾向。这时的评估者对被评估者的评价往往高于或是低于其实际的成绩，产生了宽松或严格的错误。企业中，有时会出现这样的情况，主管作为评估者给部门的员工进行评估，但该主管或是不愿意严格地评价属下的员工，或是考虑到其他评定者的评定结果，往往希望自己的部下的成绩要优于其他部门的员工，则可能会倾向于给员工较高的分数，产生宽大化的错误。如果该主管要求过于苛责，认为"所有的员工都达不到工作的标准要求，做得不够好"，这样就容易导致评估结果过于严格。这样，如果员工甲和员工乙为不同的主管做同样的工作，他们的工作绩效假设是绝对相同的，但如果两个人的主管一个有宽松的倾向，而另一个有严格的倾向，则员工甲和员工乙的绩效评估结果将会是完全不同的。

不论居中趋势误差还是宽松或严格误差，都会带来两方面的问题：第一，它使得对接受同一位评估者评价的不同员工进行绩效区分的工作变得很困难。第二，它使得对接受不同评估者评价的不同员工之间的绩效很难比较。因此，在对员工进行评估时，一定要对工作的特性、标准、行为作出明确的定义和详细的描述。而强制分布法不仅可以避免居中错误的产生，同时也可以避免宽容或严格错误。当然，强制分布法也可能会产生其他的弊端，比如说当大多数员工的工作水平平均都要高于预定的水平时，由于比例已经提前定下来了，就会导致评估结果不公正。

（四）逻辑误差

由于评估者认为某些考核要素之间存在着高度相关的逻辑关系而导致评估者在对某些他认为具有密切逻辑关系的考核要素进行评估时，进行想当然的推理而产生的误差。比如，评估者认为社交能力和谈判能力之间存在着高度相关的逻辑关系，也就是说他认为如果社交能力强，则谈判能力也一定强，因而在绩效考核中对员工评估时，就容易产生逻辑错误。

（五）近期效应

当评估者在评估时不是根据整个评估期间员工的业绩和行为，而主要是根据最近的行为进行评估时，就犯了近期效应的错误。因此，如果被评估者在评估前的一段时间内表现得好，则评估者就推断其表现一贯好。如果评估者认为员工最近正在不断地进步而给予员工较高的评价，则也犯了近期效应的错误。还有一种情况，就是评估者因为员工在最近工作中的一次失误，而使原来对其良好的印象完全改变，导致被评估者评估成绩降低。因此，在绩效考核中，一定要有被评估者在评估期间的完整而系统的工作记录。

（六）比较性错误

当评估者将一名员工与先前已经作过评估的员工相比而不是将这名员工与客观的标准进行对比的时候，就容易得出偏高或偏低的评估结果。比如当评估者将员工的评定等级按从最好到最差的顺序排列时，如果在当前员工之前被评估的员工比较差，即使当前员工绩效一般，他也会显得比较优秀，考核的结果就有可能偏高。如果在他之前被评估的员工比较优秀，则其评估结果就有可能低于其应该得到的水平。

（七）独具效应

评估者因为被评估者具有某一特殊的条件（比如高学历、仪表出众、同乡、亲朋好友等）而在考核时宽容对待，使考核的结果高于被考核者实际的绩效水平。

（八）相容效应

如果评估者在对其他人进行评估时，特别注意该被评估者是否具有他自己所具有的某些特点时，就出现了相容效应。对那些观点和性格特征等方面与自己相同的人，评估者会故意提高这些员工的评估结果。比如，评估者自己是一个社交能力很强的人，那么，在评估时，他就会特别注意社交能力强的员工，因此社交能力强的员工就自然从中受益，社交能力不强的员工在评估中就会吃亏。

（九）盲点效应

与相容效应相反，盲点效应是因为评估者本身就具有类似的缺点，因此，在考核时就忽视了被评估者的这些缺点。

（十）刻板效应

当评估者根据被评估者所在的某个团体特征为基础来判断某人的绩效时，就犯了刻板错误，导致被评估者得到的绩效评估结果大大偏离了他们的实际工作绩效。比较常见的是以性别、年龄、民族、地区、宗教等为基础的刻板印象。比如评估者认为，在接受新技能方面，年龄较大的员工比一般的员工要困难一些，这就形成了一种刻板印象。

（十一）历史记录影响的错误

员工过去的绩效情况也有可能会影响他们当前所得到的绩效评价结果。如该员工过去的工作绩效很好，评估者很可能就此推断其现在的工作绩效也很好。

上述的种种错误都是由于评估者自身的主观错误所造成的。评估者自身的种种局限性会影响到绩效考核的公正性、客观性和准确性。要尽力避免评估者的主观错误给绩效考核带来的不利影响，可以从以下五方面进行努力：

（1）对评估者实施有效的培训。通过培训使评估者认识到在评估中经常出现的几种主观错误，并帮助他们制定避免这些错误产生的策略。同时，对评估体系的技术性问题也要进行解释，包括评估工作进行的频率、工作的标准等，要使评估者对评估的内容和标准有充分和正确的理解。

（2）使用工作日志方法。使用工作日志对员工的关键行为进行系统的记录，就会在评估时有据可依，使评估结果更加准确，有利于减少评估中的晕轮效应、宽松错误以及近期效应等。

（3）选择有效的评估工具。要根据评估的需要来选择正确的评估工具，比如强制分布法就可以避免居中趋势以及宽松或严格错误的产生。

（4）选择有效的评估者。评估者如果在自己熟悉的领域中进行评估，对评估的标准和维度就会更为熟悉和了解，因此更能有效地避免主观错误的产生，提高评估过程的有效性。

（5）使用多名评估者。评估者的数量增大，获得更准确信息的可能性也会增大。因此，使用多名评估者，比如360度评估，就可以淡化由于单人评估的主观因素造成的失真错误，更容易获得有效和可靠的评估结果。

二、考核技术上的问题

此类问题是由于考核方法、工具的选择不当或是由于考核的评价指标不清晰造成的。主要有以下四种情况。

（一）绩效考核内容设计得不好，没有针对性

由于各部门、各职位的性质、目标各不相同，因此，考核的内容必须要针对各部门、各职位的不同情况进行设计。不仅考核内容要有所差异，而且设计的考核内容一定要能有效地测量出关键绩效。

（二）绩效考核标准界定不清

比如绩效标准的好坏程度完全是开放式的，那么不同的评估人员就会对"好、中、差"这样的标准作出完全不同的解释。因此，在考核时要对各个标准进行较为清楚的界定。

（三）使用单一的指标

一般来说，员工的工作是由多种任务组成的。如果只是用单一的标准来衡量他们的工作绩效，评估结果就会有很大的局限性，而且会使员工忽视工作中其他方面的任务。比如，衡量销售人员的业绩不能单纯地用销售额这一项指标来看，而是要结合销售费用、回款率等指标共同来评价其业绩的好坏。因此，在评价员工的绩效时，工作越复杂，所要识别和评估的标准就应该越多。但并不是说每件

事情都要进行评估，只需要评估那些能够决定绩效高低的关键活动就可以了。

（四）使用的考核方法不正确

企业实施绩效考核的目的不同，使用的考核方法也不同。要根据不同的考核方法的特点来选择正确的方法。第三节讲过的考核方法中，比较法使用方便，不会产生居中或宽松以及严格倾向的等级错误，因此，在区分员工绩效时非常有效，比较适用于从晋升和加薪为目的的绩效考核。但是由于比较法对员工的评价都是根据对员工的相对排序得出的，因而员工个人完全不清楚他们必须采取何种做法，才能提高自己在排序中的位置，因此，不适用于员工的反馈和咨询。特征法也是比较简单的考核方法，但其结果很有可能产生等级错误，而且其考核结果不适用于作薪酬、晋升决策，同时，也不能为员工绩效的改进提供具体的指导。大多数行为法的技术来自深度的工作分析，因此被界定出来的和被衡量的行为都是很有效的，适合对员工进行反馈以及作出薪酬和晋升决策，但费时费力，成本较高。结果法可以鼓励员工将自身的工作目标与企业的目标联系起来，易被考核双方接受，并适用于作出薪酬和晋升决策，但较为费时，而且有可能鼓励短期的行为。企业应根据自身的需要，选择正确的考核方法。

第五节　绩效考核面谈

在对员工进行绩效评估之后，接下来要做的就是将绩效信息反馈给员工，从而帮助他们纠正自己绩效的不足，这就需要进行绩效考核面谈。绩效面谈或许是整个绩效考核过程中最重要的部分。绩效面谈使主管和下属之间有了相互沟通和交流的机会，双方共同探讨以往工作中的成功和不足之处，并挖掘工作中可提高和发展的领域。

所谓的绩效考核面谈，就是指主管与下属员工之间，共同针对绩效考核结果所做的面对面的沟通与交流。在绩效考核面谈之前，首先要进行充分的准备，接着就是要实施这一面谈，而面谈的目的是要形成一份绩效改进计划，员工以此来提高自己的绩效。

一、准备绩效考核面谈

在这个阶段，主管人员首先要明确绩效面谈要达到什么样的目的，据此应该采用哪种形式的面谈，作哪些准备，使绩效考核面谈达到预期的效果。

（一）绩效面谈的目的

（1）绩效面谈为主管和下属提供了良好的沟通机会，使主管人员能够更好地了解员工的态度和感受，并可以进一步了解下属工作的实际情况或困难，确定企业可以给予下属的帮助。同时，也可以使下属员工更好地了解到自己的工作情况，理解主管对自己的期望和要求。

（2）共同探讨下属在上一个考核年度中工作的成功和不足之处，并找出原因，对今后应采取的措施达成共识，以作为改进今后工作的依据。

（3）共同研讨下属未来发展的规划与目标，并对下一个考核阶段中主管希望下属员工达到的绩效标准达成一致意见，以此确定企业、主管、员工个人的行动计划。

（二）绩效面谈的形式

在绩效面谈中，主管可以针对考核的目的或是员工的工作类型采用以下三种形式之一。

（1）讲述—推销法。使用这种形式的绩效面谈，要求主管人员具备劝服员工改变某一工作方式的能力，即主管告诉下属员工对他们作出了怎样的评价，然后再让他们接受得出该种评估的理由。

（2）讲述—倾听法。使用这种形式的绩效面谈，要求主管人员具备与员工沟通其工作优缺点的能力，即主管告诉员工对他们作出了怎样的评价，然后再让他们谈一谈对这种评价有什么看法。这种方法使主管能够听取员工的不同意见，并缓解员工的抵触情绪。

（3）问题解决法。在使用这种方法面谈时，要求主管人员具备倾听、接受和回应员工感受的能力，即主管和下属之间在一种相互尊重的氛围中探讨如何解决员工绩效中存在的问题，从而激发员工的成长和发展。

（三）绩效面谈的准备工作

在正式进行绩效面谈之前，主管需要作好以下四方面的准备，以使面谈能够有效地进行，取得预期的效果。

（1）选择恰当的时间和地点。要保证选取的时间是双方都能接受的，并且在面谈的时间里没有其他事情的影响。面谈的场所要保证安静，确保没有电话或是访客的干扰，场所的桌椅设备等要使双方感到舒适轻松。同时，主管最好选取中立的地点与员工进行讨论，主管的办公室并不是最佳的地点，它会带给员工心理压力。

（2）收集和准备有关的信息和资料。收集员工的工作职责、目标、需要达到的工作绩效标准，员工的实际工作绩效，员工在考核阶段中的工作记录，绩效考核中员工得到的评语等，并将这些资料进行研究分析。同时，保证考核表以及其他资料在考核时身边有一份，以备面谈时随手可得，有据可依。

（3）预先通知该员工作好准备工作。要通知该员工面谈的时间、地点、大概费时多少，使员工有足够的时间来准备面谈，应该给员工至少留出一周左右的时间来总结自己这一阶段的工作，回顾自己的工作目标和工作职责，分析自己工作的成绩与存在的问题，对于某些做得不好的工作说明理由。而在绩效面谈之前，需要员工本人对个人的绩效先进行自我评估，这样能使员工更容易参与到面谈的讨论中去，同时也方便员工预先将面谈时的工作交代妥当。

（4）考虑面谈方式。针对不同员工的特点，考虑如何开场、采用何种方式员工比较容易接受、要谈哪些内容、在什么时候结束面谈、如何结束，等等。

二、如何进行绩效考核面谈

在进行绩效考核面谈时，要注意把握十项原则。

（一）创造良好的面谈气氛

为了使面谈能够达到预期效果，除了选择一处让双方都感到轻松的地点外，在面谈开始时还应首先对下属的辛勤工作表示肯定，这样会使员工减少抵触的情绪，并更加愿意谈论其工作中的不足之处。在面谈开始时，还要向员工讲清楚面谈的主要目的是使双方形成对考核结果的一致看法，是为了关注未来绩效的提高，而不是根据以往的绩效结果进行惩罚，从而创造一个良好的相互信赖的面谈气氛。

（二）鼓励员工参与

面谈一定要进行双向沟通，一定要给下属充分的时间阐明自己的观点，鼓励下属自己分析造成问题的原因，诊断出原因后才可以对症下药。同时，员工的参与会提高其对绩效评估结果的接受程度，更好地展开行动来提高将来的绩效。因此，绩效面谈的时候，要鼓励员工一起参与进来，共同探讨，双向交流；要适当地沉默，提开放性的问题，不要妄下结论，也不要随便提建议。一般来说，在面谈时，主管谈话的时间应该仅占30%～35%，余下的时间应该倾听员工对问题的回应。

（三）谈话要直接而具体

谈话要根据客观的、能够反映员工工作情况的资料来进行，将其实际工作绩效与绩效标准相比较。同时，虽然要注意谈话的技巧，减少员工的抵触情绪，但要确保员工明白自己到底做对了什么，做错了什么。

（四）不要直接指责员工，应尽量减少批评，避免对立与冲突

首先肯定其优点，希望其继续保持和发扬；其次指出其存在的缺点和不足，注意要拿出具体的证据来陈述事实，而不是对其进行指责。任何人对批评的接纳程度都是有限度的，超过限度就会产生抵触感。所以，面谈的时候，要注意针对员工需要改进的地方进行关于原因、如何改进的讨论，而不是指责。在双方有不同见解的时候，要尽量避免造成对立和争辩的局面，因为即使最后主管的意见取胜，也会破坏面谈的效果。

（五）关注员工的绩效和行为方式而不是员工的性格特点

在绩效面谈时，不要谈论员工在性格上有哪些缺陷，不要试图去解释员工的

什么个性特点导致某种行为的发生，而要把重点放在员工的行为和结果上。要避免提出改变个人性格的建议，而是提出一种更容易接受的改变行为方式的建议。

（六）注重未来而非过去

面谈关注的是有助于提高未来绩效的经验教训，重点在于将来绩效的提高，而不是说针对过去的结果会给予员工怎样的奖励或惩罚。

（七）注重问题的解决

不要把绩效面谈看成是对绩效不好的员工进行惩罚的机会，不要总是告诉员工他的绩效是多么的糟糕，要分析问题发生的原因，但最重要的是提出解决问题的方法。主管还要对员工问题的解决采取支持的态度，比如，询问员工"我能帮你什么吗"，这样就表明了主管将尽力帮助员工使工作达到更高水平，使员工对问题的解决和绩效的改进产生信心。

（八）明确下一阶段的工作目标

经过双方的讨论，对下一阶段的工作目标达成一致的意见，共同制订详细的绩效改进计划，并达成共识。

（九）以积极的方式结束面谈

结束面谈时，要表达出对下属的信心和信任，使下属员工在结束面谈时明确地知道自己在下一阶段里要做些什么，同时对自己未来的发展和绩效改进充满信心。

（十）记录与汇报

要根据面谈的内容整理面谈记录，向上级主管报告，并据此随时追踪下属绩效改进计划的落实情况。

三、制订绩效改进计划，进行绩效改进指导

在制订绩效改进计划时，有以下四项基本要求。

（一）计期要切合实际

容易改进的要优先列入改进计划，不易改进的要列入长期计划，循序渐进，逐步改进。要由易到难，符合员工的实际情况。

（二）计划要有明确的时间性

要确定对员工达到目标绩效要求的进展情况进行审查的具体时间，这既使员工能够严肃认真地对待改进计划，并为达到这一目标努力工作，也有利于管理者对其进行指导、监督和激励。

（三）计划内容要具体

列入绩效改进计划的每一项内容都要具体，便于操作。不是简单笼统地说要使工作完成得更好就可以了，而要具体地说明要在哪些方面做到哪种程度，要达到这样的标准需要哪些知识、技能、能力的提高，该怎样去提高，等等。

（四）计划要获得认同

绩效改进计划一定要经过双方的讨论，获得双方一致认同，主管和下属都接受这份计划，这样实施起来才会行之有效。

在员工改进绩效的同时，主管人员要进行绩效改进指导。主管应定期查看计划进展的情况，同时为员工的绩效改进创造条件，扫清障碍，提供帮助，及时对员工的绩效改进事宜提出具体的忠告和指导。

第六节 关键绩效指标与平衡计分卡

一、关键绩效指标

关键绩效指标（Key performance index，KPI）是用来衡量某一职位工作人员或是某一组织中某一部门工作绩效表现的具体量化指标。通过关键绩效指标的考核，使经营管理者将精力集中在对绩效有最大驱动力的经营行动上，及时诊断生产经营活动中的问题并采取提高绩效水平的改进措施。它符合管理学中的"二八原理"，即80%的工作任务是由20%的关键行为完成的。因此，抓住了20%的关键行为，对之进行分析和衡量，就抓住了绩效考核的重心。

在设定 KPI 的时候，首先，要明确本企业的战略目标和年度的经营指标，进行价值链分析并得到本企业的价值树；其次，对本企业的价值树进行详尽分析，找到决定本企业增加值的关键价值点和推动这些关键价值点实现的关键驱动因素；最后，在此基础上，找到与关键驱动因素相对应的关键绩效指标，同时也就可以通过关键价值点的标准得到关键绩效指标的标准。见表 8—11 所示。

在确定 KPI 时要注意 SMART 法则：

（1）S——Specific，是指指标必须是"具体的"、可理解的，可告诉员工具体要做什么或完成什么。

（2）M——Measurable，意思是指标是"可度量的"，员工知道如何衡量他的工作结果。

（3）A——Attainable，意思是指标是"可达到的"、"可实现的"。

（4）R——Realistic，指"现实的"，员工知道绩效可证明与观察。

（5）T——Time-bound，指"有时限的"，即员工应该在多长时间之内完成。

常用的关键指标有：数量，例如产品的数量、销售额等；质量，如合格率、准确性、独特性等；成本，如单位产品的成本，投资回报率；时限，如供货周期；行为，如胜任特征、关键行为事件等。

表 8-11　　　　　　　　　　关键绩效指标实例

工作产出	指标类型	具体指标	绩效标准
销售利润	数量	● 年销售额 ● 税前利润百分比	● 年销售额在 20 万～25 万元 ● 税前利润率 18%～22%
新产品设计	质量	上级评价： ● 创新性 ● 体现公司形象 客户的评价： ● 性价比 ● 相对竞争对手产品的偏好程度 ● 独特性 ● 耐用性	上级评价： ● 至少有 3 种产品与竞争对手不同 ● 使用高质量的材料、恰当的颜色和样式代表和提升公司的形象 客户的评价： ● 产品的价值超过了它的价格 ● 在不告知品牌的情况下对顾客进行测试，发现选择本公司产品比选择竞争对手产品的概率要高 ● 客户反映与他人见到的同类产品是不同的 ● 产品使用的时间足够长
	时限	● 预定的时间表	● 能在制定的期限之前提供新产品的样品
销售费用	成本	● 实际费用与预算的变化	● 实际费用与预算相差 5% 以内

二、平衡记分卡

平衡记分卡（Balanced score card，BSC）是由美国著名的管理大师罗伯特·卡普兰（Robert Kaplan）和复兴方案国际咨询企业创始人大卫·诺顿（David Norton），在总结了 12 家大型企业的业绩评价体系成功经验的基础上提出来的，最早发表于 1992 年 12 月的《哈佛商业评论》。最初，平衡记分卡被设计为一套能够将历史财务数据的精确性与未来绩效动因相结合，同时又有助于企业实施差别化战略的绩效评价系统，是根据企业的战略要求而精心设计的指标体系。平衡记分卡内容如图 8-2 所示。

可见，平衡记分卡从财务、顾客、内部业务流程、创新和学习态度四个维度确立了一套绩效评价体系，从而构成了内部与外部的平衡、数量与质量的平衡、结果与动机的平衡、短期目标与长期目标的平衡。

今天，平衡记分卡已演化为企业组织充分利用其潜能的一种战略性管理系统和有力的沟通工具，如图 8-3 所示。通过将绩效管理和战略实施相结合，平衡记分卡帮助组织克服了两个基本问题：有效地评价企业组织的绩效和成功实施战略。

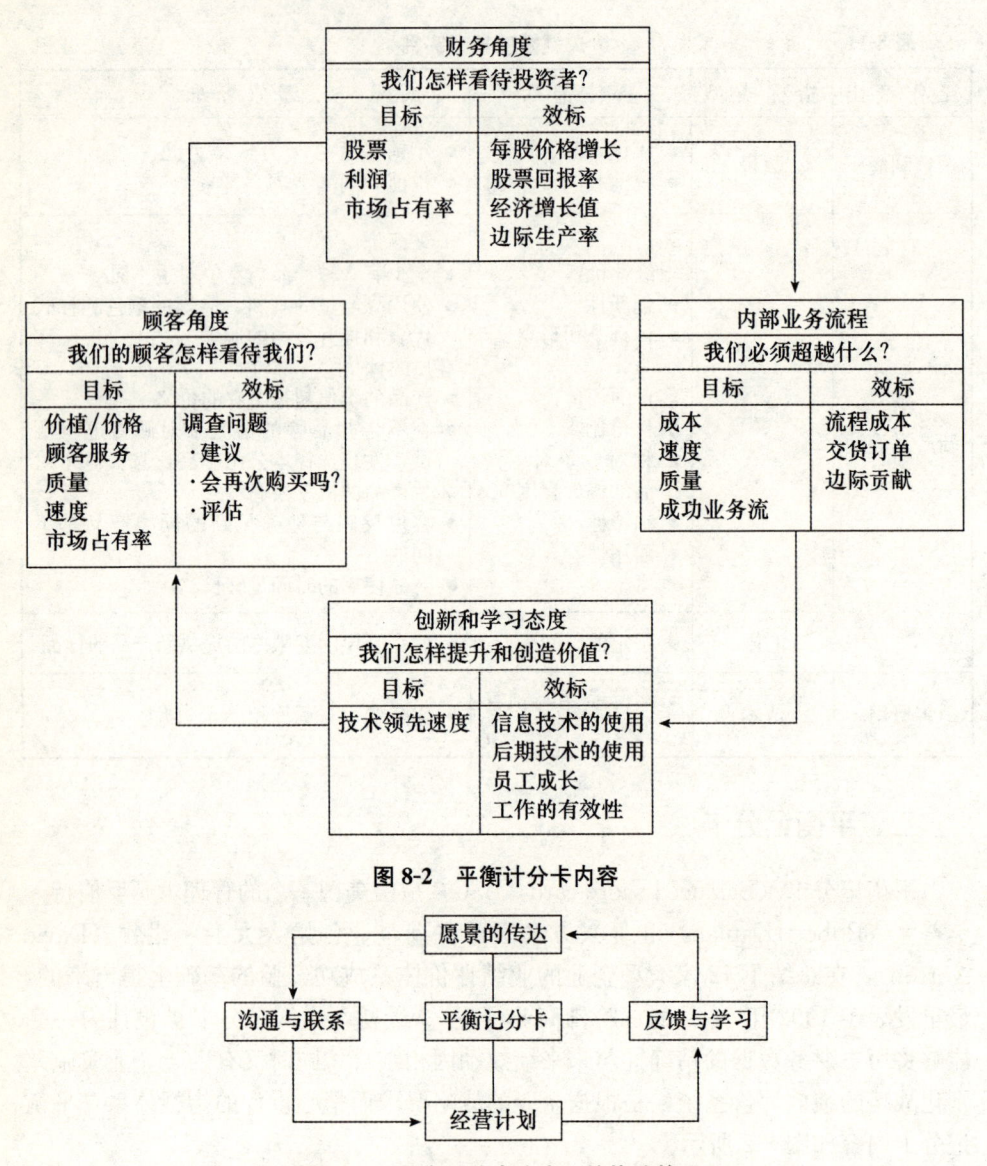

```
                    ┌─────────────────────┐
                    │      财务角度        │
                    │ 我们怎样看待投资者？ │
                    ├──────────┬──────────┤
                    │   目标   │   效标   │
                    ├──────────┼──────────┤
                    │ 股票     │每股价格增长│
                    │ 利润     │股票回报率 │
                    │ 市场占有率│经济增长值 │
                    │          │边际生产率 │
                    └─────────────────────┘
```

┌─────────────────────┐   ┌─────────────────────┐
│   顾客角度   │   │   内部业务流程   │
│我们的顾客怎样看待我们？│   │   我们必须超越什么？ │
├──────────┬──────────┤   ├──────────┬──────────┤
│   目标   │   效标   │   │   目标   │   效标   │
├──────────┼──────────┤   ├──────────┼──────────┤
│价植/价格 │调查问题 │   │ 成本   │ 流程成本 │
│顾客服务 │·建议   │   │ 速度   │ 交货订单 │
│质量   │·会再次购买吗?│   │ 质量   │ 边际贡献 │
│速度   │·评估   │   │ 成功业务流│   │
│市场占有率│   │   │   │   │
└─────────────────────┘   └─────────────────────┘

```
                    ┌─────────────────────┐
                    │   创新和学习态度    │
                    │我们怎样提升和创造价值？│
                    ├──────────┬──────────┤
                    │   目标   │   效标   │
                    ├──────────┼──────────┤
                    │技术领先速度│信息技术的使用│
                    │          │后期技术的使用│
                    │          │员工成长  │
                    │          │工作的有效性│
                    └─────────────────────┘
```

图 8-2　平衡计分卡内容

```
              ┌──────────┐
         ┌───→│ 愿景的传达 │←───┐
         │    └──────────┘    │
         │          ↕         │
    ┌─────────┐ ┌────────┐ ┌─────────┐
    │沟通与联系│←│平衡记分卡│→│反馈与学习│
    └─────────┘ └────────┘ └─────────┘
         │          ↕         │
         │    ┌──────────┐    │
         └───→│ 经营计划  │←───┘
              └──────────┘
```

图 8-3　以平衡记分卡为中心的战略管理

平衡记分卡是一个战略管理系统，但并不是一块适合于所有企业或整个行业的模板。不同的市场地位、产品战略和竞争环境，要求有不同的平衡计分法。各单位应当设计出各有特点的平衡计分卡，以便使其与自己的使命、战略、技术和文化相符。

本章小结

绩效管理的实质在于通过持续动态的沟通达到真正提高绩效、实现部门或企业目标，同时促使员工发展。绩效考核的最终目的是改善员工的工作表现，以达到企业的经营目标，并提高员工的满意程度和未来的成就感。绩效考核是管理者为确保员工的工作活动以及工作产出能够与组织目标保持一致的重要过程。

关键概念

360度考评　　关键事件法　　强制分布法　　居中趋势
宽松或严格错误

复习题

1. 绩效考核的内容有哪些？
2. 简述绩效考核的流程。
3. 绩效考核中可能出现的问题有哪些？

讨论及思考题

1. 对一家企业来说，绩效考核是必须的吗？为什么？
2. 绩效考核的方法都有哪些？各有什么优缺点？
3. 如何进行绩效考核面谈？

参考文献

[1]〔美〕亚瑟·W.小舍曼，乔治·W.勃兰德，斯科特·A.斯耐尔. 人力资源管理 [M]. 张文贤，主译. 大连：东北财经大学出版社，2001.

[2]〔美〕雷蒙德·A.诺伊，约翰·霍伦拜克，拜雷·格哈特，等. 人力资源管理：赢得竞争优势 [M]. 刘昕，译. 北京：中国人民大学出版社，2001.

[3]〔美〕加里·德斯勒. 人力资源管理 [M]. 刘昕，吴雯芳，等，译. 北京：中国人民大学出版社，1999.

[4] 陈国嘉. 如何绩效考核 [M]. 上海：生活·读书·新知三联书店，1999.

[5] 付亚和，徐芳，张孝宇. 中小企业人力资源管理 [M]. 北京：中国经济出版社，1999.

[6] 赵西萍，宋合义，梁磊，等. MBA组织与人力资源管理 [M]. 西安：西安交通大学出版社，1999.

[7] 罗锐韧，曾繁正. 哈佛商学院MBA教程系列人力资源管理 [M]. 北京：红旗出版社，1997.

CHAPTER 9

第九章
薪酬管理

本章要点提示

- 影响薪酬水平的因素
- 确定薪酬方案
- 员工激励计划
- 员工福利管理

本章案例

IBM 公司把员工的薪酬问题作为人力资源管理的根本工作，他们认为：在工资上如有不合理的地方，就会影响员工的工作积极性。因此，必须建立有竞争性的公正的薪酬体系。其薪酬体系主要包括以下三方面的内容：第一，薪酬要与职务的重要性、工作的难度相称；第二，薪酬要充分反映每个人的成绩，员工个人成绩大小是由考核评价而确定的；第三，薪酬要等于或高于一流企业。为确保比其他公司拥有更多的优秀人才，IBM 在确定工资标准时，首先就某些项目对其他企业进行调查，确切掌握同行业其他公司的标准，并注意在同行业中经常保持领先地位。

第一节 薪酬管理概述

企业要想在市场竞争中获得竞争优势，就必须为员工提供合理的薪酬。因为能否制定出具有竞争力的薪酬制度，对于吸引、维系和激励优秀人才为组织服务，提高员工的工作满意度和对组织的归属感，促使员工完成组织的目标都是至关重要的。因此，支付多少薪酬便成为企业人力资源管理的一项重要任务。

一、薪酬的基本概念

薪酬是指员工因被雇佣而获得的各种形式的经济收入、有形服务和福利。根据货币支付的形式，我们可以把薪酬分为两大部分：一部分是直接货币报酬的形式，包括基本工资、奖金、津贴、加班费、利润分红等；另一部分则体现为间接货币报酬的形式，如社会保险、休假等。

从企业的角度来看，薪酬不仅仅是作为企业财务成本的一部分，还是企业人力资本投资的重要组成部分，它关系到具有哪些素质的员工会被吸引到企业中来并被留住，关系到是否能使员工的个人利益与企业的长远利益有机地结合起来，从而对员工的行为和态度产生重要的影响，来推动企业战略目标的实现。而从员工的角度来看，薪酬的多少影响着员工自身的生活水平，它常常被看做是一个人经济地位和社会地位的象征；而且员工也很容易把薪酬看做是个人的才能、积极性和贡献大小的标志，是企业对自己工作或贡献的评价。

企业支付的薪酬一般由以下几个部分组成：基本薪酬、奖励薪酬、福利和服务。薪酬管理就是为了能够发挥员工的积极性并促进其发展，将员工的薪酬与组织目标有机地结合起来的一系列管理活动。良好的薪酬管理的作用可概括为：

（1）保持在劳动力市场上的竞争力，吸引和维系优秀的人才，减少不必要的人员流动；

（2）控制人工成本；

（3）奖励绩效，激励员工，提高工作积极性；

（4）促进员工知识的积累和技能的开发；

（5）建立一个公平合理的组织气氛，创造良好的工作环境；

（6）融合员工未来的工作绩效与组织的目标，促进企业的发展。

二、薪酬管理的内容

薪酬管理主要包括以下四方面的内容：薪酬水平管理、薪酬体系管理、薪酬结构管理以及薪酬支付形式管理。

（一）薪酬水平管理

企业要想提高竞争能力，就要在吸引、维系和激励优秀人才的同时，考虑控制人工成本的因素。因此，企业要考虑支付的薪酬总额，考虑企业支付给员工的薪酬水平是否既能有竞争力，又能适当地控制成本。

1. 影响薪酬水平的外部因素

一般说来，影响和决定企业薪酬水平的外部因素主要有六项。

（1）劳动力市场的供求状况。在市场经济条件下，劳动力的薪酬水平很大程度上应视市场供求状况而定。如果劳动力供大于求，那么相应的薪酬水平就低，企业就不需要提供很高的薪酬水平，以节约人工成本；相反，如果供小于求，则企业就必须要以较高的薪酬水平来吸引所需要的劳动力。如果不遵循这条规律，企业将不能以合适的工资水平录用到合适的人选。比如在高科技领域中，人才作为人力资本，已是知识经济中最重要的生产要素，而因为人才的短缺，造成高素质劳动力的供给小于需求。因此，很多企业为了确保在该行业中保持竞争优势，实施掠夺性的人才战略，为所需要的人才提供非常高的薪酬待遇。

（2）地区工资水平。企业所在地区的生活水平和工资水平对企业的工资确定也有很大的影响。企业所提供的薪酬水平必须和同地区其他企业的同类型的工种保持一致，而不要使一定岗位的薪酬差距过大地超过或是低于本地区的其他企业。

（3）生活费用与物价水平。保证员工及其家庭获得维持生活费用的工资是企业在决定薪酬水平时首先要考虑的。由于通货膨胀的存在，薪酬水平必须进行周期性的调整，以帮助员工维持购买力不变。顺应这种大环境的要求制定工资水平，才不会被市场竞争淘汰。

（4）行业工资水平。不同行业的工资水平是不同的，比如高科技行业里的企业薪酬水平自然要高一些，而属于夕阳产业的企业薪酬水平就低一些。

（5）企业的负担能力。企业支付的薪酬总额应该在企业能负担的范围之内，而且员工的薪酬增长水平也要与企业的劳动生产率的增长水平相协调，否则长此以往，将影响到企业的生存和发展。如果企业的实力雄厚，自然可以负担较高的薪酬水平。企业的规模、大小、经营水平决定其薪酬水平的高低。

（6）产品市场的竞争。如果一家企业的劳动力成本比其在产品市场上的竞争者要高，那么其生产的产品总成本就要比其他企业的高。如果产品市场的竞争比较激烈，利润空间较小，而产品的需求又受价格变化的影响较大时，高额的成本就会导致企业的某些业务流失。企业要综合权衡如何控制成本与如何吸引、保留、激励一支高质量的员工队伍以提供更好产品之间的关系，来确定企业的薪酬水平。

2. 影响薪酬水平的内部因素

员工个人的薪酬水平又受到员工个人的某些特征因素的影响。

（1）员工贡献的大小。员工只有对企业提供了有价值的劳动才有可能获得工资收入；而同时员工能力的大小存在着差异，同等条件下，所提供的劳动数量和质量也有不同，这种现实的劳动量差别是导致员工薪酬高低差别的基本原因。

（2）员工职务的高低。职务既包含着权力，同时也包含着责任。一般情况下，职务高的人相对来说承担着较重的责任，对企业来说更为重要，因此，同等职位的条件下，职务越高，薪酬一般也就越高。

（3）员工所在职位的相对价值。企业会对那些对企业来说非常重要的职位支付相对较高的工资，因为这些职位为企业提供的劳动是决定企业兴衰成败的关键。比如对于一家服装公司来说，设计师这一职位相对于其他职位的价值就要重要得多，因而该职位体系的薪酬等级就要高。

(4) 技术水平的高低。一般来说，技术水平越高，意味着员工的人力投资就越大，则企业给予的工资也就越高。企业所给予的薪酬要能弥补员工在学习技术时所消耗的时间、体力、心理成本，以及因为学习而减少收入所造成的机会成本。只有这样，才能促使员工不断地学习新技术，提高劳动生产率水平，也才能吸引优秀的员工加入到企业中去。

(5) 工作的时间性。对于从事季节性或临时性工作的员工的薪酬水平一般要比正常受雇员工的薪酬高，主要是用于弥补员工工作结束后生活的需要。

(6) 补偿性的工资差别。由于不同的职业在危险程度、工作环境、社会地位、教育费用等方面的差异，造成了薪酬水平的差异。比如有的工作具有危险性，妨碍人们的身体健康，甚至危及人的生命；有的工作具有令人难以忍受的气味、温度；有的工作需要很强的胆识、体力和耐力，等等，这都需要对从事该种职业的员工在薪酬上进行补偿。职业特征的差异造成了不同员工薪酬水平的差异。

(7) 年龄与工龄。在实际工作中，年龄与工龄通常都作为影响员工薪酬水平的因素之一。很多企业实施的是在员工职业生涯的早期"少付工资"，而在后期"多付工资"的薪酬方案。

(二) 薪酬体系管理

薪酬体系主要分为以下五大类：以年资为基础的薪酬体系、以职位为基础的薪酬体系、以技术为基础的薪酬体系、以能力为基础的薪酬体系和以绩效为基础的薪酬体系。

1. 以年资为基础的薪酬体系

这种薪酬体系偏重于生活保障，为了保持平滑的年龄收入曲线，降低流动率，将员工的年龄以及在企业服务的年限作为决定员工基本工资的重要因素。员工薪酬的增长是通过在企业服务年限的长短体现出来的。这种薪酬体系可以将员工个人的发展与企业的发展结合起来，但是也存在着很多问题，例如不能很好地体现员工对企业的贡献，也不能很好地促进员工学习和工作的热情。这种薪酬体系多用于那些存在着内部劳动力市场、采取终身雇佣制或是很少解雇员工的企业。

2. 以职位为基础的薪酬体系

这种薪酬体系是建立在职位评价的基础上，员工所执行的职位的差别是决定基本工资差别的主要因素，通过对职位的分析和评价得出评定的结果，将职位的排列与薪酬水平相结合。采用以职位为基础的薪酬体系的企业，只要职位的职能或是作用发生了变化，就可以增加薪酬，而不考虑员工是否很好地履行了该职能。这种薪酬体系容易培养员工很强的进取感，但是其灵活性较差，有机械管理的倾向。

3. 以技能为基础的薪酬体系

这种薪酬体系与员工所从事的工作有很大的联系。其基本思想就是根据员工所取得的证书或培训证明的技能水平来决定薪酬，根据职位要求的不同，既可以以技术的广度也可以以技术的深度作为薪酬决定的主要因素。这种薪酬制度可以鼓励员工不断学习，努力发展各种与提高工作绩效有关的技能，以促进企业的发展。但是如果企业只是单纯地据此来增加员工的技能，而没有很好地进行利用，那只是增加了其成本，而没有得到收益。

4. 以能力为基础的薪酬体系

这种薪酬体系着重考察员工创造价值的潜在能力，重视员工潜质的发掘，关注的是未来。因为员工个人所拥有的能力在很大程度上是个人和公司取得成功的关键，如果通过鼓励员工发展提高工作绩效所必须的某些能力，势必会提高公司的整体竞争力。这种薪酬体系要求对员工的某些能力进行评定，对能力高的员工支付较高的薪酬。员工具备的能力体现在知识、技能以及经验的积累程度上。但是由于员工个人的能力通常并不能得到准确的定义和衡量，因此，以此作为薪酬决策的依据是比较轻率的，而且实施的过程也较为复杂。

5. 以绩效为基础的薪酬体系

在这种薪酬体系中，工资的增长是与绩效评价等级联系在一起的。它较为关注员工以往的工作表现，将员工对企业的贡献与薪酬结合在一起。

（三）薪酬结构管理

薪酬结构是关于薪酬的构成要素以及确定各要素各占多大比例的管理。薪酬的构成要素主要有基本工资、可变薪酬、福利和服务等。

1. 基本薪酬

基本薪酬是员工在企业中工作，定期拿到的固定数额的劳动报酬。基本薪酬多以时薪、月薪、年薪等形式出现。基本薪酬一旦确定即具有一定的稳定性。基本工资是薪酬结构中其他部分的计算基础，主要以员工所在部门、岗位、职务以及员工个体之间的劳动差异为基础。

2. 可变薪酬

可变薪酬与员工的工作绩效直接挂钩。根据奖励的侧重点和目的的不同，可变薪酬又可分为绩效工资和激励工资。绩效工资是对过去工作成就的认可，常常与员工的绩效考评结果挂钩。激励工资往往针对的是员工未来的业绩，通过支付工资的方式影响员工将来的行为。

可变薪酬可以是短期的，如奖金、佣金等；也可以是长期的，像股票期权、股票增值权、虚拟股票等。

3. 福利和服务

福利本质上说是一种补充性报酬，有的以货币形式直接支付，而更多的是以实物或服务的形式支付，如各种补贴、补助和津贴、带薪休假、廉价住房、优惠购买本企业股票、各类保险等。从支付对象上看，福利可分为全员福利、特种福利和特困补助。

（四）薪酬支付形式的管理

薪酬支付形式的管理主要包括工资支付形式的管理、奖金、津贴和特殊情况下工资的管理以及特殊员工群体的薪酬管理。这里只介绍工资支付形式和特殊情况下的工资，其他部分在下面章节中介绍。

工资支付形式指是以工作时间为单位，还是以产量、销售量为单位来计算的，这是薪酬支付的基础。

1. *工资支付的主要形式*

（1）计时工资制。

计时工资制是指员工按照工作时间获取报酬的制度。比如按照工作小时、周、月等一定的工作时间来获取工作报酬，一般像行政人员、管理人员等以计时工资的形式支付薪酬。计时工资制的优点在于其计量容易，但是不能很好地反映劳动的强度和劳动效果，同时由于工作刺激性不强，因此管理成本较高。

（2）计件工资。

计件工资是把员工的报酬与其产量或工作量直接挂钩，销售人员的佣金就是将薪酬与销售量直接挂钩的一种计件工资的形式。计件工资的好处在于将员工的劳动成果与报酬直接挂钩，有利于激励员工提高绩效。但是其最大的缺点就是容易导致短期利益行为的产生，比如生产工人很容易为了提高产品数量而忽视产品的质量，以及不重视生产设备的保养等。同时，实施计件工资也受到很多客观条件的限制，比如所有的工作成果必须是易于衡量的，而且可以直接归因于个人或某个团队；工作的速度是可以由员工自己控制的，而不是由其他的客观条件控制，等等。

2. *特殊情况下的工资支付*

（1）各种假期的工资支付。

包括病假工资或疾病救济费、工伤停工留薪期内工资福利待遇、产假期间待遇、婚丧假工资、探亲假工资和事假工资。

（2）附加工资。

附加工资是"文化大革命"期间，奖金制度停止实行以后，把原来的计件超额工资或综合奖金改为按月平均发给企业职工而形成的一种附加收入。

（3）保留工资。

保留工资是指因某种原因形成的职工原工资标准高于按不同时期政策新定工资标准的部分，其高于部分作为保留工资继续支付给职工，以保证不因执行新的工资政策而减少其工资收入。

三、薪酬管理的原则

有效的薪酬管理可以将员工的利益与企业的目标和发展前途有机地结合起来。因此，企业在进行薪酬管理的时候，要保证符合以下四项原则。

（一）认可性原则

如果设计出来的薪酬系统不能为员工所认可和接受，那么无论其技术方面做得多么出色也是没有任何成效的。因此，要让员工明白现行的薪酬决策是怎样作出的，工资结构为什么要设计成某种形式，企业为什么要对工资结构作出某种调整，为什么这种决策是最适合本企业的，等等。可以采用让员工参与到薪酬决策中来，以及运用有效的方式与员工进行沟通等方法，使员工认可和赞同薪酬系统。同时，要根据不同岗位的特点制定不同的工资结构，针对不同的工作性质和员工不同的特点和喜好选择支付薪酬的内容结构。否则，企业很难吸引和保持忠诚而优秀的员工。

（二）公平性原则

薪酬的确定是否公平极大地影响着员工的工作绩效和生产率。在进行薪酬水平和薪酬结构决策时，要注意员工可能会对薪酬进行三种公平性的比较。

合理的薪酬应满足三个条件：

（1）外部公平性。外部公平性就是企业能够提供与现行市场工资相比较为合理的薪酬水平。因此，建立有效的工资制度，第一步就应该先进行市场薪酬调查，确定市场的现行工资率。经过市场薪酬调查，可以了解到市场的工资行情。对于某些技术含量低，替代性强，不需要特殊培训、特殊经验就能上岗，很容易在劳动力市场上招聘到员工的职位不必给予太高的工资，以降低企业的劳动力成本，而对于有些不可替代的人才，能够形成企业的核心专长与技能，决定企业生存与发展的员工，就要给予与市场工资率相比有竞争力的薪酬水平，也就是必须保证能够吸引、维系一支高质量的员工队伍，否则就会导致人员素质下降，流动率增加，工作积极性下降，甚至会影响企业的兴衰成败。

（2）内部公平性。员工关注一家企业内部不同工作之间的薪酬对比问题，他会将自己的工资与比自己低的级别的工资、比自己高的级别的工资、不同的技能类别、不同的职能部门相同级别的工资进行对比。内部公平性会影响员工之间的合作，员工的晋升、调配、工作轮换，员工的工作态度和对企业的忠诚性。一个组织中各种工作所获得的相对报酬就是工作结构。而企业在工作结构方面所作的选择会影响到员工的内部比较公平性，工作评价正是企业用来设计工作结构的重要的工具之一。

（3）自身公平性。员工会将他所得到的薪酬与他自身在工作中付出的努力相比较。如果公司支付的薪酬与员工的个人努力及其工作结果相关性很小，那么那些积极工作、有着良好表现和较高工作绩效的员工就会产生不公平感，挫伤他们的积极性，甚至会导致离职率的增加。因而，有效的薪酬制度要同员工的绩效考核联系在一起。

（三）激励性原则

有效的补偿和报酬系统能够刺激员工努力工作，提高绩效。由于各职务对公司的重要性、任职资格条件、工作环境等不同，因此较为平均的做法会影响某些重要岗位的员工的积极性。如果企业内部员工的报酬与个人努力、个人对企业的贡献之间的匹配性不强，没有起到很好的激励作用，就会引起员工的不满情绪。因此，要反对平均主义，薪酬分配应适度向高职位、关键人才、市场供给短缺人才倾斜，同时，要适当地拉开薪酬差距，对绩效高的员工提供更高的薪酬。

（四）平衡性原则

控制人工成本也是人力资源管理工作的一项重要任务。因此，在进行薪酬管理的时候，首先要注意在保持有竞争力的薪酬水平与控制高额的人工成本之间进行适当的平衡。同时，在确定薪酬结构时，也要注意薪酬的各个组成部分保持怎样的比率、如何平衡才能更好地满足员工的需要。比如，是提高货币工资、提高多大的比例还是实施退休金计划，都要进行慎重的考虑。

第二节　薪酬确定方案

寓言故事

分　粥

有7个人组成了一个小团体共同生活，其中每个人都是平凡而平等的，没有什么凶险祸害之心，但不免自私自利。他们想用非暴力的方式，通过制定制度来解决每天的吃饭问题：要分食一锅粥，但并没有称量用具和有刻度的容器。

大家试验了不同的方法，发挥了聪明才智，经过多次博弈形成了日益完善的制度。大体说来有以下几种。

方法一：拟定一个人负责分粥事宜。很快大家就发现，这个人为自己分的粥最多，于是又换了一个人。但总是主持分粥的人碗里的粥最多最好。

方法二：大家轮流主持分粥，每人一天。这样等于承认了个人有为自己多分粥的权力，同时给予每个人为自己多分的机会。虽然看起来平等了，但是每个人在一周中只有一天吃得饱而且有剩余，其余6天都饥饿难挨。

方法三：大家选举一个信得过的人主持分粥。开始这品德尚属上乘的人还能基本公平，但不久他就开始为自己和溜须拍马的人多分。

方法四：选举一个分粥委员会和一个监督委员会，形成监督和制约。公平基本上做到了，可是由于监督委员会常提出多种议案，分粥委员会又据理力争，等分粥完毕时，粥早就凉了。

方法五：每个人轮流值日分粥，但是分粥的那个人要最后一个领粥。令人惊奇的是，在这种制度下，7只碗里的粥每次都是一样多，就像用科学仪器量过一样。每个主持分粥的人都认识到，如果7只碗里的粥不相同，他确定无疑将享有那份最少的。

解析：公平背后是机制

同样是7个人，不同的分配制度，就会有不同的风气。所以，一个单位如果工作风气不好，一定是机制出现了问题，没有做到公平、公正、公开，没有严格的奖勤罚懒制度。薪酬管理也是一样。如何制定一套合理的薪酬体系，是人力资源管理必须思考的问题。

❖❖

如何确定员工的薪酬是企业人力资源管理的一大难题。企业中，最常见的方法有职位评价方案和技能工资方案。

一、职位评价方案

传统的薪酬制度是以职位为基础的薪酬方式，主要是通过职位分析和职位描述来确定不同职位在企业中的相对价值，按照职位的排列来确定员工的薪酬水平。

（一）实施程序

1. 市场调查

市场调查是一种非常有用的手段，它保证了企业薪酬制度的外部竞争性。对某职位的薪酬调查在确定员工的薪酬时起着关键的作用。薪酬调查是企业通过调查当地或同一行业中其他企业中相同或相似工作的薪酬水平，同本企业的现行薪酬水平相比较，进而依据本企业的其他条件，来调整薪酬结构，以保证企业的竞争地位。对很多企业来讲，某职位的薪酬就是在市场调查的基础上来进一步确定的。薪酬调查并不一定要企业亲自做，来自各种商业机构、专业协会、政府的统计报告以及报纸杂志、专业书籍中的很多信息可以供企业使用。企业可以用各种直接或间接的薪酬调查数据作为制定薪酬的基础。

（1）薪酬调查的目的。

①了解同一行业或地区中其他企业中相同或相似工作的薪酬额，就可以推断出竞争对手的举措；

②将企业的现行薪酬额与一般薪酬额相比较，调整薪酬结构，保持企业的竞

争地位，避免人才的流失；

③通过收集广泛和准确的市场调查数据，有助于提高本企业薪酬决策的正确性，为本企业制定薪酬决策提供依据；

④为企业确定合理的人工费用提供必要的参考资料。

(2) 企业直接进行薪酬调查的程序。

①界定市场。薪酬调查是在与企业的工作相关的劳动力市场上（如国际市场、全国市场、地区市场等）调查其他企业支付的薪酬水平。所谓的劳动力市场，就是指企业获得特定的某类员工的某一区域。在进行薪酬调查时，首先就要明确企业所面对的劳动力市场，只有弄清楚这个问题，才能够进行有效的调查。比如企业招聘打字员可能是在本地的劳动力市场，而招聘技术人员的劳动力市场就可能是全国性的。这样大多数企业面对的就是多个市场而非单一的市场，在制订薪酬调查计划的时候，就必须先界定清楚要调查的目标市场，同时要根据市场的变化随时更新数据。

②选择调查对象。在确定的目标市场上，调查对象可以从以下的企业中进行选择：同行业中相同类型的其他企业；其他行业中有相似工作的企业；录用同类员工，可构成竞争对手的企业；工作环境、经营策略、薪酬与信誉均符合一般标准的企业；与本公司距离较近，在同一劳动力市场录用员工的企业。在这些企业中，由于不同类型的企业对所要调查的工作支付的薪酬是不同的，因此要对这些企业的性质、规模大小、新成立还是存在已久等方面进行选择。之后，企业要根据自己的人力、物力、财力状况，确定符合条件的企业的数量。

③确定薪酬调查的内容。一般来说，企业薪酬调查的内容主要包括以下五方面：薪酬内容（基本工资、职务津贴、奖金、红利和各种福利保险费用的比率）；其他企业的基本工资的情况；除基本工资以外的津贴、奖金、红利、福利、可变薪酬的给付情况；其他与薪酬有关的项目；调查对象是资深员工还是新进员工的薪酬水平，是平均薪酬水平还是最高薪酬水平等。

④实施调查。企业可以在取得其他被调查企业的支持的前提下，采用电话调查、发放调查问卷或是访谈等方式进行数据调查；也可以通过咨询公司和调查公司来实施调查。一份好的市场调查数据要能保证数据的代表性和质量。

⑤调查资料的整理与统计。在薪酬调查完毕之后，根据收集到的数据进行分析统计和整理。调查资料的价值不仅仅体现在数据的多少，关键在于调查者从获得的信息中得到的启示，所以必须对调查资料进行各种数据的计算、统计，并根据资料的统计结果，针对企业的经营情况、职位职能等具体情况进行对比分析，而不能只是抽象和单纯地比较数据。

(3) 薪酬调查的方法。

①职位评定法。对于各个企业都普遍设立的、名称固定并通用、职能较单一

的职位，一般来说，企业可以在对类似企业中类似职位的报酬情况进行直接或间接调查的基础上，直接根据市场价格确定。企业还可以采用基准职位确定法。这种调查方法是将调查数据用于确定基准职位，以此确定企业的工资等级，并根据其他职位在企业中的相对价值来确定工资水平。为了保证调查的成功，调查者应该在调查表上提供充足的信息，阐明目标职位的主要职能，以便被调查者作出正确的判断。

②职业分类法。这一方法是为克服职位比较法的缺点而发展起来的。它在所有职位中首先确定一系列的基础职业类别，如行政类、管理类、生产类等，调查各个类别的薪酬水平。它可以提供更多职位的信息，而且不必将本公司的职位与其他公司的职位进行比较。

2. 确定每个职位的相对价值

在得到市场的薪酬数据后，就要确定每个职位的相对价值了。这就需要进行职位评价。职位评价就是根据工作分析的结果，通过对每个职位所包含的内容，如职位所要求的努力程度、技术复杂程度、担负的责任等进行比较，从而对工作的价值进行判断，最终确定该职位的薪酬等级。职位评价是一个系统化的过程，用以衡量不同工作的相对价值，以确定哪些工作需要支付更多的薪酬。

寓言故事

驴和骡子

主人将货物分成两等份，分给驴和骡子去驮。驴看到自己驮的东西和骡子一样多，很气愤地说："人们给骡子吃的食物比我多一倍，却让我和它驮一样重的货物。"

走了一段路以后，主人看到驴支持不住了，就把它身上的货物移一部分到骡子身上；再走一段路以后，驴更没精神了，主人又把货物移过去一部分，最后驴身上空无一物。这时骡子瞪着驴说："你现在还会认为我不该多吃一倍的食物吗？"

解析：相对价值

通常，愈富有解决问题性质的工作，工资愈高，所承受的压力也愈大。有些专做例行工作的人，却埋怨工资比不上其他人。但他若有机会尝试解决问题性的工作时，就会了解别人的能力比自己强多了。所以，企业在制定薪酬分配制度时一定要区分好"驴"和"骡子"。

(1) 职位评价的作用。

①根据各职位对企业经营目标的价值确定一种合理、系统而稳定的职位结

构，在组织内确定工作间的正确差距和相对价值；

②建立一套符合内部公平性原则的薪酬制度，能够很好地吸引、维系和激励员工；

③为不同公司内部相似职位间薪酬水平的比较提供依据；

④帮助企业在劳动力市场上雇佣员工时作出正确的决策；

⑤为员工事业的发展指出方向。

(2) 职位评价的原则。

①评价的依据是工作，而不是针对从事工作的某位具体的员工；

②进行评价的因素，必须是关键的、能够体现该职位特征的，注重哪些评价要素取决于该职位的特点以及企业的经营战略；

③谁来作职位的评价是非常关键的，要保证做职位评价的人员对企业各项工作有深刻的认识和了解，同时，成功的评价依赖于对评价因素定义理解的一致性和因素等级划分的合理性；

④进行职位评价，必须要取得员工的合作，评价结果要公开。

(3) 进行职位评价。

①报酬因素。报酬因素就是那些对企业来说有价值的重要的工作特征，企业正是根据这些工作特征来给予报酬。报酬因素包括：工作的复杂性、工作责任的大小、工作强度、工作条件、所要求的教育程度、所要求的工作经验、所要求的身体条件和心理条件、对公司效益的贡献等。

②职位评价的实施者。职位评价是一项复杂的工作，为了保证职位评价结果的科学性和准确性，一般来说都要建立一个职位评价委员会来负责该项工作。委员会一般是由主管人员、人力资源管理专家、员工等共同组成，要保证所有的成员对企业的日常活动及各职位在企业中的作用和相互关系有清晰的了解。职位评价委员会的工作程序为：首先，确定关键基准职位。大概要确定10～15个关键基准职位，并对其进行评价。其他的职位再以此为基础，确定其相对价值。其次，选取报酬因素，并界定好进行评价的报酬因素的含义。最后，对各个职位的相对价值进行评价。

3. 将相似的职位纳入同一工资等级

在将职位进行评价之后，职位评价委员会就可以根据评价的结果确定每个职位的工资率。但是，这样的报酬方案非常复杂。为了简化薪酬结构，减轻工作量，从管理的角度看，企业一般都希望将各个职位归于不同的工资等级，支付不同的职位以相应的特定工资。等级体现了公司内部各种职位所处的地位。一个工资等级包括操作复杂程度或重要性大致相同的职位。如果采用的是职位评定法，就可以作为评估的一部分，将不同的职位归入不同的工资等级。如果采用的是要素计点法和要素比较法，就必须按照积分的等级或职位的评估价值来建立有选择级差的工资等级。

薪酬结构中等级应用的数量必须要足以使不同难度的工作有所区分，但是数量也不能太多，否则就会使相邻两个等级的工作区别不明显。

4. 确定工资结构

在进行完市场调查和职位评价之后，企业就可以根据自身的实际情况，确定出一个合理的工资结构。工资结构包括工资曲线、工资范围以及重叠情况等。工资曲线是用图形表示的各个工资等级中各职位目前的工资率与各职位的相对价值之间的关系。工资范围是指在同一工资级别中，最低工资水平和最高工资水平之间的范围。可以通过与绩效、资历或其他的因素相结合来确定不同员工的薪酬。在所有的工资结构中，各级别的工资额度都会有重叠，一定程度的重叠不仅可以使资深员工获得比那些工作高一等级的非资深员工相同甚至更高的工资水平，而且员工在从一个等级晋升到另一个等级时，工资也不会发生急剧的变化。

案例研究

××公司的薪酬设计[1]

××公司是一家合资公司，成立于1995年，目前有员工300余人，在全国有17家办事处。公司在人力资源管理方面起步较晚，尚未形成科学的体系，薪酬福利方面问题比较突出，决定就其薪酬体系进行系统设计。管理顾问经过系统分析诊断，认为该公司在这方面存在的主要问题有：薪酬分配原则不明晰，不同职位之间、不同个人之间的薪酬差别，基本上是凭感觉来确定；不能准确了解外部特别是同行业薪酬水平，无法准确定位薪酬整体水平。顾问公司首先在职位说明的基础上，对各个职位所具有的特性进行重要性评价和职位等级评定，最终形成公司职级图；其次，公司委托专门的薪酬调查公司就同行业、同类别、同性质公司的薪酬水平进行调查，获得薪酬市场数据；最后，顾问公司依据公司职级图、薪资调查的数据、公司的业务状况以及实际支付能力，对公司的薪酬体系进行设计。薪酬设计的步骤如下。

第一步，制定薪酬策略。管理顾问在明确了该公司的具体情况后，进一步分析了公司的经营哲学、企业文化和核心价值观。然后，将该公司薪酬设计的原则确定为"对内具有公平性，对外具有竞争力"。

第二步，职务分析和工作评价。通过职务调查和职务分析，把职务本身的内容、特点以及履行职务时所必需的知识、能力条件等各项要素确定下来，写入职务说明书。进行职务评价据此划分职务等级。评价职务的相对价值的职务评价法大多采用点数法，即依据评价要素确定其点数，然后加以汇总，再根据总点数确

---

[1] 葛玉辉. 人力资源管理 [M]. 北京：清华大学出版社，2006：256-257.

定职务等级。可以根据员工的工作岗位、教育背景、发展潜力、工作年限、工作绩效、特定的人力资源稀缺性等来确定。

因为该公司是生产和销售空调的企业，所以把公司的工作人员分为技能类和管理类两种。技能类的职工大概包括普通工人、技工、技师、工程师、生产厂长和总工程师，而管理类的职工可分为文员、班组长、车间主任、业务主管、副经理、部门经理、副总经理、董事长和总经理。见表1。工作评价的重要性上面已有论述，而评价方法一般有排列法、分级法、综合评分法、要素比较法等。在操作中，从技能、体力、责任和特殊知识角度，采用因素比较法对该公司进行工作评价。

表1 ××公司人员分类表

技能类	总工程师	工程师	技师一	技师二	技工	工人
管理类	董事长	总经理	部门经理	车间主任	班组长	文员

第三步，进行薪酬调查。进行工资价位市场调查的主要数据来源为：国家及地区统计部门、劳动人事机构、工会等公开发布的资料；图书馆及档案馆中年鉴等统计工具书；人才交流市场与组织；各种咨询中介机构等；通过抽样采访或散发专门问卷收集的数据。

第四步，进行薪资结构设计，要求利用薪资结构线来表示。因为该公司是生产销售型企业，而且前面也说到，公司在全国建立了17家办事处，由于不同地区基本生活费用、业余文化生活、生活便捷程度方面的差异，所以不同地区应该有不同水平的薪酬，即使其他条件相同，不同地区同一薪点的薪酬客观上也存在着差异，所以，由不同薪点的若干薪酬构成的薪酬曲线就不只是一条，而是可能有几条（如图1），即使薪点同为1000，在AB线上，相应的薪酬为2500元，在CD线上，相应的薪酬为3500元。

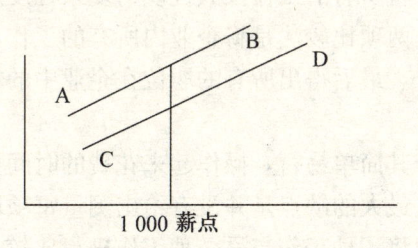

图1 ××公司薪酬曲线图

第五步，薪资分级和定薪。到这时候方案快要出来了，薪酬的计量基准一般有薪等和薪点，相对而言，薪点更具有科学性。由于该公司规模并不是很大（员工300余人），其薪点设为30个。见表2。

表2　　　　　　　　　　　××公司薪点构成表

1	2	3	4	5	6	7	8	9	10	11	12	13	14	15
450	550	650	750	850	950	1 050	1 150	1 250	1 350	1 450	1 550	1 650	1 750	1 850
16	17	18	19	20	21	22	23	24	25	26	27	28	29	30
1 950	2 050	2 150	2 250	2 350	2 450	2 550	2 650	2 750	2 850	2 950	3 050	3 150	3 250	3 350

第六步，薪资制度的控制与管理。薪酬制度一经建立，就应严格执行，发挥其应有的功能。在确定薪酬调整比例时，要对总体薪酬水平作出准确的预算。可以在人力资源部建好薪酬台账，借助数学和统计学进行预算。在制定和实施薪酬体系过程中，有必要和员工进行及时的沟通和有效的宣传，要让员工满意。这样的薪酬政策充分体现了公平性，有助于消除员工之间的猜疑，增强其工作热情，也有利于公司内部的团结，从而创造一种和谐满意的工作环境。

（二）职位评价的方法

企业在实际评价每个职位的相对价值时，一般采用排列法、职位归类法、要素计点法和要素比较法四种方法进行。

1. 排列法

排列法是一种非量化的简单的工作评价方法。这种最简单的职位评价方法通常是依据工作复杂程度等总体指标对每个职位的相对价值进行排序，通常也只是对各部门或是职族内的职位进行排列。排列法包括以下两种方法。

（1）两极分配法。两极分配法就是将各种职位按其价值再排列的两极分布。职位评定者就哪些职位价值最高、最低，次高、次低等取得共识，然后按此标准来排列职位。先将组织内相对价值最高、最低的工作选择出来作为高低界限的标准，然后在此限度内，将所有的工作按其性质与复杂程度逐一排列。

（2）两项比较法。两项比较法是将企业内所有的工作，成对地加以比较，分别找出价值较高的一个，最后得出所有的职位在企业中的相对位置，作为薪酬决定的依据。

排列法的优点在于其简单易行，操作起来花费的时间要比其他的方法少，成本费用低。但是排列法最大的缺点是并没有给出测量每项职位相对于其他职位价值的标准，只是笼统地将一种工作与另一种工作进行比较。其最终的排序结果仅仅揭示了工作的相对重要性，而具体的工作之间的差异是多少却不能显示出来。排列法由于其简单性，更适用于那些规模较小的企业。

2. 职位归类法

职位归类法是把职位按照一系列事先确定好的等级进行分组和归类。它也是一种非量化的评价方法。它把所有的职位分成几组，如果每组包含的职位相似就称为类。如果每组包含的职位除了复杂程度相似之外，其他的方面都不同，就称为级。比如说，区域销售经理和一般销售人员由于职位相似，可以归为一类；而销售部门的销售助理的工作复杂程度与办公室的行政助理相似，则可以归为一级。

职位归类法需要做好两方面的工作。第一，该方法需要对各工作职位的性质和特征进行分析，每项工作都需要一份经职务分析得出的职务说明书。第二，在对职位进行归类之前，要编写每一等级的说明书，说明该等级的名称、所含职位的总体职能、所需要具备的资格等。每个等级的描述都构成了为不同的职位进行比较的标准。因为职位评价的目的是要使所有工作尽最大可能地纳入同一薪酬制度，等级说明必须是一般化的、能概括各种工作的。通过比较不同的职位特征和不同的工作等级，就可以将企业内的各种工作纳入到合适的等级中去了。

职位归类法就是将职位说明书与等级说明直接相互对照，简单易行。但要使用职位分类法，首先就要把所有的职位分成几类，等级说明较难编写，而且在将不同的职位纳入不同的等级体系的时候，要作很多的主观判断。

3. 要素计点法

这是四种方法中应用得最广泛的一种。它提供了一种定量分析各种职位价值的方法。通过对每个职位确定不同的点值，并对这些点值的大小进行比较的方式来确定不同职位的价值。

（1）要素计点法的四个特点。

①使用若干项报酬要素；

②对每项要素分等，根据每项要素的不同等级或水平来分配权重和点值；

③用每项要素的等级或水平来评价单个工作，以确定其点值；

④把每项工作每项要素的点数相加，得到每项工作的总点数值，然后将总点数值转化为相应的工资等级。

（2）要素计点法操作的程序。

①选择不同职务的评价要素，比如职责、技术要求、身体要求、工作条件等。

②界定评价要素和划分要素等级。用通俗、清楚的文字，为每项评定要素下定义，以确保评价者在应用这些要素时能保持一致。然后，根据各要素的复杂程度决定合适的等级。每项要素等级不超过6个，但不是每项要素都需具有相同的等级数，等级数主要取决于评价者的评价需要，只要可以清楚地区分职位的水平就可以了。

③确定评价要素的权重。这是非常重要的一步，不同的职位，同样的要素其权重一般来说是不同的。各要素所占的权重，应根据企业的需要和工作的性质灵活确定。

④确定各要素计分的点数以及各要素等级的点值。要素计点法中各要素点数之和,以及各要素比重与点数分配应以易于转换为货币工资为准。将总点数与各要素的权重相乘,则得出了各要素的点数。再将各要素的点数平均分配到各要素的等级上去。

⑤实施评价。根据职务说明书,按照各报酬要素分别对该职位进行评价,再将各职位中各要素对应的点值进行加总,就得出了该职位的总点值。

要素计点法的优点在于它是一种较为详细的、有数字表示的、分析性的方法,提供了比较精确的评价标准,因此,产生的结果就比较有效,而不易受人的主观影响。但是,在实际操作中,建立一项点值评价方案还是比较困难的。

4. 要素比较法

要素比较法也是在要素相互比较的基础上完成职位评价的,但是它与要素计点法不同的地方在于,被评价的工作的报酬因素是与企业中作为评价标准的关键职位的报酬因素进行比较的。

(1) 选择15～20个关键性职位。所谓关键性职位,其特点有:对于员工和组织都是非常重要的;工作要求不尽相同;有稳定的工作内容;在薪酬调查中作为关键性的职位进行了市场调查。

(2) 以报酬要素为基础,对关键性职位进行排序。由委员会成员先将关键性职位按每项要素排列等级。然后根据报酬要素确定每个职位的工资率,也就是赋予每项要素在职位工资水平确定中的权重,再根据各要素在工资决定中的权重,将关键职位排序。

(3) 建立要素比较标尺。当每个关键职位的工资在各要素之间分配后,就会得出要素比较的数据。关键职位报酬要素的标准和工资等级中的位置为其他工作的评估提供了一种比较的标准。

(4) 将每项需要评价的工作与这些关键性职位相比较,相应地赋予数值。

要素比较法的优点在于它是一种精确、量化和系统的方法,其每一步的操作都有详细、可靠的说明。但是,制定要素比较法花费的时间很多,而且结构复杂,所以实践中一般不是很常用。

二、技能工资方案

通常企业最普遍使用的员工薪酬支付方案就是职位评价方案。但是这种薪酬支付体系不能很好地促进员工学习与工作相关的新知识和新技能,因此,很多企业开始实施技能工资方案。

技能工资又称为知识工资,它是根据员工掌握的不同的技能和他们所拥有的新增知识提供薪酬。技能工资最大的优点在于能使员工更主动地工作和学习,提高员工的适应能力以达到生产或服务的标准,使生产率更高;当企业需要新的知识和技能时，技能工资也可以鼓励员工接受培训；同时，这种工资体系也减少了缺勤和人员流动带来的损失。技能工资和职位评价工资体系有四个主要的不同之处。

（一）确定薪酬的依据

职位评价工资体系确定薪酬的依据是职位在企业中相对价值的大小。而使用技能工资制，员工的基本报酬不是与职位而是与技能联系在一起的。以技能为基础的薪酬制度既可以以技术的深度为依据，也可以以技术的广度为依据。在职位评价工资体系中，工资通常同员工的资历相联系，也就是说员工在某个职位上工作得越久，其薪酬水平就越高。但技能工资体系则是基于技术而不是资历来支付工资。

（二）薪酬增长的依据

职位评价工资体系中，如果员工的职位有所改变，则薪酬水平也自然会改变。如果员工的职位得到了升迁，那么其薪酬也自然得到增长。薪酬增长是通过职位的提升实现的。但在技能工资体系中，员工工资的增长，是通过学习新的技术和技能得到的。在工资提升之前，员工必须证明他精通要求掌握的技术。

（三）涉及的过程

职位评价工资体系通过确定的薪酬要素进行职位的评价。对不同职位的相对价值进行排序，以此确定不同员工的薪酬。而技能工资体系则通过技能分析和评定过程来确定不同员工的薪酬。首先对企业内部各种工作需要的技能进行详尽的分析，然后将确定下来的各技术标准组成一个集合，满足该集合中不同层次的技术水平要求的员工可以得到相应等级的薪酬。同时，企业还要对员工是否掌握了某项技能进行一定形式的评估，并对员工定期进行培训，以帮助他们掌握新的知识和技能。

（四）发展机会

通常实施技能工资体系的企业比实施职位评价工资体系的企业为员工提供了更多的发展机会，因为企业的注意力集中在如何提高员工的技能上，因此就会提供更多的培训和发展机会。技能的提升也方便员工从一个职位流动到另一个职位，提高了组织内部员工的流动性。

第三节 针对不同人员的激励计划

激励性的工资计划与员工绩效的提升和组织目标的实现之间存在着直接相关的关系。恰当的激励计划通过将员工的薪酬与企业的目标相结合，提高了员工的工作积极性与工作努力程度，并为培育重要员工和获得企业的利益提供了激励。

激励计划并不是在任何情况下都支付，而是对绩效进行激励，因此，不佳的工作绩效就不能得到奖励。同时，激励计划必须要易于为员工所理解，并易于计算，制定的绩效标准应该是合理的、公平的。

企业使用的激励计划多种多样，针对不同类型的员工要实施不同的激励计划。

一、针对管理人员实施的激励计划

管理人员确定了企业的经营方向和组织整体发展战略，他们的工作作风和领导风格还会对组织的工作气氛、人际关系等方面起着重要的影响作用，管理人员的工作绩效如何关系到整个企业的兴衰成败。对管理人员实施有效的激励计划，激励他们为企业的发展作出应有的贡献，对于企业的发展是至关重要的。

管理人员激励计划包括两个部分：短期激励和长期激励。短期激励是对管理人员完成短期（通常是年度）目标的奖励。长期激励是奖励为企业长期绩效作出贡献的管理人员，长期激励计划可以弥补短期激励计划带来的短期利益行为，使管理人员更注重企业的长期发展。

（一）短期激励

大多数企业针对管理人员实施的短期激励都是以年度奖金的形式出现的，数额根据年度企业业绩的改变而改变，一般以现金的形式支付。年度激励计划是一种有效的员工绩效激励措施，它与短期的财务绩效直接挂钩，使员工能很快地看到自己努力的结果，有助于企业经营效益的快速改善。但其最大的缺点在于容易导致短期行为的发生。比如，管理人员为了得到更多的年度奖金，可能会为了获利能力的短期增长而减少设备的保养。

由于高级管理人员要负责企业的战略方向和长期的发展，其行为重点是风险性决策，这就要求他们大胆革新，富有开创精神，敢于对组织的成长负担必要的风险。因此，对于高级管理人员来说，应以实施长期激励为主，短期激励在整个激励方案中占的比重不应过大。而侧重于年度激励计划的薪酬政策则更适合于对企业的短期发展有着较大影响的基层管理人员，他们与其所属部门和员工的实际工作绩效密切相关。对于中层管理人员来说，短期激励和长期激励要适当平衡。

同时，企业的经营状况也决定了短期激励在整个薪酬体系中所占的比重。比如，处于创业阶段面临着较大风险的企业，管理人员的工资通常要低于市场的平均水平，但是年度奖金在整个薪酬体系中占有较大的比重。如果企业的年度效益较好，则年度奖金的数额就会比较高。

在实施年度奖金计划时，要考虑到三个基本问题。

1. 资格条件

确定资格条件就是确定可以参与年度奖金计划的管理人员的，要保证计划的参与者有能力控制和影响企业短期的业绩。可以通过两种方法来确定：一是通过对职位进行逐个评价以确定关键职位的方法来确定，这些关键职位对企业效益的影响是可以测算的；二是用工资级别来作为确定资格条件，任何在某一工资级别上或超过了设定的工资级别的管理人员都有资格参与年度奖金计划。

2. 支付的数额

企业设立的年度奖金计划与绩效评价存在着密切的联系。企业根据不同的绩效水平支付年度奖金的方式主要有三种：

（1）根据企业完成的预先设定的利润预算或经营目标，会对管理人员支付不同数额的年度奖金。经营目标既可以是单一的绩效指标，如净收入、投资回报率等，也可以是几项指标的综合。

（2）以一项或一组财务指标的年度增长率为基础，根据企业当年增长的比率来确定支付的数额。比如预先设定只有当年的净收入增长超过了上年的15%时，才能够支付年度奖金。奖金的金额随着超过上一年度绩效水平的幅度而相应地变化。

（3）将企业的绩效与行业平均绩效或是企业竞争对手的绩效进行比较，确定企业的年度奖金额。

3. 个人的奖金额

管理人员个人奖金额的多少一般根据其所领导的团队的绩效和自身的绩效水平来确定。团队和个人绩效的相对权重通常取决于管理人员权责的大小和对公司整体绩效的影响大小。比如，公司的总经理其年度个人奖金可能完全取决于公司的效益；而销售部门经理的年度个人奖金可能50%取决于销售部门的业绩，50%取决于其自身的工作绩效。

（二）长期激励

长期激励一般来说更适用于企业的高层管理人员。长期激励计划使管理人员在计划、组织、领导、决策时更加注重长期观念，以促进企业的长期发展和繁荣；同时，在企业长期成功发展的基础上，通过为管理人员提供积累财富的机会鼓励他们与企业共同奋斗。长期激励计划一般具有薪酬延期支付的性质，并通过资本增值的形式予以实现。长期激励计划的形式主要有股票期权、股票增值权、受限股票、虚拟股票和绩效计划五种。

1. 股票期权

股票期权是长期激励计划中最常使用的一种形式。股票期权是指在一定时间里，以特定价格购买一定数量的企业股份的权利。因此，管理人员可以利用这种期权，以现在的价格购买股票，在将来获利。由于股票价格受企业的获利能力和利润增长的影响，管理人员可以通过自身的努力，在一定程度上影响这些因素，使股票升值，从而获利，以此达到激励的目的。

2. 股票增值权

股票增值权是附属于股票期权的一种权利。它可以使管理人员在股票期权的有效期内因股票价格增值而获得利益，而并不需要实际购买这些股票。股票增值权可以单独授予，也可以与股票期权同时授予。如果股票增值权是与股票期权同时授予的，带有增值权的股票数量通常与股票期权项下的股票数量相等。执行一个股票期权一般会相应地取消一个股票增值权，反之亦然。

3. 受限股票

受限股票是指企业将股票免费地转让给管理人员，但员工对受限股票的完全获权是有条件的，即只有在将来提供了实质性的服务才能够获得股票的实际拥有权。如果满足了股票授权所需的限制条件，那么在限制期末该管理人员就可以完全拥有这些股票；但如果未能满足条件，就会完全丧失对这些股票的所有权。

4. 虚拟股票

虚拟股票假设一定数量的公司股票属于管理人员，但是股票的实际所有权不变。这些虚拟股票的价格等于公司普通股票的价格，但是不像真实的股票那样具有真实的公司所有权利益。仅仅是将这些虚拟股票贷记到公司的账簿中，其价格随公司股票价格的涨落而涨落。经过规定的一段时间后，公司将虚拟股票赎回，或者以现金或股票的形式支付给虚拟股票所有者。

5. 绩效计划

绩效计划是企业给予管理人员的股票或成就奖金，这是以企业能够实现某些特定的经营目标为条件的奖励。绩效计划是根据在多年期计划开始时确定的目标，支付的奖励或价值根据所测算的可能得到的效益而变化。

二、针对销售人员实施的激励计划

从某种程度上来说，以市场为导向使营销对企业来说具有重要的意义。因而对销售人员实施何种激励计划，以吸引、维系和激励优秀的销售人员，对企业是至关重要的。

（一）销售人员的工作特殊性

（1）工作时间相对自由，较富有弹性，因此不能用硬性的时间指标来考核他们。

（2）工作绩效可以以量化的指标来进行考核，比起管理人员、技术人员来说考核相对容易。比如，销售数量、销售额、回款率、销售费用等都可以用数字的形式表示出来。

（3）工作业绩的不稳定性。销售人员的个人努力固然对销售业绩的好坏有重要的影响，但销售业绩还受到整体经济形势、产品销售的季节性、企业产品的特性、企业营销战略的配合等多种因素的影响。

(二) 销售人员激励计划

由于销售人员工作的特殊性，因此要对其进行有效的激励计划，以推动其为实现企业目标而努力。对销售人员实施的激励计划主要有佣金制、基本工资加佣金制、基本工资加奖金制、基本工资加津贴制和基本工资加红利制五种。

1. 佣金制

佣金制是直接根据销售额的一定比例来确定销售人员的报酬，是根据业绩来确定报酬的典型，销售量多的员工可以得到较高的薪酬。这种制度将收入与绩效直接挂钩，因此对销售人员的激励作用是非常明显的。而且由于单位的销售成本与销售额之间有一定的比例关系，因此，可以降低销售成本。同时，实施这种方法也易于计算。

但是佣金制缺乏稳定性，销售量易受各种因素的影响，而不完全是销售人员主观努力的结果。佣金制还会导致销售人员的短期行为，如只注重扩大销售额，而忽视了对长期顾客的培养，不愿销售难销售的产品。同时，佣金制给销售人员造成了很大的心理压力，影响了他们对企业的归属感。

2. 基本工资加佣金制

这种制度是销售人员领取某一数额的基本工资，然后按照其工作的业绩来提取佣金。它既可以保障销售人员有最基本的工资收入，解决了纯佣金制下的销售人员因收入不稳定而可能出现的生活不安定、对组织的归属感欠佳等问题。但是其缺点也是极为明显的。因为这种制度为销售人员提供了基本的生活保障，因此激励作用就大打折扣。同时，也没有很好地解决销售人员的短期利益问题。

3. 基本工资加奖金制

这种制度也是销售人员领取某一数额的基本工资，然后按照工作的业绩领取奖金。通常情况下，如果销售人员所完成的销售额超过了某一规定数额，就可以获得一定数量的奖金。

4. 基本工资加津贴制

在这种制度下，销售人员的薪酬体系与企业中一般员工基本相同，只是针对其工作的性质加上一定的出差津贴、销售津贴等项目。这种制度的激励效果是最差的，薪酬的高低与个人的工作业绩无关，会影响具有潜在高绩效员工的进取精神。但这种制度可以鼓励销售人员更多地培养企业的长期顾客。

5. 基本工资加红利制

在这种制度下，销售人员除了领取企业固定的所有工资项目外，还可以从企业的利润中分红。这种制度中的基本工资与其他人员完全一样，同时按照销售人员个人直接实现的销售利润额，也可以根据这个销售部门所实现的销售利润，确定销售人员的红利。

三、针对专业技术人员实施的激励计划

专业技术人员是指那些用其所掌握的专业知识为企业的发展解决问题或是从事专业技术研究的员工,主要是指企业中的研发人员、技术人员、工程师、经济师、会计师等。对于专业技术人员来说,同其他的员工相比,金钱的激励作用并不是那么明显。

因为,一般来说,专业技术人员的报酬都比较高,而且其成就需要较为强烈。因此,对专业技术人员除了用奖金支付、利润分享以及企业股票认购等计划进行激励之外,还应该为其创造良好的工作条件,提供多种学习和培训等机会。

四、团队激励计划

现代企业要想在全球竞争中寻求生存和发展,团队是必不可少的,以团队为基础的组织结构直接把团队与组织联系起来,这种结构既可以使组织战略目标保持一致,又可以培养员工的凝聚力。

团队保持竞争力是通过提高产品和服务质量来实现的,同时他们还削减成本,提供更快捷的服务并以最快速度使新产品上市。团队激励计划是提高企业竞争力和改善绩效的有力工具。通过实施团队激励计划,员工感到自己被给予了更多的授权,更有能力去影响团队的方向。在团队激励计划下,管理者与员工一起解决问题并参与其他有意义的过程,这些在没有团队激励计划的情况下是不被强化的。而且,团队激励还可以使组织的其他成员能够分享改善团队绩效带来的好处。如果计划实施成功,员工将不再把变化看做是一种破坏和负担,而开始将它视为一种机会。当然,团队激励计划也因为无法区分绩效突出的个人和绩效不佳的个人,而导致"搭便车"现象的发生。

团队激励计划主要有以下几种。

(一)斯坎伦计划

斯坎伦计划的目的是降低公司的劳动成本而不影响公司员工的积极性,奖励主要根据员工的工资(成本)与企业销售收入的比例,鼓励员工增加生产以降低成本,因而使劳资双方均可以获得利益。

(二)拉克计划

拉克计划在原理上与斯坎伦计划相仿,其区别在于它所关注的不仅仅是劳动成本的节约,而是整个生产成本的节约。在计算上,拉克计划也要比斯坎伦计划复杂得多。拉克计划的基本假设是员工的工资总额保持在工业生产总值的一个固定水平上。拉克计划主张研究公司过去几年的记录,以其中工资总额与生产价值(或净产值)的比例作为标准比例,确定奖金的数目。

（三）现金现付制

现金现付制通常将所实现利润按预定部分分给员工，将奖金与工作表现直接挂钩，即时支付、即时奖励。需要注意的是，要将奖金与基本工资区分开，防止员工形成奖金制度化认识。

（四）递延式滚存制

递延式滚存制是指将利润中员工应得的部分转入该员工的账户，留待将来支付。这种方式能对跳槽形成一定约束。其缺点在于，员工看不到眼前利益，因而会降低鼓励员工的作用。

（五）现付与递延结合制

现付与递延结合制是指以现金即时支付一部分应得的奖金，余下部分转入员工账户，留待将来支付。这种方式的优点是，它既保证了对员工有现实的激励作用，又为员工日后，尤其是退休以后的生活提供了一定的保障。

第四节　员　工　福　利

员工福利制度是指企业内的所有间接薪酬，包括带薪休假、员工保险、员工服务、教育津贴和房屋贷款等项目。企业通过提供各种福利，可以为员工的工作和生活提供方便，解除员工的后顾之忧，并且丰富员工的物质和文化生活，以增加员工的满意度和安全感，增强员工对企业的归属感和信任感，使企业能够吸引和留住优秀的人才，提高企业的凝聚力和竞争力，有利于企业的稳定与发展。福利制度和工资及奖励制度一样，也会影响员工的流失率和企业的竞争能力，故应谨慎设计和运用。

很少有公司在员工福利上能够和IBM相提并论。IBM的员工福利包括优厚的津贴、员工及其家属的健康和牙医保险、保健课程和健康检查、抚养儿女补助以及休闲娱乐设施。IBM设立在纽约的乡村俱乐部，员工只要缴付5美元年费，就可以享用。

一、经济性福利

这是企业用于员工生活方面的福利项目，主要是发放现金，有时也发放实物。企业可以根据自身的情况，发放不同种类的津贴。

（1）额外金钱性收入。目前，大多数企业借节假日为员工提供一些实物、货币的补助，提高员工的整体福利水平，如节日加薪、分红等。

（2）住房性福利。企业一般为员工提供住房津贴，改变过去将员工住房全包下来的状况，协助其尽可能短的时间内，拥有自己的住房。在一些外资企业中，还为员工提供购买住房贷款担保的福利政策。

（3）交通性福利。为员工的交通提供补助，弥补员工在交通方面的支出。

（4）其他津贴。企业根据自身的特点，还为员工提供一些其他的津贴项目，如饮食福利、教育培训福利、医疗保健福利、服装津贴、洗理津贴、水电津贴、取暖津贴、子女入托津贴等。

二、带薪休息时间

带薪休息时间包括工作的休息时间和非工作的休息时间。工作休息时间如午饭时间、工间休息等。非工作休息时间通常称为带薪休假，即企业在员工非工作时间里按工作时间发放工资的福利。由于现代生活的节奏加快，生活压力较大，因此员工希望能够得到更多的休闲时间以放松身心，带薪休假就成为非常受员工欢迎的一项福利。同时，带薪休假为员工提供了从容休息的机会，使员工能够恢复旺盛的精力投入到工作中来，因此，企业也愿意为员工提供这种福利项目。

三、员工保险

社会保险是指国家强制性规定的为员工提供的法定福利。我国的社会保险项目有养老保险、失业保险、工伤保险、医疗保险和生育保险等。

（一）养老保险

养老保险是国家为保障劳动者离退休后基本生活的一种社会保障制度。

（1）退休的条件。男工人和男干部年满60周岁，女工人年满50周岁、女干部年满55周岁，连续工龄满10年者，可以享受退休待遇；特殊行业或岗位，如井下矿工或固定在华氏32度以下的低温工作场所或华氏100度以上的高温工作场所的工作者，男年满55周岁，女年满45周岁，均可退休，其工龄的计算方法是，每在这些岗位上工作一年，均按一年零三个月计算；特殊行业或岗位，如提炼或制造汞、铅、砒、磷、酸的工业及其他化学、兵工工业中，直接从事有害身体健康工作的职员，男年满55周岁，女年满45岁，均可退休，其工龄的计算，每从事一年此岗位工作按一年零六个月算。

（2）退休的待遇。连续工龄满20年的，按本人标准工资的75%发给；连续工龄满15年的，按本人标准工资的70%发给；连续工龄满10年的，按本人标准工资的60%发给。

（3）缴费的原则。实行企业缴费与个人缴费相结合，即养老保险基金由企业缴纳的基本养老保险费和个人缴纳的基本养老保险费构成。企业缴纳的基本养老保险费按本企业职工工资总额和当地政府规定的比例在税前提取。

企业还可以根据自身经济能力，为本企业员工建立补充养老保险，所需费用从企业自有资金中的奖励、福利基金内提取。

(二) 失业保险

失业保险是劳动者由于非本人原因失去工作、中断收入时，由国家和社会依法保证其基本生活需要的一种社会保障制度。我国现行的失业保险制度是按照1998年12月26日发布的《失业保险条例》执行的。

(1) 失业保险金的来源。企业按本单位工资总额的2%缴纳社会保险费，员工按本人工资的1%缴纳失业保险费，政府提供财政补贴。

(2) 享受失业保险金的条件。所在单位和本人按规定履行缴费义务满一年，非本人意愿中断就业，已办理失业登记并有求职要求，同时具备以上三个条件者才有申请资格。

(3) 失业保险金的标准。按照低于当地最低工资标准、高于城市居民最低生活保障标准的水平，由省、自治区、直辖市政府确定。

(4) 失业保险金的给付期限。最长为24个月，最短为12个月，其中累计缴费时间满一年不足五年的，给付期最长12个月；满五年不足十年的，给付期最长18个月；十年以上的给付期最长24个月。

(三) 工伤保险

工伤保险是国家对因公负伤、致残、死亡而暂时或永久丧失劳动能力的劳动者及其供养亲属提供经济帮助的一种社会保险制度。工伤保险包括两大类：一类是因突发性事故而导致的伤残和职业病；一类是因工作本身的性质而导致的职业病。职工工伤实行"无责任补偿"的原则，按照保障生活、补偿损失和康复身体的原则确定保险待遇。工伤保险费由企业按照职工工资总额的一定比例缴纳，职工个人不缴纳工伤保险费。目前我国的工伤社会保险按照原劳动部1996年发布的《企业职工工伤保险试行办法》执行。

(四) 医疗保险

医疗保险是为补偿员工疾病所带来的医疗费用的一种保险。

医疗保险的缴费比例：企业10%（其中9%为基本医疗，1%为大额互助），个人2%+3元（其中2%为基本医疗，3元为大额互助）。医疗保险的缴费基数：职工本人上一年月平均工资低于上一年本市职工月平均工资60%的，以上一年本市职工月平均工资的60%为缴费工资基数，缴纳基本医疗保险费；职工本人上一年月平均工资高于上一年本市职工月平均工资300%以上的部分，不作为缴费工资基数，不缴纳基本医疗保险费。无法确定职工本人上一年月平均工资的，以上一年本市职工月平均工资为缴费工资基数，缴纳基本医疗保险费。

(五) 生育保险

生育保险是为怀孕和分娩的女职工提供物质帮助和产假，以保证母亲和孩子的基本生活及孕产期的医疗保健需要。目前,女职工的生育保险主要按1988年9月1日起实施的《女职工劳动保护规定》和1994年12月1日颁布的《企业职工生育保险试行办法》执行。

四、员工服务

此类福利的目的在于全面改善员工的工作生活质量,包括:

(1) 为员工兴建文化、体育、卫生、娱乐等设施,以免费或减费等优惠待遇供员工使用,或者举办各种文化、体育、卫生、娱乐活动,以充实和丰富员工的业余生活,提高员工的生活质量。

(2) 为员工提供咨询性服务,如免费提供法律咨询和员工心理健康咨询等。

(3) 提供工作环境保护的服务,比如实行弹性工作时间、缩短工作时间、员工参与民主化管理等。

(4) 为员工年幼的子女提供看护的场所和服务,办托儿所、幼儿园等,使员工能将精力更好地投入到工作中来。

五、自助式福利

自助式福利又称弹性福利制,是指员工可以在企业提供的所有福利菜单中自由选择自己最需要的福利项目,每位员工都可以有自己"专属"的弹性福利组合。当然,在这里,员工自由选择也不是毫无限制。通常,实施弹性福利制的企业都会根据员工的薪水、年资或家眷等因素来设定每位员工所拥有的福利限额。而在福利清单上所列出的福利项目都会附一个金额,员工只能在自己的限额内认购喜欢福利。

自助式福利有以下几种类型:

(1) 附加型。附加型弹性福利计划是指在现有的福利计划之外,为员工提供其他不同的福利措施或者扩大原有福利项目的水准让员工去选择。例如某公司原有的福利计划包括饮食津贴、交通补助费、意外险和带薪休假等。如果该公司要转而实施附加型弹性福利计划,可以将现有的福利项目作为核心福利,再根据员工的需求,额外提供不同的福利措施。附加型弹性福利计划是最普遍的弹性福利制。

(2) 核心加选择型。指由一种核心福利和弹性选择福利所组成的弹性福利计划。核心福利是每位员工都可以享有的基本福利,不能自由选择,可以随意选择的福利项目全部放在弹性选择福利之中,这部分福利项目都附有价格,可以让员工选购。

(3) 弹性支用账户。这是指员工拨出税前收入的一部分款项放入自己的"支用账户"里,并以此账户购买各种福利措施的一种福利制。拨入支用账户的金额不须扣缴所得税，不过账户中的金额如未能于年度内用完，余额就归公司所有，既不可在下一年度中并用，亦不能够以现金的方式发放。各种福利项目的认购款项如经确定就不能挪用。

（4）套餐。这种类型是由企业同时推出各种所包含的福利项目或优惠水准都不一样的福利组合，员工只能就其中一种作选择。这种福利制需要企业依据员工的背景（如婚姻状况、年龄、有无眷属、住宅需求等）来设计。

（5）选高择低型。此种福利计划提供几种以现有的固定福利计划为基础的、价值高低不等、程度不一的项目组合供员工选择。如果员工选择了一种价值较原有固定福利措施高的福利组合，则需要从薪水中扣除一定的金额来支付其间差价；如果其挑选的是一种价值较低的福利组合，就可以要求雇主发给其差额。

本章小结

薪酬管理是人力资源管理的一个重要组成部分。本章主要介绍如何确定薪酬方案、如何针对不同的人员实施激励计划以及员工福利等问题。

关键概念

薪酬水平　　薪酬体系　　薪酬结构　　员工激励计划　　员工福利

复习题

1. 企业的薪酬水平是如何决定的？
2. 员工激励计划包括哪些内容？

讨论及思考题

1. 以绩效为基础的工资制度有什么优缺点？
2. 员工的薪酬是否应该保密？为什么？
3. 上网查一下资料，了解"弹性福利"及其实施办法。

参考文献

[1] 郑大奇，王飞翔. 薪酬支付的艺术［M］. 北京：中国言实出版社，2000.

[2] 陈清泰，吴敬琏. 公司薪酬制度概论［M］. 北京：中国财政经济出版社，2001.

[3] 孙光德，董克用. 社会保障制度概论［M］. 北京：中国人民大学出版社，2000.

［4］〔美〕亚瑟·W.小舍曼，乔治·W.勃兰德，斯科特·A.斯耐尔. 人力资源管理［M］. 张文贤，主译. 大连：东北财经大学出版社，2001.

［5］〔美〕雷蒙德·A.诺伊，约翰·霍伦拜克，拜雷·格哈特，帕特雷克·莱特. 人力资源管理：赢得竞争优势［M］. 刘昕，译. 北京：中国人民大学出版社，2001.

［6］〔美〕加里·德斯勒. 人力资源管理［M］. 刘昕，吴雯芳，等，译. 北京：中国人民大学出版社，1999.

［7］付亚和，徐芳，张孝宇. 中小企业人力资源管理. 北京：中国经济出版社，1999.

［8］葛玉辉. 人力资源管理［M］. 北京：清华大学出版社，2006.

［9］陈余，程文文. 人力资源管理［M］. 2版. 北京：高等教育出版社，2006.

CHAPTER

10 第十章
员工安全与健康

本章要点提示

- 员工安全与健康问题的成因
- 员工安全与健康问题的对策
- 职业安全与健康立法的内容

本章内容引言

　　截止到 2010 年 5 月 25 日，短短 5 个月时间里，已有 11 名富士康员工跳楼身亡，该事件引起了社会的广泛关注。富士康科技集团是专业从事电脑、通讯、消费电子、通路等 6C 产业的高新科技企业，身为全球第一大代工厂商，连续 7 年雄踞大陆出口 200 强榜首，2009 年跃居《财富》全球 500 强企业第 109 位，此次因为在短期内跳楼身亡员工人数之多、频率之高而被推到了风口浪尖上。

　　事件原因众说纷纭，有人认为是当事人心理过于脆弱，有人认为是媒体效应的刺激，但更多的人把矛头指向了富士康，认为工厂氛围过于冷漠，大部分员工工资偏低，劳动强度大，员工压力也大。甲春秋传媒机构策略总监、资深家电业观察家刘步尘在接受记者采访时认为，这反映了富士康对员工缺乏关爱和社会责任感，"富士康在大陆设厂，不能只想着赚钱，应当积极履行其社会责任，加强对员工的关爱，完善社会保障和福利制度，一家一心想着赚钱的企业，是不受欢迎的"。

　　由此可见，员工的安全与健康已经越来越成为一个不容忽视的问题，处理不当会带来企业成本负担的增加，造成企业的负面效应，损害企业形象。

第一节 员工安全与健康概述

一、员工安全与健康问题的重要性

企业员工的安全与健康问题已经日益成为企业关注的一个焦点。特别是在发达国家,企业主开始越来越多地将资源和精力投入到员工的安全和健康上面。形成这种局面的主要原因之一便是逐渐上升的企业伤亡事故及其所带来的成本(参见表 10-1 与 10-2)。

表 10-1　　1997 年世界职业事故死亡率统计(国际劳工组织 1998 年公布)

国　别	就业人口(百万)	职业事故死亡人数(人)	职业事故死亡率(以 10 万人统计)
美国	125	6 600	5.3
日本	64.5	3 183	4.9
欧盟	147	5 907	4.0
泰国	32	6 162	19.3
全世界(ILO 统计范围内的国家)	2 394	334 000	14

表 10-2　　1992 年美国职业伤亡总体开支估计　　(单位:亿美元)

1992 年总费用	1 159
工资和生产率损失	625
医疗费	220
管理费	145
机动车辆损失	34
火灾损失	33
雇主费用	145

注:1. 平均每次死亡的费用为 78 万美元,而每次残疾的费用则为 2.7 万美元。
　　2. 引自 Accidents Facts (National Safety Council, 1993)。

(一)员工安全与健康问题会影响成本

新中国成立以来,尽管工伤事故的发生率和死亡率有明显的降低,但是从工伤事故的整体损失来看仍然是触目惊心。工伤事故所造成的损失,无论从微观还是宏观来看都是巨大的。对企业而言,首先是造成正常的生产和运转的中断,而受害者本人及其家属的损失更为惨重。尤其是事故发生率较高的重工业、建筑业,劳动力的组成多为那些收入微薄的年轻人。因此,虽然有社会保障机制转移和分散部分负担,但是大部分损失最终仍要由受害者及其家属来承担。

此外，由工作造成的人的死亡、疾病和损害是人力资本的损耗。如果培养的工人具有适应发展生产所需的态度、素质与技能，最终却使他们因事故而暂时或永久丧失劳动能力，这点姑且撇开人道主义不论，即使从经济上考虑也是很大的损失。因为，一个人从出生到成为能够从事生产劳动的人力资源，社会要支付大量的成本。如果人力资源在投入使用后不久就退出劳动，则不仅其最初的投入得不到回报，同时更加重了社会负担。比如，死亡一名员工将损失几千个工作日，除此之外，还需要付出抚恤金、事故处理费等，其经济损失和人员伤亡给本人及其家属乃至社会造成的巨大心理成本都是不容忽视的。提高经济效益的一个重要途径就是降低消耗。减少安全和健康损失，以使企业最重要的生产要素——人力资源得以维持和发展，是提高企业经济效益的最重要的途径之一。一家员工安全与健康问题堪忧的企业，终将人去楼空。因此，做好企业员工安全与健康工作十分必要。

（二）对员工安全和健康的保障可以促进生产率的提高

提高生产率是提高人类生活水平的重要手段。但是随着生产率的提高，随之而来的劳动安全和健康问题却给企业和社会带来了极大的人力和物力的消耗。工作中的事故和疾病不仅造成了不必要的人身和经济损失，还会反作用于生产力，降低生产力。有不少企业主已经意识到了这一点。

例如，某企业不愿意对生产必需的设备采取安全防护措施，一旦发生事故后，工人会变得很小心谨慎，影响到正常的操作进程。但如果企业进行投资，如采用紧急停车装置、联锁防护装置等，工人可以减轻顾虑，从而使生产率大规模地提高。具体讲，当安全与健康问题发生时，轻则损坏机器设备和工具，损失材料和产品，重则造成员工的健康受损乃至生命受到威胁。事故和疾病会使生产操作可能处于暂时的停滞状态，企业工作的重点会转移到对事故的处理方面，对正常的管理效率造成负面效应并影响到其他员工的精神和士气，进而影响到产品和服务的质量。此外，还有医疗保险、工伤保险等费用的支付等一系列开销。但不幸的是，由于许多安全措施很难同生产操作结合起来，致使许多企业看不到用于安全措施的财力、物力所带来的收益，也就很难真正重视员工的安全与健康问题。因此，除了预防人力物力方面的损失之外，一个重要问题是，如何使安全与健康管理同生产力建立并保持和谐的关系。事实上，通过安全与健康管理，可以表现出企业对员工的关怀，营造出良好的职场环境与氛围，提高员工工作的满意度和积极性。同时，对于安全方面的关注还使得员工对自己的工作和管理问题产生更多的兴趣，而对于问题的研究往往有助于更有效地安排工作。

（三）员工安全与健康问题具有普遍性

事实上，不仅重工业、建筑业，现代社会的每个行业都存在着安全与健康的隐患。化学污染、电子辐射等科技发展带来的新问题使得曾经远离危险的行业，如农业、艺术等的安全与健康问题也越来越突出。对现代生活给予许多便利的东西，同时也在危害着人们的生活。

从表 10-1 中也可以看出这样的趋势：职业安全与防范措施投资越多的国家，其事故死亡率也相应较低。人们日益认识到，职业事故和职业病是可以避免和防止的。必须尽一切努力来保护员工免遭工作场所的伤病和危害。只有树立了这样的理念，才有进行员工安全与健康管理的必要基础。

二、员工安全与健康问题的成因

（一）员工工作中的不安全因素

员工工作中的不安全因素，大体上可以归纳为两类。一类是条件方面的因素，一类是个体因素。像机器设备的设计或者安装不合乎标准、工作特性所决定的工作环境的自然危险性（矿山、高空、地下、深水等）、防护设施不到位、损坏的机器未加维修却继续使用等情况，都属于前一类因素。至于后一类因素更是常见。比如：未按照规章佩戴安全防护、对机器设备的操作程序不熟悉、疲劳作业、违章操作、缺乏安全意识、纪律松弛，等等。这两类因素都可能单独产生影响、引发事故，因而，对员工安全问题的解决也应从这两方面加以考虑。

（二）职业危害因素

职业危害因素包括工作场所中存在的各种有害因素。其中，与生产工艺、机器设备有关的职业危害因素主要有化学性、物理性和生物性危害因素。化学性危害因素主要包括各类生产性毒物和粉尘，可能引起职业中毒和职业病。物理性危害因素包括电磁辐射、电离辐射、噪声、振动以及恶劣的气象条件，这些危害因素同样可能造成职业病。生物性危害因素主要指生产过程中那些使人致病的微生物和寄生虫。上述因素中一些是由于工作本身的特性决定的，一些与职业场所的环境设计有关。如：厂房过于狭小，工作地布局不合理等；防尘、防毒、防暑降温、防震等设备缺乏或不完善；安全防护设施不完善，或个别防护用具存在缺陷等；工作场所通风照明等不符合功效学的要求，等等。不同的生产工艺过程需要不同的设备，要求不同的操作过程，形成不同的生产环境，并且可能存在某些职业性危害因素。随着技术的发展，这些危害因素逐渐为人们所认识并被控制和减少，但另一方面，一些新的危害又随之产生。

与员工本身相关的职业危害因素主要有组织不合理、工作时间过长或作息制度不合理；脑力劳动或个别器官、系统过度紧张；劳动强度过大或劳动安排与人的生理状态不相适应；长时间处于某种不良体位，长时间使用不合理工具或重复某一单调工作，等等。

上述种种危害因素，都可能对员工健康产生不良影响，其影响程度主要取决于危害因素的强度、人体与危害因素的接触时间和个体免疫力、环境差异等几方面。有些危害因素强度不大,并不影响人的健康和劳动能力,但长期作用下,能引起身体的某些外表改变,即形成"职业特征",如皮肤色素沉淀、肩部及手心部有茧等。而操作行为不当或者生产设备设计不合理以及缺乏适当的安全装置则可能造成外伤。有些因素还会降低人体免疫力,像经常在有空调的环境工作的人易感冒、纺织业的工人易患呼吸道疾病、矿工易患胃病及十二指肠溃疡,等等。

"职业性有害因素种类很多,并且可能对人体造成不良影响。当有害因素作用不大时,人体的反应仍然能处于正常的生理变化范围之内。但当其强度过高或累积时间超过一定限度时,人体就可能出现一定的功能性或器质性病理改变,从而出现相应的临床征象,影响作业能力,甚至全部丧失劳动能力。这类疾病统称为职业性疾病或广义的职业病"[1]。关于职业病的范围见本章附录。

三、解决员工安全与健康问题的主要对策

(一) 安全防护措施

前面提到,不安全因素主要有两类,即条件和个体因素。

从条件角度看,主要采取的防护措施有三个层次。第一层次的防护主要是物质形式的保护措施,也就是通过安全防护用品在员工与有危害的工作场所之间设置一道"物质屏障"。这种方法固然防止了许多事故的发生,保障了员工的安全不受损害。但是有些防护用品在使用中会有消极作用,例如手套、面罩、呼吸器和防护靴等防护用品,常会令使用者行动不方便,所以在有效地保护员工的安全与健康的同时,可能会影响到生产的进行。这也是一些企业主不愿采取防护的原因。第二层次的防护主要是机械设备的防护,即对一些机器设备加装安全装备。与第一层次的防护相比,这种保护措施使得工作者比较灵活,但机器的操作上可能会影响生产效率。更高层次的防护,是从人体工效学的理论出发的内在安全防护。只要能够发现和想到的一切可能发生的危险,都尽最大可能将其消除。从观念上把安全生产的理念贯穿于企业生产和经营的全过程。

从个体因素看,首先也是最重要的措施,是将安全意识渗入到企业员工的头脑中。比较好的办法是结合技能培训、生产管理、质量监督等进行有针对性的专业技术和防范能力的教育和培训,让员工真正了解事故的类型、场所、发生原因,清楚在实际工作过程中不安全行为的所在,以及避免伤害的方法等,从而将安全教育融入企业日常生产和经营管理过程中。企业还可以通过各种宣传手段,例如在员工代表大会上宣讲安全防护政策、法规和安全标准等;组织以安全与健康为主题的讨论会、知识竞赛;发放宣传材料等对员工进行宣传教育,提高员工的安全意识,并潜移默化为一种自觉的行动。这应该说是成本较低的一种方式。

---

[1] 孙树菡. 工伤保险 [M]. 北京:中国人民大学出版社,2000:164.

从条件因素和个体因素出发的防护措施或办法，必须相配合才能起到应有的作用。

(二) 职业病的防治

1. 紧张的消除

随着社会生活节奏的加快，与精神紧张有关的职业病越来越多。紧张是人体对被给予的任何指令所产生的非特定反应，适度的紧张可以提高工作效率，激发人的创造性思维。但是，如果紧张程度过大或持续时间过长，则会对人体健康产生危害，严重的甚至会导致冠心病、高血压、糖尿病、中风等疾病。紧张使美国企业每年花几十亿美元用于工资损失和有关疾病的治疗上[1]。在美国，专门的职业安全和健康研究会对与工作有关的紧张问题进行了研究，并找出了12种最容易产生紧张情绪的工作。这些工作的一个共同特点是，对工作者的限制多，使其难以控制。这12种工作依次是：工人、秘书、检查员、医学实验室技术人员、办公室经理、基层主管、经理（管理人员）、侍者、机器操作人员、农场主、矿工、画家。当然，这些可能并不完全符合我国企业的情况。

紧张最初的迹象常常是反应迟钝、爱发脾气、行为冷淡、效率降低、频繁缺勤，等等。而且，紧张的情绪经常会感染周围的人，也就是一名员工的紧张可能会对本部门的其他员工产生影响。因此，紧张也应作为员工安全管理的一项重要内容。

造成紧张的原因有很多种，比如超负荷的工作、拮据的家庭经济状况、恶劣的生活环境或工作条件、要求苛刻的领导、与同事间的矛盾，等等。克服或预防紧张情绪的方案也有很多。比如：充分尊重员工的意见并给其更多的工作控制权；加强同事之间、上下级之间的交流；给予员工公平的报酬；改善工作环境，等等。这些主要是以预防为主的方案，而像催眠、生物反馈等与心理学、医学有关的技术，则更多的是以治疗为主。

2. 建立符合人类生理特点的工作环境

按照人体功效学的理论，人与工作环境是相互作用的。工作环境适合人类生理特点，则能够提高效率，同时更利于员工身心健康。

以上机的姿势为例来看人体功效学对员工健康问题的意义。随着计算机的普及，越来越多的人需要整日面对着电子屏幕工作。除了电子辐射的危害外，长期以同样的坐姿工作对人体健康也是很不利。一个标准、科学的上机姿势可以减少这些不利。从人体功效学角度看，好的上机姿势，需要相应的桌椅设置的支持。更具体地说，良好的姿势，应该是形态自然、方便作业且舒适省力的姿势。形态

---

[1] R. 韦恩·蒙迪，罗伯特·M. 诺埃. 人力资源管理 [M]. 葛新权，郑兆红，王斌等，译. 北京：经济科学出版社，1999.

是否自然，取决于人的生理特征；如果姿势自然却不便于作业，则应该考虑改进作业器具的设计；如果姿势自然而便于作业，却不够省力舒适，应该从支持人体姿势的桌椅设置上来考虑改进。换句话说，人的特性和作业的目标是既定的，作业器具和桌椅设置则是可变的，设计工程师需要从制造成本、技术水平等限制因素方面来优化这些可变的量，以使作业场所的设计能较好地适应人的特性，并有利于达到作业的目标。

3. 工作生活质量

工作生活质量（QWL）在企业中是指这样一种过程，即所有员工拥有对自己工作加以改善的决策影响权，可以通过各种符合组织规定的渠道进行沟通，进而提高工作满意度，保证员工健康、舒适、愉悦和高效地工作。QWL与人力资源的许多环节都有着密切的联系。而从员工安全与健康角度看，QWL无疑可以增强对安全与健康的保障，这是因为，工作环境的优化、工作设计的改善、有效交流的增多等不仅提高了工作效率，也营造了和谐向上的组织氛围，相应的事故发生率下降，员工的心理压力也会降低。因此，提高工作生活质量的措施也是强化员工安全与健康的手段。

企业有责任和义务让员工有一种舒适、卫生、安全的工作环境。典型的设计分类有开放式和封闭式，选择可以视具体情况而定。比如：为了让产品设计人员能够随时记录下创作灵感，在办公区的各个角落设置写字板；为了增强员工之间、部门之间的沟通，在办公分区间的连接地段安排快餐厅、酒吧等非正式交流场所。但对于有些工作而言，这种开放式的设计可能并不适合，相对独立、封闭的隔断反而能排除不必要的干扰，创造安静的环境，利于员工集中精力。

（三）员工参与安全和健康管理

在企业中，员工参与管理的作用已经被许多企业认可，但在安全与健康问题上的员工参与在我国尚未普及。事实上，员工参与企业安全与健康管理是国际劳工组织提倡的基本原则和主要工作方针，这一原则的提出考虑了以下四项因素[1]。其一，制定安全与健康法律、法规的目的，是为了保护员工的生命安全与健康，防止职业伤害；其二，员工是企业生产和经营的主体，他们要在生产第一线从事劳动，对工作环境和工作条件最为了解，对可能发生的危害和事故有切身体会；其三，企业为安全与健康所作的一切努力，其最终受益者是广大员工；其四，在安全健康管理中，应该贯彻预防为主的原则，而对各种事故预防的最好途径就是争取广大员工的支持和合作。因为从事故发生的原因看，操作者违反安全

---

[1] 谢晋宇，李新建，翁涛. 企业雇员的安全与健康 [M]. 北京：经济管理出版社，1999：252-253.

操作规程和麻痹大意是主要原因,因此,必须唤起广大员工对企业安全与健康管理的积极参与。

例如,可以让员工代表参与各项安全与健康调查、事故分析和防范措施的制定与实施等。其中,一种比较普遍的形式是职场安全健康改进工作组。工作环境的好坏是导致事故发生与否的一项直接因素。改善工作环境要求各方人员的协调合作。为员工提供好的工作环境不但可以减少伤亡事故,而且可以提高员工满意度,增强企业凝聚力。建立改进工作组的目的就是让员工参与工作环境的改进工作。通常,工作组由三部分人员组成,以生产部门为例,包括来自生产第一线的员工、基层管理者以及部门主管。第一线的员工最了解该生产岗位及其所接触的机械设备的状况以及存在的问题,也是潜在职业伤害的直接受害人;生产性员工的直接上级,例如生产车间的工长、组长等;部门主管或者其代表。总体上工作组的结构是工人的比例应高于管理人员。工作组的职责范围是,深入、细致地调查工作条件和环境,找出事故隐患、提出改进方案并及时向上级管理部门汇报,进而督促有关部门采取行动。当然,也可以包括事故发生后的调查,目的是尽可能获取事故发生原因的全面和真实的材料。这样能够防止再次发生类似的事故,同时可以发现一些新问题。对于事故处理的情况形成报告,其中包括教训和一些有价值的处理经验,作为以后工作的参考,甚至可以加以推广。此外,还可以通过"事故引发的自我核对清单"来协助发现问题(参见本章附录一)。这种方案的实施体现了员工自我管理、参与管理的原则,对培养员工安全与健康意识、降低相应的管理成本和提高管理水平有积极的意义。

此外,还可以将员工的安全工作表现与激励挂钩。激励既包括精神奖励也包括物质奖励。在设计绩效考核项目和标准时,加入对员工安全行为的评判内容,并将其与员工的薪酬福利、晋升和其他奖励结合在一起。对严格遵守安全规章并且在安全管理中表现突出的员工予以重奖。表面上,增加奖金会增加企业的成本开支,实际上,降低事故率、避免事故可能带来的巨大经济损失是名副其实的节约成本。与之相对,对严重违反安全规章的员工予以惩罚(触犯国家法律的另当别论)。做到奖惩分明,才能在企业中真正树立起良好的安全氛围。注意,惩罚的方式应该结合企业的文化酌情施加。事实上,有不少学者或者企业界的人士对惩罚持有异议。

(四)工伤保险

"工伤"的概念,各国定义不同。中国国家标准 GB6441-86《企业职工伤亡事故分类》中将"伤亡事故"定义为"企业职工在生产劳动过程中,发生的人身伤亡、急性中毒"。1964年第48届国际劳工大会也规定了工伤补偿应将职业病和上下班交通事故包括在内。工伤带来巨大的经济损失和人员伤亡,不仅影响企业,而且影响会扩展到整个社会。工伤保险是指国家通过立法,建立工伤保险基金，向因工负伤（职业病）而中断生活来源的职工和因工死亡职工供养直系亲属提供物质帮助的一种社会保障制度。工伤保险除了为受伤害者及其家庭提供必要的物质补偿外，还对减少事故的发生起到促进作用，并使受伤害者尽快恢复劳动能力。

我国现行的工伤保险法规是《企业职工工伤保险试行办法》（劳部发〔1996〕266号）（以下简称《试行办法》），其目的是"保障劳动者在工作中遭受事故伤害和患职业病后获得医疗救治、经济补偿和职业康复的权利，分散工伤风险，促进工伤预防"。其中第二条规定："中华人民共和国境内的企业及其职工必须遵照本办法的规定执行"。就是说，中国境内的各类企业，包括国有、集体、三资、港澳台资、私有、民营、联营、乡镇企业等，均适用该《试行办法》。第六十一条规定："城镇个体经济组织中的劳动者的工伤保险，由省、自治区、直辖市参照本办法的有关规定制定办法"，这说明城镇个体经济组织中的劳动者应按照省、自治区、直辖市制定的相应办法执行。

由于我国工伤保险社会统筹工作正在逐步展开，所以，已经参加工伤保险社会统筹的企业职工，其工伤保险待遇应由社会工伤保险经办机构按照《试行办法》负责提供；尚未参加工伤社会保险统筹的企业职工，其工伤保险待遇应由企业按照《试行办法》负责提供。

此外，《试行办法》是对《劳动保险条例》等以前有关规定的修改和补充，因此，《试行办法》有规定的应执行；《试行办法》没有规定，而以前已有规定的，则应执行以前的规定，包括《劳动保险条例》、《劳动保险条例实施细则修正草案》以及劳动部、卫生部、全国总工会曾制定的若干职业病、工伤保险方面的政策。

第二节 职业安全与健康立法

企业员工的安全与健康不可能完全依靠企业自身来实现。首先，企业作为一个以赢利为目的的经济主体，在市场竞争和经营利益的驱动下，很容易出现一些影响员工安全与健康的行为。正如同市场与政府的关系一样，单靠市场机制的作用是会有失灵的时候的，要达到资源的最优配置，需要政府适当的干预或者一定计划的调节。员工的安全与健康保障单靠企业也有"失灵"的时候，需要某种外在的强制力量，如政府和法律，来约束和督促企业。这就是劳动安全卫生立法的必要性。加强劳动安全卫生立法，可以保护劳动者的安全与健康，进而促进生产力的发展和劳动生产率的提高。只有在安全卫生的工作环境中，才能有效防止各种职业病或伤亡事故的发生，使得劳动力能够顺利地进行生产与再生产，完成工作任务。此外，工作条件的改善常常是通过生产技术与生产设备的改进来实现的，同时，生产技术与生产设备的改进又促使生产效率的提高，进一步推进技术进步。

一、历史进程

劳动安全卫生立法最早产生于19世纪初。第一部劳动保护法典是1802年英国颁布的《学徒的健康及道德法》。此后，英国多次颁布工厂法来对工人的劳动安全与卫生问题作出规定。欧洲其他国家如法国、德国、比利时、瑞士、挪威、丹麦、意大利等国也都先后制定和颁布了有关法律法规。但是直到20世纪，立法形式才真正从工厂法转变为专门的劳动保护立法或劳动安全卫生法。比如美国的《职业安全与健康法》（Occupational Safety and Health Act），于1971年4月28日生效，该法案建立了有关员工安全与健康的规则，力求尽可能地保证国家的每位工作人员拥有安全健康的工作条件，以及保护人力资源。美国劳工部的职业安全和健康管理署（Occupational Safety and Health Administration, OSHA）是作为联邦政府对《职业安全与健康法案》的主要管理机构而建立的，负责该法案的实施。

我国自中国共产党成立后就开始了为工人争取劳动安全卫生权利的斗争。新中国成立后，更是加强了这方面的立法。特别是十一届三中全会以来，有了较大的发展。如：1950年5月公布了《工厂卫生暂行条例（草案）》、1956年5月国务院颁布了"三大规程"、1963年3月《关于加强企业生产中安全工作的几项规定》、1982年3月国务院发布了《矿山安全条例》和《矿山安全监察条例》、1984年颁布了《乡镇煤矿安全生产若干暂行规定》、1987年11月修订颁布了《职业病范围和职业病患者处理办法》、1991年发布了《企业职工伤亡事故报告和处理规定》。特别值得一提的是1992年11月七届全国人大常委会第二十八次会议通过的《中华人民共和国矿山安全法》，这是我国第一部有关劳动安全与卫生的法律。而自1995年1月1日正式实施的《中华人民共和国劳动法》中就此问题作了专章的规定，以劳动基本法的形式对企业中的劳动安全与健康问题提出了基本要求（参见本章附录三）。《中华人民共和国职业病防治法》于2001年第九届全国人民代表大会常务委员会第二十四次会议通过。2002年《中华人民共和国安全生产法》问世。该法由七部分组成，包括总则、生产经营单位的安全生产保障、从业人员的权利和义务、安全生产的监督和管理、生产安全事故的应急救援与调查处理、法律责任和附则。职业病防治法和安全生产法是职业安全与健康的基本法，它们的颁布标志着中国职业安全与健康法律体系的基本形成[1]。

---

[1] 刘超捷，傅贵. 中国职业安全与健康立法检讨. 中国劳动和社会保障法律网，2006-11.

二、劳动保护的概念与内涵

首先界定劳动保护的概念[1]。从广义上讲，劳动保护指国家和社会（包括企业）为保护劳动者在生理、经济和社会各方面的权益而采取的各项保障和维护措施的统称。这种广义的劳动保护概念，具有三个层次的含义：第一层次是劳动者的生理保护，国家通过立法的形式和强制方式保护劳动者在劳动过程中的安全与健康，以防止和消除工伤事故和职业病的发生。第二个层次是对劳动者的经济条件的保护，主要是对劳动者的劳动报酬和福利的保护。第三个层次是对劳动者的社会条件的保护，包括对劳动者的素质、劳动者职业稳定和职业提升、劳动中良好的人际关系以及劳动者参与企业管理的权益的保护。这三个层次从内容上说标志着劳动保护从低级向高级的发展，对人的重视程度也越来越大。

狭义的劳动保护是对于具体的企业来说，应做好员工在工作过程中的安全与健康工作，也可以理解为针对劳动过程中存在的许多不安全、不卫生的因素采取的各种技术措施和组织措施的总称。在企业中，劳动保护是人力资源管理中最核心的保护，也是满足员工的安全需要、激发其工作热情的必要内容。

职业安全与健康的立法也就是职业安全与健康的法律保护形式，也有人将其称为"劳动保护法"。

三、法律体系

关于企业员工安全与健康的法律制度体系有以下几个层次：宪法－劳动法－劳动保护法－专项法律规定。宪法作为最高层次，对安全健康问题作出一般的原则性规定；而劳动法通过设立专门的篇章对此问题作出基本原则和规定。

广义的劳动法体系包括宪法、劳动法律、劳动行政法规、劳动规章、地方性劳动法规、工会制定的劳动规范性文件和国际劳工公约。有学者认为，新型的劳动法体系[2]包括：劳动就业促进法、劳动关系协调法、劳动基准法、劳动监督法和社会保险法。这几部分均与企业员工的安全与健康问题有关，特别是劳动基准法，以规定劳动标准为主，包括了劳动安全卫生保护制度、女工和未成年工特殊保护制度、工作时间和休息休假制度等。社会保险法则是以规范各种社会保险为内容，是劳动法体系中的重要内容。社会保险通常包括养老保险、疾病社会保险、失业保险、工伤社会保险、生育社会保险、残障社会保险、死亡社会保险等项目，这些与安全和健康问题都息息相关。《中华人民共和国劳动法》（以下简称《劳动法》），在劳动法体系中处于基本法律的地位，是制定单行劳动法和劳动特

---

[1] 赵曙明. 人力资源管理与开发 [M]. 北京：中国人事出版社，1998：289 [C] //童星，等. 劳动社会学 [M]. 南京：南京大学出版社，1992：285.

[2] 李景森，王昌硕. 劳动法学 [M]. 北京：中国人民大学出版社，1996：16.

别法的依据，其效力仅低于宪法。并且，《劳动法》中对一些特殊群体员工的安全与健康保障作了专门规定（见附录三中第三章和第七章）。劳动保护法是对劳动保护问题相对集中和综合性的规定。我们知道，法律是以社会关系为调整对象的。我国劳动法的调整对象是一定范围内的劳动关系及与之密切相关的其他关系。而劳动保护法是为保障企业员工在工作中的安全与健康而制定和颁布的各种法规，是调整人与自然、人与人之间关系的法规。劳动安全和劳动卫生标准主要调整人与自然的关系，而像安全生产责任制、安全健康监察、职业病诊断治疗等规定则是调整人与人之间关系的一系列规范性文件。

专项的法律规定主要有安全与卫生技术的法规、劳动保护管理的制度、特殊劳动保护和劳动保护监察法，参见表10-3。

目前，我国的职业安全与健康立法已经形成了以《宪法》为根本原则，以《劳动法》、《安全生产法》和《职业病防治法》为基本内容，并且围绕上述法规，建立大量的专项安全与健康法律规定的法律体系。

表 10-3　　　　我国企业员工劳动安全与健康保护法规[1]

类　别	内　容
劳动安全技术法	矿山安全
	特种设备安全
	建筑安装工程安全
	危险性产品、材料安全
	特定劳动场所安全
劳动卫生技术法	粉尘危害防护
	职业性毒物危害防护
	噪声危害防护
	电磁辐射危害防护
	其他职业危害防护
劳动保护管理法	职工伤亡事故报告和查处
	职业病管理
	职工保健管理
	劳动防护用品管理
	其他专项劳动管理
特殊雇员劳动保护法	女职工特殊劳动保护
	未成年工特殊劳动保护
劳动保护监督法	矿山安全监察
	特种设备安全监察
	其他劳动保护监察

---

[1] 谢晋宇，李新建，翁涛. 企业雇员的安全与健康 [M]. 北京：经济管理出版社，1999：220.

附录一
事故引发的自我核对清单

一般要求	是	否
1. 在工作场地中所有雇员都能看到的地方粘贴了 OSHA 要求的海报吗?	☐	☐
2. 你知道在 48 小时内向联邦或州 OSHA 办公室报告所有工作场地死亡和严重事故的要求吗?	☐	☐
3. 工作场地伤害和疾病记录是按 OSHA 要求保存的吗?	☐	☐
4. 你知道 OSHA 年度工作场地伤害和疾病总结必须于 2 月 1 日张贴并保留至 3 月 1 日吗?	☐	☐
5. 你是否知道,除非该雇员成为正式的 BLS 或州调查的一部分,并且得到了进行记录的具体指示,10 名或以下雇员的雇主可以豁免伤害和疾病记录?	☐	☐
6. 你是否通过制定政策并向全体雇员沟通政策,业已证明你对安全与健康事务的积极兴趣?	☐	☐
7. 你有一个允许雇员参与安全与健康活动的安全委员会或小组吗?	☐	☐
8. 安全委员会或小组定期开会并以书面形式汇报活动吗?	☐	☐
9. 你为所有需要安全和卫生培训的雇员提供培训吗?并且作出记录吗?	☐	☐
10. 有一个人明确地对安全和卫生活动负责吗?	☐	☐
11. 所有雇员知道紧急时如何行动吗?	☐	☐
12. 紧急电话号码公布了吗?	☐	☐
13. 你有处理雇员安全与健康抱怨的程序吗?	☐	☐
工作场地		
电线、固定装置和控制装置		
1. 工作场地的电工熟悉全国电力编码(NEC)标准吗?	☐	☐
2. 你规定所有签订合同的电力工作须遵守 NEC 吗?	☐	☐
3. 如果你有电力设备处在有尘埃或蒸汽的危险地方,它们符合 NEC 危险地点规定吗?	☐	☐
4. 所有电线都拉直了因而不要依赖管子、钉子、钩子等吗?	☐	☐
5. 所有导线管、BX 电缆恰当地缚在支撑物上,并紧紧地与联接点和分线联接吗?	☐	☐
6. 没有电线磨损的任何迹象吗?	☐	☐
7. 橡胶电线上没有润滑油、油和化学物质吗?	☐	☐
8. 金属电缆和导管系统正确接地了吗?	☐	☐
9. 便携电气工具和设备接地或双层绝缘了吗?	☐	☐
10. 所有地面接点干净且牢固吗?	☐	☐
11. 保险丝和断路器对每一电路来说是否规格大小正确?	☐	☐

续表

12. 所有保险丝不会因投便士或金属条而跳动吗？	☐	☐
13. 转换器过热了吗？	☐	☐
14. 转换器安放在干净、密封的金属盒中吗？	☐	☐
15. 所有电子转换器标明了目的吗？	☐	☐
16. 马达干净且没有过多的润滑油和油吗？	☐	☐
17. 马达保养正确并有充分的过电流保护吗？	☐	☐
18. 轴承处于良好状态吗？	☐	☐
19. 可移动光源有恰当的保护吗？	☐	☐
20. 所有灯都远离可燃烧物质吗？	☐	☐
21. 是否有精通 NEC 的人定期检查电力系统？	☐	☐

出口和入口

1. 出口明显且没有障碍吗？	☐	☐
2. 所有出口都有容易辨认的标志且照明恰当吗？	☐	☐
3. 有足够出口供紧急逃脱用吗？	☐	☐
4. 限制占用的地方是否标明了"禁止进入"，并且由被专门授权的人控制这些地方的出口/入口？	☐	☐
5. 你在建筑和修理操作中采取特别措施来保护雇员了吗？	☐	☐

防火

1. 提供了足够数量和类型的可移动灭火器吗？	☐	☐
2. 按月对灭火器的一般状况和可操作性进行检查，并在检查标签上注明吗？	☐	☐
3. 定期重新装满灭火器并在检查标签上注明吗？	☐	☐
4. 灭火器安置在容易接触的地方吗？	☐	☐
5. 如果有竖管和阀门，你定期对此进行检查吗？	☐	☐
6. 如果有火警系统，至少每年对此进行检测吗？	☐	☐
7. 定期教育雇员使用灭火器和防火程序吗？	☐	☐
8. 如果你有外部私人消防栓，最近一年内你清洗过没有？你是否将其置于定期的维修计划中？	☐	☐
9. 防火门和窗是否运转良好？	☐	☐
10. 可熔连杆在适当的位置吗？	☐	☐
11. 当地消防部门熟悉你的工厂、位置和特定的危险吗？	☐	☐
12. 自动喷洒器：		
每周对水控阀、空气和水压进行检查吗？	☐	☐
控制阀开着吗？	☐	☐
有专人或喷洒器合同商维修系统吗？	☐	☐
喷洒龙头暴露于机械磨损的地方有金属保护吗？	☐	☐
喷洒龙头间有适当的最低间隙吗？	☐	☐

内部事务管理与一般工作环境

1. 是否仅允许在标有"安全区"的地方吸烟？	☐	☐

续表

		□	□
2.	是否在有易燃物质的地方标有醒目的"禁止吸烟"字样？	□	□
3.	是否用有盖金属废物罐来装油状或浸透油漆的废物？	□	□
4.	是否定期对油漆喷头、蘸桶、用完的帆布进行清洗？	□	□
5.	对在潮湿地面进行工作的雇员提供站垫、平台或类似保护吗？	□	□
6.	废物容器到位且定期出空吗？	□	□
7.	厕所设施达到适用的卫生标准吗？	□	□
8.	提供了清洗设施吗？	□	□
9.	所有地方都有充足的照明吗？	□	□
10.	在第二层、阁楼、存储地方标明了地面、道路设施吗？	□	□
11.	地面开口处有轴踵板和栏杆吗？	□	□
12.	楼梯处于良好状态，并且四级以上楼梯竖板的楼梯段有栏杆吗？	□	□
13.	可移动木梯和铁梯适用、状态良好且有安全梯脚吗？	□	□
14.	如果你有固定梯，它们合适并处于良好状态并且配有分栏杆线控制的安全攀登设备（若需要）吗？	□	□
15.	装载码头：		
	装载平台处于可使用状态且不滑吗？	□	□
	当装载平台处于恰当位置，你有办法让轿车或卡车停止运动吗？	□	□

机器和设备

1.	所有使操作者或其他雇员暴露于旋转部件、尖利部件、颗粒或火花的机器或操作都有充分的保护装置吗？	□	□
2.	机械能传递皮带有保护装置吗？	□	□
3.	你对手工工具和其他设备进行定期检查确保安全吗？	□	□
4.	用于清洗的压缩空气降至每平方英寸 30 磅吗？	□	□
5.	动力锯和其他类似设备有保护装置吗？	□	□
6.	砂轮刀具安放在砂轮内 1/8 英寸或以内处吗？	□	□
7.	有检查小手工工具的制度吗？	□	□
8.	是否定期检查压缩空气汽缸？	□	□
9.	处理和存储汽缸和阀门时很小心以防止损坏吗？	□	□
10.	定期对空气接受器，包括安全阀，进行检查吗？	□	□
11.	对安全阀定期和经常地进行检查吗？	□	□
12.	纸、木制品或其他易燃物与干燥室、炉子间有足够的间隙吗？	□	□
13.	有明火的加热设备前至少留有 4 英尺的空隙吗？	□	□
14.	所有烧油和汽的设备装备了在控制器或主燃烧器不能工作时防止燃料外流的点火失败控制器吗？	□	□
15.	在烟囱建筑和木制品或其他可燃物质之间至少有 2 英寸的间隙吗？	□	□
16.	焊接或火焰切割操作：		
	仅允许经授权和培训的人使用这种设备吗？	□	□
	操作者有操作说明并被要求遵守说明吗？	□	□
	焊接汽缸被存放起来从而避免损坏吗？	□	□

续表

	是	否
所有未使用汽缸的阀门保护盖到位吗？	☐	☐
靠近操作员的易燃物质有保护罩或其他明智的保护措施吗？	☐	☐
焊接地有灭火器吗？	☐	☐
操作员有恰当的保护服和装备吗？	☐	☐

材料

	是	否
1. 有经批准的安全罐或其他可接受的容器处理可燃液体吗？	☐	☐
2. 所有保存在建筑物里的可燃液体都储存在适当的容器或橱柜里吗？	☐	☐
3. 所有利用可燃液体的喷漆或蘸桶操作达到OSHA标准了吗？	☐	☐
4. 所有氧化化学物质储存在与装运包除外的所有有机物质分离的地方吗？	☐	☐
5. 是否在储存和使用危险物质的地方执行"禁止吸烟"规定？	☐	☐
6. 是否在需要的地方张贴"禁止吸烟"的字样？	☐	☐
7. 是否有通风设备驱除生产过程中产生的空气污染物，并且运转良好？	☐	☐
8. 涉及X射线或其他辐射的操作的保护措施有效吗？	☐	☐
9. 吊车操作：		
仅经过培训的才允许操作叉车吗？	☐	☐
为进行高空吊运作业者提供头顶保护吗？	☐	☐
10. 有毒物质：		
所有使用的材料都检查过毒性了吗？	☐	☐
建立了有毒物质的恰当的控制程序，例如通风系统、密封操作、安全处理实践。适当的个人保护设备等吗？	☐	☐

雇员保护

	是	否
1. 你的企业附近有医院、诊所或医务室吗？	☐	☐
2. 若附近没有医疗和急救设施，你是否有一名或多名经过急救培训的雇员？	☐	☐
3. 急救设备对于工作场地的潜在伤害足够用吗？	☐	☐
4. 在雇员暴露于腐蚀性物质的地方有快速水冲洗设备吗？	☐	☐
5. 在存在物体下落危险的地方提供安全帽并要求佩戴吗？	☐	☐
6. 在有颗粒或腐蚀性物质飞溅的地方提供护目镜并要求佩戴吗？	☐	☐
7. 是否有防护手套、工作裙、挡板或其他措施防止尖、热或腐蚀性的物质？	☐	☐
8. 有经批准的防毒面具供平时或紧急需要时使用吗？	☐	☐
9. 所有保护设备保存在卫生的条件下并且便于拿取使用吗？	☐	☐
10. 在电工需要特殊设备的地方有这些设备吗？	☐	☐
11. 当雇员在公司吃饭时，他们有没有暴露于有毒物质的地方，在有卫生设施的地方进餐吗？	☐	☐
12. 当噪音水平超过了OSHA标准G-16表规定的水平时，是否提供了防止噪音影响的措施？	☐	☐

注：本表针对的是美国企业，使用时应加以本土化。OSHA是美国《职业安全与健康法案》。

附录二
职业病范围和职业病患者处理办法的规定（节录）
〔87〕Ⅱ防字第 60 号

(一) 职业中毒
1. 铅及其化合物中毒（不包括四乙基铅）；
2. 汞及其化合物中毒；
3. 锰及其化合物中毒；
4. 镉及其化合物中毒；
5. 铍病；
6. 铊及其化合物中毒；
7. 钡及其化合物中毒；
8. 磷及其化合物中毒（不包括磷化氢、磷化锌、磷化铝）；
9. 砷及其化合物中毒（不包括砷化氢）；
10. 砷化氢中毒；
11. 氯气中毒；
12. 二氧化硫中毒；
13. 光气中毒；
14. 氨中毒；
15. 氮氧化合物中毒；
16. 一氧化碳中毒；
17. 二硫化碳中毒；
18. 硫化氢中毒；
19. 磷化氢、磷化锌、磷化铝中毒；
20. 工业性氟病；
21. 氰及腈类化合物中毒；
22. 四乙基铅中毒；
23. 有机锡中毒；
24. 羰基镍中毒；
25. 苯中毒；
26. 甲苯中毒；
27. 二甲苯中毒；
28. 正己烷中毒；
29. 汽油中毒；
30. 有机氟聚合物单体及其热裂解物中毒；

31. 二氯乙烷中毒；
32. 四氯化碳中毒；
33. 氯乙烯中毒；
34. 三氯乙烯中毒；
35. 氯丙烯中毒；
36. 氯丁二烯中毒；
37. 苯的氨基及硝基化合物（不包括三硝基甲苯）中毒；
38. 三硝基甲苯中毒；
39. 甲醇中毒；
40. 酚中毒；
41. 五氯酚中毒；
42. 甲醛中毒；
43. 硫酸二甲酯中毒；
44. 丙烯酰胺中毒；
45. 有机磷农药中毒；
46. 氨基甲酸脂类农药中毒；
47. 杀虫脒中毒；
48. 溴甲烷中毒；
49. 拟除虫菊酯类农药中毒；
50. 根据《职业性中毒肝病诊断标准与处理原则》可以诊断的职业性中毒性肝病；
51. 根据《职业性急性中毒诊断标准及处理原则》可以诊断的其他职业性急性中毒。

(二) 尘肺
1. 矽肺
2. 煤工尘肺；
3. 石墨尘肺；
4. 炭墨尘肺；
5. 石棉肺；
6. 滑石尘肺；
7. 水泥尘肺；
8. 云母尘肺；
9. 铝尘肺；
10. 陶工尘肺；
11. 电焊工尘肺；

12. 铸工尘肺。

(三) **物理因素职业病**

1. 中暑；
2. 减压病；
3. 高原病；
4. 航空病；
5. 局部振动病；
6. 放射性疾病：
(1) 急性外照射放射病；
(2) 慢性外照射放射病；
(3) 内照射放射病；
(4) 放射性皮肤烧伤。

(四) **职业性传染病**

1. 炭疽；
2. 森林脑炎；
3. 布氏杆菌病；

(五) **职业性皮肤病**

1. 接触性皮炎；
2. 光敏性皮炎；
3. 电光性皮炎；
4. 黑变病；
5. 痤疮；
6. 溃疡；
7. 根据《职业性皮肤病诊断标准及处理原则》可以诊断的其他职业性皮肤病。

(六) **职业性眼病**

1. 化学性眼部烧伤；
2. 电光性眼炎；
3. 职业性白内障（含放射性白内障）。

(七) **职业性耳鼻喉疾病**

1. 噪声聋；
2. 铬鼻病。

(八) **职业性肿瘤**

1. 石棉所致肺癌、间皮瘤；
2. 联苯胺所致膀胱癌；

3. 苯所致白血病；
4. 氯甲醚所致肺癌；
5. 砷所致肺癌、皮肤癌；
6. 氯乙烯所致肝血管肉瘤；
7. 焦炉工人肺癌；
8. 铬酸盐制造业工人肺癌。

(九) **其他职业病**
1. 化学灼伤；
2. 金属烟热；
3. 职业性哮喘；
4. 职业性变态反应肺泡炎；
5. 棉尘病；
6. 煤矿井下工人滑囊炎；
7. 牙酸蚀病。

附录三
中华人民共和国劳动法（节录）

1994年7月5日第八届全国人民代表大会常务委员会第八次会议通过
1994年7月5日中华人民共和国主席令第28号公布
1995年1月1日起施行

第一章 总则

第三条 劳动者享有平等就业和选择职业的权利、取得劳动报酬的权利、休息休假的权利、获得劳动安全卫生保护的权利、接受职业技能培训的权利、享受社会保险和福利的权利、提请劳动争议处理的权利以及法律规定的其他劳动权利。

劳动者应当完成劳动任务，提高职业技能，执行劳动安全卫生规程，遵守劳动纪律和职业道德。

第三章 劳动合同和集体合同

第二十九条 劳动者有下列情形之一的，用人单位不得依据本法第二十六条、第二十七条的规定解除劳动合同：

（一）患职业病或者因工负伤并被确认丧失或者部分丧失劳动能力的；
（二）患病或者负伤，在规定的医疗期内的；
（三）女职工在孕期、产期、哺乳期内的；
（四）法律、行政法规规定的其他情形。

第六章 劳动安全卫生

第五十二条 用人单位必须建立、健全劳动安全卫生制度，严格执行国家劳动安全卫生规程标准，对劳动者进行劳动安全卫生教育，防止劳动过程中的事故，减少职业危害。

第五十三条 劳动安全卫生设施必须符合国家规定的标准。

新建、改建、扩建工程的劳动安全卫生设施必须与主体工程同时设计、同时施工、同时投入生产和使用。

第五十四条 用人单位必须为劳动者提供符合国家规定的劳动安全卫生条件和必要的劳动防护用品，对从事有职业危害作业的劳动者应当定期进行健康检查。

第五十五条 从事特种作业的劳动者必须经过专门培训并取得特种作业资格。

第五十六条 劳动者在劳动过程中必须严格遵守安全操作规程。

劳动者对用人单位管理人员违章指挥、强令冒险作业，有权拒绝执行；对危害生命安全和身体健康的行为，有权提出批评、检举和控告。

第五十七条 国家建立伤亡事故和职业病统计报告和处理制度。

县级以上各级人民政府劳动行政部门、有关部门和用人单位应当依法对劳动者在劳动过程中发生的伤亡事故和劳动者的职业病状况，进行统计、报告和处理。

第七章 女职工和未成年工特殊保护

第五十八条 国家对女职工和未成年工实行特殊劳动保护。未成年工是指年满十六周岁未满十八周岁的劳动者。

第五十九条 禁止安排女职工从事矿山井下、国家规定的第四级体力劳动强度的劳动和其他禁忌从事的劳动。

第六十条 不得安排女职工在经期从事高处、低温、冷水作业和国家规定的第三级体力劳动强度的劳动。

第六十一条 不得安排女职工在怀孕期间从事国家规定的第三级体力劳动强度的劳动和孕期禁忌从事的劳动。对怀孕七个月以上的女职工，不得安排其延长工作时间和夜班劳动。

第六十二条 女职工生育享受不少于九十天的产假。

第六十三条 不得安排女职工在哺乳未满一周岁的婴儿期间从事国家规定的第三级体力劳动强度的劳动和哺乳期禁忌从事的其他劳动，不得安排其延长工作时间和夜班劳动。

第六十四条 不得安排未成年工从事矿山井下、有毒有害、国家规定的第四级体力劳动强度的劳动和其他禁忌从事的劳动。

第六十五条 用人单位应当对未成年工定期进行健康检查。

本章小结

本章讨论的是至关重要却常被企业管理者忽视的内容——员工的安全与健康。员工是企业的核心资源，只有员工的安全与健康得到保障，企业才可能获得持续的生存与发展。首先介绍了员工安全与健康问题的重要性，其次针对这一问题进行讨论并提出解决对策，最后从法律角度介绍了这方面工作的总体状况。

关键概念

员工安全与健康　　工伤保险　　职业病　　劳动保护　　劳动法

复习题

1. 员工的安全与健康问题为什么很重要？
2. 职业危害因素包括哪些有害因素？
3. 我国现有的关于企业员工安全与健康的法律制度体系是什么？

讨论及思考题

1. 职业病该如何防治？
2. 解决员工安全与健康问题有哪些对策？

参考文献

[1] 胡君辰，郑绍濂. 人力资源开发与管理 [M]. 上海：复旦大学出版社，1999.

[2] R.韦恩·蒙迪，罗伯特·M.诺埃. 人力资源管理 [M]. 葛新权，郑兆红，王斌，等，译. 北京：经济科学出版社，1999.

[3] 西蒙·多伦，兰多·舒尔乐. 人力资源管理 [M]. 董克用，等，译. 北京：中国劳动社会保障出版社，2000.

[4]〔美〕雷蒙德·A.诺伊，等. 人力资源管理：赢得竞争优势 [M]. 刘昕，译. 北京：中国人民大学出版社，2001.

[5] 李景森，王昌硕. 劳动法学 [M]. 北京：中国人民大学出版社，1996.

[6] 杨体仁，李丽林. 市场经济国家劳动关系——理论. 制度. 政策 [M]. 北京：中国劳动社会保障出版社，2000.

[7] 孙光德，董克用. 社会保障概论 [M]. 北京：中国人民大学出版社，2000.

[8] 冯虹. 现代企业人力资源管理 [M]. 北京：经济管理出版社，1999.

[9] 郑绍濂，陈万华，胡君辰，杨洪兰. 现代企业人力资源开发与管理 [M]. 北京：中国对外经济贸易出版社，1998.

[10] 谢晋宇，李新建，翁涛. 企业雇员的安全与健康 [M]. 北京：经济管理出版社，1999.

[11] 梁均平. 人力资源管理 [M]. 北京：经济日报出版社，1997.

[12] 风笑天，等. 私营企业劳资关系研究 [M]. 华中理工大学出版社，2000.

[13] 陈恕祥，杨培雷. 西方发达国家劳资关系研究 [M]. 武汉大学出版社，1998.

[14] 孙树菡. 工伤保险 [M]. 北京：中国人民大学出版社，2000.

[15] 杨伟民，罗桂芬. 失业保险 [M]. 北京：中国人民大学出版社，2000.

[16] 余凯成. 人力资源开发与管理 [M]. 北京：企业管理出版社，1997.

[17] 赵曙明. 人力资源管理与开发 [M]. 北京：中国人事出版社，1998.

[18] 秦祎，林泽炎. 现代人力资源管理 [M]. 北京：中国人事出版社，2000.

[19] 马士斌. 现代企业竞争利器——人力资源管理 [M]. 北京：中国矿业大学出版社，1999.

[20] 秦志华. 人力资源的开发与管理 [M]. 北京：经济管理出版社，1998.

CHAPTER 11

第十一章
企业劳动关系

本章要点提示

- 企业劳动关系的性质及类型
- 劳动关系的运作
- 集体谈判与集体合同
- 企业工会的基本职能

本章内容引言

企业劳动关系的融洽与否,对企业的人力资源管理有着深刻的影响。本章主要介绍企业劳动关系的概念、性质、类型、运行机制,企业集体谈判的结构、程序以及企业工会的基本职能。

第一节 劳动关系概述

人类要生存和发展,一天也离不开劳动;劳动是一切财富的源泉。早在两千多年前,亚当·斯密就曾在《国民财富的性质和原因的研究》中说过:"一国国民每年的劳动本来就是供给他们每年消费的一切生活必需品和便利品的源泉"。一般从两方面来考察劳动:一是劳动的物质规定性,也就是将劳动界定为人们创造物质财富的有目的的活动,它强调的是劳动者和自然界的关系,突出劳动是使用价值的创造过程;二是劳动的社会规定性,也就是认为,人们在创造物质财富的过程中会结成一定的社会关系,它强调的是人与人之间的关系,突出劳动的社会性质。正是劳动所具有的社会规定性才决定了劳动关系的存在及其所具有的丰富内涵。

个案介绍

一位工会主席的第一天

王君是某大型国有企业职工。1999 年该企业进行股份制改革,从国外引进了先进的技术和资本。2000 年因部分职工不能适应新技术要求,被企业安排下岗，下岗人数超过在职职工人数的1/3，引起职工普遍不满。一方面，职工认为最高管理层任人唯亲，借下岗之机排除异己；另一方面，企业在技术改造之后，将许多原来由本厂承担的配套生产任务外包出去，而这些岗位本可以吸纳许多劳动力。2001年初，王君由于为人正直、乐于助人而被全厂职工民主选举为工会主席，他决定不辜负大家的重托，把工作做好。今天是他上任的第一天，据他所知，原工会主席的主要工作就是为职工搞些福利，如发放日用品、食品，组织体育活动等。他知道，由于企业改制，职工和企业的关系发生了深刻变化，工会的作用也不能仅停留在为职工提供福利上，而应有所改变。有的同事劝他应该先同企业管理层沟通一下，以利于下一步工作的开展；也有人说，应该制定工会行为纲领，准备同管理层进行工作集体协商，签订集体协议；还有人说，应该先同企业的上级领导部门取得联系，看看上面是什么态度。众说纷纭，他犹豫了。他到底应该怎么开始工作呢？

解析

劳动关系是社会生产和生活中人们相互之间最重要的联系之一。劳动关系对劳动者、企业（雇主）和整个社会有着深刻的影响。王君遇到的是一个典型的劳动关系问题，解决这一问题首先需要从劳动关系的基本理念着手，分析劳动关系的内部机制和外部环境。

一、劳动关系的定义

劳动关系是指劳动者与劳动力使用者在实现劳动的过程中所结成一种社会经济利益关系。因此，具体的劳动关系又被称为劳资关系、劳使关系、雇佣关系甚至产业关系等。一般来说，劳资关系或雇佣关系是指私有经济中的劳动关系，它反应的是雇主与雇员之间的关系。

劳资关系或雇佣关系的含义和性质经历了一个发展变化的过程。在劳资关系或雇佣关系提出的初期，主要反映的是一种雇主与雇员之间的阶级对抗关系；而当前所言的劳资关系或雇佣关系，主要是指劳动者与资产所有者之间的关系，并不反映阶级对抗性质。劳使关系则是日本学者为了更准确地说明劳动关系是劳动者与劳动力使用者之间的关系而使用的称谓。在西方教科书中经常使用产业关系的概念。产业关系通常是指产业经济中的雇佣关系，其涵盖的中心内容涉及与雇佣相关的所有方面——个人、企业和社会。它不仅包括从社会角度而言的人力资源策略，也包括从企业和社会角度而言的劳动关系和集体谈判，同时还包括从企业角度而言的员工管理。可见，严格来说，劳动关系是产业关系的一部分或是其核心内容，产业关系所涵盖的内容要比劳动关系宽广。

劳动关系是劳动者与劳动力使用者之间的一种社会经济利益关系；由此，企业劳动关系，就是指企业劳动力使用者（雇主）与企业劳动者（雇员）之间的一种社会经济利益关系，具体来说，是指企业劳动力使用者（雇主）与企业劳动者（雇员）在实现劳动的过程中，所结成的与劳动相关的社会经济利益关系。

在现代企业中，企业劳动力使用者主要是指企业中的中高层管理人员，即管理者、经营者，因此，现代企业劳动关系实质上是指企业管理者、经营者与企业劳动者之间的一种经济利益关系。

一般来说，市场经济下的企业劳动关系涉及企业管理者、劳动者和政府三方，也就是说，三方利益格局是市场经济下企业劳动关系的外在形式。在这里，政府只是一种身份，其基本职能是代表国家对企业劳动关系进行宏观调控、协调和监督。企业管理者作为财产法人或财产法人的代表，其基本职能是依法全权进行生产经营活动，并负责出资人资产的保值增值。劳动者作为劳动力的所有者，可以任意支配蕴藏在自己体内的劳动力，在劳动过程中向企业让渡自己的劳动力，以换取自己赖以生存和发展的物质资料。

在成熟的市场经济下的企业劳动关系的主体只有两方，即企业管理者和劳动者。企业管理者在实现资产保值增值的过程中，作为劳动力的需求主体、用工主体，构成企业劳动关系的一方，在劳动过程中处于支配者的地位；劳动者在让渡自己劳动力的过程中，作为劳动力的供给主体、劳动主体，构成企业劳动关系的另一方，在劳动过程中处于被支配者的地位。

需要指出的是，企业劳动关系的存在，必须以企业管理者和劳动者两方主体的存在为前提条件，两方缺一不可。比如，个体劳动者的劳动和我国现实生活中的以联产承包责任制为特征的家庭劳动，就不具有企业劳动关系的性质。而一旦个体户和家庭聘用帮工或其他劳动者，便具备了企业管理者（个体户和家庭可近似看做企业管理者）和劳动者两方主体存在这个前提条件，这时，企业劳动关系就出现了。

总之，要把握企业劳动关系，需要明了企业劳动关系的三方面基本要素。其一，企业劳动关系是在企业实现劳动的过程中所发生的企业劳动力使用者与劳动者之间的关系。企业劳动关系涉及与企业劳动直接相联系的企业劳动关系的运作、企业劳动立法、企业劳动合同、企业集体谈判、企业集体合同、企业劳动争议和企业工会等诸多方面的内容。其二，企业劳动关系的主体有两个，即企业管理者和劳动者；且只有这两个主体同时存在，企业劳动关系才有可能成立。其三，企业劳动关系的一方主体——劳动者，只有同企业劳动关系的另一方主体——企业管理者签订劳动合同，并保证合同的履行，企业劳动关系的运作才算开始。

目前，我国企业所有制性质的多样性，决定了我国企业劳动关系的多样性和复杂性。从企业所有制性质来说，主要存在三种形式的企业劳动关系，即公有制企业的劳动关系、混合型企业的劳动关系和私有制企业的劳动关系。公有制企的劳动关系主要包括国有企业和集体企业的劳动关系等；混合型企业的劳动关系主要包括股份制企业、合伙制企业和中外合资企业的劳动关系等；私有制企业的劳动关系主要包括内资私营企业、外商独资企业和个体企业的劳动关系等。

二、企业劳动关系的性质

（一）企业劳动关系从本质上来说是一种经济利益关系或财产关系

在企业劳动关系中，劳动者（雇员）向企业管理者（雇主）让渡自己的劳动力，企业管理者（雇主）向劳动者（雇员）支付劳动报酬和其他福利。这其中，工资和有关福利是连结企业劳动者与管理者的最基本因素和纽带。劳动者只有获得相应的工资待遇，才会受雇于管理者；管理者只有通过支付工资，才能雇佣到有关劳动者。显然，企业劳动关系首先反映的是企业管理者与劳动者之间的经济利益关系或财产关系，甚至是一种纯粹的经济利益关系或财产关系。

（二）企业劳动关系同时兼有人身让渡关系的性质

一般来说，人身关系是与人身密切相联而不可分割的社会关系，具有不可让渡的专有性。因此，从本质上来说，企业劳动者与管理者之间并不具有人身让渡关系。而一旦企业劳动关系建立以后，劳动者就需要根据劳动合同的要求将自己的劳动力纳入到企业的生产要素中去，使自己的劳动力成为企业现实的集体劳动要素的组成部分，听从企业管理者的调度和支配。由于劳动者的劳动力与劳动者的生理肌体（人身）是不可分离的，企业管理者成为劳动力的调度者和支配者，天然地就成为劳动者人身的调度者、支配者。这样一来，企业管理者和劳动者之间就必然要建立一种以支配和服从为特征的双向关系，这也可以说是一种人身让渡关系。当然，这种人身让渡关系只是外在的、表象的，其实质是一种劳动力让渡关系的载体。劳动者人身并没有让渡给企业管理者，劳动者有着自己的人身自由。典型的例证就是，劳动者在工作时间里必须听从企业管理者的支配和调度，在工作以外的时间里，企业管理者无权过问劳动者的其他活动。因为企业管理者通过工资购买的只是劳动者的劳动力，并没有购买劳动者的人身或人身自由。劳动者的劳动力只有在工作的时间里发挥作用，且听由企业管理者的指挥和支配。

（三）企业劳动关系还兼有平等关系的性质

由于劳动者是自己劳动力的所有者，因此有权支配自己的劳动力，有权进行自己劳动力的出售决策；同时，由于企业管理者掌管着生产资料，又是财产法人或代表，因此，他有权根据实际需要选择和购买劳动力，有权进行劳动力的购买决策。企业劳动关系正是在这种平等协商的基础上建立起来的，显然，这种相互选择的劳动关系可以说是一种平等关系。这是问题的一方面。问题的另一方面是，企业劳动关系的建立一般以劳动合同的签订为保证。企业劳动合同的签订基本是在企业管理者和劳动者签约双方相对平等、没有外在干扰的前提下完成的，企业管理者和劳动者出于自身利益的考虑，会要求在劳动合同中对自己的权利和义务进行较为全面、平等的规定。因此，这也在一定程度上保证了企业劳动关系是一种平等关系。当然，在企业劳动关系运作的过程中，企业管理者也有可能违背劳动合同的规定，或者不履行自己应尽的义务，或者不兑现劳动者应该享受的权利，劳动者可以通过集体谈判、工会组织出面甚至诉诸于法律等形式保证企业劳动关系的相对平等性。

以上三点是成熟的市场经济条件下的企业劳动关系的共同性质。就我国目前的企业劳动关系的性质而言，企业劳动关系的性质呈现出多样化、复杂性的局面。前面已经指出，就企业所有制性质而言，我国存在三种形式的企业劳动关系：公有制企业的劳动关系、混合型企业的劳动关系和私有制企业的劳动关系。不同所有制性质企业劳动关系的性质是大不相同的，其根本区别主要在于企业劳动关系的双方在劳动过程中各自的地位、作用和权利是不一样的。

公有制企业可以保证企业管理者与职工在劳动关系上的平等性，也可以保证人身关系的让渡性，但不能说是一种纯粹的财产关系，因为职工是企业生产资料的共同所有者或主人，工资很难说是连接职工与企业管理者的最基本纽带（我国理论界并不承认公有制企业中职工劳动力的商品性，因而工资也就不能说是职工劳动力商品的价格或价值的货币表现。唯有工资是劳动者劳动力商品的价格，才能保证劳动者通过出卖自己的劳动力以换取工资，从而，工资才是连接劳动者和企业管理者的最基本纽带），职工与管理者之间的连接是多方面、多角度的，职工在企业中还有很多其他权利尤其是政治权利。当然，公有制企业劳动关系的平等性和让渡性也有着自己的特殊性。

混合型企业和私有制企业可以保证企业管理者与劳动者在劳动关系上是一种财产关系，也可以实现企业管理者与劳动者之间的人身让渡关系，但不能保证企业劳动关系的平等性，因为在这两类企业中，很难保证企业管理者与劳动者能在平等协商的前提下签订劳动合同；也很难保证企业管理者能按劳动合同的规定履行自己的义务和兑现劳动者的权利。甚至有些企业管理者根本就未与劳动者签订劳动合同，这种情况下，企业劳动关系的平等性就无从谈起。

总之，由以上分析可以看出，企业所有制性质是决定企业劳动关系性质和特点的基本因素之一。

三、劳动关系的类型

企业劳动关系的类型不同，企业管理者与劳动者双方主体在利益方面的相互关系就有不同的表现形式，其处理原则也就不同。就世界发达市场经济国家而言，企业劳动关系主要有以下三种类型。

（一）利益一致型的企业劳动关系

这种类型的企业劳动关系一般是以企业管理者或雇主为中心建立起来的，其理论基础是劳资利益一体论。它的基本精神是强调企业目标和组织机构的单一性原则，赋予管理者的权威性，避免政出多门的弊端；主张对劳动者实行激励的办法，企业管理者与劳动者双方的利益完全可以通过企业内部的管理制度和激励机制来协调一致；要求管理人员和员工之间要建立一种相互合作、相互信任、相互理解的工作局面，避免产生不必要的摩擦和冲突。在具有这种类型劳动关系的企业中，企业和管理人员往往会抵制或取消工会运动，而人力资源开发与管理机制则相对完善和健全。

日本便是典型的具有这种类型企业劳动关系的国家。在日本，企业的家族观念和团队精神十分强烈。企业管理者十分注重与劳动者进行感情上的联络，并在经济上或制度上给予补偿和体现。日本的企业通过贯彻"终身雇佣制度"、"员工持股制度"和"年功序列工资制度"等，强化员工效忠企业和服务企业的观念，促使员工勤勉工作、以厂为家。由此，企业管理者与劳动者之间关系协调、共谋发展。由于这种利益一致的劳动关系的建立，日本企业的工会活动相对缺乏，劳动者的工会意识或热情相对不高，工会的组织率相对不高，工会对会员的号召力和凝聚力也不强。多年来，日本工会的组织率一直呈现下降的趋势。此外，亚洲一些新型工业化国家，如韩国、新加坡等的企业劳动关系也属于这种类型。因此，利益一致型的企业劳动关系又称为亚洲型的企业劳动关系。需要指出的是，我国传统的计划经济体制下的企业劳动关系和当前公有制企业劳动关系在某种程度上也属于利益一致型的企业劳动关系。

（二）利益协调型的企业劳动关系

这种类型的企业劳动关系是以劳资双方权利对等和地位平等为基础建立起来的，其理论依据是近代劳动立法中的契约精神。它强调，作为劳动关系的主体，也是法律关系的主体，企业管理者与劳动者双方在人格和法律上是平等的，双方相互享有权利与义务；在处理双方利益关系的时候，遵循对等协商的原则。利益协调型的企业劳动关系重视产业民主，认为企业劳资双方构成了相互独立、互为存在前提的两大主体。劳动者作为独立的主体，并不是企业的附属物，在企业生产经营过程中尤其是在劳动关系的处理上，劳动者与企业管理者（雇主）一样，也是参与决策的主要力量，且这种参与应该贯穿于企业经营管理的全过程。这种类型的企业劳动关系还主张劳动合作，认为这种合作是在企业管理者与劳动者利益差别基础上的合作。通过合作，规范双方的权利与义务；通过平等协商谈判，保障双方的合法权益，以实现双方的共同目标。

当代西方发达市场经济国家在企业劳动关系的类型上大多属于这一种，德国尤其典型。在德国，企业管理者和劳动者双方利益协调，积极开展劳动合作。一方面，企业管理者和工会组织均能强立地开展活动，集体劳动合同和集体谈判成为处理企业劳动关系的基本形式；另一方面，工业民主制度健全，尤其是"劳资共决制"的广泛推行,使劳动者能得到充分的参与权利。德国正是广泛推行了这种类型的企业劳动关系,才使得国内不但企业劳动关系协调,而且社会稳定发展。利益协调型的企业劳动关系,又可称为西方型的企业劳动关系。

(三) 利益冲突型的企业劳动关系

这种类型的企业劳动关系是以劳资双方矛盾和劳资阵营对峙为基础建立起来的,其理论基础是阶级斗争理论。它强调的是,企业劳动者和管理者双方主体各有自己的利益,彼此的阶级立场也不同;在劳动关系的实际运作过程中,劳资矛盾和劳资冲突不可避免。在利益冲突型的企业劳动关系中,工会的力量一般比较强大。作为劳动者的利益代表,工会积极发挥自己的作用,从代表工人进行集体谈判到组织工人参加罢工甚至采取其他社会行动等,以维护和争取工人自己的利益和权利。这种类型的企业劳动关系就是在劳资双方矛盾与冲突、斗争与妥协过程中维系和发展的。第二次世界大战以前的资本主义国家,在企业劳动关系的类型上大多属于这一种。而在当代,由于历史和法律方面的原因,英国企业劳动关系在整体上基本属于这种类型。这种类型的企业劳动关系也可称为传统型的企业劳动关系。

上述企业劳动关系三种类型的划分,是就整体上和理论上而言的。具体到现实生活中,不但一个国家内不同企业可能存在着不同类型的劳动关系,而且,同一企业内部也有可能有着不同类型的企业劳动关系交叉存在。

第二节 劳动关系的运作

企业劳动关系的运作有广义和狭义之分。广义的企业劳动关系运作,是指企业劳动关系运行的全过程和整个体系,它既包括企业劳动关系的外部环境,也包括企业劳动关系的内部运行;既涉及双方主体的利益处理过程,也涉及利益处理的后果和社会影响等。狭义的企业劳动关系运作,是指企业管理者与劳动者双方主体及其代表在处理与劳动相关的经济利益时所持的或是矛盾、斗争,或是尊重、协商的态度、立场等及其外在表现形式。我们所分析的主要是狭义的企业劳动关系运作。

个案介绍

我不是"刁民"[1]

郭方正原是大连市旅顺口区化肥厂工人。1997 年 8 月,化肥厂因生产经营

---

[1] 中国劳动保障报,2001-10-30.

等原因，工人全部放假、下岗。1998年4月1日，旅顺口区政府、区劳动局和区经委以"停产、搬迁改造"的名义，解除了与所有职工的劳动合同，动员工人自谋职业，并按大连市有关规定发给每人10 000元再就业安置费。

下岗几年来，郭方正先后三次求职，在三个岗位工作过。第一次是郭方正自己找的单位，在区交通局所属的旅顺汽车站做门卫；第二次是经劳动部门介绍，在区房产局房屋经营公司干保安；第三次也是劳动部门推荐的，在旅顺包装厂当工人。

在这三家企业，郭方正都因缴纳社会保险费和签订劳动合同问题与企业发生争议。他知道，缴纳社会保险费、签订劳动合同直接关系自己的切身利益，要依法争取。因此，每当与企业就缴纳社会保险费、签订劳动合同产生争议时，他便将用人单位告上法庭。在一些人眼里，他成了凡事较真、认死理、爱打官司的"刁民"。

郭方正打的官司虽然有输有赢，但打官司的结果却使他三次丢了工作。不但企业烦他，职介所的部门工作人员也有点烦他，说他整天打官司没人敢要，搞得他们没法向企业交代。

2001年9月7日上午，某职介所又提供了三家企业让郭方正选择。但条件是要写一份保证书。迫于无奈，他只得保证，"到用人单位以后，不谈任何条件；不要求用人单位与自己签订劳动合同、不要求缴纳社会保险；无论出现任何劳动争议，绝不与用人单位打官司"。但时至今日，郭方正仍赋闲在家。

解析

从这一劳资纠纷案例中我们看到，企业与员工之间的矛盾和问题是普遍存在的。事实上，在西方发达国家，劳资矛盾同样普遍，争议、罢工、谈判、仲裁司空见惯。虽然劳动关系非常复杂，但最终都要归结为冲突和合作。对劳动关系深层次的理解，需要对冲突的根源以及阻碍这些冲突继续发展的合作的根源有全面的了解。

一、企业劳动关系的运作形式与机制

企业劳动关系的运作有两种基本形式：冲突与合作。这就是说，企业劳动关系的冲突与企业劳动关系的合作，是企业劳动关系运作中的一对矛盾；企业劳动关系运作的基本方向，是企业劳动关系的合作。要实现企业劳动关系的合作，避免企业劳动关系冲突的发生或解决企业劳动关系的冲突是基础。

企业劳动关系的冲突，是指企业劳动关系的双方主体及其代表，在涉及与劳动相关的经济利益时所产生的矛盾及其激化的外在表现形式，或所采取的各种不同的经济斗争手段。企业劳动关系冲突的产生不仅仅表现为个别劳动者与企业管理者之间矛盾的激化及其采取的相应斗争手段，而是主要表现为劳动者集体及其代表（主要是工会）与企业管理者之间的各种方式的经济斗争，因为相对来说，劳动者集体及其代表的力量要强大得多，所采取的手段要有效得多。同时，企业管理者（雇主）在冲突中也不是完全被动的，他们也会采取不同的手段，以维护或保持自己的利益。从发达市场经济国家企业劳动关系运作的发展历史来看，企业劳动者在冲突中所采取的基本斗争手段主要有罢工、怠工和联合抵制等；企业管理者（雇主）所采取的基本手段主要有关闭工厂、黑名单和排工等。

企业劳动关系的合作，是指企业劳动关系的双方主体及其代表在处理与劳动相关的经济利益时所持的相互尊重、平等协商、共谋发展的态度和立场及其外在表现形式。一般来说，企业劳动关系的合作只涉及劳动关系的双方主体：劳动者及其代表和企业管理者（雇主）。换句话说，企业劳动关系的合作，是企业劳动者及其代表与企业管理者之间所表现出的相互尊重、平等协商、共谋发展的态度和立场及其表现形式。而要实现企业劳动关系的合作，却经常需要第三方或中立方的协调、参与和帮助等。但必须明确的是，企业劳动关系合作的前提条件是劳动关系的双方主体有合作的意愿，且合作的实现在很大程度上主要依靠双方主体的共同努力，即使在有第三方协调下实现的合作也是如此。

此外，要实现企业劳动关系的合作，还必须具备一个前提条件：劳动关系双方主体彼此之间的利益差距不能太大，可以通过协商谈判的方式进行解决；否则，利益分歧太大，真正的合作很难实现。这也就是上文提到的实现企业劳动关系合作的基础，是避免企业劳动关系冲突的发生或解决企业劳动关系冲突的条件。

企业劳动关系的合作，在发达市场经济国家有多种实现手段或表现形式，概括起来主要有三种，即第三方的参与和帮助，有劳方、资方甚至社会公众参与的产业和社区委员会，以及企业工人参与。

企业劳动关系的运作机制，可以简单地归结为企业劳动关系的基本构成要素在运作过程中发生的相互作用及其调节功能。更进一步地说，企业劳动关系的运作机制，既需要具有启动企业劳动关系并使之运作的动力功能，也需要具有对这一运作加以控制的约束功能，这就是说，动力功能和约束功能是企业劳动关系运作机制的两种基本功能。

应该说，只要企业劳动关系运作机制的动力功能健全并正常发挥作用，企业劳动关系的运作就会正常进行。但运作形式可以是合作，也可以是冲突。而唯有动力功能和约束功能这两种功能都健全并正常发挥作用，企业劳动关系运作的形式才可能是合作，因为约束功能的作用就在于控制企业劳动关系的运作并使之向着合作的方向发展。

企业劳动关系的主体是企业管理者和劳动者。实际上，企业管理者和劳动者是企业劳动关系的两项最基本的构成要素。因此，企业劳动关系的运作机制，在某种程度上就是企业管理者与劳动者之间的相互作用及其形成的调节功能。这就是说，企业劳动关系运作机制的动力功能和约束功能，在某种程度上都产生于企业管理者和劳动者自身；企业管理者和劳动者既是企业劳动关系运作的推动者，又是企业劳动关系运作的主动控制者。企业管理者和劳动者在企业劳动关系运作机制中具有较大的主观能动性。当然，企业劳动关系的其他构成要素如各项外部环境等，也会与企业管理者和劳动者这两项基本构成要素之间相互影响，并产生相应的调节功能。

企业劳动关系的运作机制从本质上来说是以人们之间的经济利益关系为调节轴心的。这就是说，启动企业劳动关系运作机制的动力功能和约束功能，要从经济利益角度入手和考虑。进一步说就是，企业劳动关系运作的方向是企业劳动关系的合作，但要实现企业劳动关系的合作，处理好企业管理者与劳动者之间的经济利益乃是中心内容和首要任务。

二、企业劳动关系的冲突

(一) 企业劳动关系冲突的基本手段

1. 罢工（Strike）

罢工一词起源于英国，19世纪中叶以后在英国十分流行，而后蔓延至其他国家。罢工的种类有很多，但大体上可以分为两大类：一类是经济罢工；另一类是政治罢工。这里研究的罢工主要是指经济罢工。下文言及罢工时，除特殊说明外，均指经济罢工。罢工又称同盟罢工，通常是指行业内的全体劳动者或企业内的一群劳动者，以工资或劳动条件的改善等经济利益的获得为目的而采取的共同停止工作的行为。劳动者罢工行为一般在两种情况下最为奏效，一种情况是在企业经济运行最好的时期。这时，企业生产旺盛，赢利丰厚，企业最需要劳动者为自己发展生产，增加赢利。另一种情况是在企业经济运行不好的时期。这时，企业生产不振，赢利微薄，稍有不慎便有破产或倒闭的厄运。这两种情况下是劳动者举行罢工的最好时机，可以促使企业管理者（雇主）不得不接受劳动者们所提的条件。根据罢工的规模、特点和罢工发生的原因，一般可将罢工分为以下八种形式。

(1) 单一罢工。它是指单个企业的劳动者所举行的罢工。

(2) 团体罢工。它是指同一地区或同一城市同类企业的劳动者共同举行的罢工。

(3) 同情罢工。它是指当某一行业发生罢工时，另一行业的劳动者也举行罢工，以示声援。

(4) 轮流罢工。这种罢工不是所有或大多数劳动者都同时罢工，而是劳动者按照顺序依次罢工。首先，由一部分劳动者举行罢工；一段时间后，又由另外一些劳动者进行罢工；其后，还有一些劳动者参加罢工。如此不断地总有一些劳动者在罢工，直到企业管理者（雇主）接受劳动者的条件为止。

（5）间断罢工。进行这种罢工，劳动者事先并不向企业管理者（雇主）预告而突然离去，一段时间后又回来复职，但不久又突然离职，直到自己的要求被满足为止。

（6）巡回罢工。这是指在罢工形势不佳的情况下，除一家企业的少量劳动者继续罢工外，其他所有劳动者都复工，但复工的劳动者要拿出自己的部分工资资助罢工者一周的生活；一周结束后，罢工者复工，同时又有另一家企业的少量劳动者举行罢工，其生活资助如法炮制。这种罢工适合于使用熟练工人的行业。

（7）拱手罢工。进行这种罢工的劳动者并不离开工作场所，而是在几小时或几天中双手停止工作，直到企业管理者同意他们的要求时才继续工作。

（8）总罢工。这种罢工扩及到全国各地或各行业，其影响最大。

2. 怠工（Sabotage）

Sabotage是指农民穿的木鞋。引申为"穿着木鞋工作"，一般是指缓慢地或破坏性地工作；相当于汉语中的怠工。实际上，怠工就是懈怠工作的意思，它是劳动者所采取的另一种冲突的基本手段。怠工与罢工的不同之处就在于，劳动者进行怠工，不需要离开工作岗位或离职，而是在工作中故意懒散、怠惰，或浪费雇主或企业的原材料，以此达到维持或改善劳动条件的目的。怠工与罢工的相同之处在于，它也需要劳动者的团结和共同行动，这样才能对企业管理者（雇主）起到威慑和胁迫的作用；同时，怠工在大多数国家被认为是合法的行为。

3. 联合抵制（Boycott）

联合抵制手段通常是指一群劳动者团结起来，对于不满足他们要求的雇主及与雇主有关的人，断绝其社交上和经济上的一切联系，以迫使其就范。劳动者断绝雇主同外界经济上联系的最为有效的方法是，不但劳动者自己不购买雇主生产的商品，而且通过广告的形式作反宣传，使社会上其他人也不购买雇主生产的商品。可以说，罢工是劳动者工作的停止；联合抵制在某种程度上是劳动者购买的中断。

（二）企业管理者（雇主）的措施

1. 关闭工厂（Checkout）

关闭工厂又称闭厂，是雇主在企业劳动关系冲突中经常使用的报复手段。雇主关闭工厂的主要目的是将劳动者停职或解雇，以断绝劳动者的工资来源，迫使劳动者完全降服于自己的权威之下。这样可以防止冲突进一步激化，或迅速地解决劳资之间的冲突。雇主使用这种手段，一般结果是，以少量的损失换取生产的大量损失甚至企业倒闭。

2. 黑名单（Black List）

它是雇主在企业劳动关系冲突中对劳动者采取的一种秘密报复手段。其基本做法是，雇主通过秘密调查，将那些不安分或危险而有可能在劳资冲突中发挥主要或带头作用的劳动者秘密登记在一张表上，并暗中通知本行业其他雇主不要雇佣他们，致使这些被列在表上的劳动者永无再被雇佣的机会。与劳动者在企业劳动关系冲突中对雇主使用联合抵制的手段一样，雇主使用的黑名单手段对于劳动者来说是十分厉害的，它往往会使劳动者的名誉受到严重的损害。因此，雇主使用的黑名单手段往往超过法律允许的范围，雇主经常为此要负法律或赔偿责任。

3. 排工（Discard）

雇主使用的排工手段，就是指雇主在雇佣劳动力时，对某些劳动者采取排斥态度。一般情况下，雇主专排那些加入工会的劳动者。为防止劳动者利用工会与企业讨价还价，一方面，雇主在雇佣劳动者时即以不加入工会为雇佣条件；另一方面，倘若劳动者以后违背此诺言，立即予以解雇。

以上是企业劳动者和雇主在企业劳动关系冲突中使用的基本斗争手段。需要指出的是，世界各国在企业劳动关系的实际运作中，经常使用的、最为人们熟知的手段，从劳动者角度来说是罢工，从雇主角度来说是关闭工厂。

（三）企业劳动关系冲突的解决办法

1. 调解

调解是西方国家常用的解决企业劳动关系冲突和减少罢工次数的办法。一般来说，劳资冲突中的调解服务是由专业调解人员提供的。专业调解人员作为固定的职员，受雇于固定的服务机构。他们可以帮助劳方和资方通过谈判解决彼此之间的争端。当劳资谈判陷入僵局并有可能阻止劳资双方的平等自由交流时，调解员的工作便起着决定性的作用。调解员可以使用适当的手段，使劳资双方恢复彼此之间的交流。此外，调解员还可以通过自己的建议，使劳资双方达成彼此都能接受的协议。

调解员作为企业劳动关系冲突中的第三方或中立方，其基本功能概括起来有七种：

（1）帮助冲突双方找出和正视产生冲突的主要问题；

（2）帮助冲突双方提供一个可以正视和面对冲突问题的环境和条件；

（3）帮助冲突双方驱除彼此进行交流的障碍和误解，以便使双方的理解不断加深；

（4）帮助冲突双方建立相互尊重、公开交流的行为准则，形成一个说理而不是强压的交流环境，使冲突双方渴望能达成彼此都满意的协议；

（5）帮助冲突双方找出何种解决办法是可行的，并针对可行的办法提出自己的建议；

（6）帮助冲突双方制订彼此都能接受的具有可操作性的协议；

（7）竭力使得劳资谈判和达成的协议对于有兴趣的听众尤其是谈判者所代表的群众具有权威性和吸引力。

只有当雇主和工会的谈判目标比较接近或不需要对对方的限定作很大的修改而彼此都可以达到自己的目标时，调解在解决劳资冲突中才是十分有效的。

同时，调解员个人的风格或手段对于解决冲突作用的大小也是截然不同的。从大的方面来说，调解员可以分成两大类：一类是配管弦乐式的调解员；一类是做交易式的调解员。配管弦乐式的调解员并不想改变或强迫谈判过程中的任一方接受某种立场或拒绝某项要求，而是竭力保持谈判双方在谈判过程中不断地工作，直到达成彼此都能接受的协议为止。做交易式的调解员是一种主动积极的调解人员。这种调解员会主动地听取冲突双方的立场和观点，并琢磨出某种自己认为是最好的解决冲突的方法，然后将调节手段的使用作为一种机会，适度改变冲突双方的立场，最终解决问题。

需要指出的是，作为解决劳资冲突的重要办法，调解也有其弱点，其最重要的弱点之一就是调解员没有任何权力强迫冲突双方做任何事情，更没有任何权力让冲突现方达成某项协议。调解员仅有的权力是举行会议，并要求冲突双方参加，仅此而已。

2. 利益仲裁

利益仲裁是西方国家另一种解决企业劳动关系冲突的办法，它主要是由政府或政府通过仲裁员强制实施的。利益仲裁在私人企业并不受欢迎。一般来说，私人企业的雇主和工会或工人，一致拒绝在企业劳动关系冲突中行使强制性的仲裁手段。他们宁愿选择罢工来解决彼此之间的争端，因为他们强烈坚持政府无权强迫他们就某些实质问题达成某项协议。尽管如此，最近几年，美国也有一些强制性的利益仲裁在私人企业成功实施的例子。如美国钢铁工人联合工会与10家钢铁企业达成的"实验谈判协定"就是通过利益仲裁的成功实施完成的。由于生活费用的上涨和其他保障因素的变化，钢铁工会在1974年选择了利益仲裁而不是罢工的形式解决其与企业管理者之间的冲突，而到1983年，钢铁工会拒绝了利益仲裁的办法，并于1985年进行了本行业的一些罢工行为。

总之，利益仲裁的办法在解决企业劳动关系冲突中有过成功的例子，主要是在钢铁企业。在当代美国，也有一些铁路企业的冲突是由强制性的利益仲裁来解决的。

3. 政府立法

政府立法主要是指政府通过立法的形式发挥自己在解决企业劳动关系冲突中的作用。在美国，企业劳动关系冲突中的政府立法可以追溯到1926年，其标志是铁路劳工法案的实施。铁路劳工法案涵盖的领域主要是航空和铁路产业。该法案并没有赋予政府直接解决企业劳资冲突的权威,而是给出了一套阻止或中断罢工的合法程序,在此程序下,调解员可以设法解决劳资冲突。需要指出的是,这种政府立法的形式在开始几十年中使用较为频繁,1970年后情况发生了很大变化。现在,航空企业很少使用这种合法的程序来解决企业劳动关系冲突,铁路企业的使用频率也大不如以前。当然,作为企业劳动关系冲突的解决办法,政府立法偶尔也有其他表现形式。比如,在美国,国会曾经对几家铁路企业的劳资争端进行强制解决;在战争期间,对一些重点产业进行重点保护等。

三、企业劳动关系的合作与员工参与

(一)第三方的参与和帮助

第三方的参与和帮助是解决企业劳动关系冲突的基本手段,前面介绍的调解、利益仲裁和政府立法等三种企业劳动关系冲突的解决办法,都是第三方参与和帮助的典型形式。第三方的参与和帮助不但在解决企业劳动关系冲突中行之有效,而且是实现企业劳动关系合作的基本手段之一。

与解决企业劳动关系冲突的第三方参与和帮助手段一样,实现企业劳动关系合作的第三方参与和帮助手段也要求调解人员针对劳资双方存在的问题,通过自己的工作,使双方达成彼此都能接受的协议,实现劳动关系的合作。需要指出的是,第三方参与和帮助手段在实现企业劳动关系合作中花费的成本相对较高,因此,很少有机构能够正常进行这种手段的实践。在美国,只有一家机构一段时间里成功地进行了这种手段的实验。这项实验便是十分著名的"有目的地改善劳资关系"(Relations by Objectives,简称RBO)实验。

"有目的地改善劳资关系"实验是由美国联邦调解服务机构(the Federal Mediation and Conciliation Service,简称FMCS)倡导和发起的,其目的是从根本上改变工作场所劳动关系的性质和质量。该实验主要是为那些劳资双方存在对抗和不信任而彼此又希望和需要改变劳资关系现状的工作场所或企业设计的。在接受这种实验的企业中,劳资双方可以讨论彼此的分歧点以及造成劳资关系紧张和对抗的原因,通过讨论,劳资双方可以开发和建立一套能够用来改善劳动关系质量的战略对策。实验实际上是一项组织发展技术,它是在联邦调解服务机构调解员的培训和组织下实施的,所有参加者都来自同一企业劳资关系双方,并有时间表约束它的实施。美国开始实施RBO实验的时间是1975年,到80年代早期,每年有不到10家企业参加该项实验。RBO实验的主要优点是,可以改善因潜在的劳资敌对而已经恶化和停止有效运作的企业劳动关系,实现企业劳动关系的合作;同时,这项实验的各方面成本花费相对小一些,且不会损害到现有的企业劳动关系的有益方面。

旨在实现企业劳动关系合作的组织发展技术除上述RBO实验以外,还存在其他实践形式，但一般使用得并不普遍。一种较为普遍的形式便是由研究院、大学、专业组织、工会或政府发起的培训项目或培训班，其参加人员主要是个别生产队组的成员。

毋庸置疑，第三方或中立方的参与和帮助手段，对于改善原始的企业劳资关系、帮助劳资双方评估彼此之间的关系和促进劳资谈判的正常进行，以及最终实现企业劳动关系的合作，确实可以发挥十分有效的作用。然而，令人遗憾的是，这种手段的任何实验或实践形式并没有得到广泛的推广，其中最主要的原因恐怕在于劳资双方一般都固守这样的逻辑：企业劳动关系最好的合作或协议，只能由劳资双方自己去实现或达成。也就是说，这恐怕是这种手段在实施中的重要障碍。

(二) 产业和社区劳资关系委员会

第三方间接参与的产业和社区劳资委员会手段，在实践中受到了人们的重视。过去几十年特别是最近几年来，劳资双方愿意参加各种区域或各种产业委员会，这种区域或产业委员会可以给劳资双方提供一个相对独立的空间。就产业劳资委员会而言，它通过改善集体谈判关系、提供必要的技术服务、提高劳动者的劳动生产率、提高产品质量、改善健康和安全、提供工作保障等一系列工作和努力，可以帮助本行业雇主解决共同存在的问题。

社区劳资委员会的成立和发展，总的来说，是为了解决社区范围内劳资冲突、实现社区内企业劳动关系合作。一般来说，社区劳资委员会是劳方、资方，有时也包括政府组织成员共同自愿组成的联合体，其要解决的直接问题是影响社区或区域内经济健康运行和发展的有关问题。比如在美国纽约的詹姆斯敦，由于制造行业工作机会减少而导致的高失业率以及该地有名的罢工历史，迫使其市长在1971年发起成立了一家劳资委员会。很明显，詹姆斯敦区域劳资委员会在增加就业机会、强化社区经济基础等方面发挥了非常重要的作用；同时，劳资委员会通过发展企业劳资合作项目，将劳资双方结合在一起，让他们共同寻找解决问题的办法，最终对于改善劳资关系、实现企业劳动关系合作也作出了自己的贡献。据估计，到目前为止，美国全国大约成立了300家区域劳资委员会。

(三) 企业层次的员工参与

企业层次的员工参与，是实现企业劳动关系合作的主要手段或主要表现形式。一般来说，企业层次的员工参与可以简单理解为企业雇员与雇主之间的交流过程，在这一交流过程中，雇员与雇主共同制订反映企业组织策略或战略的规章制度尤其是实质性的规章制度，共同对有关问题进行决策。显然，企业层次的员工参与，并不能保证企业在每一问题的决策中雇员与雇主权力或权威的完全对等性，而只能是针对有些问题实现雇员与雇主的共同决策。实际上，企业层次的员工参与状况因以下五种衡量尺度的不同而有很大的不同。

1. 参与过程的种类

参与过程有三种情况。第一，员工的参与是被迫的还是自愿的。被迫的参与出现在政府对雇员和雇主共同决策作出规定或要求的情况下；自愿的参与则出现在雇主提出员工参与的要求，员工自愿接受这种要求的情况下。第二，工人的参与是正式的还是非正式的。正式的参与是指要建立雇员与雇主共同决策的委员会；非正式的参与则是基于雇员与雇主的个人合约或协定。员工参与的发展趋势是正式的参与。第三，员工的参与是直接的还是间接的。直接的参与是通过一次有很多员工参加的正式会议来进行共同决策；间接的参与是通过选举代表，由代表成立的理事会来共同决策。需要指出的是，以上三种度量标准并不是彼此独立或彼此不相关的，而是相互联系的。一般来说，非自愿的参与倾向于正式的和间接的，而自愿的参与倾向于非正式的和直接的。

2. 参与度

员工参与度的变化范围可以从无参与到完全由员工控制。具体来说，可以分成四种情况。

（1）无参与。尽管员工不参与共同决策，但雇主对于决策的有关信息可以采取两种不同的态度，一种是完全不透露任何有关决策的具体信息；另一种是雇主事先可以向雇员提供关于决策的详细信息。

（2）不同程度的磋商。这又可以分成两种情况。一是在雇主作出决策之前，就有关问题向雇员作出解释，并征求雇员的意见，然后雇主独立地作出决策。二是雇主不但向雇员征求意见，而且在自己的最终决策中充分反映雇员的意见。

（3）联合或共同决策。雇员与雇主共同对有关问题进行分析，并共同作出决策或决定。一般来说，在共同决策的情况下，雇员与雇主对最终决策的形成有同样大的影响力。

（4）员工的完全控制。这是指员工班组中的某个人或某些人被赋予对有关他们自己的问题进行决策的权力，雇主在非例外的情况下不得干预。

3. 参与决策的内容

员工参与决策的内容也是衡量其参与状况的重要指标。员工参与决策的内容可以分成以下三种：

（1）工作层面的问题和工作条件。这其中包括任务分配、工作方法、工作程序设计、工作目标、工作速度、工作时间、休息时间、设备的安置、照明设备的配备、工作安全等。

（2）管理层面的有关问题。这其中主要有雇佣与解雇、培训与激励、工作纪律与工作评估、工资发放与意外事故补偿及其标准等。

（3）企业层面或企业战略问题。这其中包括管理者的雇佣与使用、利润分成与财政计划、产品发展与市场营销、资本投资与股票分红等。必须指出，在大多数情况下，员工参与决策的内容主要涉及前两种或前两个层面的问题，只有极小比例的员工能够涉及企业的主要战略问题，如产品选择、工厂选址和投资等。

4. 决策阶段的参与度

一项决策要经过几个阶段，员工在各阶段的参与程度不同，其在总体上的参与状况各不相同。一般来说，一项决策要经过以下七个主要阶段：一是发现问题阶段；二是寻找各种解决问题的办法阶段；三是搜集各种解决办法的信息阶段；四是评估各种解决办法阶段；五是选择解决办法阶段；六是解决办法的实施阶段；七是解决办法的管理阶段（坚持它的日常管理）。

应该说，员工在有些阶段的参与是非常有效的，在有些阶段的参与则不一定有效。比如说，对于企业战略层面的问题，员工在搜集背景信息和解决办法的实施这两个阶段的参与就不一定有效；而对于工作层面和工作条件问题，员工在这两个阶段的参与就是十分奏效的。

5. 对参与问题的原始态度

企业层次的员工参与状况和参与决策的双方，对参与决策的原始态度是密切相关的。参与决策的双方是用合作的态度、公开交流的方式来寻找解决问题的办法呢，还是用敌视的态度、封闭的或有保留的交流方式来寻找解决问题的办法呢？这两种态度的结果是完全不一样的。前一种参与是主动的，有助于问题的很快解决，有助于实现真正的企业劳动关系的合作；后一种参与是被动的，很难推动问题的有效解决，很难实现真正意义的企业劳动关系的合作。

第三节 企业集体谈判与集体合同

实行企业集体谈判和集体合同是市场经济国家的一项基本劳动法律制度，是一种规范和调整企业劳动关系的十分奏效的基本手段和主要方法。

企业集体谈判和集体合同制度在西方国家一经出现，就表现出强大的生命力，至今已有一百多年的历史。目前，企业集体谈判和集体合同制度在发达市场经济国家的企业劳动关系领域已经占据了举足轻重的地位，甚至在整个社会经济生活中也是一种十分重要的现象。比如在美国，统计数据表明，1980年，大约有19万份企业集体合同正在发挥效力。现在，美国每年约有6万多份企业集体合同需要通过集体谈判来重新订立。企业集体谈判和集体合同制度作为一种规范的劳动法律制度，在西方国家得到了长足的发展。但时至今日，各国对其称谓和表述还存在不尽相同的地方。有的国家称其为企业集体合同制度，有的国家将其叫做企业集体谈判制度，还有的国家更为全面地将其称为企业集体谈判和集体合同制度。但不管称谓上如何不同，其实质和含义是相同的，都是指通过企业集体谈判来签订企业集体合同这样一项劳动制度。

一、集体谈判和集体合同的概念

根据国际劳工组织的规定,"(企业集体谈判是指)一名雇主、一个雇主群体或者一个以上的雇主组织同一个或多个工人组织之间进行的谈判";"(企业集体合同是)有关劳动与就业条件的书面协定"。由此可见,企业集体谈判具体是指劳动者代表(通常为工会及其代表)与企业管理者或雇主(或其团体及其代表)为规定双方可以接受的录用条件,明确彼此之间的权利、义务关系而进行的谈判;企业集体合同,又称企业团体协议,具体是指通过企业集体谈判而订立的、以全体劳动者或全体工会会员在劳动和生活方面的共同条件为中心内容的、旨在规范企业劳动关系的书面协议。

不难看出,企业集体谈判的结果一般是企业劳动合同的签订。这就是说,企业集体谈判和企业集体合同是一件事情的两个阶段、一个问题的两个方面。企业集体谈判是企业集体合同的前提和准备,企业集体合同是企业集体谈判的后果和结论。没有企业集体谈判,就没有企业集体合同的签订;没有企业集体合同的签订,企业集体谈判就是不成功的,或者说,企业集体谈判就没有达到应有的目的。企业集体谈判和企业集体合同两者之间是不可分的。

企业劳动合同是指企业劳动者与管理者之间因确立劳动关系、明确彼此的权利和义务而达成的协议。企业集体合同是指规范劳动者和管理者之间的劳动关系、明确彼此的权利和义务的劳动协议。这就是说,两种合同都在于劳动者和管理者就彼此之间劳动关系的确立或规范、权利和义务关系的明确而达成的协议。那么,为什么在企业中既要签订企业劳动合同,又要签订企业集体合同呢?企业集体合同与企业劳动合同有何区别呢?综观世界各国企业集体合同和企业劳动合同的发展历史,概括起来,两者的主要区别在于以下三点。

(1)签订合同的当事人不同。尽管两种合同的主要目的都是约定企业管理者和劳动者之间的劳动关系、明确彼此的权利和义务关系,合同内容涉及的当事人是相同的,即劳动者和管理者,但参与合同签订的当事人则是不同的。企业劳动合同签订的当事人是劳动者本人和企业管理者;企业集体合同签订的当事人是劳动者集体(一般为工会)和企业管理者(或其团体)。当然,在企业集体谈判发展的初期,工会作为企业集体合同签订的一方当事人并没有得到雇主的普遍认同,其合法地位也没有得到法律上的认可。而后,随着形势的发展以及经过工人和工会组织的共同斗争和努力,工会越来越成为合法的组织,并在企业集体谈判中发挥着一方当事人的作用。比如,在美国,第一次世界大战中成立了战时劳工局。劳工局迫于战争形势以及工人和工会组织的共同努力和斗争,才承认工会有权代表工人同雇主通过企业集体谈判订立企业集体合同。现在,几乎所有国家的工会都能代表工人参与企业集体谈判，并作为一方当事人同管理者或其组织签订具有法律效力的企业集体合同。

（2）合同的具体内容和目的存在差别。企业劳动合同的具体内容只涉及劳动者个人劳动关系中的权利和义务，一般要将劳动者个人与企业管理者之间劳动关系的各方面都要包括进来；企业集体合同的具体内容涉及劳动者集体劳动关系中的共同权利和义务，可以将劳动关系中的各方面内容都包括进来，也可以只包括劳动关系中某一方面的内容，如企业工资集体合同就是如此。此外，就合同的具体内容而言，企业劳动合同一般不会对劳动权利和义务的具体标准进行约定；而企业集体合同则要对劳动关系或劳动权利和义务关系的各方面内容设置具体标准。这就是说，企业劳动合同的目的只是在于确立劳动者和管理者之间的劳动关系；企业集体合同则要通过对劳动关系的具体内容设置标准来规范企业劳动关系。

（3）合同的法律效力不同。企业劳动合同是由劳动者个人与企业管理者双方签订的，因此，它对劳动者个人和企业管理者具有法律效力；企业集体合同是由企业工会代表劳动者集体与企业管理者或其团体签订的，因此，它对工会所代表的劳动者集体和企业管理者或其团体所管理的各企业都具有法律效力。一般来说，由工会代表的劳动者集体是指所有工会会员，因此，企业集体合同只对工会会员有效，而对非工会会员无效。非工会会员要通过签订契约的形式保护自己的利益，除可与管理者签订企业劳动合同以外，还可与管理者签订企业劳资协议等。比如在德国，企业集体合同是由工会与雇主方面签订的集体协议，只适合于工会会员，只对工会会员有法律效力；而企业劳资协议是劳资双方签订的集体协议，适合于企业的全体劳动者，对工会会员和非工会会员均有法律效力。

另外，企业集体合同的法律效力要高于企业劳动合同。因此，企业劳动合同的内容要以企业集体合同的有关规定为准，不得与企业集体劳动合同的有关规定相抵触。

在美国，企业集体劳动合同在企业劳动关系领域内已经上升到比法律还要重要的地位。美国企业集体劳动合同是依据法律程序制定的，其对有关工资、工时和就业条件等重要的劳动问题都作出具体的规定，这是有关法律所不及的。

二、集体谈判和集体合同的主体资格

主体资格是任何一个实行企业集体谈判和集体合同的国家首先要遇到的问题。所谓主体资格问题，是指谁有资格进行集体谈判和签订集体劳动合同，以及这一主体资格应该如何取得或应该具备哪些条件。

前面已经指明，企业集体谈判和集体合同的双方主体是工会组织和企业管理者或管理者组织，也就是工会组织代表劳动者作为一方当事人，企业管理者或管理者组织作为另一方当事人。工会组织和管理者组织要成为企业集体谈判和集体合同的主体，或者说取得主体资格，需要具备一定的条件。对此，德国有关法律进行了明确的规定。在德国，有关集体谈判的现行法律是1949年4月9日由英、美、法三国在联合经济区颁布的《集体合同法》。根据该法，工会组织和雇主组织在下列条件下可以参加企业集体谈判和签订企业集体合同：

（1）如果工会组织和雇主组织的章程分别明确规定，工会联合会和雇主组织联合会有权参加企业集体谈判；

（2）劳资双方联合会下设的产业组织授权它们的总联合会与对方谈判，签订企业集体合同。

德国对参加企业集体谈判和签订企业集体合同的各种联合会本身应该具备的基本条件也进行了具体的规定。如规定进行企业集体谈判和签订集体合同的双方当事人应是各种联合会，包括工会联合会和雇主联合会，但这并不意味着任何一家联合会都可以参与企业集体谈判，都可以签订企业集体合同。签订企业集体合同是为了提供合理的工作条件。因此，对企业集体合同的双方本身是有一定要求的。如德国规定，参加企业集体谈判和签订企业集体合同的各种联合会应当满足以下六方面的要求和条件：

（1）联合会组织必须在企业集体合同的有效期内存在。代表劳动者一方的联合会和代表雇主一方的联合会可以作为企业集体谈判和集体合同的双方主体，至少在企业集体合同的有效期内存在。这样，可以保证合同双方当事人履行合同规定的内容。

（2）联合会必须设有组织机构。联合会组织机构的设立主要是为了保证联合会各项活动的有效开展，尤其是使得企业集体谈判和集体合同的签订能够有序、有准备地进行，企业集体合同的履行也能在联合会组织机构的监督和管理下进行。

（3）联合会组织必须独立于政府和政党。参与企业集体谈判和企业集体合同签订的联合会组织必须独立于政府和政党以外，这样规定是为了保证联合会组织不受制于政府和政党，能够完全独立地代表自己的意愿，维护自己的权益。

（4）联合会组织的活动必须受其会员的左右。各种联合会组织是代表其会员的利益的，因此，联合会组织的活动必须反映其会员的意愿，会员有权对联合会组织的活动进行干预和规定。尤其是联合会组织代表其会员进行企业集体谈判和集体合同的签订时，更要反映会员的意愿，切实维护其会员的利益。会员对联合会组织活动干预的最好方式是在联合会内部设立民主的组织机构。

（5）雇员联合会的组织范围必须大于一家企业。代表雇员或劳动者一方的雇员联合会不得仅在一家企业范围内发展它的会员，要将其视野扩大到多家企业。要代表多家企业的工人进行集体谈判和签订集体合同。

(6) 联合会会员的身份必须是完全独立的。联合会代表其会员进行企业集体谈判和签订企业集体合同,而企业集体合同所涉及的所有人员只能是一方联合会组织的会员,要么是工会会员,要么是雇主协会的会员;不能既是工会会员,又是雇主协会的会员,"脚踩两条船"。

以上是德国关于企业集体谈判和集体合同双方主体的资格的有关规定和要求。实际上,这些规定和要求在其他市场经济国家也不同程度地存在,且大多大同小异,或不会超过这些规定和要求的范围,这里不再一一赘述。

三、集体谈判的结构

在企业集体谈判中,有两方面的问题最为重要和复杂,即企业集体谈判的结构和程序。所谓企业集体谈判的结构,是指企业集体谈判的集中或分散程度,具体来说,就是指企业集体谈判在哪些级别上进行。也就是说,谈判是建立在企业级别上,还是建立在行业级别上;是建立在地方一级,还是建立在全国范围内;是建立在单个级别上,还是建立在多个级别上等。由发达市场经济国家企业集体谈判的发展实践可知,企业集体谈判的结构是由历史因素、市场状况、主体情况、谈判内容以及国家法律与政策等多种因素综合作用决定的。总的来说,就国家和社会经济发展特点的角度而言,西欧国家的结构倾向于比较集中,北美国家的结构倾向于分散。就谈判主体的角度而言,工会方面主张集中,集中有利于工会争取统一的较好的劳动条件;雇主或企业管理者方面主张分散,分散有利于企业争取更大的活动余地。

我国学者通过研究后认为(宋晓梧,1995),鉴于目前我国企业结构的复杂状况和社会经济发展的特殊背景,就企业集体谈判的结构而言,单独采用哪一级谈判结构都不能适应实际的需要,因而在近期内建立行业谈判和企业谈判两级结构较为合适。行业谈判较为适合于国有企业,企业级谈判较为适合于非国有企业。其分析的基本背景和基本理由可以概括为以下三点:

(1) 我国长期以来实现的是中央计划经济,国有企业主体力量强大,其中的工会组织很难发挥应有的作用,甚至只是企业行政的附属物。尽管提出建立市场经济以来,情况有所变化,但国有企业的这种基本格局并没有发生根本的改变。因此,国有企业内的集体谈判很难或基本不能规范地开展。

(2) 我国经济体制改革以来,各种经济形式蓬勃发展,私有企业、外资企业、股份制企业等各种与市场经济相适应的经济形式不断出现,市场竞争加剧,各种劳资矛盾突出。劳动者要维护自己的劳动权益,需要国家从政策上支持在企业中开展企业集体谈判。在这些企业中开展企业集体谈判的前提条件之一是,规范地组建作为谈判主体的独立的企业工会组织。这在实践中已有成功的范例。

(3) 在我国引进企业集体谈判机制是一件新兴事物,需要慎重对待,不可能一步到位，要有个循序渐进的发展过程。在这一过程中，国家还需加强宏观指导，以维护社会稳定。

四、集体谈判的程序

企业集体谈判的程序，一般是指企业集体谈判所要经过的过程和步骤，实际上是谈判双方当事人在各个阶段包括从准备阶段到正面交锋直至集体合同签订阶段等所进行的各项工作和努力的总称。企业集体谈判的程序所涉及的问题较多，归纳起来，主要有谈判对手的承认、谈判义务、谈判的常设机构、谈判准备、谈判进程、谈判代表授权以及集体合同期限等。

（一）谈判对手的承认问题

在实际实施企业集体谈判以前，谈判对手的承认问题是一个至关重要的问题。这一问题不解决，谈判无法进行。谈判对手的承认问题，主要是企业管理者一方对工会组织代表资格的承认问题。上文曾经指出，西方国家在企业集体谈判的初级阶段，工会组织的代表资格并没有得到雇主或企业管理者的普遍承认，相关法律也没有给予相应的确认。不过，时至今日，工会组织作为企业集体谈判的劳方代表，已经在市场经济国家得到了普遍的确认。

（二）谈判义务和常设机构问题

谈判义务主要是针对企业管理者（雇主）而言的。西方市场经济国家普遍规定，企业管理者有义务定期举行"诚实的"集体谈判。也有些国家规定，工会有定期促成和进行企业集体谈判的义务。对于集体谈判的常设机构问题，大多数西方国家并没有作出明确或法律的规定。但常设机构有其一定的积极作用，如有利于双方当事人履行各自的谈判义务，保证集体谈判的连续举行；也有利于谈判双方就有关问题或共同感兴趣的问题开展研究，为谈判的顺利举行奠定基础；还有利于基于谈判而订立的集体合同的实施和履行等。

（三）谈判准备问题

谈判准备主要是指双方当事人为举行集体谈判各自进行的各项具体准备工作。一般来说，集体谈判双方当事人所要进行的具体准备主要有四方面的工作。

（1）拟定谈判方案。就是要根据近期的经济形势和企业经营状况，双方当事人各自拟定内容包括谈判的基本原则、最低目标和主要谈判策略等在内的谈判方案，以便自己一方在谈判中做到有的放矢。

（2）组建谈判组织。即在设有谈判常设机构的情况下，双方当事人都要临时成立自己的谈判机构，具体确定自己一方的谈判人员及首席代表。

（3）约定谈判日期和地点。这是由双方当事人协商而定的。

（4）上报政府有关部门或主管机构。即要将预定的谈判主题、谈判日期和地点以及谈判的双方当事人代表等上报政府有关主管劳动关系或劳动问题的部门或机构。需要指出的是，在谈判准备阶段，企业管理者有义务向工会方面提供准确的企业相关信息和数据，以作为双方拟定谈判方案和进行具体谈判的客观依据和共同基础。这就是西方国家所说的谈判的技术准备。

(四) 谈判进程问题

谈判进程就是指具体的谈判实施和进展。对于谈判进程问题，一些国家没有具体规定，但也有一些国家有具体规定，如德国就有这方面的规定。德国冶金行业集体谈判程序规定，工会组织的谈判要求或通知要在上一份集体合同或集体协议到期前四周交给雇主组织；谈判在合同到期前两周开始，到期后四周内结束，共有六周的谈判时间。

当然，对于谈判进程问题，还涉及谈判僵局和谈判破裂问题。一般来说，就谈判进程而言，可能会出现三种情况：一是谈判双方相互谅解和妥协，谈判很快达成协议；二是双方就有关问题互不相让，谈判陷入僵局，但经调解后可达成协议；三是谈判陷入僵局后，经调解无效，导致谈判破裂甚至引起罢工或关闭工厂事件。这时就需要由仲裁或法律诉讼的办法加以解决，或由政府出面促成谈判继续举行，直至最终达成协议。不论上述哪种情况出现，谈判双方最终都要签订谈判集体合同，并经双方签字、盖章后生效。

(五) 谈判代表授权问题

这里的谈判代表授权问题主要指的是谈判代表有无权力签订经谈判而达成的协议即谈判集体合同。对于这一问题，各国规定不大一样，美国、加拿大和日本等国规定，工会代表对谈判最后结果无权决定，需由企业员工大会批准（主要是指企业级谈判）；比利时、奥地利和瑞典等国规定，工会代表有权签署集体合同，不需经员工大会批准；德国、法国、英国和意大利等国介于中间状况，即有些集体合同可由工会代表直接签署，有些则需要经员工大会批准。一般来说，企业集体合同的签订需经企业员工大会的批准，而行业集体合同的签订则不需提交全行业的员工讨论批准。

(六) 集体合同期限问题

集体合同期限问题在一些国家有明确的规定，但大多数情况下是由谈判双方经过协商确定的。一般来说，美国集体合同的期限一般为三年，欧洲国家多为一年。合同期限的长短各有所长。期限较长，有利于员工的就业稳定和企业生产经营活动的顺利进行等；期限较短，有利于劳方通过不断谈判来改善自己的劳动条件和工资待遇，企业管理者在这方面也可以灵活掌握等。

第四节 企业工会

企业工会的出现在发达市场经济国家已有二百多年的历史。在这二百多年的发展历程中，企业工会在组织形式上发生了很大的变化。就美国而言，企业工会经历了从某一工会组织到全国工会联合会的发展过程。首先，1790—1849年，技术工人组织了技艺性质的地方工会组织（工会在其建立初期就不仅局限于单个企业中，而往往是多家企业的工人组成的地方工会组织）。不过，这种工会组织在初期阶段的特征表现为较强的暂时性，且没有什么实际的权力，但这种工会组织确实是美国劳工运动的奠基石。其次，1850—1885年，工会组织不断壮大，各地方技艺工会的全国性工会组织逐步建立起来。最后，从1886年开始，美国工会组织结构的金字塔状逐步形成。1886年，美国劳联诞生，劳联的诞生标志着工会组织的顶峰已经出现，自此，金字塔状的工会组织结构在实践中不断形成和完善。

一、企业工会的产生

企业工会是企业劳动者自己的组织。作为企业劳动者自己的组织，企业工会在其发展初期身份就十分明确，即是维护劳动者劳动权益的代表。在企业劳动关系中，双方主体即劳动者和管理者之间始终是一对矛盾，且劳动者在这一矛盾中始终处于相对弱者的地位，在企业工会未产生以前，劳动者的权益很难得到有效的保证。企业工会出现以后，情况发生了根本性的变化，劳动者有了自己的代言人，工会代表劳动者集体就工资和劳动条件等问题与企业管理者开展集体谈判，签订集体合同。正是企业工会维护劳动者权益这一明确的身份，使得劳动者对于工会的建立一开始就抱欢迎和支持的态度。而实际上，企业工会的建立在某种程度上还是劳动者自己的创造和发明。

在西方国家，企业工会的最初出现，是企业生产客观形势的需要和劳动者集体需求的产物。在企业工会未产生以前，企业中的每位劳动者要与企业管理者签订或形成单个的劳动合同。而企业工作本身是社会性的，即使是一家中等规模的企业，企业管理者在组织和分配劳动任务时也不可能孤立地进行，每项工作在某种程度上都是相互关联的。单个人不可能就自己工作和就业条件的改善与企业管理者成功地进行独立的谈判，且这种谈判不可能不对其他人工作和就业条件产生或多或少的影响。这就是说，单个人的谈判不可能是有效的；即使是有效的，也往往是分裂性的，甚至是破坏性的。

正是在这种情形下，当劳动者个人感到自己的劳动合同需要修改时，他们一般倾向于寻求大众化的工作条件；而这种大众化工作条件的取得只有依靠劳动者集体的力量，通过劳动者集体对雇主施加压力。为了开展集体行动，并保持这种集体行动在时间和过程上的一致性，劳动者组成了企业工会。当然，企业工会建立以后，其基本职能逐步演化为多种具体内容，但其核心内容在于代表劳动者开展企业集体谈判，签订企业集体合同，维护劳动者的劳动权益，这一点从工会出现初期直到现在都是如此。

企业工会在西方国家出现初期,其作为企业集体谈判和企业集体合同的一方当事人并没有得到雇主的普遍认同,其合法地位也没有得到法律的认可。但时至今日,企业工会的合法地位在各国已经是牢不可破。各国的立法都对企业工会的合法性和权威性进行了明确的规定。比如,香港援引英国的法律对工会进行了十分明确的诠释:"任何联合组织,其主要目的是在其组织章程指导下,使雇主和雇员间、或雇员和雇员间、或雇主和雇主间的关系遵守章程,如果这一条例尚未实施,不管这类联合组织由于某一或更多目的在约束贸易,都被认为是非法的联合组织。"当然,这一诠释不仅适合于工会,也适合于雇主协会和雇主与工人的混合协会。而针对工会而言,这一诠释指明了工会的合法性和主要目的。

二、企业工会的基本职能

(一)关于企业工会基本职能的主要观点

企业工会建立以后,人们对其基本职能有许多争议,这种争议正是企业工会在实践中的不同作用和表现的反映。所谓企业工会的基本职能,就是指企业工会的基本作用。换句话说,是指企业工会到底是一个什么性质的组织,它对自己的会员和社会到底能做些什么。对于企业工会的基本职能,很多社会科学理论都形成了自己的看法,在此就一些主要观点进行介绍。

1. 伦理调节理论的观点

根据伦理调节理论,工会被认为是一家伦理代理机构,其目的是帮助工人"在工厂中实现或发挥个人最大的潜能,正如教堂和公立学校在自己的地区和政治活动中发挥近似的作用一样"。按照这一理论,工会所做的工作主要是将公平和正义带到工作场所,以便工人能够完全控制工作场所的运作。

2. 社会革命理论的观点

社会革命理论认为,工会是帮助工人阶级推翻资产阶级统治的工具。资产阶级是一个不劳而获的统治阶级,它依靠剥削工人阶级而生活。按照传统的马克思主义理论,在正在发展的工业革命和新技术条件下,"单纯的和简单的"工会运动不能够推翻剥削阶级的统治,更不能建立社会主义制度。

3. 心理环境理论的观点

心理环境理论认为,工人需要工会,因为工会可以代表工人对因工业革命的发展造成的工作机会缺乏和工作岗位减少开展反抗和斗争。这一理论暗示一旦雇主和政府适当地考虑到工人的需要,工人对集体行动的心理需求就会降低。

4. 经济福利理论的观点

根据经济福利理论,在一个特定社会中,一个组织或社会的经济发展健康状况是决定其工会运动水平的主要因素,工会的能力就在于实现工人经济回报的最大化。工会与雇主的集体谈判就是实现工人经济和保障最大化的最有效途径。经济福利理论关于工会基本职能的观点在西方理论界影响较大。当然，这一理论观点也受到了一定的批判，主要是因为它低估了工会的政治作用或目的，包括工会能够通过立法过程来达到自己的目的。

5. 社会制度理论的观点

社会制度理论认为，工会在社会结构中有自己的一席之地，它的社会作用要胜过它所能起到的经济作用。根据这一理论，工会运动的一项主要贡献在于改善工人在工作场所和社会当中的自由程度。社会制度理论关于工会的观点在西方国家的学术界也有较大的影响。但其主要缺陷在于过分强调工会的政治作用，而对工会的经济作用强调得不是十分充分，因此，在学术界也受到了不少批判。

上述各理论派别关于企业工会基本职能的观点都有自己的道理，但又都各有局限性。正如上面指出的那样，企业工会是企业劳动者自己的组织，是劳动者集体利益和权利的代表。企业工会的这一代表权的目的在于维护劳动者的合法权益，维护是代表权的具体内容。这就是说，代表权的最终落脚点是在维护上面，代表和维护是紧密联系在一起的。因此可以说，企业工会的基本职能在于维护劳动者的合法权益。

对于这一点，各国有关法律都有类似的界定。比如，《中华人民共和国劳动法》规定，"工会代表和维护劳动者的合法权益"；《全民所有制工业企业法》也规定，"企业工会代表和维护员工利益，依法独立自主地开展工作"；《中外合作经营企业法》还规定，"合作企业的员工依法建立工会组织，开展工会活动，维护员工的合法权益"。代表和维护企业劳动者的合法权益是企业工会的基本职能；而劳动者的合法权益具体包括劳动者的经济权益、政治权益（主要是民主权益）和劳动权益等，其中，劳动权益是企业劳动者与管理者之间劳动关系的核心内容。因此，维护劳动者劳动权益是企业工会维护职能的基础或核心内容。一般来讲，劳动者劳动权益主要包括劳动就业权、劳动报酬权、休假休息权、劳动保护权、职业培训权、社会保障权、请求劳动争议或冲突处理权以及其他与劳动相关的权益等。企业工会维护劳动者劳动权益就是要对劳动者的这些权益进行保护和维持，也只有在对劳动者这些劳动权益维护的基础上，企业工会才能进一步对劳动者的其他经济权益和政治权益（劳动权益当中也包括一部分经济权益和政治权益）等进行维护。

（二）企业工会所追求的主要目的

任何一个组织的建立都是为了追求一定的目的，如企业的建立是以赢利作为自己的追求目的。企业工会代表和维护劳动者合法权益这一基本职能也正符合这一点。企业工会的建立就是将维护劳动者合法权益作为自己追求的总的目的。这一总的目的又可以分解为若干个主要目的，而要实现这几个主要目的，还要分别设置追求的相应操作目标。企业工会所要追求的这几个主要目的及相应的操作目标，构成其基本职能的具体内容。实际上，这些具体内容是上述核心内容的具体化。企业工会所要追求的主要目的和操作目标有五方面。

（1）目的：如果可能，保护和改善其成员的生活水准和经济地位。目标：建立工资和谈判制度，使工资水平能够满足工人的需要，也能够与现行的或发展中的社会标准和水准相一致。

（2）目的：如果可能，加强和保证个人的安全性，以抵制可能来自市场变动、技术改变和管理决策等方面的威胁和意外事件。目标：在工作场所建立规章制度，为劳动者提供职位保障、工作的权利，也为有关问题的处理提供适当的制度环境。

（3）目的：保证雇员能够民主地参与工会活动和工作活动两方面的决策。目标：在工会活动以及集体谈判和集体合同签订的活动中建立相应的制度和程序，为雇员提供参与决策的机会。

（4）目的：影响社会系统内部的权力关系，同时保证和不影响工会成绩和目的的实现。目标：完善工作场所规章制度制定的规则和劳动关系的法律，同时，推进企业集体谈判制度的独立性和公正性。

（5）目的：提高所有为生计而工作的劳动者的福利，不管其是否为工会会员。目标：推动社会立法和公共政策的完善，使经济发展更为稳定、社会形态更为公正，从而使得工会活动能够繁荣昌盛和茁壮成长。

显然，企业工会所要追求的前两个目的和目标以及第三个目的和目标的部分内容可以通过企业集体谈判的形式实现，后两个目的和目标则要通过政治行动来达到。也就是说，通过集体谈判，工会可以动员其会员联合起来，帮助其会员实现作为雇员的角色；通过政治行动，工会可以帮助其会员实现作为公民和选民的角色。当然，很少有工会能够在同一时间里成功地或最大化地实现其所有目的，因为其各种目的之间有时是相互冲突的。比如，如果一个工会选择要最大化地实现其会员的经济利益（目的一），那么，其会员的安全利益（目的二）有可能就要受到侵害。这是因为，雇员工资的提高往往并不能由其生产效率的提高所抵消，雇主为了保持一个可以接受的赢利水平或减少自己的损失，就有必要提高自己产品的价格。产品提价的结果可能会影响产品的市场需求，从而会影响销量，雇主为此会减少生产并裁员。因此，实现经济目的的最大化往往并不能同样也实现工人就业机会的最大化。尽管如此，工会总是竭尽全力在努力实现其主要目的的同时，不忽视对其他目的的兼顾。在当代社会，企业工会的主要目的在于上述前三个目的，即经济目的、安全目的和雇员参与民主管理和决策的目的，其他两方面的目的在企业工会无力兼顾的情况下，主要交予政党和其他政治组织来完成。

【案例】北京市 2000 年劳动争议案件情况。

2000 年北京市各级劳动争议仲裁委员会共受理案件 7 480 件，涉及职工 15 100 人，分别比上年上升了 42.91％和 35.03％。引发劳动争议的原因参见表 11-1。

表 11-1　　　　　　　北京市 2000 年劳动争议案件的原因分析

原　　因	数　　量	比例（％）
劳动报酬	3 213	42.95
保险福利	1 811	24.21
变更、续订、终止、解除劳动合同	942	12.59
经济补偿、赔偿	940	12.57
劳动保护	36	0.48
其他问题	538	7.19

企业性质见表 11-2。

表 11-2　　　　　　北京市 2000 年劳动争议案件企业性质分析

企 业 性 质	数　　量	比例（％）
国有企业	2 421	32.37
集体企业	1 790	23.93
外商投资企业	1 609	21.51
股份联营企业	558	7.46
私营个体企业	436	5.83
其他企业	666	9.91

综合分析，2000 年劳动争议具有如下特点：

（1）国有企业劳动争议案件增长缓慢，劳动关系逐步趋于稳定。2000 年国有企业劳动争议案件仅比上年增长了 6.45％，这说明国有企业劳动关系的运行已经基本步入法制化和规范化的轨道，由此最直接的效果是职工与用人单位的关系被理顺，矛盾和争议逐渐减少。

（2）非国有企业劳动争议呈现高增长趋势。非国有企业劳动争议案件比上年增长比例高于 60％，这表明在非国有企业中，劳动关系还存在不稳定的因素，利益矛盾日益增多。

（3）集体争议高幅增长，影响社会发展和稳定。2000 年受理的集体争议案件数量是 1999 年 1.8 倍，集体争议涉及人数多，发展快，容易导致罢工、围堵交通、集体上访等突发事件，严重影响社会稳定和正常的生产工作秩序。争议的主要问题是劳动报酬和保险福利。增长的主要原因是目前经营亏损企业大量增多，无法保证职工的劳动报酬和社会保险。

（4）因履行劳动合同而引发的争议呈递减趋势。

（5）争议的焦点集中在劳动报酬问题上。劳动报酬争议主要表现为：企业经营亏损，因资金短缺拖欠工资和加班费；企业任意克扣职工劳动报酬；企业管理制度不健全，导致不必要的劳动争议。

本章小结

和谐社会是人类社会物质文明、精神文明发展到一定阶段的必然要求。和谐的劳动关系是社会的微观基础，而企业劳动关系则是影响经济发展和社会稳定的重要因素。本章着重讨论了四个问题，首先是劳动关系的概述；其次介绍了劳动关系的运作，重点讲述了劳动关系的冲突和劳动关系的合作与员工参与；再次是集体谈判与集体合同；最后对工会进行了简单的介绍。

关键概念

劳动关系　　劳动关系的合作　　劳动关系的冲突　　集体谈判
集体合同

复习题

1. 劳动关系有哪些类型？
2. 企业劳动关系冲突的基本手段及解决办法各有哪些？
3. 企业集体谈判的程序有哪些？

讨论及思考题

1. 企业劳动合同与企业集体合同的区别有哪些？
2. 关于企业工会的基本职能，有哪些主要观点？

参考文献

[1] 常凯. 劳动关系、劳动者、劳权 [M]. 北京：中国劳动出版社，1995.

[2] 郭庆松. 企业劳动关系 [M]. 北京：经济管理出版社，1994.

[3] 石美遐. 市场中的劳资关系：德、美的集体谈判 [M]. 北京：人民出版社，1993.

[4] 宋晓梧. 产权关系与劳动关系 [M]. 北京：企业管理出版社，1995.

[5] 常凯. 劳动关系学 [M]. 北京：中国劳动社会保障出版社，2005.

[6] 程延园. 劳动关系 [M]. 北京：中国人民大学出版社，2002.

CHAPTER 12

第十二章
企业文化与人力资源管理

本章要点提示
- 企业文化的功能
- 企业文化的类型
- 企业文化的发展趋势
- 企业文化的构建与传播

本章内容引言

企业拥有两类财富：一类是物质财富，是企业外在的泛化表现；另一类是精神财富，是企业内在的深邃蕴含。这两类财富都可以用企业文化来概括和表达。本章阐述企业文化的内涵、功能、类型、历史演进、发展趋势、构建、传播与变革以及与人力资源管理的关系。

第一节 企业文化概述

企业文化作为现代企业的管理理论和方法，越来越受到国内外企业的重视。企业文化是20世纪80年代从管理科学丛林中分化出来的，是不断创新的知识体系。在知识经济时代，"知识资本"已成为企业创造实际收益的巨大动力，企业文化也是一种知识资本。要很好地进行人力资源的管理，就不可忽视企业文化的意义。

开篇故事

猩猩的故事

一家优秀的公司，其管理政策总能够严格地延续，其原因何在？科学家们为探求其原因，精心设计并进行了如下试验。

试验准备

准备一只大笼子，在笼子顶部安装喷淋装置，在笼子的一端悬挂一只香蕉，再安放一架梯子通向香蕉，然后在笼子的另一端放进四只猩猩。

试验阶段一

猩猩甲第一个发现香蕉，它开始向香蕉走去，当它的手触摸到梯子时，试验操作人员立刻把笼子顶端的喷淋装置打开，笼子内顿时下起了"倾盆大雨"，猩猩甲立即收回双手遮住脑袋，其余三只也匆忙用双手遮雨。等没有猩猩触摸梯子时，喷淋装置关闭。

"雨过天晴"，猩猩甲又开始准备爬梯子去够香蕉，当它的手再次触摸到梯子时，又开启喷淋装置，众猩猩又慌忙用双手遮雨。等没有猩猩碰梯子时，喷淋关闭。

猩猩甲似乎领悟到被雨淋和香蕉之间的模糊关系，终于放弃取得香蕉的念头，开始返回笼子的另外一端。

过了一段时间，猩猩乙准备试一试，它走到梯子跟前，当手碰到梯子时，喷淋开启，大家慌忙避雨。猩猩乙放弃拿香蕉的念头，匆忙逃回到笼子的另一端，此时关闭喷淋装置。

又过了一阵儿，猩猩丙准备试试运气。当它向梯子走去的时候，另外三只猩猩担心地望着它的背影，尤其是猩猩甲和猩猩乙。当然，猩猩丙也不能逃过厄运，它在瓢泼大雨中狼狈地逃回到伙伴当中。

饥饿折磨着猩猩，猩猩丁虽然看到了三只猩猩的遭遇，但仍旧怀着一点儿侥幸向梯子走去，它也许在想："我去拿可能不会像那三个倒霉蛋那样点儿背吧？"当它快要碰到梯子时，试验操作人员正准备打开喷淋装置，没想到另外三只猩猩飞快地冲上去把猩猩丁拖了回来，然后一顿暴打，把可怜的猩猩丁仅存的一点儿信心也打没了。

现在，四只猩猩老老实实地待在笼子的另一端，眼巴巴而又惶恐不安地望着香蕉。

试验阶段二

试验人员把猩猩甲放出来，然后放进猩猩戊。这只新来的猩猩看到了香蕉，高高兴兴地向梯子走去，结果被猩猩乙、丙、丁拖回来一顿猛揍。它对挨揍的原因不大明白，所以在攒足了劲儿后，又向梯子走去，它想吃那只香蕉。同样的结果，三只猩猩又把它教训了一顿，虽然还是不明白为什么挨揍，但它现在明白了——那只香蕉是不能去拿的。

试验人员又把猩猩乙放出来，再放进猩猩己。在动物本能的驱使下，猩猩己准备去拿香蕉，当手快要碰到梯子时，另外三只猩猩迅速地把它拎了回来，然后一顿暴打。猩猩丙和猩猩丁知道它们为什么要揍这只猩猩，然而，猩猩戊却不太明白它为什么要揍猩猩己，但是它觉得必须得揍它，因为当初别的猩猩也这么揍过自己，揍猩猩己肯定有它的道理。

现在猩猩已也老实了。试验人员把猩猩丙和猩猩丁也相继放出来，换进新的猩猩，不言自明的是，它们也被拳打脚踢地上了几"课"。

等四位"元老"都被换走之后，结果这四只新的猩猩还是一样，老老实实地待在笼子的另一端，眼巴巴而又惶恐不安地望着香蕉。

试验结论

一家公司的政策延续性和它的团队精神密不可分。这就是企业文化。

一、企业文化的内涵

（一）企业文化

企业文化是指企业在长期的生存和发展中形成的，为企业多数员工共同遵循的基本信念、价值标准和行为规范。[1]

企业文化是一种客观存在，无论它属于优良文化还是劣性文化，其存在是客观的。从一个组织诞生那天开始，企业员工在长期的共同活动中，必然会形成一些独特的行为方式、独特的风俗习惯以及蕴藏其中的独特的价值观念。这一切构成了企业传统，这些传统在企业员工之间传播并得到加强，这就是该企业的微观文化或"小气候"。

人们对于企业管理和企业文化认识的深化，是一个历史发展的过程，是以经济力量的竞争、抗衡和变化为背景的。长期以来，中外学者、企业家对企业文化的认识也是不统一的。

国外一些学者认为，企业文化由其传统和风气所构成，包括一整套象征物、仪式和神话，它们把公司的价值观和信念传输给雇员；也有人认为，所谓企业文化，包含为数不多的几项基本原则，它代表着公司存在的意识；而普遍的看法则认为，企业文化是一个包含信念、价值观、理想、最高目标、行为准则、传统、风气等内容的复合体，是一种精神力量，用于调动、激发目标对象作出贡献。

我国的许多学者在对企业文化的认识上也有很大差异。第一种看法认为，企业文化是个复合概念，由"外显文化"与"内隐文化"两个部分组成。"外显"指的是文化设施、文化教育、技术培训和文娱活动等；"内隐"是总目标的倡导，要求遵循的价值标准、道德规范、工作态度、行为取向和生活观念，或指这些内容融汇而成的风貌或企业精神。第二种看法认为，企业文化是一种观念形态的文化，是一家企业长期形成的稳定的文化观念和历史传统以及特有的精神风格。第三种看法认为，企业文化属于经济文化，反映的是企业这个经济组织的价值观、

---

[1] 张德. 人力资源管理 [M]. 北京：清华大学出版社，1996：348.

目的、行为准则和习惯。

此外，也有人认为，企业文化不是一个纯粹的企业性概念，更多的是体现它的社会性，不仅包括传统观念的积淀，也包括现代概念的冲击影响。当然，还有人从广义与狭义两种形式来分别定义，认为企业文化由物质文化、心理文化和行为文化三部分组成，这和把企业文化分为硬件和软件或物质层面与精神层面的区分法没有太大的差别。

可见，企业文化概念具有很大的弹性，其内涵与外延有时可以非常广泛，大到无所不包；有时又可以十分具体，细致到某个事物。

(二) 企业文化的性质

关于企业文化的性质，综合国内外学者的论述，有如下六方面：

(1) 企业文化是企业个性化的根本体现。企业文化有特异性，它是一家企业显著区别于其他企业的根本特征。世界上没有两种完全相同的企业文化。因此，企业文化具有不可复制性，但并不排除企业文化存在部分可移植性。

(2) 企业文化是企业生存、竞争、发展的灵魂。

(3) 企业文化是外显于公司风貌、内隐于员工心灵中的以价值观为核心的一种意识形态。

(4) 企业文化是企业员工在经营管理过程中共同创造并长期积淀改造形成的具有本企业特色的精神财富的总和，对企业全体成员有感召力和凝聚力，能把众多人的兴趣、目的、需要以及由此产生的行为统一起来，是企业长期文化建设的反映。

(5) 企业文化是企业领导倡导、培植并身体力行的结果，通过各种方式灌输到全体员工的日常行为中去，日积月累地逐步形成。企业文化一旦形成，就会反过来对企业经营管理发挥巨大的影响和制约作用，即使领导人更换，也会代代相传。

(6) 企业文化不仅是企业的口号，还需要企业中每个员工的学习、认同。文化最初是一个理念，然后通过种种机制，正式变为每位员工的行为。

二、企业文化的功能

"文化"在战争中具有摧枯拉朽之功能。抗战时期，一曲《义勇军进行曲》激发了无数中华儿女的爱国之情，小米加步枪终于击败了顽敌。作为民族文化代表的雷锋精神培育了新中国几代人。作为创业文化代表的"铁人"王进喜，是新中国艰苦创业的典范和化身。作为"以人为本"的管理思想在企业中的重要体现形式，古今中外都离不开企业文化。哈佛大学、斯坦福大学、麻省理工学院和一批管理咨询公司等研究机构都对此进行过专项研究，特别是哈佛大学科特教授针对经营业绩持续增长的日本公司、面临激烈竞争的美国公司以及一些困难重重的公司这三种类型进行分析比较后得出的结论认为[1]，企业文化对企业员工和企业经营业绩会产生巨大的作用，特别是当市场竞争激烈的时候更是如此，这种企业文化的影响甚至大于企业管理研究和经营策略研究文献中经常出现的那些作用因素，如经营策略、企业组织结构、企业管理体制、企业财务分析手段以及企业管理领导艺术等。

美国、日本企业界最优秀的总裁们总是不惜耗费大量的时间和精力营造、维护优秀的企业文化。他们从企业文化的实践中得到许多好处，对企业文化情有独钟。如日立公司奉行的哲学——"和、诚、开拓"精神。"和"即强调全体员工以和为贵、心心相印，主张开展非正式讨论并在内部形成风气；"诚"指对用户的态度，以诚相待、诚实信用；"开拓"是指勇于创新，争取更大成果的一种旺盛的斗志，以"向新领域挑战，百折不挠"的精神调动员工的感情。美国惠普公司则以"自己就是企业"作为精神支柱。在惠普有一例传颂甚广的故事。参观者看到该公司某员工满头大汗，却把电风扇直吹机器，不解地问："这是为什么？"员工回答很干脆："保护机器！"这种爱护设备以保证工作顺利进行的无私精神实在令人感动。

普通企业的文化处于一般或低水平状态，员工们编造借口、推诿责任、鱼目混珠而不知所措。优秀企业必定有自己的优秀文化，优秀的企业文化可以促成优秀企业的形成和发展。优秀企业的员工实事求是，有主人翁意识，积极投入工作实践，勇于解决问题。他们的领导千方百计地调动员工的劳动热情和聪明才智为企业发展服务，又让员工在企业发展的同时努力实现自己的抱负。世界知名企业家都具有这一相同的理念。福特汽车总裁认为，没有任何一家企业的成功可以归结于某一个人，企业最重要的构成因素就是群体。英国原子能管理局局长约翰·鲍尔认为，只有幕僚和职工之间能够心心相印、精诚合作，企业才能发挥高效益。

文化环境是人力资源开发和成长的重要外部条件，它在一定程度上决定了人力资源在质上的规定性。具体而言，企业文化对于解决组织目标与个人目标的矛盾、领导者与被领导者之间的矛盾等，开辟了一条现实可行的道路。其功能或者作用主要有以下四方面。

（一）导向功能

导向功能就是把组织成员的行为动机引导到组织目标上来。为此，在制定组织目标时，应该融进组织成员的事业心和成就欲，同时要高层建瓴、振奋人心。

"不怕众人心不齐，只怕没人扛大旗"，组织目标就是引导成员统一行动的旗

---

[1] 〔美〕约翰·P.科特，詹姆斯·L.赫斯科特. 企业文化与经营业绩 [M]. 北京：华夏出版社，1997.

帜和凝结众人才智的精神动力。广大成员了解组织追求的崇高目标,也就深刻地认识到自身工作的伟大意义,不仅愿意为此不懈努力,而且往往愿意为此作出个人牺牲。

(二) 规范功能

规章制度构成组织成员的硬约束,而组织道德、组织风气则构成组织成员的软约束。无论是硬的约束还是软的规范,都以群体价值观作为基础。一旦共同信念在组织成员心理深层形成一种定势,构造出一种响应机制,只要外部诱导信号发生,即可得到积极的响应,并迅速转化为预期的行为。这种软约束,可以减弱硬约束对员工心理的冲击,缓解自治心理与被治现实之间的冲突,削弱由此引起的逆反心理,从而使组织成员的行为趋于和谐、一致,并符合组织目标的需要。

(三) 凝聚功能

文化是一种极强的凝聚力量。企业文化是组织成员的黏合剂,把各方面、各层次的人都团结在组织目标的旗帜下,并把个人的思想感情和命运与组织的命运紧密联系起来,产生深刻的认同感,与组织同甘苦共命运。

(四) 激励功能

企业文化的核心是确立共同价值观念,在这种群体价值观指导下发生的一切行为,都是组织所期望的行为。这就带来了组织利益与个人行为的一致以及组织目标与个人目标的结合。在满足物质需要的同时,崇高的群体价值观带来的满足感、成就感和荣誉感,使组织成员的精神需要获得满足,从而产生深刻而持久的激励作用。

优秀的企业文化都会产生一种尊重人、关心人、培养人的良好氛围,产生一种精神振奋、朝气蓬勃、开拓进取的良好风气,激发组织成员的创造热情,从而形成一种激励环境和激励机制。这种环境和机制胜过任何行政指挥和命令,它可以使组织行政指挥及命令成为一个过程,从而将被动行为转化为自觉行为,化外部压力为内部动力,其力量是无穷的,对人力资源开发的意义也十分深远。

总之,企业文化像一只无形的手,引导人力资源发挥出巨大的潜能。

三、企业文化的类型

一般来说,企业文化包括三种类型:一是产品主导型的企业文化;二是服务主导型的企业文化;三是综合型的企业文化。这三者之间并没有明确的界限,但有其各自的一些特点。

(1) 产品主导型企业通常追求的是产品质量第一、强化生产过程的企业文化。对于制造型企业,其生存和发展之本在于技术的创新和对产品生产过程的严格把关。只有对这两者同抓并举,企业的发展才有可能。海尔是一家以生产家电产品为主的制造型企业,不但在技术创新和技术储备上领先同行,其产品的生产过程更是精细入微。海尔"砸冰箱建立全新的质量意识",乃至"日事日毕,日清日高"的员工行为规范等都标志着产品主导型企业文化所强调的"质量就是生命"的企业文化理念。

(2) 服务主导型企业追求的是以一流的微笑贯穿一流服务的企业文化。对于服务型企业,其生存发展之本在于为顾客提供满意的服务。而要为顾客提供满意的服务,首要的是态度问题,所以需要用始终如一的微笑去配合一流的服务设施和技术。例如,在20世纪30年代美国经济大萧条最严重的1930年,全美国旅馆倒闭了80%,但当时创业仅11年的希尔顿饭店于危难之中鹤立鸡群,其法宝就是仍然坚持微笑服务并尽其所能改善酒店的设施,给客人以回家的感觉。

(3) 综合型企业追求的是以一流的质量(管理)与配套的一流服务相互融合的综合型企业文化。对综合型企业而言,质量及与管理相配套的一流服务均不可偏废。麦当劳是一家世界级的快餐店,它的企业文化可以堪称综合型企业文化的典范。在质量及管理环节上,他们的精细让普通人咂舌。比如麦当劳对原料的标准要求极高,面包不圆和切口不平都不用,奶浆接货温度要在摄氏四度以下,高一度就退货。一片小小的牛肉饼要经过四十多项质量控制检查。任何原料都有保存期,生菜从冷藏库拿到配料台上只有两小时的保鲜期,过时就扔。生产过程采用电脑操作和标准操作。制作好的成品和时间牌一起放到成品保温槽中,炸薯条超过7分钟,汉堡包超过19分钟就要毫不吝惜地扔掉,因为麦当劳对顾客的承诺是永远让顾客享受品质最新鲜、味道最纯正的食品,从而建立起高度的信用。所有这些都保证了麦当劳一流的质量品质。

四、企业文化的层次

企业文化一般可分为三个层次。

(一) 精神层(内隐层次)

精神层是企业文化的核心和主体。它包括企业目标、企业哲学、企业精神、企业道德、企业风气。这五项内容中,企业精神最为重要,是群体价值观的主要部分。

(二) 制度层(中间层次)

制度是外加的行为规范,它约束组织成员的行为,维持组织活动的正常秩序。

制度包括一般制度(各组织所共有的制度,在企业,如厂长负责制、岗位责任制、职代会制、按劳取酬的分配制度等)和特殊制度(本组织特有的制度)两方面。其他如组织内部的一些特殊典礼、仪式、风俗,也属于制度层范畴。

(三) 器物层（外显层次）

器物层指企业文化在物质层次上的体现，是群体价值观的物质载体。它包括厂容厂貌、产品样式和包装、设备特色、建筑风格、厂旗、厂服、厂标、纪念物、纪念建筑等，它们看得见、摸得着。

组织的业余文化活动及其动员，如摄影作品、电影、录像、美术作品、文学作品、歌舞作品等，也属于器物层范畴。

第二节 企业文化的演进

企业文化是一门在企业管理实践中产生的学问。它在世界各国的兴起，是现代企业管理科学理论逻辑发展的必然结果。本节我们将探讨企业文化的历史演进与发展趋势。

一、企业文化的历史演进

一定形态的企业文化是一定类型的管理思想的必然产物。所以，要了解当代企业文化的渊源，就有必要回顾一下西方管理思想的发展史。而任何管理思想，如前所述，都是以对人性的理解为核心。有的研究者将国外的管理理论的发展概括为X理论、Y理论和Z理论三个时期；每种理论都是以某种人性假设为特征的。

19世纪末，美国人F.W.泰勒创立了"科学管理"理论，这一理论虽然在节约劳动时间方面起到了重要作用，但它把劳动者视同机器，认为人生来好逸恶劳，趋乐避苦；而人劳动的唯一动力是经济利益。所以，要提高人的劳动效率，只能采用金钱的引诱加上纪律的约束，即所谓"胡萝卜加大棒"。这种把人视为"经济动物"的认识具有很大的片面性，因而"科学管理"本身由于无视人的主体性，实行强迫管理，造成了企业人际关系的空前紧张。

1939年，美国工业社会学先驱梅奥（E. Mayo）著名的《霍桑实验》报告发表了。这项始于1927年的实验是在芝加哥西部电力公司霍索恩工厂继电器装配线上的女工中进行的，通过改善照明、延长休息、提高待遇等手段，实验组的劳动效率明显提高；同时，未改善条件的对比组的劳动效率也提高了。随后，将实验组的追加条件全部取消后，劳动生产率却仍维持在高于实验前的水平上。这一结果否定了"科学管理"理论认为经济利益是唯一的劳动动力的观点，因为霍索恩实验证明，在改善待遇之外还有一项因素对工人的劳动热情产生主要的动力作用，这项动力因素就是工人们参与实验和对比（竞争）这一事实本身。这一发现使人们认识到：人际关系、归属感等社会因素在生产过程中的作用往往超过金钱的作用，从而使管理者对人的认识从"经济人"转变为"社会人"。美国许多企业纷纷改用以调整人际关系为手段的管理。但无论是"经济人"还是"社会人"，都把人的属性单一化、被动化；这是 X 理论的显著特征和致命弱点。

Y 理论与此不同，它以马斯洛的需求层次理论为基础。马斯洛（A. H. Maslow）认为，每个人的需求是多样的、有层次的；其范围从最基本的生理需求、安全需求到最高层次的自我实现的需求。人要生存就必须首先满足最基本的生理需求；当较低层次的需求得到满足后，就会出现较高层次的需求。从这一观点出发，Y 理论认为人不是被动的、被操纵的机器，人工作的目的也不仅仅是为了经济利益。人除了获得金钱、物质以满足生理和安全需求外，还有情感归属、受人尊敬和自我实现的需求。因此，应该诱导员工发挥主动精神和积极性，成为"自我实现的人"。后来，有人修正补充这一理论，指出，人的需求是多样的，工作动机是复杂的并随情境而变迁，受他人的影响，因此，现实中从事工作的人可能是"经济人"、"社会人"、"自我实现的人"兼而有之的"复杂人"，因而管理手段也应该是复杂多样的。

从"经济人"到"复杂人"，反映了人们对企业主体——人的认识的深化，也反映了人们企业管理思想中价值观念的蜕变。尽管经历了一些深化与蜕变，有一点却始终未变，那就是在这些理论中，企业与雇员始终是对立的，管理者与被管理者始终是对立的，工作与生活始终是对立的（工作只是生活的手段）。这些对立的根源存在于西方个人主义的文化背景中。

消除了这一对立、升华了当代企业管理理论的是日裔美国人威廉·大内。他根据日本企业的成功经验，吸收了西方管理思想的积极成果，提出了一种新的管理理论——Z 理论。关于这种理论的核心内容，他在《Z 理论——美国企业界怎样迎接日本的挑战》一书中以最简捷的语言概括为四个字：爱厂如家。不难看出，Z 理论的管理原则是基于对人的群体意识和社会责任感的充分了解而得出的。这种理论认为，企业是由全体员工组成的有机整体，它不仅是从事生产经营的经济实体，更是与每位企业成员命运相关的利益共同体。企业好比一条大海中的航船，面对激烈竞争的狂涛恶浪，全体成员唯有齐心协力、同舟共济，才能使企业的航船破浪前进，每位员工才能从企业的成功中同时获得个人事业的成功和最大的物质利益。使全体员工充分了解自己与企业的这种休戚相关、荣辱与共的血肉联系，激发员工对企业的归属感与责任感，使企业产生巨大的凝聚力，使员工爱厂如家，视工作如生命，全身心地与企业融为一体，这就是企业管理的出发点与归宿点。这种管理思想的宗旨就是要寻找并创造出一种条件，使企业与员工、管理与被管理、工作与生活由对立走向统一。这种条件的首要点就是要使员工与企业在价值观念（即文化心理）上自觉认同，员工以企业的目标为自己的目标，以企业的成败为自己的成败。而这种从文化心理入手的管理思想，就是我们所说的企业文化的要义所在。可见，与"科学管理"立足于金钱的诱惑和制度的约束不同，企业文化的管理思想是立足于心灵的感召和情感的凝聚。

二、企业文化的发展趋势

综合国内外学者的研究和阐述，企业文化的发展可以概括为以下九方面的趋势。

（一）企业文化对企业兴衰、企业发展所起的作用将日益显著

哈佛大学商学院教授约翰·科特推出了《企业文化与经营业绩》的著作，提出了一个重要论断，就是：企业文化对企业长期经营业绩有着重大的作用，在下一个十年内，企业文化很可能成为决定企业兴衰的关键因素。

（二）企业文化教育的发展同企业的经营活动和管理创新将更加紧密地结合起来，企业文化将更为突出地表现为一种市场经济中的微观文化和企业经营管理文化

过去人们常常把企业文化等同于企业文体活动，这是需要纠正的一种片面观点。企业文体活动只是企业文化的一部分内容，企业文化的核心内容不在这里。企业文化是一家企业在长期经营实践中所凝结起来的一种文化氛围、企业价值观、企业精神、经营境界和广大员工所认同的道德规范和行为方式。明确企业文化的这些主要内涵，是十多年来大家所取得的一个共识。今后，企业文化将主要向着这个方向深化和拓展。科龙集团提出的文化管理是"将企业经营理念和价值观体现在企业管理制度中，体现在经营实践中，体现在员工的行为方式中，由此构成一种良好的组织气氛，影响员工的工作积极性和凝聚力，以文化的力量推动企业的进一步发展"。这就抓住了企业文化建设的实质和根本内涵。

（三）企业结盟取胜，实施双赢战略将必然要追求"文化沟通"和"双赢思维"的发展

协作竞争、结盟取胜、双赢模式，这是麦肯锡咨询公司提出的21世纪企业新战略。过去几年中，世界公司的联盟中，绝大多数是跨国联盟。特别引人注目的是美国在线与时代华纳结盟、伦敦证券交易所与法兰克福交易所结盟。同时，世界上大的汽车公司同因特网双双结盟也成为一种趋势，出现了"福特—雅虎"、"通用—在线"。我国也有一些例子，如"东方通信"与诺基亚以优势资源进行协作，中国家电行业的两巨头"科龙"与"小天鹅"在电子商务方面达成合作协议，等等。合作结盟的目的有的是为了优势互补、资源共享；有的是为了弥补缺陷、分担风险；有的是为了降低交易成本；有的是为了联手角逐市场。结盟合作、实现双赢的形式也是多种多样的。但不管以何种形式协作、结盟，双赢模式都必须有文化沟通，有双赢文化和双赢智慧、双赢思维方式。这种发展趋势将受到越来越多的重视。

（四）企业精神的概括和提炼更加富有个性特色和独特的文化底蕴

以往，许多企业的企业精神常常用"求实"、"创新"、"开拓"、"进取"或

"拼搏"这些词语加以概括。应当说这些词语都是好字眼,都很重要,但大家都用这些词语表达,就失去了企业精神的鲜明个性和特色,变成了所谓工业企业中标准件的组合。这也就使某家企业的企业精神变成了所有企业共有的"企业界精神"。"济世养生"、"炮制虽繁必不敢省人工,品味虽贵必不敢减物力",一听就知道是同仁堂所独有的;雅戈尔集团的"装点人生,服务社会",既有行业特点,又有独具的文化底蕴;大连燃料总公司的"燃烧自己,温暖他人",也提炼得好,既有行业特点,又体现了员工的奉献精神。企业精神的概括和提炼,在表达上,将会日益体现共性与个性的统一。

(五)在企业文化建设中,将更加注重企业精神、企业价值观的人格化和"人企合一"的境界

价值观是企业文化的核心,而"英雄人物"则是企业价值观、企业精神的人格化。在"英雄人物"中有"共生英雄"的提法。所谓"共生英雄","他的心在企业,企业在他心中"。这样的人,与企业同呼吸、同成长、同发展、共命运。优秀的企业文化建设应当培养越来越多的"共生英雄",实现"人企合一"的境界。创造、构建这样的文化氛围,对于发挥员工的主动性、积极性、创造性极为重要。这个问题也会越来越受到重视。

(六)"学习型组织"的企业文化将更加受到关注

未来最成功的企业将是"学习团体",学习越来越成为企业生命的源泉。"比你的竞争者学得快的能力也许是唯一能保持的企业竞争优势",这正在成为共识。所以,要克服学习智障,企业中每个人都要学习,而且要变个人学习为企业团队学习,使企业成为学习型组织。

(七)企业文化的独特性将越来越表现为企业差异化战略和企业的核心竞争力

企业文化、企业形象都是企业的差异化战略。企业文化作为企业的核心竞争力的组成部分具有不可模仿性。一个人离开一家企业,可以带走他所掌握的技术、规章制度、方法措施,但企业文化不可能轻易照搬过去。有一个比喻是说,用照相机可以给机器设备拍照,但企业文化就像空气一样永远拍不下来。在未来,企业文化的这种特质将会表现得更为明显。

(八)作为企业文化的第一设计者——企业家的素质、决策力将越发重要

从某种意义上讲,企业家应是企业文化的第一设计者、第一身体力行者、第一宣传者。企业家是个素质概念,厂长经理是职务、岗位,而企业家必须有一定素质才能。企业家素质中包括了捕捉发展机遇、准确进行决策的能力。机遇具有易逝性和不可储存性,"机不可失、失不再来";同时,机遇具有可捕捉性,因为它是事物发展规律的反映。抓住机遇还要准确进行决策。国外有个决策力概念,这是从经验教训中提出来的。据兰德公司估计,世界上破产倒闭的大企业,85%是因企业家决策失误所造成的。在未来的竞争中,企业文化的第一设计者——企

业家的素质和决策力将越来越重要。

（九）企业文化建设与企业形象设计将更好地结合在一起

企业文化与企业形象这二者具有兼容性和交叉性，未来的趋势是二者将更紧密地结合，同时都必须追求个性、不断创新。在将企业形象设计与中国本土结合的问题上，要坚持一些原则，如好识好记好用的原则，支持国情化、民族化、个性化、多样化的原则等。同时，进行企业文化建设和企业形象设计时，还要与建立现代企业制度、管理创新、市场开拓以及实现优质服务有机结合，与实现企业可持续发展有机结合。

展望21世纪，市场竞争正在出现许多新态势。企业模式在创新，企业发展战略在创新，企业文化建设也在创新。我们应在总结新鲜经验的基础上，不断创新和发展企业文化。

第三节 企业文化的构建与传播

企业文化具有普遍适用性，这是已经被实践证明了的客观事实。企业文化的普遍适用性，决定了我们可以概括出企业文化建设中的一般情形。

一、企业文化建设的核心因素

企业文化就像一只看不见的手在支撑企业稳步前行。企业文化是通过企业的创新机制和外在形象的树立体现出来的，其中最重要的、核心的因素有两项：一是企业自身的成长力；二是企业外部的形象力。

（一）企业自身的成长力

21世纪是伦理经营时代，所谓伦理经营，就是更加注重企业经营管理中的文化因素。有专家称，科学管理最终要向文化管理发展，这也是企业管理的一种软化趋势。软化不等于不重视企业硬件建设，而是将重心转移到文化竞争力上。企业的成长机制是文化力中最核心的因素。它主要包括企业内聚力、才能激发机制、企业持续不断的延续机能这三方面的内涵。

(1) 企业内聚力。其中包括经营管理人员和员工的感情紧密度、企业的团队精神、向心力等。任何一家有文化内涵的企业，都需要建立感情投资机制。没有感情上的投入，任何企业精神以及经营伦理都是建立不起来的。要管理就应先尊重对方，使其与管理者建立起信任情结，有了这条感情的纽带，企业员工对经营管理人员就有了感情依附意识，管理就比较顺畅。古语称，人心齐，泰山移。这里最重要的是处理好教育与管理的关系。以人为本、团队精神就是通过运用集体智慧将整个团队的人力、物力、财力整合于一体，创造出惊人的业绩。整个团队拥有统一的精神支柱和精神追求，各方面的价值体系得以融合，才能迸发出创造力。

（2）才能激发机制。企业要保持永久的创造力，必须建立起才能激发机制。将调动员工积极性作为企业的日常经营管理行为，在企业中养成一种尊重创新、尊重人才的文化氛围，每个人都能从中感受到事业成就感。

（3）企业持续不断的延续机能。技术是不断更新的，企业文化因素是永存的。技术可以外借而文化只能自生，有了文化力的支持，企业的生命力会得到源源不断的软支持，企业的发展就有了弹性。

（二）企业外部的形象力

文化中有一个重要的组成方面就是形象力。形象代表着一家企业的市场信誉，关系到企业被顾客认可的程度和速度。形象力包括企业信誉、企业美誉度和市场亲和力三项因素。

（1）企业信誉。包括企业的道德责任，即不是为了趋利避害才遵守企业伦理规范，而是把企业道德当做一种责任。处处从顾客的利益出发考虑企业的经营和服务，把追求经济利益和履行道德责任结合起来。

（2）企业美誉度。也就是社会对企业的认可程度。包括对产品质量的美誉、对服务的美誉和对企业经营理念的美誉。文化强调企业的伦理责任，关注顾客的利益，关注能否把企业的经营基点放在极大地满足社会需求上，把顾客的利益融入企业的利益之中。

（3）市场亲和力。海尔的产品广为社会认可，其中的一个原因就是海尔的市场亲和力好。其他一些名牌企业的产品之所以被消费者认可，保持相当的市场占有率也是这个原因。市场亲和力包括企业的自律行为，即企业员工能够认识到什么是应该做的，什么是不应该做的，并以这种认识来指导企业的行为，处理好企业与利益相关者的关系，从社会整体考虑企业的经营决策和市场营销策略等。

二、企业文化的传播

从文化与传播的关系看，美国著名语言学家萨丕尔指出，"文化是传播的同义词，实际上二者在很大程度上同构、同质"。传播对文化的影响不仅是持续而深远的，同时也是广泛而普遍的，也许正是基于这一原因，传播被视为文化的工具。文化的传播是由文化的内在特点决定的。他认为，第一，文化是后天学习的结果；第二，文化具有选择性；第三，文化对符号具有依赖性；第四，文化具有变化性；第五，文化具有民族中心主义倾向。从文化与管理的关系看，文化因素对管理的影响是全方位、全系统、全过程的，因为它渗透在管理的每项职能之中。

企业文化的传播，对企业的生存发展有着重要的意义。在企业范围内的传播，可以使企业所有员工共享企业的共同目标、价值观念、行为准则，并最终将企业精神内化为自己的价值观念再通过自身行为表现出来，从而增强企业的凝聚力与竞争力。在企业外部环境中的传播，可以使有关机构、群体、个人更好地了解本企业，如企业与供应商、经销商、政府机关、消费者的沟通，企业的各种宣传、公关活动都更有力地塑造和传播了企业形象，提高了企业的知名度和美誉度。

案例研究

海尔企业的文化传播

海尔 1984 年开始创业的时候，是一家濒临破产的集体所有制的小企业。国有企业的很多优惠政策得不到，很多员工说不得"天时"；1984 年建厂，是在平了一片坟地的基础上建起来的，离火葬场较近，当时员工上班没有活儿干，有的员工说，我们不得"地利"；1984 年上半年，有 800 多名员工，到了下半年，剩了不到 700 人了，有 100 多人写了请调信调走了，人心涣散，不得"人和"。天时、地利、人和都得不到，很多员工对企业丧失了信心。12 月 26 日，现任集团首席执行官张瑞敏成为厂长。他上任后，大胆解放思想，锐意改革，在短短的 16 年时间里，把一家濒临破产的小企业建成了一家跨国公司。

海尔是怎样从一家濒临破产的小企业变成一家海内外都有影响力的跨国公司的呢？其中的原因是什么？张瑞敏上任以来，带给企业和员工的新观念是否与张瑞敏主导的企业文化传播有直接关系？如果有关系，张瑞敏是如何搞好海尔的企业文化传播的？

案例评析

企业文化的传播是一项复杂的系统工程，体现在企业各个层面的现实活动中。不论是企业家还是员工的一言一行，都在时刻传递着企业的内在价值观。

虽然企业文化不能简单等同于企业家文化，但企业家确实在企业文化的制定和传播中起着非常重要的作用。一般来说，企业文化的形成是由企业家主导的，企业家通过自己的价值观影响和引导企业员工的价值观、管理风格、行为规范。特别是在企业的初创时期，企业家精神在企业文化形成过程中起着不可替代且无法动摇的地位，具有强势的引导和决定性作用。但随着企业规模的不断扩大和企业人才的陆续引进，这些新情况也必然带来了对以企业家精神为主的"原味"企业文化的冲击与挑战。企业家的个人精神受到来自团队其他人员的影响，企业文化不再是企业家的"一言堂"，而成为一种企业所有成员的集体意志的体现。

同时，企业家在传播企业文化的过程中，只有把企业家文化转变为广大员工所接受和认同的企业群体文化，企业文化的内部传播任务才算完成。这就是说，企业家传播企业文化离不开员工的参与和接受，如果不注重员工的主体地位，不能按照"知、情、意、行"的行进路线,将企业家文化内化为企业员工的文化,出现"授而不受"、企业家"一言堂"现象,那么企业文化传播就不可能取得实质性的进展。企业家的文化能否上升到企业文化的层面,这取决于他个人的价值观能否得到企业绝大部分员工的认同,并最终落实到企业员工的行为当中。只有这样,才能说企业家的文化转化为该企业的文化了,但最多也只能是近似而不是全部。因为一个人的价值观等同于另一个人的价值观是不现实的,更不要说是等同于整个企业员工的价值观。所以,唯一可以做到的是,企业家的价值观被企业大部分员工所认同,并上升到企业的行为准则。

海尔的企业文化对内传播和对外传播无疑都是很成功的。海尔企业文化的传播,先着眼于内部传播,让员工知晓、理解和认同企业的核心价值观,包括质量观、营销观、人才观等;然后通过员工的各种言行向社会传播,而在对外传播中获得社会的肯定和认可后,又反过来强化了企业文化对激发企业创新、凝聚员工人心的积极作用。

(一)企业文化传播的内容

企业文化的传播,应是对企业文化的全面内涵和组成要素进行全方位的推广,包括属于企业文化核心的企业价值观念体系、体现企业文化灵魂的企业精神、标志企业文化境界的企业伦理,还有许多其他形式。有些学者更推崇企业形象的塑造、展示与传播,认为企业形象这个复合概念包括一家公司的文明状态、它给本公司员工造成的综合印象,以及它被反映在社会公众头脑中的具体印象。在企业形象的三维评价标准中,文明度是本质;知名度是中介、媒体,是传播标准;美誉度是终端、目标。企业形象的塑造、宣传有内塑造(塑造出企业内部员工感到满意的客观企业形象)和外塑造(塑造出使社会公众感到满意的客观企业形象)两方面。企业形象的传播更多地以企业形象的展示与识别即 CIS 来表述。"CIS"包括理念识别(MI)、视觉识别(VI)、行为识别(BI)和听觉识别(AI)四个子系统。MI 包括企业宗旨、企业价值观念体系、企业精神、企业伦理观念等要素。VI 包括实体 VI 和象征性 VI 两大部分。实体 VI 又分为固定实体 VI(如公司的房屋建筑)和流动实体 VI(如投入市场的产品和各种车辆);象征性 VI 则包括名称(公司名和品牌名)、标志(司标和商标)、标准字和标准色等要素。BI 可分为整体集中 BI 和个体分散 BI、市场 BI 和社会 BI、日常时期 BI 和特殊时期 BI 等。AI 包括司歌、广告音乐、团队歌曲等。

(二)企业文化传播的手段

企业文化传播的手段主要有广告、新闻报道与专题研究文章、展览展销会、接待参观、提供咨询服务、有奖征答和赞助等。

(1)广告。企业通过电视广播等媒介,用生动的语言来宣传企业形象。其中，有宣传企业产品的商品广告和宣传企业本身的公共关系广告。广告在知名度方面的作用最为显著。

（2）新闻报道与专题研究文章。新闻报道与专题研究文章具有信息量大、可信度高、说服力强、对上层人物影响深等优点，是提高企业美誉度必不可少的手段。

（3）展览展销会。这种以实物加上讲解、操作等向公众展示自己企业形象的手段最有说服力。

（4）接待参观。敞开企业大门，热情接待外界人士来参观，是全面传播企业整体形象、消除社会公众对企业误解的好方法。

（5）提供咨询服务。在一定的时间和场所，为公众提供咨询服务，把塑造企业形象和传播企业文化紧密结合起来。

（6）有奖征答。企业公开向社会征求司徽、司歌、商标设计等，既体现了企业愿意依靠公众的智慧、尊重公众意见，同时，应征的创作者又要对该企业的基本情况、文化传统等进行调查研究，这意味着对企业形象作了一次更为深入的传播。

（7）赞助。企业赞助社会公益事业、文化体育活动和学术研究，既是为企业形象增添光彩，也是提高企业美誉度的形象传播。

（三）企业文化传播的范围与时机

企业文化的价值观念、行为准则等，要被企业全体员工所共享，就必须在本企业范围内广泛传播，使企业上下具有统一的企业目标、行为规范等。同时，由于企业是社会的细胞，一家企业的文化应全方位地传播给公众，接受社会公众的评价。在进行社会传播时，要处理好"传名"与"传实"的关系。所传之名，要确有其名，不能杜撰、捏造，还要掌握分寸、名实相符，这样，就容易处理好"形"与"神"的关系。宣传一家企业的文明总体状况，"传形"可以令公众一目了然，但"传神"（正确的价值观念、崇高的理想追求和振作的精神状态）却可令公众心悦诚服。企业文化除了在本地区和本国传播外，还需走向世界，只有通过各国企业之间的相互交流、学习、借鉴，才有助于形成世界企业文化潮流，共享全球优秀文化带来的巨大生产力。企业文化的国际性传播，是跨文化传播的重要组成部分，有利于冲破国界，从文化民族中心主义走向文化相对主义。企业文化传播的时机还表现在企业文化重塑上。没有一劳永逸的企业文化建设，当曾经成功的企业文化日益成为公司发展的障碍时，更需要传播的力量将新价值观和行为准则等准确而迅速地普及。实践中还有一种现象是资产重组中的企业文化扩张，即将扩张企业的价值观念、行为规范、管理惯例通过传播植入到被并购企业中，以文化的优势做纽带，增强被并购企业对扩张企业的认同感和融合感。

三、企业文化建设中的常见问题

企业文化建设中的常见问题主要有无文化现象、愚民文化现象、理想文化现象、抑制个性的文化现象等。

(一) 无文化现象

通常表现为企业有十分系统和严明的各种规章制度，这些制度规定了员工必须怎样做和不能怎样做，但没有明确的文化理念和价值倡导，疏于对员工的教育与培训。此类现象多产生于工业制造企业，产生的原因多数是因为领导人本身素质不高，或对企业文化缺乏认识。这样的企业通常活力不够、死气沉沉、缺乏忧患意识。

(二) 愚民文化现象

此类现象常见于那些领导人专权或者经营出现问题的企业。表现为领导人极端强调某种文化价值观念，推广、教育手段过激。它产生的原因多数是领导人希望在企业内部实现个人崇拜或者希望掩盖某种事实真相。该类企业通常易产生盲目崇拜或者对领导人噤若寒蝉的情况。

(三) 理想文化现象

它常见于那些由年轻人作为创业主体力量的新兴企业。表现症状为这些企业会提出一些不切实际的远大抱负和文化理想，其倡导的理念中会有种超出企业范围、改造世界的使命感。"大而空"的口号使人可望而不可及；宏伟、统一的崇高目标往往缺乏实实在在的客观基础。此类现象产生的原因多数是领导人具有过于远大的人生理想但缺乏踏实的工作精神。该类企业员工多数都表现得激昂澎湃，但可能忽略了眼前的险恶形势和当前的主要任务。

(四) 抑制个性的文化现象

在企业中只重视人的"集体性"，抹杀了人的想象力和创造力，小生产观念下产生的"集体主义"，难以形成企业的内聚力。

第四节 企业文化塑造与变革的思路

随着企业的不断发展，过去曾经引导企业走向成功的文化，现在可能很难满足企业进一步成长的需要，世界上没有一成不变的东西，更没有一劳永逸的企业文化建设。本节将探讨企业文化的变革。

一、分析内外因素，提炼核心价值观

核心价值观的选择是塑造企业文化的首要问题。一般来说，选择核心价值观

应考虑下列三项因素。

（1）根据企业性质判断企业文化的类型。企业文化按行业划分，可分为攻坚型文化，强人型文化，过程型文化和拼命干、尽情玩型文化四种，各自特点如表12-1所示。

表 12-1　　　　　　　　　不同类型企业文化的特征

攻坚型文化	强人型文化
● 高风险，反馈慢 ● 石油、航空 ● 仔细权衡、周密策划、深思熟虑、有远大志向	● 高风险，反馈快 ● 广告、影视、出版 ● 坚强、乐观、进取心强
过程型文化	拼命干、尽情玩型文化
● 低风险，反馈慢 ● 银行、保险、公共事业 ● 注意过程和细节、遵纪守时、谨慎周到、稳定保守	● 低风险，反馈快 ● 房地产、批发、餐饮业 ● 服务周到

不同行业中的企业，其企业文化有自己的特点，如低风险、反馈快型行业中的企业文化要体现服务周到的特点，像商场可根据自身的经营特点提倡"顾客至上、一切为顾客服务"的价值观；IT行业则要体现坚强、乐观、进取心强等特点，可以以"追求卓越"作为其核心价值观。再如工业企业中，工厂可以从产品出发，树立"向社会提供最优产品"的价值观，等等。

（2）要考虑企业的成员及构成。不同类型的人以及他们的组合方式都会影响企业文化的形成。每个人在进入企业成为企业一员以前，大都已经形成了自己的价值观。企业成员在企业中的地位以及与上下左右之间的关系都很重要，影响力大以及人际关系好的成员对企业文化形成的作用就比较大，如果他们接受了企业的价值观，就可能带动一批员工，从而有利于促进企业价值观为全体员工所接受的过程。因此，企业在选择核心价值观时，应认真分析研究人的因素。

（3）要考虑企业外部环境，包括政治、经济、民族、文化、法律等方面。这些因素都会影响企业成员的思想意识和行为。例如，社会政治生活的民主气氛会影响成员对企业的关心程度和认同感，社会传统文化对人们改变旧观念、接受新价值观念的能力也有很大的影响。

总之，核心价值观的提炼并非主观有意决定，只有在认真分析研究各种相关因素的基础上，才能确定既体现企业特征，又为全体企业员工和社会所接受的价值观。

二、进行培训，让员工接受新的企业文化

培训是促进文化塑造与变革的一项重要策略，在文化变革的实施计划安排就绪后，就要督促员工参与培训、学习，让全体员工接受培训。通过专门培训，让

员工知道什么是企业文化，企业文化有什么作用，企业为何及如何实施文化塑造与变革，新的企业文化对员工有什么新的要求，认识企业现有文化状态与目标文化的差距。

此外，还可利用各种舆论工具，如广播、闭路电视、海报等大力宣传企业的价值观，使员工时刻都处于充满企业价值观的氛围之中，通过耳濡目染来渐入人心。

三、领导者身体力行，信守价值观念

企业领导者的模范行动是一种无声的号召，对下属成员起着重要的示范作用。因此，要塑造和维护企业的共同价值观，领导者本身就应是这种价值观的化身。他们必须通过自己的行动向全体成员灌输企业的价值观念。首先，领导者要坚定信念；其次，要在每项工作中体现这种价值观；最后，领导者要注意与下属成员的感情沟通，重视感情的凝聚力量。以平等、真诚、友好的态度对待下属成员，才会取得他们的信任。感情上的默契会使领导者准确地预见周围世界对自己行动的反应，形成一种安全感；对下属来说，则会产生"士为知己者用"的效用。

四、建立激励机制，巩固企业文化

价值观的形成是一种个性心理的累积过程，这不仅需要很长的时间，而且需要不断地强化。人们的合理行为只有经过强化才得以肯定，进而形成习惯稳定下来，从而使指导这种行为的价值观念转化为行为主体的价值观念。因此，企业文化引入后，应趁热打铁，抓住一切机会，坚持不懈地向员工灌输新观念，更为重要的是建立激励机制，以巩固企业文化。具体措施可以是将企业文化加入到企业考核的内容中，在员工的聘用、加薪、晋升时，要考虑到他是否与企业文化相融合。对于那些没有好好工作，并难以和企业文化融合的人员，让其离开企业。通过这些使企业文化具体化和形象化，让员工明白企业在鼓励什么，在反对什么，这样才能达到最佳效用。行为不断强化并稳定下来，人们就会自然地接受指导这种行为的价值观念，从而使企业的价值观念为全体员工所接受，形成优良的企业文化。

第五节 美、日知名企业文化介绍

美国和日本存在着许多世界知名企业，它们的文化各具特色，也很值得借鉴。

一、美国的企业文化

（一）美国的企业文化概述

美国企业文化在20世纪70年代末出现，80年代中期走向成熟。美国企业文

化十分重视人的作用，主张要宽厚待人，并要求员工发光发热，要生产富有成效的产品。管理者不把自己关在办公室，而是经常到现场和工人一起工作。著名的美国学者彼得斯和沃特曼在总结了美国43家杰出模范公司后，认为美国企业文化重视硬件和软件两部分，其中结构和策略是硬件，整个企业共同遵循的价值观念是软件的核心。企业领导者最重要的任务是塑造及维持整个组织的价值共识。

美国企业文化产生于日本之后，在某种程度上是美国长期以来过分重视短期利益、太信赖数学分析及赚钱第一的经营方式的反映。美国企业文化的产生，是向日本企业文化学习的结果。然而美国的企业文化，又带有典型的西方文化色彩。美国社会是以个人主义、自由主义为主要特征的社会。与此相联系，美国的企业文化有如下几个特点：

（1）个人主义。个人主义是美国企业文化的核心。美国企业倡导员工个人奋斗、竞争取胜。由于美国的经理是一个社会职业，可以自由流动，员工也可以随意流动，所以在一家企业中，一种特殊的企业文化模式有时很难沉淀下来并形成独有的观念形态。因此，相对来说，美国的企业文化缺乏稳定性。

（2）英雄主义。美国企业文化崇尚英雄主义，认为它是企业文化的象征。在企业文化强盛的企业中，英雄的传奇有巨大的作用。自然，这里所讲的英雄主义，实际上是一种个人主义。

（3）理性主义。美国企业文化重视理性，相对比较忽视情感，这与美国是一个高度法制的国家密切相关。因此，即使企业文化盛行，但在企业内部仍然强调依靠规章制度，采取合同管理和契约管理。

（二）美国的企业文化两例

1. 惠普公司（HP）的企业文化

惠普公司企业文化的最大特点是"尊重个人价值"。该公司缔造者比尔·休利特把此解释为"HP"方法。惠普有如下一些独特的做法，这些做法都是为了建立一种体谅个人、尊重个人并承认个人成就的传统的待人信念，从而使全体员工有一种良好的环境，使他们把工作做好。

（1）实行弹性工作时间，给员工以充分自由，使每个人得以按其本人认为最有利完成工作的时间、方式达到本公司的总体目标。

（2）不拘礼仪地直呼其名，不冠头衔。

（3）走动式管理。主管们不拘形式，用沟通方式进行管理，如"巡视管理"、"饮咖啡聊天"等沟通方式。一切问题，就这样不拘形式地以非正规方式解决。

（4）实行终身雇佣。即使在20世纪70年代经济衰退时期也不减一员，而采取全员减薪10%、减工作量10%的办法顺利渡过困难期，总经理也在其中。

（5）实行"开放实验室备用品库"制度和政策。一切备用品，可以任意拿回家中供个人使用，而不管工程师们使用这些设备是否与公司的产品有关；认为即使与公司无关,也可以提高人的素质。而且用品库一直开放着,备用品可任意拿走。

(6) 公司宗旨明白地写着:"组织的成就要靠每个人的共同努力才能获得。"

由于采取了以上方法,员工都表现出较高的干劲与热情,并对公司取得的成就感到自豪。

2. 国际商用机器公司(IBM)的企业文化

国际商用机器公司有20多万名职员,是世界上最大的公司之一,在世界上105座城市设有分公司,人称"日不落公司"。它的业务牵涉面甚广,不论太空、陆地还是深海里使用的先进设备,它都生产和制造,并且技术水准走在时代前列。

国际商用机器公司的成就与其企业文化分不开。该公司强调员工应具有相同的信念和价值观。员工之间讲究友善和民主。国际商用机器公司的企业文化在美国被认为是企业文化的典范。

(1) 公司的基本信念。

● 尊重个人,即尊重企业中的每一个人的尊严和权利;

● 为顾客服务,即对顾客给予世界上最好的服务;

● 卓越的工作,即在各项工作中卓越地完成目标。

(2) 公司的基本原则。

● 对企业的经营管理给予明智的、可信赖的、有才干的指导;

● 对顾客尽可能地提供有效率的、有效果的服务;

● 发展技术、改进产品和研制新产品;

● 通过扩大工作职责的范围,提高员工的工作能力,并给予他们机会,使他们在工作中感到满意;

● 为所有员工提供平等服务的精神;

● 确认对股东的义务,向他们提供适当的投资收益;

● 促进机构所在地区的福利;

● 尽到作为一家美国公司对公民的职责,并对世界上有业务关系的国家尽到自己的职责。

(3) 公司的实际做法。

● 与用户签订契约,不只是出售机器,更包括所有服务项目。

● 公司的优秀主管助理任期3年,只负责一项工作,就是对任何顾客的抱怨或疑难问题,务必在24小时内解决。

● 集体服务。加拿大厄尔电子公司资料处理处有一台计算机主机出现问题,公司8位专家在几小时内就从各地赶到加拿大,其中4位来自欧洲,1位来自亚洲。

二、日本的企业文化

(一) 日本企业文化概述

日本企业文化是在传统的东方伦理基础上建立起来的。日本一些企业的企业文化内容十分广泛，其中心内容是尊重人、相信人、承认员工的贡献，培养员工的现代心理，激发员工的自主性、创造性。"社风"、"社训"、"社长信条"等是日本企业文化的主要表现形式。

日本企业文化有四个特征。

1. "经营即教育"

这是由著名的日本企业家松下幸之助首先提出的，现在成为日本企业文化的重要特征。如丰田集团的口号为"既要造车，又要造人"。日本企业家认为"人才开发是企业活力的源泉"。录用新员工后首先要送入培训机构受训，考试合格才能上班，这成为日本一些企业的一项制度。

2. 重视风土建设

所谓风土，指的是企业成员必须遵循的道德规范和行为原则，以及所养成的工作态度和工作作风。日本企业大多有旨在培养良好"社风"的"社训"。通过"社训"对员工进行思想道德和精神方面的培养，从而使企业员工的整体素质不断增强。

3. 以"人"为中心

建立以"人"为中心的经营模式，即实行终身雇用、年功序列工资制和企业工龄制，使员工与企业形成命运共同体的关系。

4. 尊重、信任员工

提倡员工参与管理，如鼓励员工向企业提出合理化建议，参加各种企业经营管理小组等。同时，企业领导十分关心员工，员工结婚、过生日时，企业领导赠送礼品，表示慰问。员工上班时，企业领导在厂门口迎候。

日本企业文化来源于日本特有的文化背景。许多学者认为儒家文化是日本企业文化的灵魂，不无道理。儒家强调"忠"，由于长期以来受儒家学说的影响，不少日本人有着深刻的忠于天皇、忠于国家的思想；儒家十分重视教育，认为教育是治国平天下的中枢，这些思想在日本企业文化中有强烈的表现。以下我们通过两家日本企业的企业文化，可以清楚地了解日本企业文化的具体特点。

(二) 日本企业文化两例

1. 松下电器公司的企业文化

(1) 松下精神。松下电器公司特别强调"松下精神"。所谓"松下精神"即"顺应同化"精神，主要有七项内容。

- 产业报国精神。产业报国是公司的纲领。

- 光明正大精神。光明正大为人们处世之本，学识才能有高低，如无此精神，即不足为训。
- 友好一致精神。友好一致为公司信条，公司人才济济，如无此精神，就是乌合之众，无力量可言。
- 奋斗向上精神。为了完成公司使命，只有彻底奋斗才是唯一途径。和平繁荣要靠这种精神争取。
- 礼节和谦让精神。为人若无礼节和谦让精神，就无正常的社会秩序、社会礼节。谦让的美德塑造情操高尚的人生。
- 同化精神。如不适应自然哲理，进步发达就无法实现；如不适应社会大势，成功就无法获得。
- 感激报恩精神。对为员工带来无限喜悦与活力者应持感激报恩之念；此念铭记心中，便可克服种种困难。

（2）松下基本纲领（或基本企业原则）。认清员工身为企业人的责任，追求进步，促进社会大众的福利，致力于社会文化的长远发展。

（3）松下员工信条。唯有公司每位成员亲和协力，至诚团结，才能促成进步与发展。每个人都要记住这一信条，努力使本公司不断进步。

上述条文，不论董事长、部长、课长，还是新来的员工，都要齐声朗读。

松下公司是日本第一家有自己厂歌的公司。每天早晨 8 点钟，87 000 人一起唱歌。此外，该公司还要每位员工每隔一个月至少在其所属团体内进行 10 分钟讲演，说明企业精神与企业和社会的关系，在说服别人的同时提高自己，使员工受到企业精神的教育。

2. 丰田汽车公司的企业文化

（1）丰田家族精神。丰田是一家家族企业集团，其家族精神是日本企业家的家族精神的典型。丰田汽车公司的领导人并不因位高而轻视部下。有人在评价丰田公司前总裁丰田章一郎成功的重要原因时指出，"丰田章一郎令人尊敬的不在于他是天才的技术者，而在于他与人相处的态度。他从不掩饰自己的悲欢喜怒。我们和他在一起，立刻会被他诚挚而率直的态度所感动"。丰田公司每月要举行一次如运动会、夏令营等活动，高级领导人有空均参加。

（2）代代相传的创新精神。丰田的创始人丰田佐吉有 63 年的发明生涯，他开创了丰田家族的开拓精神、创新精神和进取精神。佐吉 18 岁就成了发明迷，24 岁就发明了"丰田式木制人力纺织机"，32 岁发明了"丰田式自动纺织机"，被英国技术部门评为世界第一。佐吉的长子喜一郎，是丰田汽车的创始人，制造了第一部小轿车。喜一郎的堂弟丰田英二，继喜一郎之志，创建了第一座专门生产轿车的工厂——元町工厂。丰田汽车在管理方面也有自己的创新，被认为是"企业管理之王"。该公司产销分开，独立经营，积极推行"卡片制度"，都有自己的创新。

(3) 丰田的基本方针。丰田的基本方针是"生产优良产品,提高丰田质量声誉"。丰田公司组织4 000个质量小组,并建立多种情报收集网,收集丰田车的市场质量情报,把质量看做"公司的生命",从而使丰田汽车成为日本最大的汽车公司,并居世界汽车行业第三位。

(4) 丰田的"社训"。

- 上下同心协力,以至诚从事业务的开拓,以产业成果报效国家。
- 将研究与创造的精神深植于心中,不断研究与开发,以站在时代潮流的前端。
- 戒除奢侈华美,力求朴实与稳健。
- 发挥温情友爱精神,把家庭美德推广于社会。
- 尊崇神佛、心存感激,为报恩而生活。

(5) 丰田人的"一致精神"。企业提倡"丰田人坐丰田车",灌输爱厂如家、共存共荣、对企业忠贞不二的精神。现在,几乎每位丰田员工都有一辆丰田汽车。丰田汽车公司提倡员工参与管理,对员工提出的每项建议均给予奖励。为了联络员工感情,丰田公司为员工建立许多体育、文教、卫生设施。有人说丰田的体育设施足够召开全国运动会。他们组织了许多员工业余组织,仅体育和文化教育活动的业余组织就有70多个,并且组织了名目繁多的会社,如同乡会、同期会、同窗会等,平均每位员工都要参加5~6个,其目的是为了培养丰田人的"一致精神"。

本章小结

企业文化对企业的生存发展有着至关重要的作用,它是企业核心竞争力的活力之根和动力之源,主要体现在导向功能、规范功能、凝聚功能、激励功能等方面。本章着重讨论了五个问题,一是企业文化的概述;二是介绍了企业文化的历史演进,并对企业文化的发展趋势进行了概括;三是阐述了企业文化的构建与传播;四是讨论了企业文化的塑造与变革思路;五是对美、日的知名企业文化进行了简单的介绍。

关键概念

企业文化　　产品主导型企业文化

复习题

1. 企业文化有哪些功能?

2. 企业文化分为几种类型？各是什么？
3. 企业文化传播的手段有哪些？
4. 企业在选择核心价值观时应考虑哪些因素？

讨论及思考题

1. X 理论、Y 理论及 Z 理论各有哪些基本假定？
2. 联系实际说明四种不同的文化类型各有什么特点？

参考文献

[1] 张一弛. 人力资源管理教程 [M]. 北京：北京大学出版社，1999.

[2] 赵曙明. 人力资源管理与开发 [M]. 北京：中国人事出版社，1998.

[3] 余凯成. 人力资源开发与管理 [M]. 北京：企业管理出版社，1997.

[4] 赵耀. 如何做人事主管 [M]. 北京：首都经济贸易大学出版社，1998.

[5] 谢晋宇，吴国存，李新建. 企业人力资源开发与管理创新 [M]. 北京：经济管理出版社，2000.

[6] 〔美〕安妮·布鲁金. 第三资源智力资本及其管理 [M]. 赵洁平，译. 大连：东北财经大学出版社，1998.

[7] 冯虹，陶秋燕. 现代人力资源管理 [M]. 经济管理出版社，2006.

[8] 胡君辰，郑绍濂. 人力资源开发与管理 [M]. 上海：复旦大学出版社，1999.

[9] 〔美〕R. 韦恩·蒙迪，罗伯特·M. 诺埃. 人力资源管理 [M]. 葛新权，郑兆红，王斌，等，译. 北京：经济科学出版社，1999.

[10] 〔美〕雷蒙德·A. 诺伊. 人力资源管理：赢得竞争优势 [M]. 刘昕，译. 北京：中国人民大学出版社，2001.

[11] Frank Petrock, "Corporate Culture Enhaunces Profits", HR Magazine 35 (November 1990).

[12] Brian Dumaine, "Creating a New Company", Culture Fortune 121 (January 15, 1990).

[13] "中国改革与发展报告"专家组. 成长的经验——中国绩优大企业案例研究 [M]. 上海：上海远东出版社，1999.

[14] 彼得·杜拉克. 创新与企业家精神 [M]. 彭志华，译. 海南出版社，2000.

[15] 张维迎. 企业理论与中国企业改革 [M]. 北京：北京大学出版社，1999.

[16] 〔美〕约翰·P. 科特，詹姆斯·L. 赫斯科特. 企业文化与经营业绩

[M]. 李晓涛, 译. 华夏出版社, 1997.

[17] 罗长海. 企业文化学 [M]. 北京: 中国人民大学出版社, 1999.

[18] 刘光明. 中外企业文化案例 [M]. 北京: 经济管理出版社, 2000.

[19] 刘文. 是沉沦？还是创新 [J]. 中外管理, 2000 (5).

[20] 〔美〕夏洛·罗伯特. 整合全局的智慧——企业的第六项修炼 [J]. 中外管理, 2000 (6).

[21] 北郎. 企业文化何惧言利 [J]. 中外管理, 2000 (12).

[22] 许鹏, 陈力. 企业文化 [M]. 北京: 人民出版社, 1994.

[23] 张建平, 张占耕. 新概念管理——企业文化 [M]. 北京: 立信会计出版社, 1996.

[24] 白光. 人力资源与企业文化战略 [M]. 北京: 中国经济出版社, 2004.

CHAPTER 13

第十三章
企业伦理与人力资源管理

本章要点提示

- 企业伦理的概念和意义
- 企业伦理对人力资源管理的作用
- 人力资源管理中企业伦理的构建
- 企业伦理的实践案例学习

本章内容引言

　　企业的社会责任，越来越多地出现在各种论坛的主题议程。中国石化、中国石油、华为等大公司已经或即将发布自己的社会责任报告，"企业的社会责任"逐渐成为商界的主流词汇。如何认识企业的社会责任以及商业伦理问题，让我们从一个热点事件说起。

　　富士康起诉《第一财经日报》记者，因为该记者报道了富士康员工超时加班的问题，并由此引起全社会的关注。其实，在IT业界超时加班几乎是不成文的"行规"，而且大多数是没有加班费的"自愿加班"。"行规"，以员工的生活质量为代价，难道没有解决办法吗？企业可以通过增加员工数量、降低员工的单位工作量来增加产出，但是这样一来势必增加企业的人力资本成本。于是，解决"超时加班"问题就转化为"企业的社会责任"与"企业竞争力"之间的平衡。2008年9月发生的奶制品中掺入三聚氰胺事件，更折射出了中国企业的伦理和社会责任的现状和问题。

　　企业管理的发展趋势更多地倡导企业对员工的伦理关怀以及企业的社会责任，对于中国成长中的企业来说，将企业伦理与管理相结合是势在必行的。本章将着重介绍企业伦理与人力资源管理的相关内容。

第一节 企业伦理概述

对于中国的企业界、管理学界甚至整个中国社会来说,"企业伦理"并不是一个新鲜的词汇。随着经济全球化浪潮和知识经济时代的到来,企业伦理不仅成为企业经营管理活动的行为规范和制度准则,也是企业作为市场主体参与各种经济活动的内在要求,是一种特殊的道德现象。企业的社会责任是企业伦理的核心理念,在企业伦理建设中重视企业社会责任意识的培育,有利于企业处理好与各种利益相关者的关系,有利于提升企业的核心竞争力,有利于提高企业的管理效益。那么究竟什么是企业伦理呢?

一、企业伦理的定义

企业伦理起源于企业的社会责任。斯蒂芬·P.罗宾斯在古典观和社会经济观的基础上提出,社会责任是一种工商企业追求有利于社会的长远目标的义务,而不是法律和经济所要求的义务。

1985年,美国学者P.V.刘易斯(P.V.Lewis)在对254种关于企业伦理的文章、教材和专著进行了分析和对部分企业界人士进行调查后指出:人们对"企业伦理"这个术语的定义有308种之多。其中,大多数人把企业伦理等同于企业活动的标准、规范、企业行为的正误、企业的社会责任、宗教信仰、价值观念、权利与义务、企业习俗、美德等。刘易斯在此基础上总结出了一个较具普遍性的定义:企业伦理是为企业及其员工在具体情境中的行为道德提供指南的各种规则、标准、规范或原则。

中国学者乔法容、朱金瑞在其著作《经济伦理学》中提出,企业伦理是企业在生产经营活动中所形成的具有较强共识性的集体化伦理价值观和道德意识,是企业领导人根据自己企业的特点倡导职工遵循或追求的道德价值目标和道德理想。它是企业在处理内外关系时以伦理理念为核心的伦理原则、道德规范及其实践的总和。也就是说,企业伦理是企业在经营活动的不同层面,运用伦理学的基本准则和规范,协调组织内外关系的重要原则,是企业赢利性和道德性的综合体现。

二、企业伦理的层次以及各国企业伦理观念的差异

目前,国外对企业伦理的研究主要从三方面来展开,即微观、中观和宏观层次。

(一)微观层面,即个体层面

美国、欧洲和日本的研究者把研究对象确定为企业中的单个人,即雇主和雇

员、管理者与被管理者、同事、投资者、供应商和消费者。企业管理者规范这些人的行为以符合企业的宗旨、价值观和道德等都是微观层面企业伦理研究的主要内容。到20世纪90年代中期,《幸福》(Fortune)杂志排名前500家的企业中90%以上有成文的伦理守则,用来规范员工的行为[1]。还有一些企业设置伦理主管。在美国制造业和服务业前1000家企业中,20%的企业聘有伦理主管,主要任务是训练员工遵守正确的行为准则,并处理员工对可能发生的不正当经营行为提出的质疑[2]。

（二）中观层面,即组织层面

中观层面主要研究各种经济性组织（如公司、工会、消费者协会、行业协会等）之间的伦理关系问题。由于社会分工不同,各类组织在社会中扮演着不同的角色,这些组织在自身的行为中应具有什么样的观念、如何以自身的独特作用为组织的管理伦理作贡献、如何处理利益相关者之间的关系等,都是中观层面企业伦理研究的主要内容。这涉及企业社会责任的问题。

众所周知,宝洁公司是世界著名的快速消费品生产销售企业,其每年从获得的经济利润中取出一部分用于支持中国"希望工程"等社会公益事业。2006年是中国青少年发展基金会与宝洁公司以"希望工程"为纽带,协力推进中国公益事业的第十个年头。十年来,宝洁公司累计向希望工程捐款2800万元,在中国的27个省份资助建设了100所宝洁希望小学,成为跨国公司在华援建希望小学的典范。宝洁公司在支持"希望工程"的进程中,以务实、创新的精神,开创并形成了独特的"宝洁公益模式"。不仅如此,宝洁公司还坚持每年审核所捐助希望小学的建设情况,在条件和预算范围内,及时为他们提供免费的各类设施。这种取之于社会、用之于社会的负责态度,正是企业社会责任意识的集中体现。

（三）宏观层面

宏观层面主要研究社会和制度层次,包括经济制度和经济条件下的形态,如经济秩序、社会政策等方面的伦理问题和伦理责任。

一般来说,北美人更接近于强调决策和行动的自由以及相应的责任,而有一种忽视限制的倾向；欧洲人则强调应该以伦理责任的形式勾勒出商业的条件。德国人十分注重对企业伦理的基本问题的探讨,例如,在市场经济中究竟能否容纳超越于最大利益原则的公司战略的伦理取向；日本人则十分注重研究企业行为伦理的民族性和实用性,把符合日本传统的伦理价值观念（如忠诚、仁义等）融进企业的经营活动之中,目的在于使企业内部员工之间以及企业与外部之间形成较为融洽的关系。此外,国外在普遍意识到企业伦理的重要作用、地位和意义的基

---

[1] John H. Jackson, Business and Society Today. PacificGrove: West Publishing Co. 1997, p.126.
[2] 一泓. 伦理主管——美国企业治理新趋势 [J]. 中外治理,1994 (4).

础上，非常注意现实的可操作性，例如企业制定伦理守则、进行伦理培训，等等。

近年来我国管理者也在企业伦理方面进行了大量实践，一部分企业通过制定伦理守则来规范管理者和员工行为，或者通过培训为企业内外部顾客提供更好的产品和服务。

三、企业伦理的功能

企业伦理的功能可以分为内部功能和外部功能。企业伦理除了能为企业树立行为风范、激励管理企业成员、加速企业创新之外，还具有塑造良好的企业形象等外部功能。

（一）以企业伦理为基础，有利于树立企业规范

树立企业伦理意识，使得企业认识到自己对所有利益相关者的责任和义务，教育人们正确认识企业成长过程中的基本道德原则和规律，从而正确地选择自己的行为和生活道路。其目的是提高企业成长中伦理道德的自觉性。企业伦理可以指导和纠正个人和企业的行为，使个人与他人、与社会关系协调完善。当发生个人利益与整体利益矛盾时，企业伦理可以在遵循公平竞争和人己互惠的原则基础上，着眼于长远的、整体的利益进行调节，保证企业健康和持续成长。此外，企业伦理还具有教育的功能，就是通过社会和企业自身开展的使员工具有良好道德品质的教育，培养员工正确的企业伦理认识，陶冶伦理道德情感，形成道德习惯，形成一个有机整体。所以，企业伦理的教育对提高企业成长中道德自觉性是极为重要的。健康的企业伦理通过建立合理的道德评价标准和体系，能有效地解决企业成长中道德规范的操作机制，使其积极作用于企业成长，与其相适应、相协调并为其服务。

（二）有效激励，激发创新

世界上许多优秀的企业都以创新作为自己的基调和主要内容。如索尼公司的"研究使它与众不同"精神、海尔的"居危思进"等。创新是一个民族的灵魂，是一个国家兴旺发达的不竭动力。在知识经济时代，创新对个人、企业、国家、民族都至关重要。国家、民族若不创新，只能被动挨打；企业若不创新，就会受制于人或被淘汰。创新是企业的生命线，企业管理者要充分发挥企业伦理的创新功能，使企业充满活力，在激烈的竞争中应变自如，立于不败之地。

优秀的企业伦理具有创新功能，它能对企业的各种创新活动提供精神上的支持和激励，以及伦理方面的基础和依据。具有内在创新特质的伦理精神能营造一种良好的伦理环境，并能引导、激励观念和思维的创新。从这种意义上可以说，企业伦理是企业所有创新活动的根源、动力。"一家公司如果没有富于想象力的、勤奋的员工，就不可能维持其革新能力并进而在飞速变化的环境中保持竞争力。

管理者也越来越清楚地认识到，大多数人在充满信任、责任和抱负的环境中能够取得最出色、最富创造性的成果，而这种环境只有在诚实、信赖、公平和尊重等价值观念的基础上才能建成"[1]。

(三) 凝聚人心，内化企业文化

企业伦理外在规范人们的行为，内化后成为人们的内心信念，逐渐形成稳定的品质，形成现代企业的凝聚力，从而成为推动企业成长的强大动力。进步的企业伦理思想和观念武装激励企业成员，以道德精神和行为参与企业成长实践，使其从总体上强化企业的整体精神，增强企业的凝聚力，提高企业成长过程中的竞争力。美国学者R.爱德华·弗里曼（R. Edward Freeman）和小丹尼尔·R.吉尔伯特（Dinnel. R. Jillbort）认为："所有公司战略几乎都要涉及道德问题，我们必须把企业伦理置于公司战略讨论的中心位置，这是正在发生的管理革命的本质所在。"企业伦理不仅与企业战略有密切的联系，而且对企业成长中企业管理的有关观念、目的、任务、职能和方法都有着广泛而深刻的影响。制定积极进取的企业价值观，传递员工对企业的认同感，从而激发出员工的工作热情和潜能；通过贯彻"以人为本"的人性管理，使员工从情感上归属于企业，从而激发起强烈的职业使命感和职业道德意识，产生强大的内在动力；还可以通过营造出公平、友善、良好的人际氛围和精神面貌，使他们自觉产生为振兴企业作出贡献、争得荣誉的激情和理想，并努力付诸实践。

中国具有悠久的伦理文化传统，中国企业应利用这一优势，结合自身特点培育本企业的伦理精神，为企业管理提供强大的精神动力。

(四) 塑造良好的企业形象

良好形象是企业伦理的重要内容。众所周知，儒家伦理思想的基本精神是"仁、义、礼、智、信"，运用于商道哲学，在全球经济一体化的今天，企业怎样才能在市场上赢得公众的信赖和赞誉，以塑造良好的企业形象？

在市场经济大潮中，现代企业不再是孤立的封闭体，而是一个与社会各界公众有着密切联系的开放系统，企业的兴衰存亡有赖于其在市场上的形象，那么从广义上来说，企业形象是企业伦理在与社会公众交际中的表现。理想的企业形象应该是"仁、义、礼、智、信"的统一体，其中伦理意识在根本上规范着企业的行为准则。"失之毫厘，谬以千里。"经商需严守伦理道德，这不仅是建设和谐社会的需要，也是企业自身生存和发展的根本。在很多案例的学习中，我们都谈论到中国台湾、中国香港、东南亚地区的华商的优秀经营成果和高端战略，却忽视了他们创造的经济奇迹中所包涵的文化底蕴和民族精神。也有许多人以为亚洲

---

[1] 林恩·夏普·佩因. 领导、伦理与组织信誉案例——战略的观点[M]. 大连：东北财经大学出版社，1999.

"四小龙"的经济腾飞主要是因为这些地区套用并实施了西方资本主义的生产经营模式。其实,传统文化的塑造影响是极大的。香港领带大王、金利来集团主席曾宪梓经商成功不忘报效祖国,多年来先后捐赠5.7亿元支援内地建设。李嘉诚在生意场和对子女的教育中都强调做生意要义、信为先,要先学做人,然后才能做好事业。像这样的事例举不胜数。如何把儒家伦理思想与企业经营管理有机结合起来,融为一体,古今中外不乏成功的例子。那么他们的秘诀是什么?其实,只要认真探究就会发现他们有一个共同特点:都认为"仁"是企业发展的保证,"义"是企业立足的根本,"礼"是企业运行的机制,"智"是企业创新的源泉,"信"是企业生存的基础。

(五) 企业伦理的新趋势

管理大师德鲁克指出,企业要基业常青,"需要的是用发自内心的动力来代替外加的恐惧心的刺激,唯一能达到这一目的的是责任心,而不是其他"[1]。近些年来,西方新的管理理论和一些优秀企业成功的管理经验都说明,21世纪的企业管理本质将是伦理化的管理,成功的管理与经营必将来自良好的伦理约束和调节。如全球鱼类主要使用者之一的联合利华,就礼聘科学家开发一套精密的系统,以确保该公司所用的鱼都来自可持续管理的渔业资源;家具用材主要消费者宜家家居则利用世界资源协会所开发的卫星信息项目,避免采购濒临灭绝地区的木材,这些都是企业主动承担保护环境责任的典范。

从追求自身利润最大化向承担社会责任的转变,是当代企业伦理观发展的新趋势,这已成为经济界和管理界的共识。越来越多的企业已经行动起来,主动承担起对消费者、员工、股东、合作者、社区、政府、自然环境等的责任。随着经济全球化进程的加快和各国间文化交流的加强,以社会责任为导向的企业伦理观趋势将是全球性的、必然的。

当今市场上,企业的竞争一定程度上是品牌、技术和文化的竞争。企业的声誉、品牌依靠的是企业伦理的贡献,企业的先进技术依靠的是知识工人的智慧创造,如何利用企业伦理加强员工管理,为企业培育可持续发展的人力资源战略,成为企业的当务之急。

四、企业伦理的演进

在西方,企业伦理思想可以追溯到古代人们对商业道德问题的关注。早在古希腊古罗马时代,有些学者就对商业活动的伦理特征作过专题探讨,近代资本主义市场经济的发展又使商业道德再度成为哲学家、经济学家和伦理学家们的一个热门话题。随着社会领域出现的新问题,如竞争加剧、公司内部矛盾、员工利益

---

[1] 彼得·德鲁克. 管理实践[M]. 北京:工人出版社,1989:256.

等,企业伦理问题从实践和理论两方面引起了社会普遍关注。

从企业实践来看,企业伦理是由社会责任问题引起,伴随着深刻的社会经济和政治背景产生的。企业的发展要求企业逐渐从一家单纯的经济机构或者生产机构,转变成一个除了产品之外,还要考虑环境、社会、信息、相关利益者、政治等多因素的综合社会经济体,从伦理准则来认识和规范自己的行为,塑造良好的社会形象。

(一)企业伦理在西方的历史演变

20世纪50年代末60年代初,美国出现了一系列企业活动中的丑闻,包括受贿、垄断价格、欺诈交易等。社会公众对此极为不满,反映强烈,要求政府对此展开认真调查。1962年,美国政府公布了《关于企业伦理及相应行动的声明》(*A Statement on Business Ethics and a Call for Action*)的报告。同年,威廉·洛德(William Ruder)在美国管理学院联合会(American Assembly of Collegiate Schools of Business)所属成员中发起了一项有关开设管理伦理学必要性的调查,被调查者认为管理伦理学应该成为管理教育的一个重要部分。

70年代,企业伦理学在理论研究上的成果一方面表现在学者们对一些重要而具体的企业伦理问题的研讨和阐释,另一方面表现在日本和美国企业伦理模式的相互借鉴。关于企业社会责任的讨论又引发出了关于企业与政府、股东、雇员、消费者之间各自的权利和义务的讨论。在日本的企业伦理模式中,伦理道德成为日本企业调节企业内外关系、处理利益冲突的主要手段。

到80年代初,美国企业界曾开展过一场有关企业伦理道德问题的大讨论,之后,美国大学的管理学院开设了管理伦理和商业道德方面的课程。继美国之后,重视企业伦理道德的思潮开始风行欧洲。在实践中,企业主们的黑心行为受到了社会舆论的强烈抨击和辛辣嘲讽,而且进一步发展到抵制经营产品、损毁经营设施等行为,以致造成某些企业的破产和倒闭,从而直接给企业主们带来经济上的损失。同时,信息技术的广泛应用,使世界各地的公司及其经营人员处于各方面的监督之下。那些涉嫌违背道德、危害社会的企业将成为新闻界和公众舆论的焦点,成为被批判抨击的对象,而这将使企业的经营陷入极大的困境。在法律方面,许多西方国家为适应市场经济发展的需要而颁布的为申张和维护人的基本权利的各种法律法规日益完善,如反垄断法、知识产权法等。所有这些都涉及企业和企业家的伦理形象和道德水准,如果企业违反了这些法律,在法律上处于不利地位,公司及其管理人员就会为此付出昂贵的代价,还有损于企业的声誉和形象。

90年代至今,国外企业伦理学取得了突破性的发展。企业伦理学方面的课程、讲座、机构、出版物在世界各地纷纷问世。而在企业伦理学发展较为发达的地区,企业伦理学的教学、研究和交流工作也得到了全面拓展。在企业伦理学的研究方法上，人们更注重跨学科的研究方法。

（二）企业伦理在中国的形成与发展

中国古代儒、道各家思想对古代商业伦理具有深刻的影响。《管子》讲求"顺道"，即社会活动要遵循一定的运动规律；孔子重视"诚信"，他曾教育弟子"文、行、忠、信"；孟子关注"人和"。此外，"其财用节，其自养俭，民富国治"、"礼之用，和为贵"等思想对当今商业伦理也产生着深远的影响。

近代民族企业家秉承了中国传统文化和道德观念。中国传统文化中的"入世"观念提倡积极关心社会现实的人生态度，儒家"修身"的信条，道、法两家的克敌策略，都对民族企业家的经营管理和方法有着直接的影响。

新中国成立后，特别是改革开放将中国逐步带入社会主义市场经济体制，西方先进的企业伦理思想和理论也随之进入中国。于是，个体积极性的进步意义、社会资源基础上合理的个人利益分配以及个人道德问题在这一历史发展时期迅速膨胀。1984年，海尔、联想、万科等一批现在颇具实力的企业掀起了第一阶段的创业浪潮；1995年以后，许多民营企业开始了第二次创业，并争取突破第一次创业的瓶颈。在这次浪潮中，很多企业意识到伦理观念、道德准则在管理中的重要性，并在实践中注意保护和提炼。例如海尔，初创时期提倡无私奉献的伦理精神，经过多年的发展和战略的调整，形成了一套完整的规范企业和相关利益者的伦理追求。20世纪90年代初，一部分先觉企业提出"人本管理"、"终极关怀"，着眼于实现员工个人价值，激发其主动性和创造性。

案例一： 中国青岛青制啤酒有限公司的商业行为准则。

中国青岛青制啤酒有限公司（Brewed By China Tsingtao Breweries）成立于2005年，是一家集啤酒研究、开发、生产经营于一体的股份制独资企业，管理本部设在中国青岛。青制啤酒以其强盛的商标品牌、优越的科技品质、独特的经营管理理念与BMS（Biue Mangement system）管理体系，打造出富有使命感的团队。加之优厚的股份制资金，开始全面实施品牌带动策略，确立并实施了地区区域融合运营模式、低成本扩张、市场网络建设等战略决策，并将以品牌组建在全国展开资产重组，构筑营销网络来完成全国性的战略布局。同时加强与各国贸易组织的通力合作，使之进一部加快布局的完整性，营造整体品牌价值，提升自身核心竞争力，并将以稳健的步伐向国际化大公司迈进。青制啤酒从自身发展的实践中总结出一套管理伦理理念，不仅成为企业发展的标杆，还规范了企业的进一步发展。

案例二： 华为基本法。

经过20多年企业管理实践的发展，企业伦理概念深入人心。从一开始的"经济人"、"管制"、"专制"状态转变成如今的"社会人"。企业在管理中蕴涵着民主、温和的方式，注重员工的心理和社会需要，对员工进行伦理培训，使企业文化和伦理观念植根于员工心中。

中国式管理是传统商业伦理思想的延续，更具有时代的特征，随着中国人民伦理意识的觉醒，企业伦理建设将成为企业生存、发展、创造可持续性竞争力的必要因素。

第二节　企业伦理与人力资源管理

20世纪90年代以来，随着企业基础管理模式的变革，战略性人力资源的概念逐步被运用到实践当中。其中最值得关注的就是"人本管理"理念的提出。其实，以人为本的思想在我国古代君王治国方略、哲学思想中都有体现。唐太宗李世民认为，致安之本，唯在得人；文景之治时期，为了国家稳定恢复生产，国家采取了一系列休养生息政策，除了有鼓励生产发展的作用之外，更大程度上是求民心之所向；《孙子兵法》中也说，"得民心者得天下"。重视人才、识别和选拔人才、培育和任用人才从古代起就有着一套完整的体系，这种管理观念和思想的延续很大程度上影响着现代管理模式。

企业伦理运用于企业管理，塑造以人为本价值观的管理模式，对人的主动性、积极性、创造性、凝聚力的引导、协调具有特殊意义。可以说，企业人力资源管理是企业在正确认识人性的基础上，有效地制定人力资源政策，根据本企业人力资源的实际状况，注重解决公平和效率问题，从而有效地激发员工的潜力和积极性。

一、企业伦理对人力资源管理过程的影响

和其他的资源一样，人力资源是能够创造价值的要素，是企业发展所必需的资源。企业伦理和人力资源管理关注的都是企业中"人"的因素。一般来说，人力资源管理体系是企业对员工正式的、制度化的管理，体现了一种刚性管理过程；而企业伦理是企业对员工的非正式影响和管理，体现了一种柔性管理思想。

（一）企业伦理对员工招聘挑选过程的影响分析

企业伦理对于员工招聘挑选有无影响，取决于企业家和管理者的文化背景、经验和偏好。例如，受中华民族文化的影响，领导或管理具有中国特色企业的管理者，在进行员工招聘挑选的过程中，都会融入伦理文化的考量，这主要体现在以下几点：首先，在人力资源规划制定上，一般有对招聘对象的文化背景、受教育的程度高低以及伦理道德文化因素的考核。其次，在招聘挑选过程中，无论是笔试、面试还是相关考察，都会加入隐性的属于非正式规则的伦理文化因素的考虑。特别是对于管理层人才的招聘挑选，更会融有伦理文化的要求。德才兼备是中国古代形成的人才选拔原则，唐太宗的名言"唯有才行是任"（《贞观政要·公

平》);"今所任用,必须以德行、学识为本"(《贞观政要·崇儒学》)最具代表性。在新的时代背景下,作为历史的延续和文化的继承,原先的伦理道德有了新的含义,诸如忠于祖国、忠于职守、以身作则,等等。这也是伦理思想在招聘人员过程中与时俱进的体现。特别是企业在招聘管理高层的"空降兵"时,除了关心其以前的经营业绩外,更主要的是考察其为人处世和口碑。

对于企业自身来说,在招聘过程中涉及的伦理问题主要有:发布虚假信息,扩大企业的知名度;利用考察人才的机会,抓住求职者的急迫心理,无偿获取其智力成果等。一旦企业实施以上各种不良的道德行为,最终将导致企业人才的缺失和道德信誉的丧失。因此,企业在选人、用人环节一定要保证合法性和原则性,在平等、公正、合法的基础上,适当照顾特殊人群和弱势群体,为企业赢得良好的声誉。

(二)企业伦理对激励过程的影响分析

企业的人力资源,也即员工的能力,是情绪、智力、体力等的综合体,员工是这些能力的载体,要想最大程度地发挥人力资源生产潜力,必须懂得如何激励员工。随着企业伦理的融入,在激励机制中,除了物质激励外,越来越多的企业开始重视精神激励。管理伦理学的最新研究成果显示,伦理关怀是企业激励机制的有效方法。基于伦理关怀的员工管理方式对员工个体而言是符合功利主义原则的,能增加员工的满意度和幸福感,在员工个体和整体的满意度和幸福感增强的情况下,企业员工流失率会大大降低,潜能得到充分发挥,企业的劳动生产率会大大提升。从而,每家企业的利益相关者都会受益,整体的幸福感会加强。基于伦理关怀的管理方式对员工的利益维护方面是非常重要的,同时,其还能提高企业的信誉和效率。在世界著名的企业管理中,伦理管理已经渗透到人力资源管理的许多方面,包括企业与员工、顾客、社区、社会、环境等。

(三)企业伦理对员工学习培训过程的影响分析

员工培训对职业道德的意义非常重大。应该改变以往重技能技巧、轻员工观念道德的培训状况,根据企业的道德准则并对照员工的职业道德状况制订培训计划。当然,仅仅通过培训课程来实现是不够的,还应通过优良道德实践经验的分享、领导干部的模范示范以及言传身教等方式推进和强化。

在经济全球化的大潮中,要使我国企业不断做大、做强、做稳,我们应该重视培训,完善企业培训体系及评估提拔体制,给员工机会去接受更好的教育和技能培训,充分挖掘其潜能。企业员工学习培训,过去一般注重业务技能和新知识的掌握。企业伦理融入现代人力资源开发的学习培训实践,一是可以拓宽继续学习的知识基础和文化视野,提高人力资本素质;二是根植于国人心灵深处的传统伦理文化因素易为员工所接受,通过伦理文化潜移默化的力量可以有效放大学习培训的效果。因此,伦理文化介入员工的学习培训,易于引起共鸣和变成自我改造的自觉行动，有利于在塑造个人形象的同时也从整体上提高企业信誉。

伦理文化融入企业员工学习培训的最关键的影响作用，莫过于通过伦理文化潜移默化的力量有效建设高效团队和促进员工的全面发展。所以，从这种角度来讲，持续的学习和员工培训及开发，被视为企业战略性的武器。

哈佛大学的研究结果显示，企业对员工进行企业伦理关怀的投入能够促进企业的发展和经济效益的提高。吸引人、留住人、提高人、用好人，可大大节约企业人员招募、选拔、培训等活动的成本。员工管理得好具有重要作用：对内，降低成本、提高效率、增加企业效益；对外，提高产量质量、服务满意度、增强企业信誉和市场竞争力。世界上很多著名的企业都很重视员工管理。在国外，企业对员工的培训体系大都比较完善，以国际商用机器公司（IBM）为例。国际商用机器公司是一家拥有 40 多万名员工、520 亿美元资产的大型企业，年销售额达 500 多亿美元。在计算机行业里，其销量居世界之首，多年来，在美国《财富》杂志评出的 500 家公司中一直高居榜首。国际商用机器公司追求卓越，特别是在人才培训、造就销售人才方面取得了一系列的成就和经验。国际商用机器公司绝不让一名未经培训或者未经全面培训的人到销售第一线，因为这样对公司形象和员工自身的信用影响很大。本着对员工和公司负责的态度，国际商用机器公司用于培训的资金充足，计划严密，结构合理。这种培训不仅是对员工知识技能的改造和提升，同时将企业伦理、企业文化融入培训实践中。一方面员工个体的素质有了全面提升，另一方面通过伦理作用的影响增强员工学习的效果。

（四）企业伦理对员工薪酬的影响分析

采取伦理关怀方式进行的企业人力资源管理，有助于树立良好的企业信誉，"而信誉能产生效益，一家企业信誉的高低与企业获利能力的强弱存在着正相关关系"。厉以宁认为，效率实际上有两个基础，"一个是物质技术基础，一个是道德基础。只具备效率的物质基础，只能产生常规效率。有了效率的道德基础，就能产生超常规的效率"[1]。

传统的企业薪酬体系过于刚性，缺乏有效的绩效评估，平均主义严重，员工积极性普遍不高。薪酬管理方面的问题主要表现在两方面：一是企业拖欠工资问题。我国劳动法规定，企业要按期支付职工工资。但近年来，由于企业监督和规范治理效果不显著，拖欠工资问题比较严重。据湖南省劳动厅 2004 年 2 月在全省各市州的调查显示，截至当时，全省各类企业共累计拖欠工资 67.79 亿元，其中拖欠农民工工资比例占拖欠总额的 14%。二是薪酬的公平性。在伦理管理的环境中，要让员工有机会通过不断提高业绩水平及对企业的贡献而获得加薪。对于直接从事生产的生产性员工，由其直属主管每月统计并公布该员工的产量、质

---

[1] 厉以宁. 经济学的伦理问题 [M]. 上海：生活·读书·新知三联书店，1995.

量、效率和出勤情况，并以此为根据按相关标准打分。为防止这种单向考核出现偏差，员工有权拒绝不公正、不真实的考核结果，并可以向企业的考核管理机构进行上诉，直至得到公正的评价。对非生产性员工来说，其绩效分须根据他们完成工作计划的程度而定，可实行季考核或半年考核。这种绩效评估体系可较为有效地克服考核单向化和主观性强的不足，实现了与员工的充分沟通，也体现了报酬分配的公平、公开与竞争原则，可以调动员工的积极性，还可营造出相互尊重、相互信任和积极进取的良好工作环境。

因此，在企业的绩效考核中，除了考察既定的工作量的考核标准外，还逐渐融入了伦理因素的考量，这不仅有利于革新传统的绩效考核制度，而且可以通过伦理文化潜移默化的力量拓宽绩效考核的内容和效用，推动人力资源管理创新发展。

二、企业伦理对企业经营目标的影响

在知识经济时代，越来越多的企业对于经营目标的定义有了更深入和广泛的认识，最明显的就是企业的目标不仅仅是为了赚取超额利润和增加股东的收益，很多企业将员工和其他利益相关者纳入了经营目标的考量，这种意识来源于企业社会责任意识的增强以及企业管理实践的需要。

企业经营目标与利益相关者的目标之间存在差异和矛盾，如果处理不好就会激化这种矛盾，在内部容易造成员工的反抗情绪和不满、知识员工的大量流失和人力资源管理成本的提高；于外部则可能破坏环境，诱骗消费者以获得利润，容易造成不良的社会影响，从而破坏企业的形象和声誉。在现代激烈竞争的市场中，企业的信誉度和公众形象对企业的市场得失日益重要：现代的顾客大都关注企业的信誉和企业形象，更倾向于购买注重环保和善待员工的企业的产品。当企业经营目标和利益相关者目标严重不一致时，企业的经营目标是无法实现的。所以，在制定和实施企业经营目标的时候，必须考虑伦理因素的影响，从伦理行为角度保证企业的经营目标沿着理性的方向发展。在所有的利益相关者中，员工与企业的关系最为密切，所以，企业经营目标与利益相关者目标的核心就是处理企业目标和员工个人目标的问题。

调动员工积极性必须从个人因素和组织因素两方面着手，使组织目标包含更多的个人目标，不仅改进工作的外部条件，更重要的是改进工作设计，使体力劳动与脑力劳动相结合，让员工感到工作是一种享受和愉快。

(1) 个性化发展原则。以组织成员的全面、自在的发展为出发点，在成员的岗位安排、教育培训等方面均应有利于当事人特性潜质发挥，按其特点、特长进行人力资源的最佳配置。

(2) 环境创设准则。要努力创设良好的物质环境和文化环境，以利于组织成员的个性化发展和在各自的岗位上进行自我管理。

(3) 人与组织共同成长准则。要求组织的发展不能脱离个人的发展，不能单方面地要求组织成员修正自己的行为模式、价值理念等来适应组织，组织的发展应适应员工个性发展所产生的价值理念、行为模式，将员工的个人发展纳入组织管理的范畴，从而实现组织与个人共同成长。

三、员工的基本权利与健康问题

（一）尊重员工，要尊重和维护他们的权利

伦理关怀作为企业员工管理的一种理性方式，要求企业不能仅把员工当做一种工具性资源，还要尊重每位员工的尊严和价值，尊重其享有的各项权利。员工首先是社会的一个成员，享有各项公民的权利，包括生命安全的权利、言论自由权、隐私权、财产私有权、信仰自由权及应得知情权等；其次，其作为工人还享有各项工作的权利，包括机会平等的权利、正当程序权、作业安全权、隐私权、举报权、合理知情权及相应的参与权等。企业的管理者应当尊重员工的权利，并在实际工作中切实维护员工各项合理的权益。具体来说，在企业管理中，管理者针对员工的权利要做到：员工的生命、健康和作业不能受到未知的危害；员工可以公开真实地谈论他人包括管理者；不能搜寻、监视和使用有关员工私生活的信息；员工有权知道的事情不能受到故意的欺骗；不能威逼或利诱员工做违背良心的事情；员工有权处置私有财产；员工有良心自由的权利，可以拒绝实施与其道德或宗教相矛盾的命令，等等。

企业的管理者不应该根据性别、年龄、户籍、宗教信仰、民族、种族或其他不相关的特征来判断人，而要根据具体情况中的事实判断，如工作技能、效率、知识程度、工作态度、品质等确实体现员工的内在素质的要素。应实行无性别歧视，充分重视和发挥女性员工的工作积极性和创造性。享有"兼并之王"美称的思科公司，在2002年一年里收购了20多家公司，只流失了7％的员工，这源于其一贯遵循的平等精神并体现在公司工作的方方面面。李嘉诚说："大部分的人都会有长处和短处，好像大象的食量以斗计，蚂蚁一小勺便足够。各尽所能，各取所需，以量材而用为原则；又像一部机器，假如主要的机件需要五百匹马力去发动，虽然半匹马力与五百匹相比小得多，但也能发挥其一部分的作用。"实际生活中，人们憎恨受到不公平的对待，而且只要可能，他们经常会避免不公平的待遇。因此，当公司失去一位由于受到不公平待遇而辞职的好雇员时，可能会蒙受重大的有形和无形损失。

（二）关心员工的健康问题

现代管理的人性化回归是人本管理的最终诠释，以员工尊严、员工追求、员工发展、员工情感为出发点的管理，其本质特征就是考虑到员工的个体特殊性，帮助员工缓解心理压力，促进员工心理健康。这种充满伦理关怀的员工管理，能

够减少员工对组织的报怨，树立良好的企业形象，增强员工对企业的认同，促进各部门员工间的沟通，提高员工士气，提高企业经营效益。

随着城市生活节奏的加快，员工的工作压力也日渐凸现，关心员工的身体健康是伦理关怀管理中不可或缺的内容。虽然国家已经建立了社会保障体制，并提供医疗保险制度，然而现有医疗保障只能满足员工最基本的医疗需求，当员工处于"亚健康"状态以及"高危"状况下，社会保障并不能提供及时有效的解决方案。如果企业为了降低开支，不会为员工提供健康管理计划以减少亚健康及高危人群的比例。由于员工的低效工作导致公司的损失是很大的，最终损失的还是企业。据了解，西方国家有一种普遍认可的成本核算，即在健康管理投资1元，将来在医疗费用上可减少8～9元。美国中等以上规模的企业，都接受了健康管理服务公司的专业化服务，为员工提供健康管理服务。原因很简单，员工疾病和亚健康状态是导致企业员工医疗保健开支增加的主要原因，同时，这些疾病和亚健康状态也是导致员工生产工作效率下降的主要原因。清华大学公共管理学院院长丁兆玲教授认为："企业采用健康管理可以更清晰地了解员工目前的健康状况和身体隐患，让员工保持良好身体状态，减少缺勤；同时，这项服务能体现公司的关怀，留住精英人才，并降低精英人才的健康风险。"员工帮助计划（Employee Assistance Program，EAP）时下被形象地称为"精神按摩"，它是企业为员工设置的一套系统的、长期的福利与支持项目，主要通过专业人员对组织的诊断、建议和对员工及其直属亲人提供的专业指导、培训和咨询，帮助解决员工及其家庭成员的各种心理和行为问题，改善组织气氛，提高员工的工作绩效，提升组织的公众形象。具体分成三部分：一是针对造成问题的外部压力源本身去处理，即减少或消除不适当的管理和环境因素；二是处理压力所造成的反应，即情绪、行为及生理等方面症状的缓解和疏导；三是改变个体自身的弱点，即改变不合理的信念、心智模式、行为个性和生活方式等，对于受心理问题困扰的员工，提供个别、隐私的心理辅导服务，如热线咨询、网上咨询、个人面询等，解决员工心理困扰和烦恼，使员工能够保持较好的心理状态来生活和工作。其核心目的在于使员工从纷繁复杂的个人问题中得到解脱，减轻员工的压力，维护其心理健康。众多企业的实践证明，员工帮助计划能够帮助员工缓解工作压力，改善工作情绪，提高工作积极性，增强员工自信心，有效处理同事、客户关系，迅速适应新环境、克服不良嗜好等，从而为企业带来巨大的经济效益。

（三）制止员工管理中的几种典型的不道德行为

1. 性骚扰

一般认为性骚扰有三种形式：口头方式，如以下流语言挑逗女性，向其讲述个人的性经历或色情文艺内容；行动方式，故意触摸碰撞异性身体敏感部位；设置环境方式，即在工作场所周围布置淫秽图片、广告等，使对方感到难堪。性骚扰的方式有一半是不必要的身体触摸或摩擦,其次是向被骚扰者提出性要求。骚扰者往往利用职权,或以加薪、提升、出国深造相引诱,或以辞退、破坏名誉相威胁,逼迫被骚扰者就范。受到骚扰的女性中,96%遭受情绪上的痛苦,35%的人身体受到伤害。典型的情绪反应有愤怒、恐惧、焦虑、自我贬低、压抑、内疚、羞辱、难堪、恶心、疲劳、头痛、体重增加或减轻。我国的法制尚不完善,性骚扰处于法律的灰色地带,比如以讲黄色笑话的形式挑逗女性属于性骚扰的范畴,但如果在立法中没有进行相应的解释,要判断是否违法就比较困难了。但是这些行为不仅对员工的影响很大,对企业发展的影响也很大。在美国,性骚扰是指被动和不受欢迎的与性有关的行为。波音公司2005年3月7日发表声明说,该公司董事长兼首席执行官哈里·斯通塞弗与公司管理层某高级女执行官存在不正当关系,公司董事会决定要求其辞职。在日本,性骚扰定义得更为严格,打相关的匿名电话、发送邮件或图片,甚至一些歧视性的语言、行为都要受到性骚扰的指控。企业管理者要尊重异性员工,而且要使员工之间互相尊重,严格预防和制止性骚扰事件的发生。

2. 侵犯隐私权

互联网技术的发展为公司带来了发展活力,但同时也为管理者与员工之间的关系带来了新挑战。企业的商业秘密与员工的隐私权利可能产生冲突,因为为了确保企业的商业秘密需要对员工进行严格的监视,如跟踪员工个人信件、电子邮件、传真,非法窃听员工电话,对员工工作时间以外的生活空间进行电子监视,等等。这些行为无疑侵犯了员工的个人权利。企业管理者维护企业商业机密的出发点没有错误,但必须在保证员工正常的隐私权利的情况下,通过协商和善意的、适度的监视处理企业的商业秘密问题。企业管理者要尊重员工的隐私权利,不能任意蛮横地侵犯他们的权利,否则会造成员工的不满和抵制,影响正常的工作。

3. 对员工实施暴力

员工有权对企业或管理者的不正当行为进行正当举报,企业或管理者不应当对其进行报复,包括身体的直接伤害等硬暴力和言语伤害等软暴力。这些行为会对员工造成重大的伤害,影响员工的工作热情、积极性,进而对企业的正常运作产生不利影响。管理者要对员工的正当举报采取合情、合理、合法的手段积极解决,对一些不当的举报也要采取善意的处理方式协商处理,绝不能私下采取暴力手段。更为重要的是,企业管理者要结合企业的特殊情况把伦理关怀的员工管理方式制度化和规范化,使得这种管理方式不会因为管理者的心情好坏、管理者的升迁或调换而改变。

四、人力资源管理对企业伦理的意义

通过建立学习型的组织,学习借鉴优秀企业的人力资源管理,创造性地开辟本企业人力资源管理的新境界，对企业伦理建设也有着深远的影响。

（一）人力资源管理对企业伦理建设的传承作用

在企业中，人是企业伦理建设的参与者、实施者，是企业伦理的学习者、传播者，人力资源管理的重点是探寻一种人力资源管理策略，使得组织中人力资源实现最优配置，发挥最大效能。在此过程中，势必关系企业伦理建设的诸多问题，即使在员工流动的情况下，企业伦理也会以成文的方式流传下来，成为企业遵循的典范规章，约束成员的行为，从而得到传承。

企业人力资源管理应符合组织所要求的集体和个人的具体目标选择，影响与制约、激发与培育、规范与引导人们的需要与动机，以解决人力资源开发中的深层次的动力问题。通过该模式可以吸引更多优秀的人才加入到企业，从而为企业的伦理建设注入新的活力，起到巨大的推动作用。

（二）人力资源管理对企业伦理建设的促进作用

人力资源管理涉及企业中员工的开发与培训，其目标就是追求个体和组织的价值观和利益的趋同性。在人力资源管理实践中，管理模式所涉及的结构因素会对伦理建设起到反作用。当企业在管理实践中能够严格遵守法律，按照社会价值观的标准，有的放矢地进行人才选用和培训，必定会对企业伦理有新的认识和思考，在这种情况下，管理实践会促进企业的伦理建设，将伦理管理的实质运用到管理模式中。

此外，随着社会法律体系的逐步完善和社会主义市场经济社会化程度的提高，整个社会对于伦理价值的认识会不断提升，对伦理标准的公信度也会提高，由此影响企业在经营管理过程中对伦理建设的认识和力度，使企业的人力资源管理更加人性化，在这种良性循环中促进企业的伦理建设。

（三）人力资源管理对企业伦理建设的创新作用

知识经济时代的代名词就是"创新"。创新是企业生存和发展的根本动力，也是社会进步的力量源泉。而任何理论的创新都离不开实践的尝试，伦理创新也不例外。在新的时代背景下，对知识型员工的管理模式、沟通方式、伦理关怀等，将极大地推动企业伦理理论的创新性研究，从实践中为理论的升华提供实证依据。所以说，人力资源管理的实践有助于企业伦理建设的创新。

第三节 企业伦理在人力资源管理层面的构建

一、公司企业家精神的强化

"企业家是当今最有力量改变世界，创造公平正义社会的一群。当面对饥饿、贫穷、环境迫害、道德沦丧等人类生存的危机时，企业家当有舍我其谁的担当"[1]。企业家的伦理水平决定着企业员工的道德水准,决定着企业道德建设的程度和水平。这是因为,企业伦理始于员工对企业道德规范的认识,而且企业伦理建设主要落实在经营管理之中,企业家的决策贯穿于各项活动之中。

企业家应坚持以更高的标准要求自己,这种更高的标准和要求都是为了服务于社会并维护社会福利的——包括公众等利益相关者的权益,因此,只有当这种标准和要求成为整个企业甚至行业的规范时,才会具有更大的作用。具有明确伦理目标的公司,企业家精神建设可以规范企业成长,构建一套能够容忍失败的管理系统,提升企业及其利益相关者的整体伦理水平,以适应企业实现更高的发展目标和要求。

二、企业伦理制度的健全

企业伦理制度就是在企业中,把为调节企业内部、企业外部及企业与企业之间的各种关系而制定的、并要求企业普遍遵循的道德准则、道德要求提升或规定为制度形式。因此,必须加强企业道德的制度化建设,强调其硬约束力,制定或确认道德行为的准则,使道德价值得到道德规范与法律规范的双重确认,增强其约束力,发挥道德与法律的互补作用。

三、重视企业伦理对于提升人力资源管理效率的积极作用

随着市场经济的深入发展,企业文化的作用日显重要,伦理越来越显示出其不可替代的作用。企业伦理作为一种非正式规则或者非正式制度安排,对于正式规则或者正式制度安排有着积极的补充作用。而且,一些作为非正式规则或者非正式制度安排的伦理,在一定条件下转化为正式规则或者正式制度安排之后,对于提升人力资源管理效率和企业的发展会产生不可估量的效用,特别是在有着丰厚历史文化积淀的中国,发挥伦理的积极作用,更有着适合的土壤和环境,有利于建立互信的企业文化。

四、塑造具有集体意识的信任感、安全感和归属感

李嘉诚指出:"管理一家大公司,你不可以任何事情都要亲历亲为。要使员工有安全感,让他们能安心工作,那么,你就要首先让他们喜欢你。"没有"信任"的团队,意味着高成本。信任可以说是许多团队成员之间唯一的联合基础,而这种基础是管理成功的保障。团队的运作若缺乏信任,就得依靠更多的规章制

---

[1] 〔美〕彼得·圣吉. 第五项修炼——学习型组织的艺术与实务 [M]. 郭进隆,译. 上海:三联书店,1998.

度与惩处办法来管控，耗费更多的成本。只有具有合作精神和奉献精神的团队，才能给员工以安全感、归属感，也才能提高整个团队的凝聚力，进而提高团队的运作效率。

> **个案介绍**

有三只老鼠结伴去偷油喝，可是缸深油少，根本喝不着。后来它们想到一种办法：一只咬着另一只的尾巴，轮流到缸底喝油。可是当一只咬着另一只的时候，最先到底的老鼠心想：油这么少，轮流喝不过瘾，今天既然运气好，不如自己痛快喝个饱。中间的老鼠心想：缸底的油又不多，万一第一个喝光了，岂不是白白为他人做嫁妆？还不如把它放了，自己也跳下去喝个痛快。而第三只老鼠心想：油这么少，等他们两个吃饱喝足，哪有我的了，不如自己也跳进去饱喝一顿。于是，第二只老鼠狠心地放掉第一只老鼠的尾巴，第三只也迅速地放掉第二只的尾巴。它们一起抢喝为数不多的油，当喝完想要出去的时候发现：由于缸太深，它们再也逃不出油缸。可想而知，当主人发现的时候它们所面临的悲惨下场。

　　解析

它们为什么不能合作创造共赢的团队氛围？源于彼此之间的不信任和只注重个人的狭隘的眼前利益，而忽视了整体的长远利益。可见，如果公司缺乏合作意识，没有团队精神，那么受损的还是公司本身。

五、为员工定制工作发展规划

人力资源胜任理论的基本观点就是实现人力资本的最优配置，即将合适的人才置于合适的位置。企业要结合员工的自身情况使之与相应的岗位相匹配，并不断组织培训和调节员工的岗位设置，要人尽其才、才尽其用，最大程度地发挥员工的潜力。

为员工职业生涯设计清晰的个人发展规划，使得个人目标与企业目标很好地结合起来。每位员工很难对自己作出客观评价，更难对自己的工作前景作出科学客观的规划，这就需要企业管理者通过丰富的实践经验和对员工的沟通、考察，了解员工的情况，为其定制适当的工作发展规划，以有利于员工的自我清醒的认识和发展完善。2000年5月，安利公司（中国）委托市场检测机构对公司营销人员进行了一次全国范围的抽样调查，结果显示，在加入安利公司之前，有35%的人对生活缺乏信心、被别人瞧不起或自尊心受到损害。从事安利事业之后，有26%的人增强了对生活的信心、改变了生活态度，33%的人认为丰富了自己的知识、提高了个人能力和自身素质。所有这些成就都归功于安利系统完善的培训体系。根据不同员工自身的特点定制相应的发展规划，能够使员工更快、更有效地发挥自身的潜力，实现自我发展和完善，这样更有利于提高员工的个人尊严和价值，更能够留住员工、增加员工的满意度，对企业的长期发展而言是十分重要的。

第四节　企业伦理与人力资源管理案例

一、企业伦理与薪酬案例思考

2003年5月29日，英国总工会、荷兰总工会和德国工会联合会联合向三国政府和欧盟发出呼吁，要求他们加强对公司高层薪酬的监管。[1]

这三家工会是代表三国1 600万工人发出的呼吁。他们要求政府设立相关法律，使各家公司在每年的股东大会上就高管薪酬进行具有约束力的投票表决，并公开机构投资者的投票纪录。同时，还要求限制公司高管所得股票期权的数额，并给予员工代表法定权利，使他们能参与决定公司高层人员的薪酬水平。英国总工会表示，目前欧洲有一种普遍的担忧，因为美国式的高层薪酬制度正被逐渐引入欧洲。

目前，在法国和德国等欧洲发达国家的高层管理人员的平均收入是普通职工的24倍，这一比例高于日本，但远低于美国。欧洲公司的高层以此认为，他们也应该获得比较体面的薪酬，才能跟得上他们美国同行的水平，近年来不断要求以各种形式提高待遇水平。目前，欧洲很多国家的高层管理人员实行固定上浮的工资制度，而不管公司的实际运行和赢利状况。法国威望迪集团和英国沃达丰公司2001年的亏损额均达到历史最高水平，而这两家公司主席的年薪不降反升，威望迪集团主席梅西当年的年薪是510万欧元，比前一年增长了20%。

由于各方反对声越来越大，欧洲公司高层们近期开始在薪酬问题上作出让步。在制药商格兰素史克2003年5月举行的股东大会上，股东们以超过半数否决了该公司首席执行官皮埃尔的薪酬计划，这是英国公司历史上第一次在股东大会上投票否决高层薪酬方案。虽然这种反对不具法律约束力，但该公司还是表示将对该方案进行折衷。无独有偶，2001年美国通用电气公司前董事长韦尔奇也在一片质疑声中主动调整了自己的退休津贴安排。

企业高层高薪的支持理由是领导者的作用和贡献与普通员工的差别事实存在，能够成为领导者的人选有限；而一位优秀的领导者对企业的贡献（或者说影响力）不是多少名普通员工的能力相加能够替代得了的。我们常说"一只羊带领的一群狼，打不过一只狼带领的一群羊"，就是这个道理。

---

[1] http://www.cctv.com/lm/776/14/86056.html.

但是，一项长期的跟踪研究表明，适当的薪资差距能够激励员工的工作积极性；但如果员工薪酬差距过大，则会降低组织运作的效果。当薪酬差距超过一定的比例，员工的工作效率开始降低，工作态度懈怠，与管理层的对立情绪恶化；进一步的发展就是上面的消息中描述的行为：诉诸公众舆论、求助于政府和立法。

中国企业高层与普通员工的薪酬差距还远没有这么大。根据前几年的调查，一般在 10 倍以内。这则消息对中国企业真正的借鉴之处是：它预示了一种新趋势的出现，就是企业不仅要承担法律规定的责任，作为一家负责任的企业，还要承担一定的社会责任，比如在环境、人权、公平交易、动物福利与保护等方面的责任；关注，或者说有权利关注企业行为的不再仅仅是企业的股东，还包括更多的群体，比如普通员工、社会团体、政府、商业伙伴、社区等，这些个体和群体统称为企业的利益相关者。也就是说，社会的发展要求企业不仅仅为股东负责任，而且要为更广泛意义上的"股东"，也就是企业的利益相关者负责任。

企业的利益相关者可能会是任何团体或者个人，只要这家企业的影响或者行为能够影响到他/她（们），或者这些团体或个人能够影响到这家企业。按照与企业影响关系的直接程度，企业的利益相关者分成两部分：内层利益相关者和外层利益相关者。前者特点是社会的，成员包括股东/投资者、政府/立法者、雇员/经理、国内机构、客户、社会团体、供应商/其他业务伙伴、媒体/学院、当地社区、贸易机构以及竞争者。后者特点是非社会的，主要指自然环境、环保团体、子孙后代、动物保护组织、非人类的物种等。

这些群体和个体之所以会成为企业的利益相关者，就是因为企业行为的影响范围在扩大，而企业也更容易受到社会舆论，以及其他一些非商业因素的影响，比方说处于社会底层的群体对贫富差距的承受能力等。因此，企业设计高层的薪酬体系时就必须考虑到这些因素的影响。

如何处理好这些问题？既然企业的所有问题已经涉及企业的利益相关者，而不再仅仅是狭义上的股东，那么就必须从企业的社会责任的高度来思考和寻找解决办法，作决策时就必须考虑到利益相关者的希望和要求，如企业体现出对社区的关注、人性化的举措、对社会公益活动的支持，等等。

我们能看出，这些已经不再是单纯的企业公关和危机处理概念能够涵盖得了的了。若按照公关危机来处理，就顾及不到股东以外群体的利益，结果有可能是灾难性的。十多年前，壳牌石油在阿尔及利亚对因开采石油引起的环境灾难极力解释引起民众骚乱，导致公司形象在全球受到严重打击；雀巢公司因为宣传奶粉比母乳更有营养误导消费者，造成事实上某些婴儿发育受到影响，而当时受到舆论批评后启动公关危机应对机制进行掩饰，结果适得其反，有资料说当时造成的直接销售损失是七千多万美元。所以，值得企业借鉴的一点是：将所有利益相关者的要求考虑到企业实践运营中，利用企业的优良无形价值，充分发挥企业的社会责任，特别是提高对企业内部顾客——员工的服务水平，从内而外形成企业可持续的竞争优势。

二、企业裁员的伦理案例分析

2004年3月，联想集团在FM365网站项目收缩之后，开始了近年最大规模的一次裁员动作。联想在书面文件中明确表示，此次裁员是公司战略调整的行动之一，与员工的表现及业绩无关；同时，集团安排了周详的补偿计划，并为离职员工提供心理辅导、再就业支持等服务，裁员的数量约占集团员工整体比例的5%。虽然仅仅是5%的比例，但就这家员工总数超过11 000人的中国大型技术企业在中关村乃至国内IT业的影响，裁减600人足以造成重大影响。联想此番裁减人员的流程非常专业和顺畅。3月6日启动计划，7日讨论名单，8日提交名单，9—10日人力资源部门审核并办理手续，11日面谈。整个过程一气呵成。在宣布裁员的当天，秩序井井有条。经理们首先肯定员工过去的成绩，然后解释战略性裁员的意义，告知可能支付的补偿金数额，然后递上所有已办好的材料，让离职员工在解除劳动关系的合同上签字。平均每个人20分钟。更为有效率的是，在员工进入面谈室的同时，公司已经帮他们办好了近乎所有的离职手续；等他们从会议室出来的时候，邮箱、人力地图、IC卡已全部注销。这意味着，从面谈室出来的那一刻，他们就不再是联想的员工。被保留的部分根据联想新的业务规划重新确立为核心业务、重点业务、其他业务三个层级，主次级别标示为A、B、C。PC作为A类业务自然受到保护；手机业务被列为B类，因此联想移动通讯研究院并未受到大规模的裁员；而被归入C类业务的IT服务群组和高性能服务器则成为裁员幅度最大的部门。配合业务调整，裁员的另一种形式是对人力资源在地域上进行重新分配。比如，上海本地消费者倾向于选择国际品牌的消费习惯使联想在上海陷入了洋品牌的包围中。联想因此施力于华东其他省份的市场，措施之一就是把上海的员工派往周边各省市。联想（上海）有限公司市场部是改革力度较大的部门。原来的市场部已重新整合，改称"业务支持部"，员工部分转岗到其他业务部门。

较之裁员，转岗成了更多人的选择。把全国的销售大区从原先的7个增加到18个，"充实更多的力量到一线去"正是转岗的基本思路。转岗是一种更为柔和的裁减方式，但在整个集团大规模裁员的压力之下，很多部门不得不完成一定的裁减指标，接收新员工的几率微乎其微。市场部、公关部、行政部是受到影响最多的业务部门，一些硬性指标使B类业务部门也考虑裁减一些员工，上海的联想移动通讯研究院因此辞退了三个人。

一位中层经理说："人都有一种归属感，我们常常会对别人说我是北大的，或者我是联想的,但没有人会说我是自己的。而实际上这种归属感往往会使自己迷失,你其实不是联想的,联想也不是你的,你只属于你自己!我们其实都没有亲人之外的另一个家!"

本章小结

企业伦理与人力资源管理是企业经营中的两个重要层面,前者侧重于企业的软性方面,而后者则主要涉及企业制度、政策等内容。本章在总结企业伦理定义的基础上,分析讨论了企业伦理的功能,及其对人力资源管理过程的影响。此外,通过介绍企业伦理与人力资源管理的辩证关系,说明企业伦理如何在人力资源管理的制度层面构建企业的集体意识和行动导向。最后,通过两个管理案例,展示了企业伦理在具体实践中的应用。

关键概念

企业伦理　　企业伦理制度

复习题

1. 企业伦理有哪些功能?
2. 企业伦理与人力资源管理的相互关系是什么?
3. 企业伦理对人力资源管理的重要意义是什么?

讨论及思考题

1. 企业伦理与人力资源管理是如何实现"柔"与"刚"的统一的?请举出一两个实例。
2. 人力资源管理制度对企业伦理的形成有什么影响?
3. 试讨论企业伦理真的能为企业带来效益吗?
4. 试讨论企业伦理与企业家精神之间的关系。

参考文献

[1] 刘红叶. 企业伦理概论 [M]. 北京:经济管理出版社,2007.
[2] 徐大建. 企业伦理学 [M]. 上海:上海人民出版社,2002.
[3] 朱金瑞. 当代中国企业伦理的历史演进 [M]. 江苏:江苏人民出版社,2005.
[4] 牛文文. 商业的伦理 [M]. 中信出版社,2007.
[5] 赵德志. 现代西方企业伦理理论 [M]. 北京:经济管理出版社,2002.

[6]〔美〕O.C.费雷尔,约翰·费雷德里克,琳达·费雷尔.商业伦理——伦理决策与案例(第5版)[M].北京:清华大学出版社,2005.

[7]〔美〕罗布·戈菲,等.人员管理.哈佛商业评论精辟译丛[M].北京:中国人民大学出版社,哈佛商业出版社,2000.

[8]金鸣,张敏.世界500强企业管理成功之道——招聘、培训、测评[M].北京:北京出版社,2006.

[9]陈炳富,周祖城.企业伦理学概论[M].天津:天津人民出版社,2005.

[10]乔法容,朱金瑞.经济伦理学[M].北京:人民出版社,2004.

[11]赵曙明.人力资源管理[M].上海:同济大学出版社,1991.

[12]〔美〕彼得·圣吉.第五项隆炼——学习型组织的艺术与实务[M].郭进隆,译.上海:上海三联书店,1998.

[13]刘光明.经济活动伦理研究[M].北京:中国人民大学出版社,1999.

[14]张德.人力资源开发与管理[M].北京:清华大学出版社,1996.

[15]厉以宁.经济学的伦理问题[M].上海:生活·读书·新知三联书店,1995.

[16]〔美〕戴维·J.弗里切.商业伦理学[M].杨彬,等,译.机械工业出版社,1999.

[17]〔美〕林恩·夏普·佩因.领导、伦理与组织信誉案例[M].大连:东北财经大学出版社,1999.

[18]〔美〕斯蒂芬·P.罗宾斯.管理学[M].北京:中国人民大学出版社,1997.

第十四章
人力资源会计

本章要点提示

- 人力资源会计的计量
- 人力资源会计核算
- 人力资源成本
- 人力资源会计应设置的账户

本章内容引言

本章主要阐述人力资源会计的概念、内容、科目、人力资源成本会计和人力资源价值会计。

第一节 人力资源会计概述

21世纪，人类迈入了知识经济时代。随着知识经济的形成和发展，财富的存在形式发生了质的变化。农业社会中，财富存在的性质是土地；工业社会中，财富存在的形式或价值表现是资本；而在知识经济条件下，以知识、信息、科学技术为主体的人力资本在一定意义上是比实物资本、货币资本更为重要的无形资本，这说明了企业财会管理核算的对象将从有形的生产要素为主转向无形的生产要素为主。人力资源是21世纪的战略资源，是知识经济时代财富的源泉。从客观环境和经济社会发展的趋势来看，所谓"知识经济"、"信息时代"，其背后都是以人力资源为主题的。正是因为如此，2001年在上海举行的亚太经合组织会议，其主要议题之一就是如何加强在亚洲及环太平洋地区的各国在人力资源开发上的合作。诸如人力资源所创造的价值如何衡量、人力资源流动过程中如何实现增值、高科技产品的成本究竟如何计算、职业经理人的贡献如何加以量化、人力资源管理开发活动的投资回报怎样加以计量等问题，正是人力资源会计要解决的。

一、人力资源会计的概念

20世纪60年代后期，人力资源管理学作为一门独立的学科体系，构成了现代工商管理整个系统中的一个重要组成部分。与之相随，以美国为首的西方国家开始了对人力资源会计的研究工作，把人力资源作为组织资源，对其成本、价值、收益进行预测、决策、核算、控制、报告、分析、评价和考核，以提供企业有关人力资源的相关信息。

人力资源会计是在运用经济学、组织行为学原理基础上，与人力资源管理学相互结合、相互渗透所形成的一类专门会计学科，是对组织的人力资源成本与价值进行计量和报告的一种程序和方法，是会计学科发展的全新领域。自美国密歇根大学赫曼森1964年首次提出"人力资源会计"这一概念后，通过一大批会计学者坚持不懈的研究，到今天已逐步建立起一套较为完整的人力资源会计理论体系，特别是知识经济的到来，更为人力资源会计的推广创造了契机，并初步在企业实践中结出硕果。

对于人力资源会计，美国会计学会人力资源会计委员会定义为："人力资源会计是鉴别和计量人力资源数据的一种会计程序和方法，其目标是将企业人力资源变化的信息，提供给企业和外界有关人士使用。"

二、人力资源会计的理论基础

(一)"人力资本要素的稀缺性"决定人力资本所有者可以拥有企业的剩余索取权

"资本雇佣劳动"还是"劳动雇佣资本"，一直是经济学界争论的焦点。根据马克思在《资本论》中的观点，可以推定，在物质资本稀缺的年代，资本与劳动之间貌似平等的关系丝毫不能够掩饰两者之间实质上的不平等，因此，财务资本的所有者和人力资本的所有者之间订立的契约从根本上讲是不完备的，而且不完备的程度甚高。事实上，马克思在《资本论》中几乎将人力资本作为外生变量而未作详细研究。与此形成鲜明对比的是，物质资本是马克思讨论的重心。不可否认的是，"资本雇佣劳动"只是人力资本所有者与财务资本所有者之间重复博弈的初始均衡状态，在社会的演进与经济的漫长发展过程中，人力资本所有者和非人力资本的所有者之间的讨价还价博弈从未终止过，而是体现为一种连续的重复博弈。当人力资源的形成、培育、开发和利用成为决定一家企业生存、发展、获利的决定性因素之一时，人力资本所有者和非人力资本所有者进行的讨价还价（重复博弈）中双方的力量对比也在变化，两者之间的不平等性在逐渐缩小。作为有限理性的经济人，人力资本所有者会逐步要求成为和股东、债权人一样的权益索取者，甚至要求享有企业的剩余索取权。

市场中的企业体现为人力资本与非人力资本缔结的契约，为了各自的目的而联合起来缔结的契约关系网络（Nexus of Contracts）。具体（但并不绝对化）来说，一般认为股东是剩余权益索取者、债权人是固定权益索取者。人力资本所有者能否拥有剩余索取权取决于其是否像非人力资本的所有者那样拥有企业。这个问题的回答等价于人力资本的所有者是否和非人力资本的所有者一样，是企业风险的真正承担者。由于人力资本的所有者（企业家、生产管理者等）不仅影响着一家企业的竞争力和发展前景，而且已经逐步成为风险的主要承担者之一，他们承担的风险主要在于被解雇、失业或遭受劳动成果损失以及声誉损失和其他机会损失等，而且，人力资本所有者的努力程度是最难监督的，而使契约趋于完备的一项必要条件就是让这些最重要的、最难监督的（企业）利益相关者拥有部分的企业剩余索取权。在古典型的企业中，企业的财务资本所有者与人力资本所有者身份重叠，财务资本所有者同时也是企业的管理者。这种人力资本与非人力资本的所有者合二为一的现象，留给我们一个笼统而模糊的"资本"概念。"资本雇佣劳动"的命题也正是不甚恰当地奠定在这个模糊的资本概念基础上。现代企业组织形态下，正是人力资本的所有者（一种积极的"货币"）的存在才使得企业的财务资本不断地增值。传统的财务资本（一种消极货币）的增值是缓慢的、呈现出内涵式的简单增值，一般体现为算术增长（离开了人力资本的参与，非人力资本的增值有时是不可能的）。而正是由于富有创造力的人力资本的参与，非人力资本的增值才成为现实（人力资本的外部性），才呈现出几何增长。综上所述，人力资本所有者应该成为企业的剩余权益索取者。

通过分析，我们认为："生产要素的稀缺性决定了企业内部各缔约方谁拥有剩余索取权、拥有剩余索取权的份额。"传统的工业经济年代，财务资本的稀缺性确保了其所有者拥有企业的剩余索取权；而在完全意义上的知识经济时代，知识必将成为最稀缺的生产要素，使得最先进的知识的载体——人力资本所有者成为企业的剩余权益索取者。目前，人类社会正处于由工业经济向知识经济过渡的特定历史阶段，人力资本与非人力资本的持有者应该共同分享企业的剩余索取权。

（二）会计学的权益理论

权益理论是整个会计学的基本框架之一，它浓缩了若干会计学的基本观点，与会计基本假设、会计目标和会计对象都有着密切的联系。如主体理论（资产＝负债＋所有者权益）本身就蕴涵了传统的四项会计基本假设，包容了会计目标的主要部分——向投资者和债权人提供评价管理当局履行资本保值增值情况的信息和对决策有用的信息，也体现了作为会计对象的"价值增值运动"的部分内容。但是，主体（权益）理论却并未及时地融入会计基本假设、会计目标和会计对象在会计环境变迁下的新拓展。

（1）与一个会计主体发生利益关系的不仅有财务资本的投入者（物质资本所

有者和债权人），还有人力资本的所有者，很难设想仅仅有财务资本而缺乏活劳动的参与，企业能够顺利运行、产生利润因而实现生存、获利和发展。马克思在《资本论》中就曾经指出，剩余价值是由可变价值（V）——人力资本创造的！所以，人力资本对企业而言是不可或缺的生产要素，人力资本权益也应该在权益理论中得到体现。

（2）会计目标是向有关利益集团提供进行决策的相关信息，而所谓相关信息的内涵和外延目前已经发生了很大的转变。投资者关注的将不再是单一的、关于财务资本的财务信息，而要求企业披露其所拥有的软资产如人力资源、知识产权等有利于保持企业长期战略性竞争优势的信息。事实上，知识经济下，一家企业可持续发展能力、未来获利能力以及有利的现金流动状况的决定因素将不是其财务资本如何殷实，而是取决于这家企业是否拥有高素质的人力资源队伍、良好的管理以及团队精神。人力资本所有者所掌握的知识、技术，以及所代表的先进生产力和管理能力正成为决定一家企业优劣和一国经济发展状况的关键因素。作为一套信息系统，会计应该能够及时进行调整，提供有关人力资源的信息来满足决策者的需要。

（3）会计对象是"价值增值运动"。在知识经济下，价值增值的方式正发生着巨大的变革，人力资源对价值增值过程的贡献已经取代了财务资本而成为第一位的、决定性的因素。因此，在一定条件下，会计对象应该能够及时将人力资源这一价值增值的驱动因素纳入会计范畴。

会计基本假设、会计目标和会计对象共同作用决定了会计应该设置哪些要素、要素如何细分以更好地满足使用者的信息需要，三者在会计环境的变迁促进下融入了新的内涵，那么权益理论也理应将人力资源这一因素包含在内。为此，权益理论应该拓展为"资产＝财务负债＋人力负债＋财务资本权益＋人力资本权益"。

三、我国建立人力资源会计的必要性

（一）财务信息使用者的需求

随着知识经济时代的到来，人力资源的因素对企业经营成败的影响越来越大，投资者对人力资源信息的需求也越来越大，这是人力资源会计得以存在与发展的最根本动因。

（二）内部管理的需要

现行会计将人力资源投资支出计入当期费用，不单独提供有关人力资源投资及其变动的情况、人力资源投资的经济效果以及人力资源的经济价值等方面的信息，因而也就无法满足人力资源的管理和控制对信息的需求。

（三）国家宏观调控的需要

通过人力资源会计所提供的信息，政府可以了解整个社会的人力资源维护与开发情况；同时，政府还可以运用税收等手段鼓励企业加大人力资源投资的力度，以保证社会经济发展的后劲。

（四）财务会计核算原则的要求

事实上，单从会计核算原则来考虑，现行会计对人力资源的处理有诸多不妥，一方面，将人力资源投资计入当期费用，违背了权责发生制的原则。企业在人力资源上的投资支出，其收益期往往超过一个会计期间，属于资本性支出，按照权责发生制的原则，应先予以资本化，然后在各收益期内分期摊销；而现行会计的做法却是将其全部费用化，作为当期费用入账。这样的做法在工业经济时代还是可以理解的，因为在工业经济时代，人力资源会计投资在数额上占总投资的比重太小，人力资源的重要性难以体现；而且人力资源投资支出的受益期不易辨别，其受益程度更是难以计量。但在人力资源投资比重日益增大的今天，再将人力资源支出全部计入当期费用，势必导致会计信息严重失真。另一方面，将人力资源投资支出费用化，必然使各期盈亏报告不实，导致决策失误。将人力资源支出全部作为当期费用，必然导致低估当期赢利，造成决策失误；同时，当企业大量裁员时，尚未摊销的人力资源投资支出应作为人力资源流动的损失，计入当期费用，但现行会计并不能反映出这种损失，不利于经营者进行正确决策。所以，从遵循会计原则的角度而言，实行人力资源会计也很有必要。由此可见，无论从满足信息需求者的角度而言，还是从维护会计核算原则角度而言，人力资源会计的实施都势在必行。

人力资源会计理论的研究具有探索性或超前性，在我国更是触及经济改革（尤其是国企改革）的症结——个人产权问题，因而在实践上步履维艰。对此，华为公司作了一些有益的尝试。他们的经验是把人力资源定为知识资本，确定人力资本增值的目标优先于财务资本增值的目标，认为知识只有资本化才能形成公司发展的原始动力。据此设计的分配原则是，对知识劳动既给予计入成本费用的工资、奖金、福利形式的报酬，又给予股权形式的报酬，使员工能参与企业税后利润的分配。考虑到共同奋斗者的利益，对股权实行动态的调节，解决了公司可持续发展的动力源泉问题。在人力资源会计的具体核算上，公司采用"双轨制"编制知识资本汇总表和购股权动态表，并使用货币与非货币两种尺度进行计量。货币计量采用收益模型和成本模型；非货币计量采用对工作态度、工作能力和工作绩效的综合评价。在会计科目上，设置"知识资本"账户，分人力资本、购股权等进行明细核算。

四、人力资源会计的内容

（一）人力资源会计的确认

人力资源会计将人力资源投资视做资产。企业在人力资源的载体——人身上的投资是企业付出的可以用货币计量的投资,是可以取得预期收益的权利,是企业能够控制和利用的,因而可以定义为会计资产。

应该指出,人力资产是一种无形资产。与其他无形资产一样,首先,人力资产不具备实物形态。企业员工虽具有实物形态,但人力资产是指员工的服务潜力,这种潜力是没有实物形态的,切不可把人力资产的载体——人与人力资产本身混为一谈。其次,人力资产是能用于生产商品、提供劳务、出租或用于行政管理的资产,人力资产能带来未来经济效益这一点是毫无疑问的。再次,人力资产的受益期通常是一个会计期间以上,服务期低于一个会计期间的员工的工资等支出一般直接计入当期损益,而不予资本化。最后,人力资产所提供的经济效益具有极大的不确定性,这是因为一方面人力资产到底能带来多大的效益是很难估计的;另一方面,由于人才的流动性很大,使人力资产的受益期事实上也很难确定,所以人力资产所提供的经济效益带有极大的不确定性。

(二) 人力资源会计的计量

将人力资源资本化,就涉及人力资产的计价问题。对人力资产的计价主要有两种流行的观点。第一种观点认为,对人力资产应按照其获得、维持、开发过程中的全部实际投资支出作为人力资产的价值入账,因为这些支出是现实存在的,以此入账,既客观又方便,这种方法称为成本法。成本法又分为按历史成本入账、按重置成本入账及按机会成本入账三种方法。另一种观点认为对人力资产应按照其实际价值入账,而不应按其耗费支出入账,因为企业获得、维持、开发人力资源的过程中的支出往往与人力资产的实际价值不符,这是由于对人力资源的支出相当的一部分往往由政府以公共支出的形式负担,企业并不负担这一部分成本,所以这一观点的支持者认为,成本法反映的会计信息是不真实、不全面的,对人力资产应按照其实际价值入账,故该方法称为价值法。价值法按照不同的计量模式又可分为群体价值模式和个人价值模式。上述两种观点都有各自的道理,经过多年发展逐步形成了人力资源会计的两大分支——人力资源成本会计和人力资源价值会计。

1. 人力资源成本会计

人力资源投资支出是一个会计实体为了取得、维持和开发人力资源所发生的全部支出,主要包括以下三部分。

(1) 取得人力资源支出。取得人力资源支出是指会计实体为了获取某一项人力资源所发生的各项支出,具体包括:招聘支出,指为了网罗、吸引求职人员所发生的费用,如招聘广告费,中介机构手续费,因招聘而发生的差旅费、接待费、材料费等;选拔支出,指从应招人员中挑选理想员工过程中发生的各项费用,如面试时支出的费用、体检费、从事招聘工作的人员的工资和奖金等;定岗支出,将录用的员工安排到适当的工作岗位所发生的各项一次性的支出,如搬迁费、注册费、接待费等，特别应指出的是，还应包括特定员工工作所需的特殊设备支出，这是因为这些特殊设备往往是应个人的要求所定购的，一旦这一员工离开企业，其他人可能将根本不能利用该设备，故应计入人力资源取得支出。

（2）维护人力资源支出。维护人力资源支出指企业为将员工留在企业工作所发生的各种经常性支出，包括工薪及奖金支出、劳动保健支出、医疗保健支出、社会保险支出和人事管理部门的支出。

（3）开发人力资源支出。开发人力资源支出指企业为提高员工素质而发生的各项支出，包括：上岗前培训支出，指为了使员工具备完成特定工作所需要的技能、适应特定工作岗位的要求而发生的各项支出，如见习费用、培训费用等；在职培训支出，指员工达到熟练程度以前发生的各项支出；脱产培训支出，指脱产学习，以提高员工素质，使之能适应新工作的要求而发生的支出，如教员工资、员工培训期间应发的工资、材料费、差旅费、住宿费、学费等。

上述的各项支出，并非要全部计入人力资源的成本予以资本化，只有那些受益期超过一年以上的费用才能予以资本化。一般说来，我们通常将人力资源取得支出和开发支出予以资本化，而维护支出则按照传统财务会计的做法计入当期损益，但对数额较大的一次性维护支出，也可计入待摊费用，分期计入损益。

如上所述，现行会计不问支出的性质，将人力资源支出一律计入当期损益的做法，显然是不合理的，人力资源会计正是要改变这一做法，使会计信息更具真实性、相关性。

尽管人力资源投资支出资本化就是将上述支出予以资本化即可，但在实务中依据计价标准的不同，又可分为三类：历史成本法、重置成本法和机会成本法。历史成本法是将上述的获得、维护、开发费用按其实际发生额资本化，较为客观和方便；重置成本法是指在现时重新获得与原来相同的人力资产所要花费的成本，该方法提供的信息更具决策上的相关性，但由于对什么是相同的人力资产、重置成本到底有多大等问题的确定标准，主观性过强，从而限制了其应用范围；机会成本法是以企业员工离职时使企业所蒙受的经济损失作为企业人力资产计价的依据，其优点是机会成本较接近人力资产的实际经济价值，但该方法使用面太窄，主要适用于一些拥有专业技术能力的重要员工，对于一般员工不适用（因一般员工的离职往往不会带来太大的经济损失，即使有，也与员工的实际价值严重不符，不能以此入账）。

2. 人力资源价值会计

有关人力资源价值的计量模型大体分为群体价值计量和个人价值计量模型。

（1）群体价值计量模型。主张该模型的人认为人力资源的价值是指人力资源会计在组织中的价值，作为组织中的一员，人力资源会计离开了组织就无法衡量其价值，而且，个人价值的总计不一定等于组织的价值，所以，他们认为人力资源价值会计所计量的应是群体的价值,而非个人的价值,为此他们提出了用非购入商誉法和经济价值法测定群体价值的方法。非购入商誉法认为企业获得的超过行业平均水平的超额利润,应一部分或全部看做人力资源的贡献,人力资源的价值就是这部分超额利润资本化的结果(人力资源的价值=超额利润/全社会平均投资报酬率)。经济价值法认为人力资源的价值应是将企业未来盈余折现后,按人力资源投资占总投资数额的比例,将盈余现值总额的相应部分资本化的结果。

(2) 个人价值计量模型。主张该模型的人认为,组织的人力资源是个人价值的总和,只有先求出个人的价值,才有可能求得组织的价值,而且企业的许多决策都是以个人为中心的,取得个人价值的信息对企业的决策更具相关性。该模型常用的方法有未来工资报酬折现调整法。用公式可表达为:

$$人力资源价值 = 未来工资支付额的现值 \times 平均效率比率$$

$$未来工资支付额现值 = \sum [S_i/(1+r)i]$$

$$平均效率比率 = \sum [(i \times RF_i/RE_i) \div \sum i]$$

式中,S_i 代表第 i 年的工资额,RF_i 为第 i 年的企业投资报酬率,RE_i 为第 i 年的本行业平均投资报酬率。

指数法是根据基期人力资源的价值,按照某一指数,推算以后年度的企业人力资产价值。应该指出的是,群体价值计量模型和个人价值计量模型是相互补充的,群体价值计量模型主要用于对群体人力资源价值的评价,如班组、车间等;而个人价值模型则适用于对单个员工的价值评价,两者各有侧重。

上面分别介绍了人力资源成本会计和人力资源价值会计的基本内容,通常情况下对人力资源的资本化采用人力资源成本会计的方法。这是因为,第一,市场经济条件下,遵循等价交换的原则,通过公平市场竞争所形成的人力资源的价格能最大程度地反映人力资源的价值,所以,将实际支出成本化的方法不会造成人力资产的账面价值与其实际价值的严重背离;第二,成本法数据的获取较为方便,获取的数据也较为客观,能防止经营人员利用处理方法的主观性篡改数据,粉饰报表;第三,尽管成本法未能涵盖全部成本,如政府支出等,但其未涵盖的部分主要是一些公共产品,对任何一家企业来说,这一部分成本均不需支出,换言之,这一部分对企业来说是无成本资源,如同阳光、空气一样,企业人力资源会计对此没有反映的必要。所以,人力资源成本会计应是人力资源会计账务处理的主流。但人力资源价值会计也并非一无用处,在一些特殊情况下,如无偿转入人力资源时,这时若选用成本法,人力资源的实际支出成本与人力资产的实际价值差别过大,而采用价值法则更具客观性、真实性。另外,人力资源价值会计在财务评价、企业经营决策中的用途,较之人力资源成本会计也更为广泛。

(四) 人力资源会计报告

人力资源会计报告包括对内报告与对外报告。

1. 对外报告

一方面，在资产负债表中，应于无形资产项下单独列示人力资产有关情况，包括人力资产原值、摊销值、净值等数据。另一方面，应在附注中，从动态和静态两方面详细揭示人力资源的状况。从动态方面，应揭示报告期内追加的人力资源投资总额、投资方向、占本期总投资的比重等数据；从静态方面，应报告人力资源占企业总资产的比率、企业员工的学历构成、职称等情况，以展现企业人力资源的全貌。

2. 对内报告

对内报告的内容应分两部分，一部分是非货币信息，主要是企业现在的人力资源组成、分配及利用情况，特别对于一些高成本引入的重要人才，应重点揭示。另一部分是货币信息，主要是企业各责任中心人力资源的现值；人力资源投入产出比；对一些高成本引入的重要人才，应单独分析其成本与其创造的效益，以确定其投资收益率。

第二节　人力资源会计核算及科目设置

人力资源会计首先要解决的问题是如何设置恰当的会计科目、对企业哪些人力资源方面的内容进行核算，这是人力资源会计理论的基础，只有解决以上问题才能进行整个人力资源会计理论体系的构建。

一、人力资源会计核算内容

人力资源会计的核算包括人力资产核算和劳动者权益核算。

(一) 人力资产核算

人力资产是企业所拥有或可控制的给企业带来未来经济利益的人力资源。从其价值构成来看，它由取得价值、开发支出、离职成本、新增价值或潜在价值增值四部分组成。前三部分构成人力资产成本，后一部分形成人力资本。

1. 人力资产成本

人力资产成本实质上是企业对人力资产的投资，它将随人力资产的折旧而逐渐得到补偿，它的核算主要是沿用传统会计的一般会计方法和程序，在此基础上进行改造和推演。先将人力资产成本进行细分，把其中一部分列为期间成本，当期注销；剩余部分进行资本化，随人力资源服务潜能递延至以后各期间摊销。在实际账务处理时，为了能满足信息使用者的决策需要和简化核算手续，通常对一般管理人员、生产工人和服务人员按群体确定核算对象,归集费用,计算和确定成本,并进行资本化;对高级管理人员在按类别进行核算的基础上,再按人头归集费用,计算确定成本进行资本化。

2. 人力资产增值

人力资产增值是指人力资源为企业提供的经济贡献和服务潜能。它包括个人价值、群体价值和整体人员价值三部分。个人价值即个人在企业预期服务期内提供未来服务的估计现值;群体价值就是群体在组织中预期提供未来服务的估计现值;整体人员价值是指某组织预期可获得的未来服务现值。这三者相互联系、相互制约,不可分割,只有个人价值或群体价值相互协调,才能达到组织整体价值的最大化。

人力资产增值的核算,有货币计量和非货币计量两种方式。非货币计量方式的核算内容和方法,就是通过编制人员实际工作业绩评价表、人员发展潜能的可塑性评估表,评价实施人才激励机制带来的效果,判断人才流动率;从个人生产能力、晋升能力和调整工作能力等方面来评定个人价值,从管理方式、组织结构协作气氛等管理行为来评定群体价值。货币计量方式的核算内容和方法,目前主要有未来薪金折现法、经济价值法和商誉法等。人力资产增值应由权威的人力资产评估机构结合每个人的智能及其在组织中的地位,采用科学的办法统一评估确定。

(二) 劳动者权益核算

劳动者权益是劳动者作为人力资源的所有者而享有的相应权益,它的核算包括两部分,一是人力资产核算,二是新产出价值中属于劳动者的部分,即人力资本权益分成核算。

(1) 人力资本是对应人力资产增值的概念,它代表劳动力的所有权投入企业形成的资金来源,性质上近似于实收资本。人力资本确定意味着要承认劳动者在企业中的应有地位,承认劳动者是企业人力资本的所有者。

(2) 人力资本权益分成是企业实现的价值增值部分,按留存的资本分配给劳动者的收益。人力资本权益分成不能像资本可以转增为实收资本那样,转增为人力资本。

二、人力资源会计科目

(一) 人力资源会计应设置的账户

为了正确核算人力资产和劳动者权益,全面反映企业人力资源状况,应设置以下账户。

1. "人力资产"账户

该账户核算各项人力资源的原价以及人力资产评估值的变化。借方反映人力资源的增加，贷方反映人力资源的减少。发生支出和评估增值时记借方，人员调出、退休、死亡及评估减值时记贷方，余额在借方，表示期末人力资产结余数。本账户属于长期资产类账户，可按部门及员工个人设置明细科目，以便按部门及个人分别反映人力资产的分布情况。

2."人力资本"账户

本账户属权益性账户，用以衡量员工对企业人力资本的出资情况。员工被录用时或因能力提高并经重估时，据评估的价值记贷方；因调出、退休、死亡而脱离企业或年老、健康恶化致使其能力下降时记借方；余额在贷方，代表剩余劳动能力形成的资本额。

3."人力资产投资"账户

该账户核算企业从招聘、培训到使用人力资源的过程中，所发生的一系列资本支出，也就是为了提高人力资源质量和延长人力资源的使用时间而进行的投入。其借方反映各项费用的发生额，贷方反映费用的转销，余额表示各期累计对人力资源的资本性支出。本账户下可设"招聘费用"、"培训费用"以及"特殊福利"等二级账户。

4."人力资产摊销"账户

该账户是"人力资产"账户的备抵账户，贷方表示的是人力资产的摊销，借方表示的是人力资产的外流或损失。

5."人力资产投资摊销"账户

本账户是"人力资产投资"账户的备抵账户，表示各期分摊的人力资源投资数额的累计，使这些资本性支出能够合理地反映在各期的报表上。举一个简单的例子，假定员工在企业中的服务年限是10年，这样每年人力资产投资摊销额为人力资产投资账户期末余额的10%。计提人力资产投资摊销的分录为——

  借：人力资源成本费用
    贷：人力资产投资摊销

6."人力资本抵项"账户

本账户是在资产负债表上"人力资本"账户下增设的一个账户，作为每期"人力资产摊销"和"人力资产投资摊销"的对方科目，反映人力资本的变化调整情况，以防出现利润的虚减和资产负债表两边不等的情况。相应的分录为——

  借：人力资本抵项
    贷：人力资产摊销
  借：人力资本抵项
    贷：人力资产投资摊销

7."人力资产成本费用"账户

本账户核算人力资产的收益性支出，如工资、福利费等，以及应与本期收益相配比而摊销的资本性支出（人力资产成本）。它属于损益类账户，费用发生和摊销时记借方，期末结转损益时记贷方，结转后无余额。

8. "人力资源收入"账户

该账户核算会计期间内人力资源所创造的经济收入，借方反映从"人力资源收入"转出的利润数，贷方反映"人力资源收入"的增加数。

9. "人力资产流动损益"账户

本账户核算企业人员调出、转让时收取的补偿费用（如学习、培养、实践费用的违约金等）与账面净值之间的差额，企业人员因退休、死亡等原因退出企业时注销的账面净值，意外伤亡事故收到的保险赔款、其他赔款与医疗费、丧葬费、一次性抚恤金之间的差额，退休人员的一次性退休金、一次性补助金等。补偿收入大于账面净值时和收到保险赔款、其他赔款时记贷方，补偿收入小于账面净值时和注销账面净值、支付有关费用时记借方，期末结转损益后无余额。

10. "人力资源利润"账户

该账户借方登记"人力资源成本"的转入数，贷方登记"人力资源收入"的转入数，贷方余额表示有利润，借方余额表示有亏损。

11. "人力资本权益分成"账户

此账户属于权益类账户，按留存的人力资本分配企业实现的价值增值给劳动者时记贷方，差额部分也记贷方；员工从企业提取人力资本权益分成收益时，和员工退出企业放弃人力资本收益分成时记借方，余额在贷方，表示留存在企业的人力资本权益分成额。

（二）人力资源会计核算的账务处理

1. 人力资产增加的核算

(1) 招聘员工，支付招聘费、补偿费、差旅费等款项时——

　　借：人力资产投资——招聘费用——×类人员——×××

　　　贷：银行存款、现金、实物资本等

(2) 录用一名员工时，按评估的价值——

　　借：人力资产——×类人员——×××

　　　贷：人力资本

(3) 选送有关人员进修、学习，支付培养费等项费用时——

　　借：人力资产投资——培训费用——×类人员——×××

　　　贷：银行存款、现金等

(4) 支付大额医疗费、大额保险费、一次性巨额补助等其他资本性支出时——

　　借：人力资产投资——特殊福利——×类人员——×××

贷：银行存款、现金等
2. 计提人力资产成本费用的核算
（1）计发工资、福利费等收益性支出时——
　　借：人力资产成本费用
　　　　贷：应付工资、应付福利费等
（2）记提人力资产摊销和人力资产投资摊销时——
　　借：人力资产成本费用
　　　　贷：人力资产摊销
　　借：人力资产成本费用
　　　　贷：人力资产投资摊销
同时需要对"人力资本抵项"进行调整。
　　借：人力资本抵项
　　　　贷：人力资产摊销
　　借：人力资本抵项
　　　　贷：人力资产投资摊销
3. 人力资源退出企业的核算

高级管理人员退出企业时，按人头确定人力资产账面净值，并予以注销；一般员工退出企业时，可根据该类人力资产初始价值扣除累计摊销后的账面净值，除以该类人力资产的总数，求出单位价值，并据此确定退出人力资产的账面价值，也可以估算到账面价值，并予以注销，同时冲销对应的"人力资本"账面余额。

（1）调出人力资源的核算。
　　借：人力资产摊销
　　　　人力资产投资摊销
　　　　人力资本
　　　　人力资产流动损益——未摊销的人力资产成本
　　　　贷：人力资产——×类人员——×××
如果收到赔偿，则应冲减人力资产流动损益——
　　借：银行存款
　　　　贷：人力资产流动损益——未摊销的人力资产成本
（2）员工退休的核算——
注销账面价值——
　　借：人力资产摊销
　　　　人力资产投资摊销
　　　　人力资本
　　　　人力资产流动损益——未摊销的人力资产成本

贷：人力资产——×类人员——×××
支付一次性退休金、补助费等——
　　借：人力资产流动损益
　　　贷：银行存款
(3) 职工死亡的核算。
注销账面价值——
　　借：人力资产摊销
　　　　人力资产投资摊销
　　　　人力资本
　　　　人力资产流动损益——未摊销的人力资产成本
　　　贷：人力资产——×类人员——×××
支付医疗费、丧葬费、一次性抚恤金时——
　　借：人力资产流动损益
　　　贷：银行存款
收到保险公司或其他单位赔款时——
　　借：银行存款
　　　贷：人力资产损益
4. 高级管理人才能力评估增值（或贬值）的核算
(1) 评估重置价值大于账面价值时，按增值的部分——
　　借：人力资产——×类人员——×××
　　　贷：人力资本
(2) 评估重置价值小于账面价值时，按贬值的部分——
　　借：人力资本
　　　贷：人力资产——×类人员——×××
5. 期末结转人力资产流动损益的核算
　　借：人力资产流动损益
　　　贷：人力资源利润
　　借：人力资源利润
　　　贷：人力资产成本费用
6. 期末结转人力资源利润的核算
　　借：人力资源成本费用
　　　贷：人力资源利润
　　借：人力资源利润
　　　贷：人力资源收入
借方余额表示存在亏损，贷方余额表示存在赢利。

7. 人力资本权益分成的核算

（1）实现的价值增值部分，属于人力资本权益分成的部分——
　　借：利润分配——人力资本权益分成
　　　　贷：人力资本权益分成

（2）少付的工资转化为人力资本权益分成挂账——
　　借：应付工资
　　　　贷：人力资本权益分成

（3）劳动者从企业提取人力资本权益分成收益——
　　借：人力资本权益分成
　　　　贷：现金、银行存款等

（4）劳动者退出企业，放弃的人力资本权益分成——
　　借：人力资本权益分成
　　　　贷：资本公积

三、人力资源会计报告

借助于人力资源会计科目，人力资源会计就可以建立一套比较完整的核算体系。在资产负债表中，人力资源的有关数据可列在资产项下，增设"人力资产"、"人力资产投资"、"人力资产摊销"、"人力资产投资摊销"等项目；负债及所有者权益下可增设"人力资本"、"人力资本抵项"等项目。见表14-1。

表 14-1　　　　　　　　　　　资产负债表
×××公司　　　　　　　　　2001年12月31日　　　　　　　　　　　单位：元

资　　产	期　末　数	负债及所有者权益	期　末　数
流动资产：		流动负债：	
货币资金		短期借款	
短期投资		应付账款	
应收票据		应付工资	
应收账款		应付福利费	
减：坏账准备		未交税金	
应收账款净额		其他应付款	
其他应收款		预提费用	
存货		其他流动损失	
待摊费用			
待处理流动资产净损失			
其他流动资产			
流动资产合计		流动负债合计：	
长期投资：		长期负债	

续表

资　　产	期　末　数	负债及所有者权益	期　末　数
长期投资		长期借款	
		职业风险基金	
		其他长期负债	
人力资产			
减：人力资产摊销			
人力资产净值		长期负债合计：	
人力资产投资			
减：人力资产投资摊销			
人力资产投资净值			
固定资产：		所有者权益和人力资本权益	
固定资产原值			
减：固定资产折旧		实收资本	
固定资产净值		人力资本净值	
在建工程		资本公积	
固定资产合计		公益金	
		未分配利润	
递延资产			
递延资产			
资产合计		负债及所有者权益合计	

人力资源会计损益表，如表 14-2 所示。

表 14-2　　　　　　　　　　人力资源会计损益表　　　　　　　　　　单位：元

一、非人力资源收入
非人力资源成本
非人力资源利润
二、人力资源收入
人力资源成本
人力资源成本
人力资源利润
三、利润总额

可以看出，人力资源会计和传统会计主要有三点不同。第一，传统会计对人员进出企业时不作核算；第二，传统会计不对人力资产作摊销核算；第三，传统会计当期对人的支出不作资本性支出和损益性支出，而一律在本期列支。

具体地说，人力资源会计将员工的培训费等支出作为人力资产投资，而非当期费用处理，从而导致利润额会比传统会计记录的利润额要高出一部分；同时，人力资源会计将人力资源视为固定资产一样，会产生效益，也会有资源的消耗，必须进行摊销，由此人力资源会计减去了人力资源摊销费用，相应利润额会降低一部分。

人力资源会计对企业最重要的资源——人力资源进行了比较准确、详细的计量和报告，使企业的资产状况、运营结果更加接近真实情况，弥补了传统会计在这方面的缺陷。

第三节 人力资源成本会计

人力资源成本会计是按照传统会计评价资产的一般方法，根据投入企业人力资源的各种成本，对人力资源的价值进行计量和核算。

一、人力资源成本的概念

"人力资源成本"这一概念是从一般的成本概念中推演出来的，它是指取得或重置人力资源而发生的费用支出。它由以下三部分组成。

（一）人力资源取得成本

它是指为取得一名新员工的人力资源而必须付出的代价。主要发生在招募、选拔和雇用时，如招募成本、选拔成本、雇用成本、自费、代理费、差旅费等。这类成本应由被录用人员承担（对由未被录用人员引起的成本开支也应视为实际录用人员的取得成本），在其服务年限（一般为聘用合同中规定年限）内分期摊销。

（二）人力资源开发成本

它是指培训一名员工使其达到履行工作所需能力或提高现有技能而付出的代价，如定向成本、脱产培训成本、在职培训成本等。这类成本应由受训人员在其服务年限内按期分摊。在职培训往往会涉及机会成本问题，如培训者为举办培训、参训者为参加培训而导致的生产率降低，特别在现代流水线生产占优势的大规模生产活动中，一名新员工的低效率或误操作会影响整条生产线甚至整个生产过程的产量和质量。因此，机会成本也应慎重考虑。

（三）人力资源离职成本

它是指员工离开企业使企业蒙受的损失或付出的代价，如安置费、空职成本等。现在的企业中一般都存在员工流动性大的问题，离职后产生的空职成本也未能在传统会计中予以表现；对于安置费、补偿费等应当期费用化，空职成本应按重要性原则予以确认。此外，离职人员所应承担而未摊销完的取得、开发成本也应费用化确认损失。

传统会计对于这部分成本全部作当期费用化处置。考虑到员工当期劳动创造所得不可能与企业当期利润完全匹配，有些劳动具有递延性质，故应按这些成本构成的不同属性分别对待。由于工资、当月奖金、福利费、保险费制度的制订是参照本企业历史经验和同行业标准的，具有较高的可信度和准确度，故此类常规成本仍应当期费用化处理。

人力资源成本的计量模型有历史成本和重置成本两种。人力资源的历史成本，系指为取得和开发人力资源而付出的代价，通常包括人力资源的招募、选拔、聘用、定向和在职培训的成本。人力资源的重置成本，是指目前重置人力资源应该付出的代价。例如，某个人离开企业，就会发生招募、选拔和培训的重置成本。人力资源重置成本通常既包括为取得和开发一名替代者而发生的成本，也包括由于目前受雇的某一职工的流动而发生的成本，如遣散费。

从原理上说，"人力资源重置成本"的概念可从员工个人延伸到部门、团队乃至整个企业的人员。通常认为，与其从重置原来某个人的角度考虑，倒不如从取得能在特定职位上提供相同服务的替代的角度来考虑，即是与特定的职务相联系来考虑人的重置，而不仅仅考虑重置一个人。从上述可以看出，重置成本具有双重概念，即职务重置成本和个人重置成本。职务重置成本，是指用一个能够在既定的职务上提供一组同等价值的人来替代该职务上的人员而现在必须付出的代价。个人重置成本，是指用一个能够提供一组同等服务的人来替代目前雇用的员工而现在必须付出的代价。前者指的是替代既定服务的任何人所能提供的一组服务的成本，而后者是指用另一个人提供同等的服务而代替某个人的服务的重置成本。一般来说，个人重置成本通常大于职务重置成本。

传统会计将所有人力资源的支出当做"期间成本"处理，即直接列入"管理费用"或"生产费用"账户；人力资源会计则是把其中一部分作为"期间成本"处理，把其余部分作为"资产"处理，按人力资源所提供的未来服务的效益分期摊销。所以，当计量人力资源成本时，能够按人员隶属关系划清部门的成本费用，应归集到相应部门的账户中；不能分清的共同费用，应确定合适的比例，分摊给各受益部门或员工负担。

二、历史成本下的计量模型

(一) 人力资源历史成本的分类

人力资源的历史成本，包括人力资源的取得和开发成本。构成人力资源历史成本的要素可按以下三项标准分类。

（1）成本的自然类，是指支出的原始项目，如广告费、代理费等；

（2）特定人事管理职能的成本，如招募、选拔、培训等成本；

（3）包含在人力资源历史成本中的人力资源管理职能的基本成本，如取得和开发成本。

(二) 人力资源历史成本的计量和核算

1. 人力资源历史成本的计量方法

一般来说，计量人力资源历史成本的方法有：对传统会计制度下的总分类账户和辅助分类账户进行修订；增加在传统会计下没有计算应负成本的会计模型。

2. 修订的具体核算程序

（1）把各种有关取得和开发人力资源成本从"一般管理费用"总分类账户转入按成本职能分类设置的明细分类账，如招聘、选拔、录用、安置、培训等职能账户；

（2）分别将上述成本支出归集到"取得成本"和"开发成本"两个二级明细分类账户中；

（3）将上述历史成本按一定标准，分配到按各个职工立户的成本账户中去，以求出各个人才的历史成本。

3. 应负成本的系统外会计制度

账户的修订图式提供了人力资源的历史实支成本，但并不是人力资源历史成本所需要的全部数据都能从传统会计系统中得到，若想得到人力资源历史应负成本，就必须增补一套子系统。例如，一名推销员将自己推销商品的时间用于培训上，则他在这期间放弃掉的销售额即应负成本，必须采用一套专门的子系统来计量。

应用专门的子系统来计算应负成本，取决于应负成本的类型和性质等几项因素。我们可以应用比较简单的方法得出培训的时间，并应用适当的投资率计算这些时间成本；或者应用复杂的方法计算当一名经理为了培训新增人员而放松对现有人员的监督时，导致下属人员生产能力下降的判别成本。

三、重置成本下的计量模型

计量人力资源重置成本的着重点是职务成本，而不是个人成本。职务重置成本，又称人力替换成本，是指用一位能在既定职位上提供同等服务的人，来代替占有该职位的人，而现在必须付出的代价。职务重置成本有三项要素：取得成本、开发成本和遣散成本。取得成本和开发成本可以用历史成本进行计量，这里不再赘述。以下只分析遣散成本。

遣散成本，是指任职者离开某企业所产生的成本。它包括三项基本要素：遣散补偿成本、遣散前业绩差别成本和空职成本。这些成本通常应予资本化并进行摊销。当员工解雇时，这些成本则应作为费用来处理。

（1）遣散补偿成本。遣散补偿成本，是对个人支付的解雇金。这种成本的幅度从零开始，直到个人一年的薪金或更多一些。这种成本是以既定职务的平均受雇人员为基础，而不是根据个人来计算的，虽然这类成本数额不大，但如果不计量出来并加以报告，企业的管理当局就有可能忽视其重要性。

（2）遣散前业绩差别成本。遣散前业绩差别成本，是指一个人离开某一企业而使原先生产能力受到损失的成本。某人在离职前，工作业绩一般会有下降的趋势，虽然难以计量某个人的业绩，但可以应用各类人员的历史业绩记录来加以计量。

第四节 人力资源价值会计

人力资源会计的另一种思路是通过人力资源对企业的经济价值的计量和核算,来反映企业的人力资源状况。

一、人力资源价值计量模式

(一) 人力资源的货币性价值计量模式

人力资源所创造的价值,类似于专利权、商标权、著作权、土地使用权、非专利技术、商誉等无形资产,可借用无形资产的评估方法。无形资产的评估方法有四种。

1. 无形资产评估方法

(1) 收益现值法。它是按评估的无形资产预期获利能力来计算资产现值的方法。

(2) 重置成本法。无形资产按其来源不同,可分为自创与购入两种。自创无形资产的重置成本包括自创中的各种物质消耗费和人工费,是无形资产的制造成本;外购无形资产的重置成本包括买价和购置费用,包含了无形资产的创建利润以及流通费用。

(3) 边际分析法。选择两种不同的生产经营方式进行比较,即运用企业原有技术进行经营与运用转让的(或自创的)无形资产进行经营,后者利润大于前者利润的差额,就是投资于无形资产所带来的追加利润,测算各年度追加利润占总利润的比重,并按各年及利润现值的权益,求出无形资产寿命期间追加利润占总利润的比重,即评估的利润分成率。

边际分析法的步骤是:对无形资产边际贡献因素进行分析;测算无形资产寿命期间的利润总额及追加利润总额,并折现;按利润总额现值和追加利润总额现值计算利润分成率。

$$利润分成率 = 追加利润现值之和 / 利润总额现值之和$$

(4) 约当投资分成法。考虑到无形资产是高度密集的知识智能资产,采取在成本的基础上按相应的成本利润率,附加一定利润折合成约当投资的办法,按无形资产的折合约当投资与购买方投入的资产约当投资的比例确定利润分成率。

约当投资分成法的计算公式为:

$$无形资产利润分成率 = \frac{无形资产约当投资量}{购买方约当投资量 + 无形资产约当投资}$$

无形资产约当投资＝无形资产重置净值×适用成本利润率

购买方约当投资量＝购买方投入的总资产净值×适用成本利润率

上式中，"适用成本利润率"按转让方无形资产总成本占企业现利润的总额计算，在没有企业的实际数时，按社会平均水平确定。

2．人力资源价值评估方法

将无形资产评估方法移植到人力资源价值评估中去，结合人力资源的特点，可采用下列七种方法。

(1) 未来工资折现调整法。这种方法基于企业支付给员工的工资是对员工的补偿价值，基本上反映了企业对员工价值的评价，以按调整后的未来工资折现值总额来计算员工对企业的经济价值。这个调整是按照企业平均的投资报酬率进行的。其计算公式为：

$$V = W \cdot F$$

式中，V 为人力资源价值；W 为未来工资折现；F 为效率系数。

$$W = \sum_{t=1}^{s} \frac{W_t}{(1+i_t)^t}$$

式中，W 为 s 年工资收入现值总额；i_t 为第 t 年贴现率；W_t 为第 t 年工资收入。

$$F = \frac{\sum_{t=1}^{s} t \cdot R_t}{\sum_{t=1}^{s} t} = \frac{S \cdot R_s + (s-1) \cdot R_{s-1} + \cdots + R_1}{S + (s-1) + \cdots + 1}$$

$$R_s = \frac{(R01)s}{(AR01)s}$$

式中，R_s 为第 s 年投资报酬之比；$(R01)s$ 为第 s 年企业投资报酬率；$(AR01)s$ 第 s 年同行业平均投资报酬率。

(2) 未来薪金资本化法。它是预计企业员工从现在到退休期满为止，所给付的薪金所得，按一定的折现率折为现值，并加总求得人力资源价值的一种方法。也可以按本期员工个人加权平均给付额分别乘以到退休为止的平均就业人数。同时，考虑到员工提前离职、提升等因素，可引入概率、敏感性分析等方法。计算公式为：

$$E(C_n^*) = \sum_{t=n}^{t=T} P_n(t+1) * \sum_{i=n}^{t} \frac{S_i}{(1+r)^{(i-n)}}$$

式中，$E(C_n^*)$ 为一个 n 年龄职工的人力资源预期价值的现值；$P_n(t)$ 为该职工第 t 年离开企业的概率；S_i 为该职工第 i 年的年度平均工资函数；r 为使用该职工的收益折现率；T 为职工退休年龄或离开企业的年龄。

这种方法可以大致看成是以劳动力交换价值，也就是人力资源投入值为主的。但是，正如马克思主义政治经济学所说的，劳动力的使用价值远远大于其交换价值，以薪金为基础计算出的人力资源值很难说是否公允合理。

(3) 人力资本加工成本法。这种方法认为，人力资源的价值应等于一个人养成到能创造价值为止这段时期耗费资源的价值，包括出生前后的照顾成本和成长过程中的衣食住行等成本。其局限性在于成长中的成本难以逐一计量，同时这种耗费不一定都用于产生具有劳动能力的价值。而且由于各种主客观因素的制约，相同成长成本，往往会有不同的人力资源价值。这种方法主张应从出生开始到23岁能够赚取收入时才完成加工过程，而且每年耗费的资源呈增加趋势。这种方法计量起来很难细化到个体，主要可以应用到一个国家或地区进行宏观政策分析，对企业的价值主要在于提供一个参考的标准。其计算公式为：

$$V = \sum_{t=0}^{23} \frac{C_t(1+r)}{(1+i_t)^t}$$

式中，C_t 为第 t 年的加工成本；r 为逐年增加的平均加工成本；i_t 为第 t 年加工成本的折现率。

(4) 随机报酬法。这种方法认为一名员工对企业的价值与他所处的职位或服务状态相联系。员工未来时期所处的服务状态不能确切预知，是一个随机过程，因此，只能计算个人服务价值——数学期望。这一方法的优点在于考虑了员工在组织内各服务状态间分布情况，以及员工离职的可能性，是一个动态过程模型。但它也存在着局限性，主要是没有解决如何用货币计量并表现每一服务状态下的服务。虽然弗兰霍尔茨提供了两种方法——价格—数量法和收益法（人力资源管理会计．上海翻译出版公司，1986），其中收益法是用员工未来可提供的收益作为预期服务的货币表现，但是，他所谓的员工未来收益是一种全部创造价值中的部分价值，是一种不完全意义上的价值计量。其计算公式如下：

$$V = \sum_{t=1}^{n} \frac{\sum S_i P(S_i)}{(1+r)^t}$$

式中，V 为人力资源价值；S_i 为第 i 种工作状态下预期服务的货币价值；$P(S_i)$ 为职工处在 S_i 状态下的概率。

(5) 调整现值法。首先，以企业最近所有资产的投资报酬率作为折现率，计算未来5年预期薪金支付额的现值；其次，计算企业的效率比率，这种比率表示企业投资报酬率与同行业平均报酬率之间的关系；最后，将未来薪金支付的现值乘以企业的效率比率，计算企业人力资源提供未来服务的现值，即是人力资源的价值。但是，其中所谓的效率比率，依据并不充分。因为一家投资报酬率为

10%的企业，处于一个平均投资报酬率为5%的行业中，其人力资源的价值未必是行业平均人力资源价值的两倍。一家企业的投资报酬率是多方面的因素造成的。

(6) 经济价值法。以企业未来获得的利益来估计企业的经济价值，并按人力资源的投资率（人力资源的投资额与企业总的投资额之比）乘以该经济价值的现价而求得人力资源的计量值。但是，即使经济价值为零，人力资源的价值也是绝对存在的，经济价值法所计算的只是人力资源的相对价值，低估了人力资源价值。

(7) 商誉法。指人力资源价值可以用企业超过本行业正常赢利的资本化赢利加以估计。其具体计量模式是，把企业过去若干年的超额利润列为"商誉"，并把商誉按人力资源投资占总投资的比例进行摊销的摊销额，作为人力资源的价值。这种方法的缺点类似于上述方法，即在一般情况下，人力资源应有一个绝对价值。

(二) 人力资源的非货币性价值计量模式

该种计量模式的核心在于以人力资源（个体或群体）的知识、经验和管理技能等因素来决定其在企业中的价值。人力资源价值的非货币性价值计量，就是依据以上因素，建立反映员工真实面貌和工作能力的人事管理档案，例如能力一览表、绩效评价表、可塑性评估表等。运用非货币性价值计量的个人价值，主要从个人生产能力、晋升能力和调换工作能力等方面来评定其价值；群体价值则主要从管理方式、组织结构、组织气氛等管理行为来评定其价值。

这种模式可以对货币指数无法反映的人的才干、适应环境力、协调工作力、掌握新知识技术的能力等问题予以计量和报告，有助于管理当局了解员工情况，分析员工价值变动原因，从而决定适当的管理方式并及时采取相应措施。由于该模式不能精确计量人力资源的价值，实施中需要对员工的具体情况作调查分析，灵活性要求较高，需要整个人力资源管理系统有效运行，故在此不作详细论述。

二、人力资源价值评估的基本框架

综合已有的人力资源价值评估模式可知，人力资源价值的评估是有条件的。首先，人力资源会计固然对传统会计的许多方面提出了质疑，但是，要想较为合理、公正地评估人力资源价值，仍然要在一系列的假设的前提下进行。传统会计的四个假设：会计个体假设、持续经营、货币计量、历史成本仍然有效，因为如果在一种极度动荡不安、毫无规律可言的经济环境和经营环境下，想要作出合理的估计是无意义的，同时也有可能要耗费大量的成本而违反了成本收益原则，使得评估失去了意义。其次，人力资源价值评估不仅仅应该分析企业现有人力资源的使用情况，同时应分析有无改进的可能。因为人力资源价值会计是为了向企业内部管理者提供有关人力资源的投资、有效使用、投资收益分析的数据和有力的依据,从而作出正确决策,使人、物、财力达到最佳的结合,以最大限度地增强企业的经营能力、生存能力和获利能力,创造企业的价值。

人力资源价值是管理的函数,由于员工与企业之间的合同契约,员工在企业中的服务期限是可以预计的。考虑到离职、升迁等因素,有些模型引入了概率以修正员工留在原职位的年限,此概率也可以包括在管理模型之内。因为人力资源的价值和员工留在原职位的可能性,都是同类似因素有关的。

这些因素可以分为两大类。第一大类是员工对企业的贡献能力,即员工的个人条件。大概来说,即员工的知识水平、工作技能和活力水平、精神状态、主观愿望、努力程度、协作精神等。这些虽然与员工的自身素质有关,但是不妨认为通过企业的培训、教育能够达到,可以合理预期。第二大类是企业对员工的回报程度,也可以说是组织条件。这些可以表示为企业提供给个人的报酬、个人在企业中扮演的角色、企业为员工所提供的工作环境等。第一类条件与第二类条件并非敌对的,而是相互影响的。比如组织条件即报酬和角色可以影响员工的活力水平。

但是总的来说,不妨假设这些因素都可通过企业对个人的投资而求出,即通过企业对个人技术能力的投资、工作活力的投资和支付报酬,通过付费咨询,企业也可以合理确定组织条件。这就是说,只要员工受到一定的培训,总能得到合适的职位和环境。上述认为人力资源价值是管理的函数,可以看成人力资源价值是由企业对员工的投入决定的。即可以认为人力资源价值可表现为函数:

$$HV = F(技术投资、薪酬、组织条件投资……)$$

最后,在相对稳定的经济条件下,如果合理使用人力资源,可以合理预计未来若干年的经济利润和现金流量在股东和员工之间的分配。

那么,根据国家以生产要素参与分配的政策,劳动力完全可以同货币资本、实物资本等共同入股,分享利润。

例如,深圳市人民政府出台的《国有企业经营者年薪制暂行规定》,将经营者年薪分为基本年薪、增值年薪和奖励年薪。基本年薪按企业类别确定经营者年度的基本收入,即:一类企业经营者基本年薪6万元;二类企业经营者基本年薪4.8万元;三类企业经营者基本年薪3.6万元。基本年薪列入企业基本成本,由企业按月以现金形式支付。增值年薪根据企业主要经济效益指标的增加情况,按一定方法计算企业经营者的年度收入。其计算公式为:

$$\frac{董事长}{增值年薪} = 3 \times \frac{基本}{年薪} \times \left(0.4 \times \frac{净利润}{增长率} + 0.6 \times \frac{净资产}{增长率}\right) \div 25\%$$

$$\frac{总经理}{增值年薪} = 3 \times \frac{基本}{年薪} \times \left(0.4 \times \frac{净资产}{增长率} + 0.6 \times \frac{净利润}{增长率}\right) \div 25\%$$

增值年薪列入企业成本，年终考核并经董事会或产权单位同意，由企业一次性以现金形式支付。奖励年薪是由资产经营公司根据企业规模大小、企业的经营环境和企业当年的主要经济指标增长情况，分别对董事长、总经理酌情予以的奖励，从企业税后利润中提取，由产权单位以现金、股份、可转换债券等形式支付。

《国有企业经营者年薪制暂行规定》体现了人力资源作为另一种生产要素参与分配的理念。基本年薪可以看做是人力资源的投入资本，而增值年薪是人力资本成本，奖励年薪则相当于将经济利润在经营者与股东之间进行分配。这也是将人力资源投入与企业收益结合而决定收入的分配方法。

人力资源价值评估也应以投资与企业收益结合分析。人力资源价值可以通过经济利润折现法来评估。基本公式为：

$$HV = 人力资源投资额 + 预计各年经济利润折现额 \times 敏感系数$$

其中：

$$经济利润 = 投入成本 \times (资本投资回报率 - 资本成本率)$$

预期的年数分为两种。对企业的整体人力资源价值评估，折现的年限应该订得长一些。因为整体人力资源的价值与企业的价值是息息相关的，而企业在短期之内的经济利润并不能体现企业的价值，否则管理人员可能会采取损害企业长远利益以满足短期利润的行动。尤其在一些新成立的公司，最初的经济利润往往是负的。在评估个人的人力资源价值时，由于存在员工和企业的劳动合约，员工在企业的服务期限是可以合理预期的，如果员工提前离开公司，将要支付惩罚性违约金。在企业为员工提供了合理的工作环境和报酬情况下，可以不考虑员工离开的情况。如果人员流动频繁，必须考虑，可以通过在人事决策既定情况下的敏感性分析来修正误差。

另外，与其对单个的员工逐一计算人力资源价值，不如对不同职位加以具体分析。对于关键职位，如总经理等，应评估个人人力资源价值。而对于大量相同职位的员工，如同一生产线的工人，可以集体评估——我们假设只要员工达到公司某一职位的使用要求，其价值是可以估计的，而不管具体聘用的是何人。

敏感系数表示所设职位与企业经济利润的相关性。一般来说，不同职位的敏感系数是不同的。首先，高层管理人员的敏感系数可能要远大于生产第一线的员工，因为高层的决策往往更多地影响企业的整体和长远利益。其次，敏感系数一定是在0与1之间，而且小于1。因为经济利润应在货币投资者（股东、债权人等）、实物投资者与劳动者之间平分。敏感系数可以通过历史数据加以确定，也可以以人力资源投资占企业总投资额的多少来确定。后者可以用于评估整个企业人力资源的价值，而计算不同职位的相关系数仍需在后者基础上结合历史数据进行。

计算人力资源价值的另一种可行方法是现金流量折现。首先计算每年经营现金流量（扣除利息收支），人工成本看成人力资源投资计入投资现金流量中，得出的是可向投资者提供的现金流量。投资者假设仅包括股东、债权人和劳动者，年现金流量按一定资本成本（加权平均资本成本）折现后得到公司总价值。由于债权人的资本成本是固定的，因而可以估计债务的价值。随后得到的是股东和劳动者的剩余价值。再求出劳动者所占份额，即可估计人力资源价值。从理论上讲，此方法得出的结论应与经济利润折现法相同。

可以看出，人力资源的价值与几项因素有关。资本投资报酬，即年收益，包括人力资本、股本、债务三者的加权平均资本成本、人力资源投资和敏感系数（或人力资源投资所占份额），预期折现年限。人力资源投资包括人力资源取得开发和使用的投入。

三、人力资源价值评估的一般过程

人力资源价值评估不仅仅应在历史绩效和现实情况的基础上进行，同时还应考虑有无提高人力资源价值的可能性。在一家士气低落、管理不善的企业中，不仅人才流动频繁，会带来更高的人力资源重置成本，减少人力资源的投资报酬率，而且从长远来看，会阻碍企业的发展。美国芝加哥大学舒尔茨认为，长期以来，在美国经济中，人力资本的投资报酬率一直比物质投资高得多。但是，人力资本价值评估并不是漫天要价，它必须有合理的依据。

（1）对企业使用人力资源的历史绩效进行分析。前面已经说到企业的人力资源价值是管理的函数。管理员工，包括有形的和无形的管理。有形的管理是对员工的实际投入，包括取得、开发、培训成本和工资报酬等货币投入；无形管理是指人事安排、士气的培养、企业文化的宣传等。管理方式影响着员工的知识、技能和活力、创造力。我们假设无形的管理也是有货币投入的。比如说，是在请会计师事务所咨询后取得。通过对历史的人力资源管理的货币投入，结合企业的历年利润增长率、净资产增长率等财务指标，可以得出人力资源管理的使用报告。

（2）根据历史绩效数据，进行人力资源使用的未来绩效的预测，从而得出企业未来多年的收益、收益增长情况等。对于历史数据，不宜取太长的年限，一般3~5年为宜；而对于未来收益的年限，则应当假设相当长时期，与企业的长远发展规划相适应，比如说，至少10年。与其按单个人评估，不如按某个职位评估。即假设该职位的员工是达到了要求的，那么，企业的利润是可以预期的。同时要注意，一旦做出决策后，要考虑到利润变更的可能范围，如上下各浮动10%。

（3）估算资本成本。企业的资本来源大体上分为股东、债权人、人力资本三

种。不考虑短期无息账款的债权人,如应付账款等的资本成本。债务人的资本成本可以根据借款的实际利息率计算。用公式表示为:

$$P = \sum_{t=0}^{n} \frac{r(t)}{(1+i)^t}$$

式中,$r(t)$ 为第 t 年的支付金额;i 为债务资本成本率;P 为债务市场价值。股本的资本成本可以使用资本资产定价模型,即:

$$K_S = Rf + [E(Rm) - Rf] \cdot \beta$$

式中,Rf 为无风险回报率;$E(Rm)$ 为全部市场有价证券投资组合的回报率;$E(Rm) - Rf$ 为市场风险溢价;β 为股本系统性风险。

人力资源资本成本可按股本资本成本计算,因为劳动者以对自己劳动力所有权"入股",要求与其他股东共享利润,所以可以看成股本。同时,应该参考资金资本与人力资本的替换性,即获得相同的成果,减少一单位资金资本需要增加多少人力资本。

(4) 折现年限的估算。个人人力资源折现年限应根据相关职务的合同上任期估算。当然,由于当今社会人才流动频繁,公司还可以参考行业历史数据,引入概率得出该职务平均期望年限。公司整体的人力资源价值不局限于合同,要考虑更远的结果。

(5) 确定敏感系数。敏感系数可参考历史资料,或由人力资源投资额占企业总投资额的比例决定,参考无形资产约当投资分成法。

(6) 评估价值,并作出解释。人力资源的价值评估尽可能公允,所选数据也要合理,尤其要警惕高估人力资源价值,遵守谨慎性原则。对此可以引进一系列财务指标,结合企业整体情况加以验证。

第五节　人力资源会计在企业中的应用

总的来说,人力资源会计还不是一种成熟的会计手段,公认的计量人力资源价值的方法还有待探索。各国还需制定适合本国国情的人力资源会计准则;人力资源会计的概念也有待进一步传播和完善。在企业的生产经营日益依仗人力资源的今天,推行人力资源会计是推动经济发展的有力措施,但在推行过程中必然会遇到一些复杂的问题。

一、对员工培训决策的影响

企业的管理者在其报酬、名誉与企业的净利润挂钩的情况下,往往会追求企业的利润在其任职期间最大化,回避风险投资。这时,若企业将人力资源的优化投资作为当期费用处理,那么,管理者会考虑人力投资在近期内可能不会产生显著效果,反而会降低当期的纯利,他的继任者可能会白白得到培训的种种好处。显然,在投资预算有限的情况下,管理者宁愿把金钱投资到能带来即时利益的设备上去,而尽量减少或避免发生培训费用。

人力资源会计将培训费作为一项人力资源投资,使得资产负债表上人力资产科目的金额增加,不会减少当期利润。而事实上,由于培训,员工的素质得到了提高,在其他条件不变的前提下,他们为公司作出的贡献也将增加,公司拥有的人力资产将比培训前更有价值。人力资源会计的合理处理办法,解决了管理者的顾虑。

二、对企业税收的影响

对企业征收的很多项税种都与企业的税前利润有关。因此,企业使用的会计方法必须科学、标准,产生的会计数据必须客观、准确。但大多数的企业在合法的前提下,都会选择合理避税的做法,尽量少缴税金。人力资源会计准则一旦不全面的话,就会增加企业经营者采用会计手段避税的机会。例如,企业的人力资源价值若被高估,企业每期人力资产摊销必将增加,当期利润必将减少。实际上,企业的生产效率并未下降。人力资源会计究竟应该如何实施,人力资源价值又应如何评定,在这些问题上,企业的财务部门以及有关的国家税务部门及财政部门必须慎之又慎。

三、对财务报表审计的影响

审计师的主要职能之一是收集大量信息,以分析企业会计信息的可靠性、真实性及与会计准则的相符程度。人力资源会计并非处理一系列单纯的会计业务,它更要求提供详尽的人力资源信息,以确保会计信息的准确、及时。这些信息不仅指企业内部的人力资源状况,还包括本行业、本国的人力资源现状;不仅需要年度的资源使用情况报表,还需要大量的历史记录及未来预测。这就要求审计师在掌握会计知识的同时,拥有足够的人力资源知识。否则,在审计企业,尤其是人力资源含量偏高的企业的财务状况时,无法及时发现会计处理的不妥之处,更不可能提出有价值的建议。目前,出现了越来越多的上市公司,这也就意味着公众对财务报表的审计愈发依赖,若审计存在巨大的漏洞,对报表使用者而言,显然是极其危险的。

但是,短期内不太可能培养出足量的既有人力资源知识又有会计知识的通才。同时,若审计需掌握公司的人力资源投资、变动及使用情况,则必须耗费更多的时间，审计成本也将随之激增，审计准则也要进行很大的改动。这些时间上、金钱上的耗费最终将由审计界、企业、社会共同承担。相关各方是否已具有承受能力？究竟该如何划分彼此承担的费用？这些问题都不可能在一朝一夕内解决，而需假以时日，慢慢调整。

四、对企业投资资本的影响

据我国法律规定，投资资本的出资方式可为现金、实物、土地使用权和无形资产。既然人力资源被视为企业的无形资产之一，那么自然可作为企业的投资资本，但若允许企业的大部分资产均由人力资本构成的话，有可能会冒出一大批"几个人一张桌"的皮包公司。人力资本在投资资本中的最大比率怎样规定才算恰当？根据各行业对人力资源的依赖程度，比率又该如何调整？这些问题均值得深入探讨。

此外，有限责任公司是以其所有资产对其债务承担责任的。在采用人力资源会计后，公司的资产将包括人力资产。若公司被清算，人力资产又如何抵债？若人力资产不可用来抵债，那么债权人岂不是将遭受更大的损失？这也是不容忽视的问题。

以上列出的不过是企业在实施人力资源会计时会面临的一些难点。任何改革方案的实施都讲求详细周到的准备。在充分考虑难点的同时，至少应做好以下两项工作。

(1) 建立人力资源统计系统。各企业均需收集全面而准确的人力资源信息，由会计界人士、国家财务部门进行分析总结，制定出一系列科学的标准和合理的方案。同时，企业在缺乏具体人力资源会计方针的指引时，也可将历史记录作为管理决策的依据。

(2) 建立专业的人力资源评估机构。人力资源价值的评估是人力资源会计实施中最关键、也是最困难的一个步骤。培养一批具有会计学、社会学、人力资源、企业管理等领域专业知识的评估师，可以帮助各企业迅速开展传统会计制度的改革，帮助处理审计、验资中涉及的人力资源问题，且这样的职能细化能使社会成本降低、效率增加。

实施人力资源会计是一项艰巨的工程，会计改革也必须付出一定的代价。但是，人力资本是21世纪最重要的生产力，为它付出代价有望得到较高的回报。人力资源会计使人力资本出现在公司的财务报表上，使人力资源得到了企业内外相关各界的关注，这也是企业人力资源管理水平提高的重要表现。

【案例】燕军管理咨询公司是2000年成立的一家管理咨询公司，其主要经营的业务是为企业提供管理咨询、投资咨询和培训。公司的投资总额为150万元，正式员工22名，组织结构如图14-1：

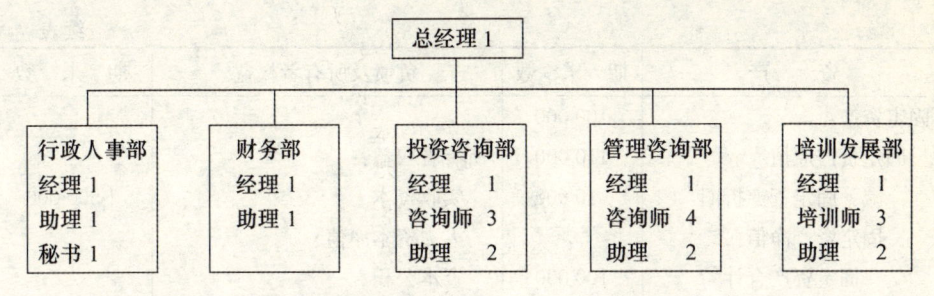

```
                        ┌─────────┐
                        │ 总经理 1 │
                        └────┬────┘
    ┌───────────┬───────────┼───────────┬───────────┐
┌─────────┐ ┌─────────┐ ┌─────────┐ ┌─────────┐ ┌─────────┐
│行政人事部│ │ 财务部  │ │投资咨询部│ │管理咨询部│ │培训发展部│
│ 经理  1 │ │ 经理  1 │ │ 经理  1 │ │ 经理  1 │ │ 经理  1 │
│ 助理  1 │ │ 助理  1 │ │ 咨询师3 │ │ 咨询师4 │ │ 培训师3 │
│ 秘书  1 │ │         │ │ 助理  2 │ │ 助理  2 │ │ 助理  2 │
└─────────┘ └─────────┘ └─────────┘ └─────────┘ └─────────┘
```

图 14-1　燕军管理咨询公司组织结构图

另外，在管理咨询部拥有大量的兼职访问员。

燕军管理咨询公司所提供的产品并非实物，而是为其他公司提供的有关投资计划、企业管理等方面的专业意见。应该说，该公司麾下的一班员工的智慧、经验以及努力是公司唯一的生产力。因而，燕军管理咨询公司是典型的人力资源含量高的企业，公司的运营对人力资源的依赖极大。对该公司的投资表面上看是货币资金投资，而实际应该是人力资本投资，正因为如此，董事会要求公司总经理2001年对提供的财务报表进行改造，以从财务报表中能够分析出公司的人力资源状况。下表是燕军管理咨询公司2000年底的资产负债表（见表14-3）。

表 14-3　　　　　　　燕军管理咨询公司资产负债表

2000年12月31日　　　　　　　　　　　　　　　　单位：元

资　　　产	期　末　数	负债及所有者权益	期　末　数
流动资产：	2 000 000	流动负债：	250 000
货币资金	1 500 000	短期借款	210 000
短期投资		应付账款	
应收票据		应付工资	
应收账款	200 000	应付福利费	
减：坏账准备		未交税金	40 000
应收账款净额	200 000	其他应付款	
其他应收款		预提费用	
存货		其他流动损失	
待摊费用		流动负债合计：	250 000
待处理流动资产净损失			
其他流动资产	200 000	长期负债	350 000
流动资产合计		长期借款	
长期投资：	100 000	职业风险基金	250 000
长期投资		其他长期负债	100 000
		长期负债合计：	350 000

续表

资产	期末数	负债及所有者权益	期末数
固定资产：	100 000		
固定资产原值	110 000	所有者权益：	
减：固定资产折旧	10 000	实收资本	1 500 000
固定资产净值		人力资本净值	
固定资产合计	100 000	资本公积	
		公益金	
递延资产		未分配利润	
递延资产		所有者权益合计	1 500 000
资产合计	2 100 000	负债及所有者权益合计	2 100 000

  燕军管理咨询公司该如何进行调整呢？总经理在同几位部门经理进行探讨以后，认为公司的主要资产中应该包括人力资源的价值，或者说是人力资产，而在现有的资产负债表中是无法反映出人力资产的变化调整过程，也就无从得出公司人力资源的管理状况的真实反映。因此，他们在资产负债表的两边分别加入了人力资产的内容（表 14-4），以此进行了改造。总经理把方案提交给董事会讨论后，得到了董事们的认可，并要求他们以后提供的报表就按改造后的样式提供。

表 14-4　　　　　　　　　燕军管理咨询公司资产负债表
2001 年 12 月 31 日　　　　　　　　　单位：元

资产	期末数	负债及所有者权益	期末数
流动资产：		流动负债：	
货币资金		短期借款	
短期投资		应付账款	
应收票据		应付工资	
应收账款		应付福利费	
减：坏账准备		未交税金	
应收账款净额		其他应付款	
其他应收款		预提费用	
存货		其他流动损失	
待摊费用		流动负债合计：	
待处理流动资产净损失			
其他流动资产			
流动资产合计			
长期投资：		长期负债：	
长期投资		长期借款	
		职业风险基金	
		其他长期负债	

续表

资产	期　末　数	负债及所有者权益	期　末　数
人力资产 　减：人力资产摊销 人力资产净值 人力资产投资 　减：人力资产投资摊销 人力资产投资净值 固定资产： 　固定资产原值 　减：固定资产折旧 　固定资产净值 　　固定资产合计 递延资产 　递延资产		长期负债合计： 所有者权益和人力资本权益 实收资本 人力资本净值 资本公积 公益金 未分配利润	
资产合计		负债及所有者权益合计	

本章小结

人力资源会计是会计学在社会经济应用的一个分支，也是企业进行定量管理、定量分析的工具。本章着重研究了四方面的问题，首先讨论了人力资源会计核算及科目设置；其次，讨论了人力资源成本的计算；再次，讨论了人力资源的价值核算；最后，讨论了人力资源会计在企业中的应用问题。

关键概念

人力资源会计　　人力资产　　人力资产摊销　　人力资产净值
人力资产投资　　人力资产投资摊销　　人力资产投资净值
所有者权益　　人力资本权益

复习题

1. 为什么要建立人力资源会计？
2. 如何计算人力资源的货币性价值？
3. 人力资产投资有哪些途径？

讨论及思考题

1. 人力资源的非货币性价值如何计算？
2. 如何实现人力资本权益？

3. 试比较人力资源价值核算的四种方法。

参考文献

[1] 刘仲文. 人力资源会计 [M]. 北京：首都经济贸易大学出版社，1998.

[2] 弗兰霍尔茨. 人力资源管理会计 [M]. 上海：上海翻译出版公司，1986.

[3] 张文贤. 人力资源会计制度设计 [M]. 北京：立信会计出版社，1999.

[4] 阎达伍，徐国君. 关于人力资源会计的框架 [J]. 会计研究，1996 (11).

第十五章 人力资源统计分析

本章要点提示
- 企业人力资源总量与构成
- 企业人力资源时间利用统计
- 企业人力资源劳动生产率统计

本章内容引言

人力资源的统计分析是从统计角度对企业人力资源开发与管理的定量研究。人力资源的统计分析主要包括人力资源的总量与构成、人力资源的时间利用、劳动生产率等。

第一节 企业人力资源总量与构成统计

进行人力资源的统计分析,首先应该对企业人力资源的总量与构成进行研究,这是开展人力资源管理工作的基本前提。

一、人力资源总量

由于企业员工人数处于经常变动之中,因此通常用时点人数和平均人数两项指标来反映人力资源的规模。

(一) 时点人数

时点人数是指报告期某一个时点上企业拥有的员工总人数。一般只在期末,如月末、年末加以计算,因此又称期末人数。在我国是以报告期最后一天企业实有人数为准。如果最后一天是节假日,就按其前一天人数计算。这里的实有人数是指在册人数或在编人数。

时点人数是人力资源的总规模。

(二) 平均人数

由于各种原因员工人数经常会发生变动,为了反映一段时间内企业所拥有的员工人数，就应该计算平均人数。平均人数是指一定时期内企业平均每天拥有的人数。公式如下：

$$报告期平均人数 = \frac{报告期每日人数之和}{报告期日历日数}$$

计算报告期平均人数通常计算的是月、季、年平均人数。公式分述如下：

$$月平均人数 = \frac{月内每日实际人数之和}{该月日历日数}$$

$$季度平均人数 = \frac{季度内各月平均人数之和}{3}$$

$$年度平均人数 = \frac{年内各月平均人数之和}{12}$$

或

$$年度平均人数 = \frac{年内各季平均人数之和}{4}$$

计算报告期平均人数时应注意：

（1）每日实有人数之和是以企业所拥有的人力资源为准。因此，不论是否出勤，都要加以计算。

（2）公式中的"日历日数"是以实际日历日数为准。无论企业是否开工，均须按日历日数计算。

当报告期企业人员变动不大时，可以选用如下公式来计算报告期平均人数。

$$报告期平均人数 = \frac{期初人数 + 期末人数}{2}$$

此公式一般仅限于月度平均人数，季度及年度平均人数则是在月度资料的基础上计算。

二、人力资源构成

我们不仅要掌握人力资源的总量，还要进一步研究其构成情况，以满足不同研究目的的需要。

个案介绍

三年来离职员工情况分析

根据离职员工档案统计，三年来进入公司且在公司工作不满一年的员工共有148人。

下面对148名离职员工的部分情况作一个简单的统计分析。

1. 离职员工学历百分比（100％＝148人）

硕士以上：16人，占11％

本科学历：51人，占 34%
大专学历：68人，占 46%
大专以下：13人，占 9%

2. 离职员工人均在公司工作时间

硕士以上：人均在公司工作时间 4.8 个月
本科学历：人均在公司工作时间 3 个月
大专学历：人均在公司工作时间 4.3 个月
大专以下：人均在公司工作时间 3 个月

✧✦✧✦✧✦✧✦✧✦✧✦✧✦✧✦✧✦✧✦✧✦✧✦✧✦✧✦✧✦✧✦✧✦✧

（一）员工按工作岗位分类

企业员工按所处的工作岗位不同，可以分为工人、学徒、工程技术人员、管理人员、服务人员和其他人员六类。

（1）工人，是指在企业基本车间和附属车间或附属生产单位中直接从事工业性生产的人，也可以是从事非工业活动的生产工人，如厂外运输工人、房屋大修理工人。

（2）学徒，是指在熟练员工指导下，在生产劳动中，学习生产技术、享受学徒工待遇的人员。

（3）工程技术人员，是指担负工程技术工作并具有工程技术能力的人员。

（4）管理人员，是指在企业各职能科室及各车间从事行政、生产、经营管理以及政治工作的人员。

（5）服务人员，是指直接或间接服务于职工生活和生产的人员。包括卫生保健、文化教育、食堂、幼儿园等部门的职工。

（6）其他，是指由企业支付工资，但与企业生产基本无关的人员。如出国人员、长期（指六个月以上）脱产学习和病伤假人员，以及长期外借人员。

按员工所处的工作岗位分类，可以研究企业不同岗位上劳动力的配备情况，对改善劳动组织、加强微观协调和指挥、促进企业的经营管理、提高经济效益，都具有重要意义。

（二）员工按文化程度分类

企业员工按文化程度分组可分为大专以上程度、高中程度、初中程度、小学程度和其他。

（1）大专以上程度，是指博士生、研究生、大学本科、大学专科以及接受过电视大学、函授大学等各种教育的毕业或肄业人员。

（2）高中、初中程度，是指在普通中学的高中、初中毕业或肄业的人员和中等专业学校毕业或肄业的人员。

（3）小学程度，是指普通小学毕业或肄业的人员。

(4) 其他，是指不识字或识字不多的人员。

按照员工文化程度分组并且结合技术职称等分组可以反映企业的员工素质。员工素质的好坏会直接影响企业劳动生产率的提高和经济效益的改善。

(三) 员工按任用期限长短分类

依据员工使用期限的长短，可将其分为固定员工、合同制员工和临时工。

固定员工和合同制员工均属长期员工，是指用工期限在一年以上（含一年）的员工。

临时工是指用工期限不到一年的员工。

第二节 企业人力资源时间利用统计

充分合理地利用员工的劳动时间是企业增加产量、降低成本、提高劳动生产率的一条有效途径。员工的劳动时间在企业的生产经营中起着最直接最重要的作用。企业员工劳动时间利用得如何，直接体现着经济规律，影响企业增产节约的效果。因此，人力资源的统计分析要对员工劳动时间利用进行分析研究。

一、劳动时间的计算

(一) 劳动时间的计算单位

劳动时间是衡量劳动量的尺度，是指员工从事生产劳动所持续的时间，通常表现为"工日"（"需要××个工日"）、"工时"（"需要××个点"）。例如，一名员工在一个月内共做了24个工作班的工作，就等于做完24个工日，如果4名员工在一周内每人做了6个工作班，那么，4个人合计也是做了24个工日。

需要指出："工日"、"工时"是一个复合单位，它是"人数"与"日"或"时"为计算单位的劳动时间长度的乘积。

(二) 劳动时间的构成及其核算

为了研究劳动时间的利用情况，须将劳动时间按其构成要素进行分组，以反映劳动时间的内部结构状况。员工劳动时间的构成情况如图15-1所示。

现将图15-1中各种劳动时间核算指标进行说明。

(1) 日历工日数，是指报告期内所拥有的全部劳动时间。计算工日时，可以把每日员工人数相加，也可以用平均人数除日历日数。两种方法计算结果是一致的。日历工日包括制度工日和制度公休工日两部分。

(2) 制度公休工日，是指按照国家劳动制度规定员工应该休息的节假工日数。

$$制度公休工日数 = 平均人数 \times 节假日数$$

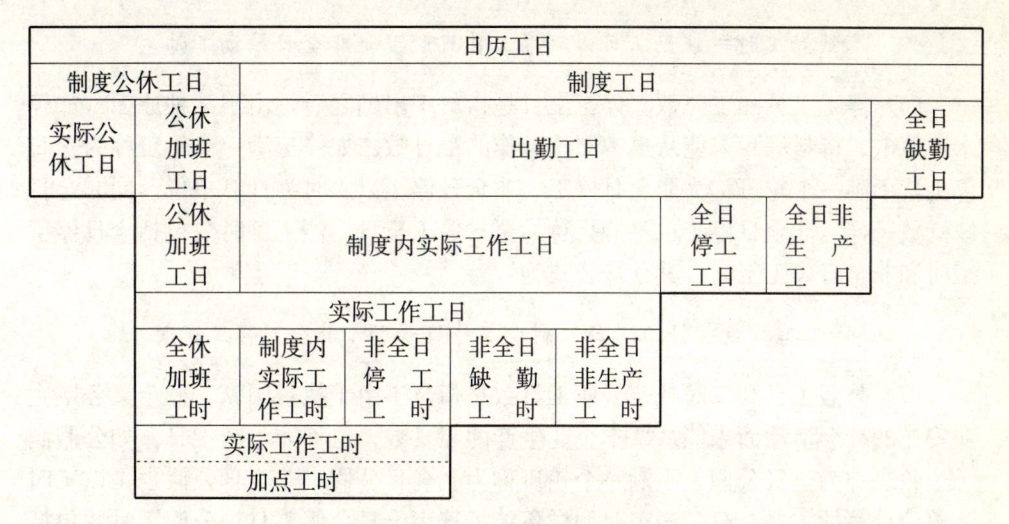

日历工日						
制度公休工日	制度工日					
实际公休工日	公休加班工日	出勤工日				全日缺勤工日
^	公休加班工日	制度内实际工作工日			全日停工工日	全日非生产工日
^	^	实际工作工日				^
^	全休加班工时	制度内实际工作工时	非全日停工工时	非全日缺勤工时	非全日非生产工时	^
^	^	实际工作工时			
^	^	加点工时			

图 15-1 员工劳动时间构成图

在制度公休工日中，员工上班的工日叫加班工日，制度公休工日扣除加班工日称为实际公休工日。

(3) 制度工作工日和工时数，是指按照国家劳动制度规定应该工作的劳动时间，这是制度内的最大可能劳动时间。

制度工作工日数＝平均人数×制度工作日

或　　　　制度工作工日数＝日历工日数－制度公休工日数

制度工作时间还可以用工时表示，其计算公式为：

制度工作工时数＝制度工作工日数×制度工作日长度

(4) 出勤工日和工时数。出勤工日数是指员工在制度时间内实际上班的工日数。只要员工上班，无论是否工作，也无论工作时间长短都统计为出勤工日。它是根据每日考勤记录直接综合相加报告期内每日出勤员工人数求得。出勤工时数是指报告期制度时间内员工实际出勤的工时数。由于出勤工日包括非全日缺勤时间，所以，计算出勤工时不能按出勤工日推算（全日出勤除外）。

(5) 缺勤工日和工时数。缺勤工日是指按照国家劳动制度规定应该上班的工日内，由于员工自身的原因（如事假、病假、产假、工伤等）未能上班的工日。员工缺勤不满一个班称为非全日缺勤，以工时为单位进行计算。应该注意，非全日缺勤不能折算为全日缺勤，因为制度工作工日里包括出勤工日和非出勤工日，但是非全日缺勤在统计时属于出勤工日，如果把非全日缺勤折算为缺勤工日，就会造成重复计算。缺勤工时数是以工时为单位计算的员工缺勤时间。缺勤工时数包括全日缺勤工时和非全日缺勤工时。即：

$$缺勤工时 = 缺勤工日 \times 制度工作日长度 + 非全日缺勤工时$$

(6) 停工工日和工时数。停工工日是指员工出勤之后,由于某种原因(如停水、停电、待料等)未能从事本岗位工作的工日数。如停工满一个轮班称为全日停工,不满一个轮班称为非全日停工。非全日停工以工时为计算单位。同非全日缺勤数一样,非全日停工也不能折算为全日停工工日。停工工时数包括全日停工工时和非全日停工工时。其计算公式为:

$$停工工时数 = 停工工日 \times 制度工作日长度 + 非全日停工工时$$

(7) 公假工日和工时数。公假工日数是指员工由于执行国家、社会义务或企业安排的社会活动而未能从事本企业生产的工日数,也称非生产工日。如公假满一个轮班称为全日公假,不满一个轮班称为非全日公假。非全日公假也是以工时为单位计算的。非全日公假工时照样不能折算为全日公假工日。公假工时数包括全日公假工时和非全日公假工时数,其计算公式为:

$$公假工时数 = 公假工日 \times 制度工作日长度 + 非全日公假工时$$

(8) 制度内实际工作工日和工时数,是指工人在国家劳动制度规定的工作时间内,实际工作的工日或工时数。在核算时,它不包括公休日加班工日和加点工时。

$$制度内实际工作工日数 = 制度工日 - 缺勤工日 - 停工工日 - 非生产工日$$

$$制度内实际工作工时数 = 制度内实际工作工日数 \times 制度工作日长度 - 非全日缺勤工时 - 非全日非生产工时 - 非全日停工工时$$

(9) 实际工作工日和工时数,是指员工实际从事生产活动的工日或工时数。

$$实际工作工日数 = 制度内实际工作工日数 + 公休日加班工日数$$

$$实际工作工时数 = 制度内实际工作工时数 + (公休日加班工日数 \times 制度工作日长度) + 加点工时数$$

现举例说明上述各种劳动时间的关系。

某工业企业 4 月份有生产工人 660 人,本月节假日 5 天,制度工作日长度 8 小时。本月考勤资料汇总如下:

全日缺勤 700 工日;非全日缺勤 720 工时;
全日公假 180 工日;非全日公假 420 工时;
全日停工 650 工日;非全日停工 530 工时;
全月加班 130 工日;加点 270 工时。

根据上述资料,汇总成生产工人劳动时间构成图 15-2,以反映各种劳动时间的构成关系。

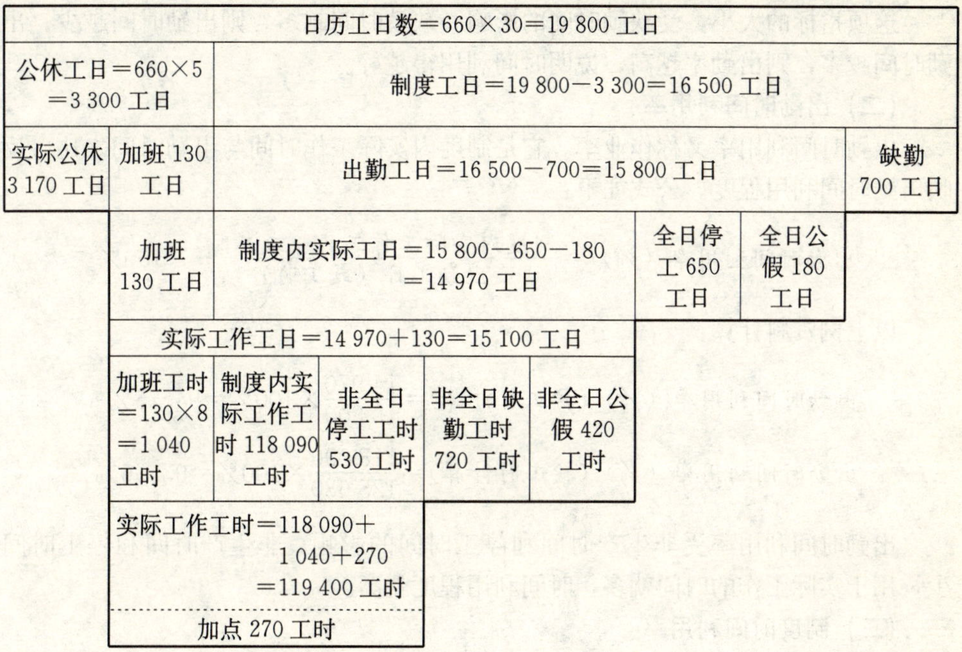

日历工日数＝660×30＝19 800 工日					
公休工日＝660×5 ＝3 300 工日	制度工日＝19 800－3 300＝16 500 工日				
实际公休 3 170 工日	加班 130 工日	出勤工日＝16 500－700＝15 800 工日			缺勤 700 工日
	加班 130 工日	制度内实际工日＝15 800－650－180 ＝14 970 工日		全日停 工 650 工日	全日公 假 180 工日
	实际工作工日＝14 970＋130＝15 100 工日				
	加班工时 ＝130×8 ＝1 040 工时	制度内实 际工作工 时 118 090 工时	非全日 停工工时 530 工时	非全日缺 勤工时 720 工时	非全日公 假 420 工时
	实际工作工时＝118 090＋ 1 040＋270 ＝119 400 工时				
	加点 270 工时				

图 15-2　生产工人劳动时间构成图

二、劳动时间的利用统计

各种工日、工时的指标，只能反映各种劳动时间的总量，不能明确地反映劳动时间的利用情况。为了确切地反映劳动时间的利用程度，就必须计算相对指标，通常有出勤率、出勤时间利用率和制度时间利用率。下面分别介绍。

(一) 出勤率

出勤率是出勤时间（工日或工时）与制度规定应出勤的工作时间（工日或工时）之比，反映制度时间内员工的出勤情况。公式如下：

$$出勤率（\%）=\frac{出勤工日（或工时）}{制度工日（或工时）}\times 100\%$$

以上例资料计算：

$$出勤率（\%）（按工日计算）=\frac{15\,800}{16\,500}\times 100\%$$
$$=95.76\%$$

$$出勤率（\%）（按工时计算）=\frac{15\,800\times 8-720}{16\,500\times 8}\times 100\%$$
$$=\frac{125\,680}{132\,000}\times 100\%=95.21\%$$

这项指标的大小，受缺勤时间的影响。缺勤时间越多，则出勤时间越少；出勤时间越多，则出勤率越高，说明时间利用得越好。

（二）出勤时间利用率

出勤时间利用率又称作业率。它是制度内实际工作时间与出勤时间之比，反映出勤时间利用程度。公式如下：

$$出勤时间利用率（\%）=\frac{制度内实际工作工日（或工时）}{出勤工日（或工时）}\times 100\%$$

以上例资料计算：

$$出勤时间利用率（\%）（按工日计算）=\frac{14\,970}{15\,800}\times 100\%=94.75\%$$

$$出勤时间利用率（\%）（按工时计算）=\frac{118\,090}{125\,680}\times 100\%=93.96\%$$

出勤时间利用率受非生产时间和停工时间的影响。非生产时间和停工时间少，用于实际工作的时间就多，时间利用程度就高。

（三）制度时间利用率

制度时间利用率是指在制度规定的时间内实际用于工作的时间占制度规定的全部时间的比重，反映制度规定的劳动时间实际被利用的程度。计算公式如下：

$$制度时间利用率（\%）=\frac{制度内实际工作工日（或工时）}{制度工日（或工时）}\times 100\%$$

以上例资料计算：

$$制度时间利用率（\%）（按工日计算）=\frac{14\,970}{16\,500}\times 100\%=90.73\%$$

$$制度时间利用率（\%）（按工时计算）=\frac{118\,090}{132\,000}\times 100\%=89.46\%$$

制度时间利用率全面反映了缺勤时间、非生产时间和停工时间的影响，是一项反映劳动时间利用程度的综合指标。

上述三项指标具有如下关系：

$$\frac{制度内实际工作时间}{制度时间}=\frac{出勤时间}{制度时间}\times\frac{制度内实际工作时间}{出勤时间}$$

$$制度时间利用率＝出勤率\times 出勤时间利用率$$

以上例资料计算：

$$制度时间利用率（按工日计算）\;90.73\%=95.76\%\times 94.75\%$$

$$制度时间利用率（按工时计算）\;89.46\%=95.21\%\times 93.96\%$$

在计算和应用上述指标时应注意两个问题：

(1) 保持分子与分母的一致性。分子用工日，分母也要用工日；分子用工时，分母也要用工时。

(2) 不要把加班加点的时间计算到制度内实际工作时间中去，对加班加点情况应另作分析。

第三节 企业人力资源劳动生产率统计

一、劳动生产率的概念

劳动生产率是单位时间内劳动者生产某种产品的能力或效率。它是劳动者在一定时期内生产的产品数量与其相适应的劳动消耗量之比。劳动生产率可以用单位时间内生产的产品数量来表示，也可以用生产单位产品所消耗的劳动时间来表示。

(1) 用单位时间生产的产品数量表示：

$$劳动生产率 = \frac{产品产量}{劳动消耗量}$$

(2) 用生产单位产品所消耗的劳动时间来表示：

$$劳动生产率 = \frac{劳动消耗量}{产品产量}$$

上述两种计算方法只是形式上不同，反映的问题是一致的，前者是后者的倒数。通常人们把前者称为劳动生产率的正指标，把后者称为劳动生产率的逆指标。前者在反映劳动生产率水平时使用较为普遍，后者一般仅用于企业内部的劳动计划和劳动管理，特别是定额管理方面。

劳动生产率是反映经济效果的一项重要指标，提高劳动生产率有着重要的意义。工业生产的发展，一方面靠劳动量的投入，另一方面靠劳动生产率的提高。在一定时期内，劳动量的增加受到多种因素的限制，如劳动者的积极性、创造性、科技投入量、产品创新等，而劳动生产率提高的潜力是无止境的。1979—1984年我国工业总产值的增加额中，由劳动生产率提高而增加的部分占47.6%，而发达工业国家生产增长的70%左右是靠劳动生产率的提高实现的。由此可见，我国在这方面与发达工业国家还有很大差距，同时也可以看出，我国在提高劳动生产率方面还有很大潜力。

二、劳动生产率水平分析

(一) 劳动生产率的种类

根据不同的研究目的，可以选择不同的劳动生产率指标。劳动生产率可以从人员范围、时间范围和产量形式进行分类。

（1）按照人员范围计算，劳动生产率可以分为生产工人劳动生产率和全员劳动生产率。公式如下：

$$生产工人劳动生产率 = \frac{报告期产品产量}{报告期生产工人平均人数}$$

$$全员劳动生产率 = \frac{报告期产品产量}{报告期全部职工平均人数}$$

（2）按照时间单位计算，劳动生产率可以分为时劳动生产率、日劳动生产率和月（季、年）劳动生产率。公式为：

$$时劳动生产率 = \frac{产品产量}{实际工作工时数}$$

$$日劳动生产率 = \frac{产品产量}{实际工作工日数}$$

$$月（季、年）劳动生产率 = \frac{产品产量}{月（季、年）平均工人人数}$$

$$= 时劳动生产率 \times 平均实际工作日长度 \times 平均实际工作月（季、年）长度$$

（3）按照产量形式计算，劳动生产率可以分为实物劳动生产率、劳动量劳动生产率和价值量劳动生产率。计算公式如下：

$$实物劳动生产率 = \frac{产品实物量}{劳动消耗量}$$

$$劳动量劳动生产率 = \frac{定额总工时}{劳动消耗量}$$

$$价值量劳动生产率 = \frac{增加值}{劳动消耗量}$$

（二）几种常用的劳动生产率指标

（1）全员劳动生产率。全员劳动生产率表明企业平均每一员工在报告期所生产的产品产量。它是在较大范围（如企业、公司、局、部门）内综合考察劳动效率的主要指标。公式为：

$$全员劳动生产率 = \frac{报告期企业增加值}{报告期生产工人平均人数} \times \frac{报告期生产工人平均人数}{报告期全部员工平均人数}$$

$$= 生产工人劳动生产率 \times 生产工人在全部员工中的比重$$

通过上式可以分别计算生产工人劳动生产率和生产工人在全部员工中的比重两项因素对全员劳动生产率的影响程度。

（2）工人实物劳动生产率。工人实物劳动生产率是指在一定时期内生产某种产品的工人的劳动效率。因为这项指标是按产品的实物量计算的,因此,可以就不同企业、不同地区甚至不同国家之间进行对比。计算公式为:

$$工人实物劳动生产率 = \frac{报告期某种产品总产量}{报告期工人平均人数}$$

在计算和利用这项指标时,要注意分母中平均人数必须是生产该产品的工人(包括学徒)人数。

(3) 基本生产工人劳动生产率。基本生产工人劳动生产率是指以工时为劳动消耗单位进行计算的基本生产工人的劳动效率,它表明平均每小时的产品产量。这项指标适用于企业范围内计算。其公式为:

$$工人实物劳动生产率 = \frac{报告期产品产量}{报告期实际工作工时数}$$

三、劳动生产率变动分析

(一) 劳动生产率变动分析的意义及一般原理

劳动生产率是反映一家企业、一个地区乃至一个国家经济发展水平的重要标志。因此,变动分析不仅要从静态上反映劳动生产率水平,还要从动态上研究变动程度和变动趋势,寻找提高劳动生产率的途径,分析劳动生产率的提高带来的经济效果。

为了反映劳动生产率的变化情况,可以采用统计指数原理,编制生产率指数,对比不同时期的劳动生产率指标。公式如下:

$$劳动生产率指数(\%) = \frac{报告期劳动生产率}{基期劳动生产率} \times 100\%$$

由于测定劳动生产率水平有正指标和逆指标之分,因此,劳动生产率指数也有正指标劳动生产率指数和逆指标劳动生产率指数。

(二) 劳动生产率变动影响因素分析

(1) 企业人员构成变动对劳动生产率变动的影响。在分析劳动生产率水平时,已经阐明企业全员劳动生产率和生产工人劳动生产率具有如下关系:

企业全员劳动生产率 = 生产工人劳动生产率 × 生产工人占全部职工的比重

由此可得到全员劳动生产率指数为:

$$全员劳动生产率指数 = \frac{生产工人劳动}{生产率指数} \times \frac{生产工人占全部}{职工比重指数}$$

现举例说明:某企业员工和产值资料如表 15-1 所示。

表 15-1　　　　　　　　　　　企业员工和产值资料表

年　　　　份	2009	2010
增加值（万元）	420	482
全部员工平均人数（人）	80	84
其中生产工人平均人数（人）	56	63

$$全员劳动生产率指数 = \frac{\frac{482}{84}}{\frac{420}{80}} \times 100\% = \frac{5.74}{5.25} \times 100\% = 109\%$$

全员劳动生产率增长额 = 5.74 − 5.25 = 0.49（万元/人）

$$生产工人劳动生产率指数 = \frac{\frac{482}{63}}{\frac{420}{56}} \times 100\% = \frac{7.65}{7.50} \times 100\% = 102\%$$

$$由于生产工人劳动生产率提高使全员劳动生产率提高 = (7.65 - 7.50) \times \frac{63}{84} = 0.11（万元/人）$$

$$生产工人人数占全部职工比重指数 = \frac{\frac{63}{84}}{\frac{56}{80}} \times 100\% = \frac{0.75}{0.70} \times 100\% = 107\%$$

$$由于生产工人人数占全部员工比重增加使全员劳动生产率增加 = (0.75 - 0.70) \times 7.50 = 0.38（万元/人）$$

上述计算表明，全员劳动生产率提高9%，绝对额每人增加0.49万元，是由于生产工人劳动生产率提高和生产工人占全部职工比重增加两项因素共同作用的结果。关系式为：

相对数：109% = 102% × 107%

绝对数：0.49万元 = 0.11万元 + 0.38万元

（2）生产工人劳动时间利用对劳动生产率的影响。因为月劳动生产率等于时劳动生产率与工作日平均长度与工作月平均长度的乘积，即：

月劳动生产率 = 时劳动生产率 × 工作日平均长度 × 工作月平均长度

其指数也有相同关系，即：

月劳动生产率指数 = 时劳动生产率指数 × 工作日平均长度指数 × 工作月平均长度指数

根据指数原理，用公式表示如下：

$$\frac{q_1}{q_0} = \frac{a_1 b_1 c_1}{a_0 b_0 c_0}$$

$$= \frac{a_1 b_1 c_1}{a_0 b_1 c_1} \times \frac{a_0 b_1 c_1}{a_0 b_0 c_1} \times \frac{a_0 b_0 c_1}{a_0 b_0 c_0}$$

式中：q_0、q_1 分别代表基期和报告期月劳动生产率；a_0、a_1 分别代表基期和报告期时劳动生产率；b_0、b_1 分别代表基期和报告期工作日长度；c_0、c_1 分别代表基期和报告期工作月长度。

遵循指数原理的规则，在绝对量上，各因素分子与分母总量之和等于总的差额。用公式表示为：

$$q_1 - q_0 = (a_1 b_1 c_1 - a_0 b_1 c_1) + (a_0 b_1 c_1 - a_0 b_0 c_1) + (a_0 b_0 c_1 - a_0 b_0 c_0)$$

例如：某企业劳动资料如表 15-2 所示。

表 15-2　　　　　　　　某企业月劳动资料

	基期	报告期
时劳动生产率（元/人）	70	72
工作日平均长度（时）	7	8
工作月平均长度（天/月）	25	24
月劳动生产率（元/人）	12 250	13 824

根据表 15-2 资料可作如下分析：

$$\frac{13\,824}{12\,250} = \frac{72 \times 8 \times 24}{70 \times 8 \times 24} \times \frac{70 \times 8 \times 24}{70 \times 7 \times 24} \times \frac{70 \times 7 \times 24}{70 \times 7 \times 25}$$

$$\frac{13\,824}{12\,250} = \frac{13\,824}{13\,440} \times \frac{13\,440}{11\,760} \times \frac{11\,760}{12\,250}$$

$$112.86\% = 102.86\% \times 114.29\% \times 96\%$$

从绝对量上看：

$$\frac{月劳动生}{产率差额} = \frac{时劳动生产率}{变动影响差额} + \frac{工作日长度}{影响差额} + \frac{工作月长度}{影响差额}$$

$$13\,824 - 12\,250 = (13\,824 - 13\,440) + (13\,440 - 11\,760) + (11\,760 - 12\,250)$$

$$1\,574\,(元/人) = 384\,(元/人) + 1\,680\,(元/人) + [-490\,(元/人)]$$

(3) 技术装备水平变动对劳动生产率的影响。分析劳动技术装备水平变动对劳动生产率的影响，可通过如下关系式：

$$\frac{工业总产值}{生产工人平均人数} = \frac{固定资产平均原值}{生产工人平均人数} \times \frac{工业总产值}{固定资产平均原值}$$

$$劳动生产率 = 劳动技术装备水平 \times 固定资产平均原值$$

相应的，反映劳动生产率的变动影响因素可通过下列关系：

劳动生产率指数＝劳动技术装备水平指数×固定资产利用指数

式中劳动技术装备水平指标表明平均每一劳动者所推动的或装备的固定资产数量，是一项反映工业现代化程度的指标。例如：某企业有关资料如表15-3所示：

表15-3　　　　　　　　　　　某企业有关资料

	基　　期	报　告　期
工业增加值（万元）	40	50
生产工人平均人数（人）	100	120
固定资产平均原值（万元）	30	44

$$劳动生产率指数 = \frac{\frac{50}{120}}{\frac{40}{100}} \times 100\%$$

$$= \frac{0.417}{0.400} \times 100\% = 104.25\%$$

$$劳动技术装备水平指数 = \frac{\frac{44}{120}}{\frac{30}{100}} \times 100\%$$

$$= \frac{0.367}{0.300} \times 100\% = 122.33\%$$

$$固定资产利用程度指数 = \frac{\frac{50}{44}}{\frac{40}{30}} \times 100\%$$

$$= \frac{1.136}{1.333} \times 100\% = 85.22\%$$

三者构成的指数体系为：

$$104.25\% = 122.33\% \times 85.22\%$$

从绝对量分析：

$$\frac{劳动生产率}{的变动差额} = \frac{由于劳动技术装备水平变动}{对劳动生产率影响的差额} + \frac{由于固定资产利用程度变动}{对劳动生产率影响的差额}$$

$$(0.417 - 0.400) = (0.367 - 0.300) \times 1.136 + (1.136 - 1.333) \times 0.30$$

$$0.017（万元/人）= 0.076（万元/人）+ (-0.059)（万元/人）$$

以上只是对影响劳动生产率变动的几项主要因素作了分析。劳动生产率是反映企业经济活动的综合性指标之一，受许多主、客观因素的影响，在现实分析中还应根据研究问题的目的，去寻找影响劳动生产率的主要因素，采用适当的分解方法。

本章小结

人力资源统计分析是统计学在社会经济应用的一个分支，也是企业进行定量管理、定量分析的工具。本章着重研究了三方面的问题，首先对企业人力资源的总量与构成进行了研究，这是开展人力资源管理工作的基本前提；其次，分析了企业人力资源的时间利用，员工的劳动时间在企业的生产经营中起着重要的作用；最后对企业人力资源的劳动生产率进行了研究，提高劳动生产率有着重要的意义。

关键概念

平均人数　　出勤时间利用率　　制度时间利用率
劳动生产率增加值

复习题

1. 劳动生产率的种类有哪些？
2. 使用制度时间利用率应注意什么？
3. 劳动生产率变动的影响因素有哪些？

讨论及思考题

1. 分析劳动生产率变动的意义是什么？
2. 在产量不变的情况下，劳动生产率提高对于劳动者意味着什么？

参考文献

[1] 王琪延，王清. 工业统计学 [M]. 北京：电子工业出版社，1988.
[2] 王琪延，张卫红. 人力资源统计学 [M]. 北京：中国人民大学出版社，2009.